KB212276

·· "리스크 없이 쟁취하라!" ··

– 위대한 손자의 삶과 사상

손무孫武에 대하여 (기원전 545년 무렵~기원전 470년 무렵)

손무는 중국 춘추시대의 뛰어난 전략가다. 손자孫子는 그를 존경의 뜻으로 부르는 이름이다.

제나라의 명문인 전씨田氏 집안 출신으로, 전완田完의 5대손인 손무의 조부가 군공軍功을 얻어서 손씨孫氏를 하사받아, 손씨의 선조가 되었다. 손무는 초년부터 병서를 즐기고, 황제黃帝와 사제四帝의 전투나 고대의 이윤伊尹, 강상姜尙, 관중管仲 등의 용병술을 연구했다. 기원전 517년 무렵, 가문에 내분이 일어나고 손무는 일족을 따라 강남 지역 오나라吳로 피하여 오나라의 재상 오자서伍子胥를 알게 되었다. 기원전 515년 오자서의 추천으로 오나라 왕 합려의 초빙을 받아 오나라의 군사軍師가 되었다. 그 후 오나라의 수도 근처의 산간에서 칩거하여 손자병법 열세 편을 저작했다.

손무가 기록된 사서로는 사마천의『사기史記』외에 오나라와 월나라의 흥망사를 기술한『오월춘추吳越春秋』, 손무의 선조와 그의 자손에 대하여 기록한『신당서新唐書』등이 있다. 하지만 실제로 그가 실존했는지에 대해서는 학계의 논쟁이 되고 있다.

궁녀조차 군사로 훈련한 최고의 전략가

손자병법

합려가 손무의 용병술을 시험하고자 궁녀들이 군의 지휘를 따르는 것을 볼 수 있겠느냐고 제안했는데 손무는 이것을 승낙했다. 궁녀 180명을 훈련하도록 하자 손무는 합려가 가장 아끼는 궁녀 둘을 대장으로 세워 훈련했다. 궁녀들은 훈련에 따르지 않고 장난처럼 여길 뿐이었다.

그러자 손무는 군령을 세우기 위해 대장으로 세운 궁녀 둘을 군법에 따라 처형해버렸다. 합려가 용서해줄 것을 간청했지만, 손무는 실전에 나선 군사에게 군령은 왕명보다 더 중요하다며 사형을 집행했다. 그리고 다시 다른 궁녀를 대장으로 삼고 훈련하자 모든 궁녀가 일사불란하게 움직였다.

최강의 국력을 키운 전략가 손자

손무는 오나라의 군대를 훈련해 강력한 군대를 만들었고, 초나라와 대항할 수 있는 국력을 키울 때까지 무리한 군사 행동을 자제했다. 기원전 506년, 합려는 손무와 오자서를 대장으로 삼아 초나라 원정을 개시하였다. 손무의 전략에 따라 오군은 연전연승하여 초나라의 수도 영郢을 함락하고 초나라를 멸망 직전까지 몰아붙였다. 이후 진나라의 개입으로 오나라는 철군했지만, 그 후로도 오나라는 강력한 군대를 바탕으로 패자의 위세를 떨쳤다.

기원전 496년, 손무의 반대에도 합려는 월나라를 공격하였으나 패배하고 합려도 부상의 후유증으로 사망하였다. 손무와 오자서는 합려의 후계자 부차를 보좌하여 국력을 키우고 나서 월나라를 공격하여 크게 승리하였다.

"싸우지 않고 이기는 것이 가장 완벽한 승리다!"

람세스 1세의 전쟁 장면을 묘사한 그림

『손자병법』의 사상은 싸우지 않고 이기는 '부전승不戰勝'이라고 말할 수 있다. 적이 온전히 남아 있으면서도 자신에게 복종시키는 이른바 '전승全勝'을 주장한 것이다.

서양에서는 '섬멸전殲滅戰'에 초점을 맞춰온 것과 대비된다. 고대 이집트 상형문자에는 람세스 1세Ramses I가 적을 격멸할 당시의 전차 대형과 공격로 등이 상세하게 기록되어 있다. 최고의 승리로 간주되는 섬멸전의 전술을 이어가고자 한 것이다.

람세스 1세

최고의 병서인 『손자병법』은 다양한 종류의 승리 비법을 일러준다. 난세의 시기는 기존의 강자가 살아남는 게 아니라 살아남는 자가 강자가 되는 시기다. 『손자병법』 「모공」은 이같이 요약해놓았다.
"적을 알고 나를 알면 매번 싸워도 위태롭지 않다!"

"『손자병법』은 병법에 관한 인류 최초의 저서다!"

뛰어난 전술과 리더십으로 유럽을 지배한 나폴레옹

과거 나폴레옹Napoléon이 『손자병법』을 손에서 놓지 않았다는 얘기가 전해지고 있으며, 웨스트포인트 등의 사관학교와 하버드 비즈니스 스쿨을 비롯한 세계 유수의 경영대학원이 『손자병법』을 교재로 택하고 있다.

20세기 최고의 군사전문가 리델 하트의 저서 『전략론』에도 『손자병법』이 대거 인용되어 있으며, 리델 하트는 『전략론』에서 『손자병법』을 이같이 칭송해놓았다.

"『손자병법』은 병법에 관한 인류 최초의 저서다!"

리델 하트

훼손된 『손자병법』을 복원하고 완벽하게 만들어낸 조조

손자병법을 복원하고 주석을 더한 조조

조조는 온갖 잡문이 끼어들어 원문의 여섯 배 이상으로 부풀려진 당시의 『손자병법』을 대대적으로 손질해 원형에 가깝게 복원해내면서 정밀한 주석을 더했다. 그것이 현재까지 전해져오는 『손자병법』이다.

원래 조조는 이론과 실제를 겸한 당대 최고의 군사 전문가인 것이 사실이지만, 그가 모든 전투에서 승리를 거둔 것은 아니다. 실제로 그는 적벽대전에서 참패를 당했다. 이런 경험이 이론과 실제를 겸비한 탁월한 군사 전문가로 성장하는 데에 결정적인 동력이 되었다. 그가 온갖 잡문이 끼어들어 크게 훼손된 『손자병법』에 대대적인 손질을 가해 『손자약해』를 펴낸 근본 배경이다.

병가 사상의 정수를 응축해놓은 최고의 고전

제나라 재상이었던 관중이 쓴 『관자』의 부국강병 사상은 명분을 중시하며 군대의 출동을 자제하는 신중한 태도를 견지했다. 『손자병법』의 군사 사상과 정확히 일치한다. 『손자병법』 역시 전쟁 없이 문제를 해결하는 것을 최상의 갈등 해결 방안으로 간주했다. 전쟁 자체가 엄청난 국력과 인명의 희생을 수반한다는 사실을 통찰한 것이다.

『손자병법』은 병가 사상의 정수를 응축해놓은 최고의 고전이다. 철저히 이익을 향해 질주하는 인간의 기본 심성인 '호리지성好利之性'에 근거해 승패 원인을 과학적으로 분석했기 때문이다. 또한 전황戰況에 대한 냉철한 판단, 필승의 형세를 갖추는 계책, 승리를 견인하는 장수의 기본자세 등은 상도商道와 상황商況, 상략商略, 상술商術 등에 그대로 적용할 수 있다.

그 누구도 능가하지 못할 최강의 전략서!

손자의 동상

예로부터 『손자병법』은 병서 가운데 으뜸으로 간주되었다. 21세기 현재도 마찬가지다. 20세기 최고의 외교가인 헨리 키신저와 군사 전략가인 리델 하트는 인류 역사상 그 어떤 전략서도 『손자병법』을 능가한 적이 없다고 했다. 최근에는 오히려 더한 느낌마저 있다. 국가 총력전 양상으로 전개되는 G2 시대의 경제전은 포연이 자욱한 전쟁터를 방불케 한다. 안방과 문 밖의 경계가 사라진 결과다.

싸움에 나서기 전에 착실히 준비하고 나서 과감히 뛰어들어야 한다. 그래야 『손자병법』이 역설한 '이기는 싸움', 최소한 '지지 않는 싸움'을 해야 한다는 얘기다. 『손자병법』 안에는 그것을 위한 무수한 지략이 담겨 있다. 『손자병법』을 곁에 두고 수시로 읽어야 하는 이유다.

리스크 없이 쟁취하라

손자처럼

싸우지 않고 원하는 것을 얻는 전략경영법

리스크 없이 쟁취하라 - 손자처럼

초 판 1쇄 2015년 11월 25일

지은이 신동준
펴낸이 류종렬

펴낸곳 미다스북스
등록 2001년 3월 21일 제313-201-40호
주소 서울시 마포구 서교동 486 서교푸르지오 101동 209호
전화 02) 322-7802~3
팩스 02) 333-7804
홈페이지 http://www.midasbooks.net
블로그 http://blog.naver.com/midasbooks
트위터 http://twitter.com/@midas_books
전자주소 midasbooks@hanmail.net

ⓒ 신동준, 미다스북스 2015, *Printed in Korea*.

ISBN 978-89-6637-414-4 04320
값 20,000원

미다색북스는 다음세대에게 필요한 지혜와 교양을 생각합니다.

싸우지 않고 원하는 것을 얻는 전략경영법

리스크 없이 쟁취하라

— 손자처럼

신동준
21세기 정경연구소 소장

미다스북스

머리말

3천 년 인문의 숲에서 손자의 불패술을 새롭게 만나다
왜 지금 새롭게 손자인가?

21세기 중국의 도전과 위협

20세기가 미국과 소련이 펼치는 냉전의 시대였다면, 21세기 현재는 G2인 미국과 중국을 중심으로 살벌하게 펼쳐지는 경제전쟁의 시대다. 한때 세계 경제를 좌지우지하던 미국에 대해 중국이 도전하는 형세다. 주목할 것은 중국의 도전이 이제 단순히 '인해 전술' 같은 양적 물량 공세만이 아니라, 세계 최고의 하드웨어를 자랑하는 일본의 고속철과 소프트웨어 강국인 미국의 IT 사업 등 높은 수준의 기술이 필요한 사업에 이르기까지 전방위적으로 전개되고 있다는 점이다.

2015년 9월 사업을 시작한 지 11년 만에 세계 최정상급의 일본을 누르고 인도네시아 고속전철 수주를 따내고, 창립한 지 겨우 5년밖에 안 된 IT업체 샤오미가 애플을 누르고 세상에서 가장 스마트한

리스크 없이 쟁취하라 – 손자처럼

50대 기업으로 선정된 것만 봐도 그렇다. 중국이 전 세계 GDP에서 30퍼센트의 비중을 차지하며 '지대물박地大物博'을 자칭하던 과거 청나라 때의 영광을 되찾기 시작한 게 아닌가 하는 느낌마저 든다.

샤오미가 세계적으로 이름난 글로벌 기업들이나 쟁쟁한 하드웨어를 자랑하는 우리나라 기업들을 제치고 중국 시장을 석권할 것으로 예상한 사람은 거의 없었다. 그러나 샤오미는 지난 2014년 하반기에 중국 시장을 석권한 이래로 지금껏 승승장구하고 있다. 세계 유수의 기업들 모두 처음엔 샤오미의 성장세를 '싸구려 베끼기'의 파상공세로 치부하며 자위했다. 그러나 그게 다가 아니었다. 샤오미의 성공은 애플과도 다르고 우리나라 기업은 흉내 내기조차 어려운 새로운 비즈니스 모델을 창조한 결과였다. 이는 중국이 이제 '짝퉁'과 결별하고 세계 최정상을 향해 줄달음치고 있다는 사실을 방증하는 것이다.

샤오미가 이룬 혁신은 고객과 친구처럼 지속적인 관계를 맺는 전략을 구사한 데에서 나온 것이다. 그것은 고객으로 하여금 기업의 친구가 되어 비즈니스 프로세스 전반을 도와주게 하는 것을 말한다. 샤오미는 연구 개발과 서비스, 경영 판단에까지 고객을 참여하게 했다. 고객에게 제품이 아니라 '참여하는 기쁨'을 팔겠다는 전략이었다. 이게 적중했다.

실제로 샤오미 스마트폰의 운영체제는 매주 새롭게 업데이트된다. 샤오미의 개발팀 직원은 100명뿐이다. 그런데도 어떻게 이런 일이 가능한 것일까? 바로 10만 명에 달하는 열성고객 개발팀 덕분이다. 이들은 업데이트 작업에 참여해 문제점을 발굴하고 개선하는 데에 발 벗고 나선다. 샤오미가 광고를 전혀 하지 않는 것도 이 때문이다. 친구 같은 고객들이 인터넷과 SNS를 통해 소문을 내준다. 지금껏 어떤 혁신 기업도 이렇게 거대한 고객 집단의 자발적 참여를 이끌어내지 못했다. 고객층이 충성스럽기로 유명한 애플도 이런 생각은 전혀 하지 못했다. 샤오미는 그야말로 새 세상을 개척한 것이다.

지난 2015년 말, 미국 MIT가 세계에서 가장 스마트한 50대 기업 가운데 2위에 샤오미를 올린 것도 샤오미가 창출해낸 '고객 참여 개발'의 의미를 제대로 평가한 결과다. 이 평가에서 한때 '손안의 세상'으로 스마트시대를 선도한 애플은 16위로 밀려났고, 우리나라 기업들은 아예 순위에 들지도 못했다. 우리나라 기업들의 기술력은 세계 최고 수준이지만 샤오미처럼 전혀 새로운 패러다임으로 판 자체를 바꾸는 능력은 없다는 게 이유였다.

이는 장강의 뒤 물결이 앞 물결을 치고 나가듯이 G2 중국이 '싸구려 짝퉁' 이미지를 벗어나 '혁신의 메카'로 부상하고 있음을 상징적으로 보여준다. 이제는 중국발 공포가 현실로 다가오고 있다. 실제로 지난 2015년 9월에 펴낸 『축적의 시간』은 한국이 직면한 산업 기술의 위기를 증언하고 있다. 이 책의 집필에 참여한 서울대 공대 교수 스물여섯 명 모두 이구동성으로 이제 중국은 '생산 공장'을 넘어 '혁신 공장'이 되었다고 증언하면서, 이제는 중국이 거의 전 산업 영역에서 세계 최초 모델을 제시하는 경우가 잦아져 자칫했다가는 중국산 첨단제품의 하청공장으로 전락할 수도 있다고 경고한다.

실제로 이미 일부 제조업 현장에선 중국 제품을 베끼는 현상이 벌어지고 있다. 저자 가운데 한 교수는 국내의 한 중전기重電機 단지를 찾아갔을 때에 목격한 충격적인 장면을 전했다. 연구소 한쪽에 중국 제품을 갖다 놓고 그것을 본떠 제품을 설계하는 장면이 그것이다. 한국 기업의 이른바 '역逆 베끼기' 현상이다. 한국의 산업이 '짝퉁 산업'으로 몰락하고 있다는 명확한 징표다.

집필에 참여한 교수들의 진단은 냉철하다. 이제 우리가 중국에서 배워야 하는 현실을 결코 부끄러워해서는 안 되는 시점에 이르렀다는 것이다. 미국과 일본의 제품을 베껴서 오늘의 이런 자리까지 왔는데 중국의 제품을 베낀다고 해서 그리 창피하게 생각할 것도 없다는 조롱 섞인 충고처럼 들려 씁쓸하기만 하다. 개인과 기업과 국가, 모두가 남을 탓할 게 아니다. 모든 게 자업자득이다.

우리에게는 선진국처럼 100년 이상을 기다리면서 찬찬히 경험을 축적해나갈 시간적 여유가 없고, 그렇다고 중국과 같은 거대한 내수 시장도 없다. 그렇다면 우리에게는 희망이 없을까? 『축적의 시간』은 산업 차원의 축적 노력으로는 선진국과 중국이 축적한 경험을 이길 수 없기에 이제 사회 전체의 틀을 바꿔 국가 차원에서 작동하는 총력 축적 시스템이 아니면 해법이 없다고 말하고 있다. 사회 전반의 인센티브 체계와 문화를 완전히 바꿔, 기업뿐만 아니라 우리 사회의 모든 주체가 축적을 지향하는 정신으로 무장해야 한다는 것이다. 축적의 범위를 산업의 바깥 경계로 확장해야만 비로소 선진국의 시간과 중국의 규모를 극복할 수 있다는 게 이들의 지적이다.

그 첫걸음이자 가장 중요한 과제는 우리 사회가 창조적 축적을 위한 열린 자세와 시간을 가지는 것이다. 새롭고 도전적인 환경을 제공하고, 실패를 용인하고, 경험 지식을 축적하고자 노력하는 자에게 더 많은 혜택이 돌아갈 수 있도록 인센티브 체계를 전면적으로 개편해야 한다는 것이다. 이제 우리도 짧은 기간에 집중적으로 자원을 동원하고, 항상 정해진 목표를 조기에 초과 달성하던 기존의 성공 방정식에서 과감히 벗어날 필요가 있다. 지속적으로 투자하고, 시행착오의 과정과 결과를 꼼꼼히 쌓아가는 문화를 정착시켜야 한다.

필자는 이제라도 우리 나름으로 제3의 전략을 찾아나가면 우리에게도 희망이 있다고 본다. 필자가 본서를 펴낸 것도 바로 이 때문이다. 사회 각계의 오피니언 리더들이『손자병법』에서 제3의 전략에 부응하는 지략을 찾아내는 데에 도움을 주고자 하는 것이다.

병가와 상가

동서고금의 역사를 통틀어 춘추전국시대는 가장 오랫동안 지속된 난세에 해당한다. 말 그대로 "난세 중의 난세"다. 그러나 그와 동시에 춘추전국시대는 사상적으로 가장 활발했던 시기이기도 하다. 수많은 학파, 곧 제자백가가 출현하여 치열한 사상 논쟁인 백가쟁명을 전개한 게 그렇다.

『논어』「자로」편에는 춘추시대 말기에 공자孔子가 처음으로 천하 유세를 떠날 때의 장면이 나온다. 공자는 가장 먼저 지금의 하남성 낙양 가까이에 있는 위衛나라를 택했다. 위나라는 비록 약소국이

리스크 없이 쟁취하라 – 손자처럼

기는 했으나 중원의 한복판에 자리 잡아 사방으로 길이 뚫려 있었던 까닭에 상업 교역이 매우 활발했다. 당시 공자의 제자 염구冉求가 수레를 몰았다.

자가 자유子有인 염구는 노나라 출신으로 공자보다 29년 연하였다. 정치에 재능이 많았던 까닭에, 한때 노나라 권신인 계강자季康子가 그를 불러들여 집사로 삼은 적도 있다. 그는 어떤 길을 택하기 전에 항시 예상되는 이익을 냉정히 저울질했다. 그런 이유로, 의를 세우고자 승산 없는 전쟁에도 기꺼이 몸을 던진 자로子路와 늘 대비되어 거론된다. 그는 부국강병의 계책에 관한 한 매우 유능한 인물이었다. 공자가 천하 유세에 나서면서 그에게 수레를 몰게 한 것도 이와 무관하지 않았다. 공자는 교역을 위해 위나라에 모여든 수많은 사람을 보고 매우 놀랐다. 염구가 물었다.

"백성이 이처럼 많으면 어찌해야 합니까?"

"우선 부유하게 해주어야 한다."

"이미 부유해졌으면 또 무엇을 해야 합니까?"

"가르쳐야 한다."

공자 사상의 핵심 중 하나는 바로 선부후교先富後敎 사상이다. 공자는 생전에 학문과 덕행을 닦은 군자가 천하를 다스리는 새 세상의 도래를 고대했다. 이것이 공자의 학문을 이른바 군자학君子學으로 요약하는 이유다. 또한 염구의 질문에 위정자는 백성을 부유하게 하는 부민富民을 달성하고서는 반드시 백성을 가르치는 교민敎民을 행해야 한다고 공자가 역설한 이유다. 바꿔 해석하면 부민이 전제되지

않는 교민은 있을 수 없다고 언급한 것이나 다름없다. 관포지교管鮑
之交의 주인공인 관중管仲의 부민부국 사상과 완전히 일치한다. 이를
뒷받침하는 『관자』「목민」편의 해당 대목이다.

"나라에 재물이 많고 풍성하면 먼 곳에 사는 사람도 찾아오고, 땅
이 모두 개간되면 백성이 안정된 생업에 종사하며 머물 곳을 찾게
된다. 창고가 가득히 차야 백성이 예절을 알고, 의식衣食이 족해야 영
욕榮辱을 알게 된다."

여기의 '예절'은 곧 예의염치를 말한다. 나라를 온전하게 하는 요
체는 예의염치를 아는 지례知禮에 있고, 지례의 핵심은 창고를 채우
는 실창實倉에 있다고 주장한 것이다. '실창의 경제대국 → 지례의
문화대국' 도식을 제시한 셈이다. 중국의 학자들이 '사회주의 시장
경제'로 표현되는 '유교사회주의'를 새로운 이념적 지표로 내세우면
서 세계 곳곳에 공자 학원을 세우는 배경이 바로 여기에 있다.

덩샤오핑의 개혁개방 이후 자금성의 수뇌부는 부민부국을 제1의
국가 목표로 삼고 있다. 덩샤오핑이 '롤 모델'로 삼은 사람이 한국의
박정희 전 대통령이다. 한국도 조선이 성리학을 유일한 통치 이념으
로 삼은 이후, '수출 입국'으로 상징되는 제3공화국의 중상주의 선언
이 나오기 전까지 무려 600년 동안 중농주의 기조를 유지해왔다. 이
는 고대 그리스시대 이래로 줄곧 중상주의를 추구한 서구의 관점에
서 볼 때 중국과 더불어 매우 희귀한 경우에 속한다. 이는 맹자를 사
상적 교조로 삼은 성리학 때문이다. 성리학과 거리가 멀었던 이웃
일본이 에도 정권 시절에 조선으로부터 성리학을 받아들여 관학으

리스크 없이 쟁취하라 - 손자처럼

로 삼았음에도 중농주의가 아닌 중상주의를 택한 것과는 대비된다.

조선 개국 이래로 20세기 중반에 이르기까지 600년 동안 불변의 진리처럼 여겨진 중농주의 이념을 일거에 뒤집은 장본인이 바로 박정희다. 덩샤오핑의 개혁개방이 이뤄진 것보다 대략 20년가량 빨랐다. 학계에 있을 때 정치전기학政治傳記學의 지평을 연 김학준 전 동아일보 회장의 평가가 이를 뒷받침한다.

"장사하는 사람을 제일 낮춰 본 사농공상의 시대에 '상업국가론'은 혁명에 해당했다. 박정희 대통령은 농업국가로부터 상업국가, 즉 무역국가로의 대전환을 이뤄 대한민국을 훌륭케 한 주인공이다."

실제로 중국이 G2의 일원으로 우뚝 설 수 있었던 것은 덩샤오핑이 이른바 '불균형발전론'에 근거한 박정희의 압축성장 방식을 철저히 흉내 낸 덕분이었다. 당시 서구 학자들은 하나같이 '균형발전론'을 역설했지만 이는 높은 수준의 자본 축적이 이뤄진 상황에서나 가능한 일이다. 많은 사람이 쿠데타를 통한 제3공화국의 출현 배경에 지나치게 주목한 나머지, 중농주의를 중상주의로 뒤바꾼 혁명적인 조치를 간과하고 있다. 계절에 맞춰 옷을 바꿔 입어야 하듯, 해당 시기에 부응하는 통치 이념과 정책 기조가 존재하는 법이다. G20의 일원이 된 21세기의 관점으로 당시를 재단하는 것은 잘못이다.

나라의 부강은 오늘날에도 증명되듯 서민 경제의 충족에서 비롯된다. 공자보다 100년가량 앞서 활약한 상가商家의 효시인 관중도 공자와 마찬가지로 부강한 나라를 만들려면 먼저 백성을 고루 잘살게 해야 한다고 생각했다. 그가 중농주의가 아닌 중상주의를 추구한 이유다. 그는 일련의 중상주의 정책을 통해 제나라 환공桓公을 춘추5패의 우두머리로 만드는 데에 성공했다. 사상사적으로 볼 때 관중은 사상 최초의 경제학파인 상가의 효시이자 병가兵家의 원조다. 실제로 『관자』 「병법」은 내용이 『손자병법』을 방불케 한다.

"용병을 원대하게 하면 반드시 승리할 수 있다. 적들로 하여금 마치 공허한 곳에 머물며 그림자와 싸우는 것처럼 만들 수 있고, 적이 대책을 세우지 못하고 아군의 자취를 추적하지 못하게 하면 이기지 못하는 경우가 없다. 적이 아군의 흔적을 추적하지 못하고 임의로 작전할 수 없게 하면 이루지 못할 게 없다. 이를 일러 병도兵道라고 한다. 사라졌으나 있는 것 같고, 뒤에 있으나 앞에 있는 것 같으니, 병도의 위엄은 이루 형용할 수 없다."

이처럼 『손자병법』과 비교해도 전혀 손색이 없기에 그를 병가 사상의 효시로 간주하는 것이다. 『관자』에 따르면 군사력의 강약에 의해 국가의 존망과 안위가 결정된다. 그래서 『관자』는 군비폐지론에 해당하는 송견宋鈃 등의 침병지설寢兵之說과 묵자墨子의 겸애지설兼愛之說을 반대하며 전쟁불가피론에 근거해 군비 강화를 역설하면서, 고대 성왕들의 전성시대에도 군대가 있었다는 점을 논거로 들었다.

여기서 주목할 것은 전쟁의 승패가 경제력으로 결정된다고 역설한 점이다. 나라가 부유해야 우수한 무기를 확보할 수 있고, 우수한 무기를 확보해야 승리할 수 있다는 논리다. 『관자』 「치국」에 나오는 다음 대목은 부국강병 논리의 탄생 배경을 잘 보여준다.

"백성이 농사를 지으면 농토가 개간되고, 농토가 개간되면 곡식이 많아지고, 곡식이 많아지면 나라가 부유해지고, 나라가 부유하면 군사가 강해지고, 군사가 강해지면 전쟁에서 승리하고, 전쟁에서 승리하면 영토가 넓어진다."

지속적으로 부국강병을 유지하려면, 민생의 안정에 힘쓰고 생산을 지속적으로 늘려야 한다는 게 요지다. 부민을 통해 부국강병을 이루라는 논리다. 『관자』에 나타난 군사 사상의 핵심이 바로 이 부민부국에 있다. 『관자』「칠법」에 나오는 다음 대목이 이를 뒷받침한다.

"백성을 제대로 다스리지도 못하면서 능히 군사를 강하게 한 예는 일찍이 없었다. 백성을 능히 다스리면서도 군사 운영의 책략에 밝지 못하면 역시 그리할 수 없다. 군사 운영에 밝지 못한데도 반드시 적국을 이긴 예는 일찍이 없었다. 군사 운용에 밝을지라도 적국을 이기는 책략에 밝지 못하면 역시 적국을 이기지 못한다. 군사력으로 반드시 적국을 제압하지 못하는데도 능히 천하를 바로잡은 예는 일찍이 없었다. 군사력으로 반드시 적국을 제압할 수 있을지라도 천하를 바로잡는 명분을 분명히 밝히지 않으면 역시 그럴 수 없다."

이는 복잡한 대외 문제를 일거에 해결하는 또 다른 형태의 정치 수단으로 전쟁을 상정한 견해다. 『관자』가 명분을 중시하며 군대의 출동을 자제하는 신중한 태도를 견지한 것도 이 때문이다. 『손자병법』의 군사 사상과 정확히 일치한다. 『손자병법』도 전쟁 없이 문제를 해결하는 것을 최상의 갈등 해결 방안으로 간주했다. 전쟁 자체가 엄청난 국력과 인명의 희생을 수반한다는 사실을 통찰한 것이다.

난세의 시기는 기존의 강자가 살아남는 게 아니라 살아남는 자가 강자가 되는 시기다. 모든 것이 바뀐다. 모든 난세의 시기가 그렇듯 발상의 전환이 절실한 때다. 최고의 병서인『손자병법』은 다양한 종류의 승리 비법을 일러준다. 여기에는 결코 패하지 않는 계책도 포함되어 있으니 최소한의 승리 비법으로 볼 수 있다. 이를『손자병법』「모공」은 "적을 알고 나를 알면 매번 싸워도 위태롭지 않다!"라고 요약했다. 21세기 경제전에 적극적으로 활용할 필요가 있다.

『손자병법』은 병가 사상의 정수를 응축해놓은 최고의 고전이다. 수천 년에 걸쳐 많은 병서가 명멸했지만『손자병법』만은 유일하게 제왕을 위시해 일반 서민에 이르기까지 모든 사람으로부터 끊임없는 사랑을 받아왔다. 철저히 이익을 향해 질주하는 인간의 기본 심성인 '호리지성好利之性'에 근거해 승패 원인을 과학적으로 분석해놓은 덕분이다. 또한 전황戰況에 대한 냉철한 판단, 필승의 형세를 갖추는 계책, 승리를 견인하는 장수의 기본자세 등은 상도商道와 상황商況, 상략商略, 상술商術 등에 그대로 적용할 수 있다.

최근에는 서양도『손자병법』연구에 가세했다. 과거 나폴레옹 Napoléon이『손자병법』을 손에서 놓지 않았다는 얘기가 전해지고 있으나 확인할 길은 없다. 분명한 것은 지난 1970년에 작고한 20세기 최고의 군사전문가 리델 하트의 저서『전략론』에『손자병법』이 대거 인용돼 있고, 웨스트포인트 등의 사관학교와 하버드 비즈니스 스쿨을 비롯한 세계 유수의 경영대학원이『손자병법』을 교재로 택하고 있다는 점이다. 리델 하트는『전략론』에서『손자병법』을 카를 클라우제비츠Karl Clausewitz의『전쟁론』과 비교하며 이같이 칭송했다.

"『손자병법』은 병법에 관한 인류 최초의 저서다. 아직 그 어떤 병서도 깊이나 범위에서 이를 능가하지 못했다. 이 책은 전쟁에 관한 지혜의 정수를 응축해놓았다. 서양의 역대 군사 사상가들 가운데 손자와 비교할 수 있는 사람은 오직 클레우제비츠뿐이다. 그는 손자보다 2,000년 뒤에 태어나『전쟁론』을 썼다. 그러나 그의 이론은 손자보다 더 낡고 시대에 훨씬 뒤떨어진 것이었다."

헨리 키신저 역시 지난 2011년에 펴낸『중국론』에서 세계 최고의 전략서로『손자병법』을 꼽은 바 있다. 동서의 내로라하는 석학들이 『손자병법』을 동서고금을 통틀어 전무후무한 병법서 또는 전략서로 칭송한 셈이다. 필자가 본서를 서둘러 낸 것도 이와 무관치 않다. 『손자병법』의 지략을 더 널리 알리고자 하는 충정이다.

고금의 역사를 개관하면 알 수 있듯, 무력을 동원하기 전에 명예와 이익, 권력을 좋아하는 인간의 기본 심성을 적극적으로 활용해 상대방을 제압하는 것이 고수의 비결이다.『손자병법』은 바로 이런 이치를 체계적으로 정리해놓은 최고의 고전에 해당한다. 스티브 잡스 같은 사람이 읽으면 글로벌 비즈니스의 아이디어를 얻을 수 있고, 두목杜牧 같은 문인이 읽으면 사람을 깊이 읽는 안목을 얻을 수 있으며, 조조曹操 같은 위정자가 읽으면 치국평천하治國平天下의 방략을 찾아낼 수 있다. 모두 하기 나름이다.

2장

비전 備戰

싸움에 미리 대비하는 불패술

3장

작전 作戰

싸움의 큰 틀을 만드는 불패술

교전
交戰

4장
싸움을 다양하게 펼치는 불패술

속전
速戰

5장
싸움을 신속히 끝내는 불패술

01

부전

싸우지 않고
이기는
불패술

不
戰

존망계
存亡計

01

존망의 계기로 간주하라

전쟁은 국가의 중대사인 군국기무軍國機務다. 백성의 생사 및 국가의 존망과
직결되어 있는 까닭에 깊이 생각지 않을 수 없다.

兵者, 國之大事. 死生之地, 存亡之道, 不可不察也.

_「손자병법」「시계」

『손자병법』의 첫 편인 「시계始計」 첫머리에 나오는 "병자兵者"의 병兵
은 원래 양손에 도끼를 든 모습을 그린 것이다. 『손자병법』에 나오는
'병'은 병법 · 장병 · 병사 · 무기 · 군대 · 전투 · 전쟁 · 전략 · 전술 ·
군사 등 다양한 의미로 사용되고 있다. 여기서는 전쟁의 의미로 사
용된 것이다. "국지대사國之大事"는 매우 중대한 나라의 일로, 곧 국
사國事와 같은 뜻이다. 국지대사가 처음으로 나오는 출전은 『춘추좌
전』「노나라 성공 13년」 조의 '국지대사, 재사여융國之大事, 在祀與戎'
구절이다. 국가대사로는 종묘제사와 전쟁을 들 수 있다는 뜻으로, 이

리스크 없이 쟁취하라 – 손자처럼

둘을 국가 흥망의 관건으로 본 것이다.

『손자병법』이 첫 편에 「시계」를 내세운 것도 같은 맥락이다. 전쟁에서 패하는 것은 곧 종묘사직이 무너지는 것과 같은 국가의 중대사임을 천명한 것이다. 주목할 것은 「시계」의 계計 자가 단순한 의미의 계산計算이나 계책計策을 뜻하는 게 아니라는 점이다. 이는 적과 아군의 군사력을 철저히 객관적으로 분석해 승부를 미리 예측하고, 막상 접전을 벌일 때도 면밀한 계책을 좇아 싸움에 임한다는 뜻이다. 즉, 전쟁이 벌어지기 전 전운戰雲이 감도는 때부터 시작해, 계속되는 교전交戰, 막바지에 싸움을 끝내는 종전終戰과 그 이후의 일까지 모두 계산에 넣어야 한다는 취지에서 나온 것이다.

예나 지금이나 군주와 장수는 총사령관과 일선 사령관의 구실을 한다. 전쟁의 승패에 따라 백성의 생사와 국가 존망이 엇갈린다는 엄중한 사실을 누구보다도 제대로 숙지하고 있어야만 한다. 기업으로 치면 기업 총수와 일선 기업 CEO가 이에 해당한다. 이들 역시 국가 총력전 양상을 보이는 21세기 경제전에서 패하면 종업원의 생사와 기업의 존망이 엇갈린다는 사실을 통찰하고 있어야 한다.

실제로 전 세계의 모든 경영대학원에서 거의 빠짐없이 『손자병법』을 가장 중요한 교재로 채택하고 있다. 이는 『손자병법』이 단순한 병서가 아니라 『논어』 등 여타 제자백가서와 마찬가지로 경세제민經世濟民의 지략을 담은 사상서에 해당한다는 사실을 뒷받침한다. 일찍이 『손자병법』을 사실상 집필한 것과 마찬가지인 삼국시대의 조조는 원본에 해당하는 『손자약해孫子略解』 서문에서 이같이 말했다.

"예로부터 칼의 힘에만 의지하는 시무자恃武者도 패망했고, 붓의 힘에만 의지하는 시문자恃文者도 패망했다. 오나라의 왕 부차夫差와 서徐나라 언왕偃王이 바로 그런 자들이다. 성인의 용병은 평소 무기를 거두었다가 필요한 때에만 움직이는 '집이시동戢而時動'에 그 요체가 있다.『도덕경』에 나오듯이 부득이할 때에 한하여 용병하는 부득이용병不得已用兵이 그것이다. 세인들은『손자병법』이 말하는 병법의 이치를 깊이 헤아려 깨닫기가 매우 어렵다. 더구나 후대로 오면서 여러 사람이 장황한 설명과 함께 멋대로 개작한 번잡한 글을 덧붙여 세상에 퍼뜨리는 바람에 근본 취지와 핵심마저 잃고 말았다. 내가 뒤늦게 간략한 풀이를 덧붙인『손자약해』를 쓴 이유다."

『손자병법』첫 편인「시계」의 첫머리에 나오는 병도의 기본 이치와 같은 취지다. 조조는 여기서 병도의 기본 이치를 평소 무기를 거둬들였다가 부득이할 때 사용한다는 뜻의 '집이시동'으로 표현했다. 집이시동은『손자병법』전체를 관통하는 기본 이념에 해당한다.『도덕경』제32장에 나오는 부득이용병과 취지를 같이한다. 해당 대목이다.

"병기는 상서롭지 못한 기물로 군자가 사용하는 기물이 아니다. 부득이할 때 용병해야 한다. 용병은 담백한 마음을 높이 친다. 이겨도 이를 좋게 여기지 않는 이유다. 이를 좋게 여기는 자는 살인을 즐기는 자다. 무릇 살인을 즐기는 자는 천하에 뜻을 얻을 길이 없다."

집이시동은 조조가『도덕경』을 얼마나 깊이 탐사했는지를 방증한다. 많은 사람이 이를 간과하고 있음은 시중의 숱한『손자병법』관련서가『손자약해』서문을 생략한 것만 봐도 알 수 있다. 이는『한비

리스크 없이 쟁취하라 – 손자처럼

자』「외저설 좌상」에 나오듯, 겉의 화려한 장식에 현혹되어 정작 알맹이인 구슬은 빼고 화려하게 장식한 상자만 사는 이른바 매독환주買櫝還珠의 우를 범하는 것이나 다름없다.

조조는 집이시동을 이론적으로 뒷받침하려고 오왕 부차와 서 언왕을 인용했다. 부차는 춘추5패의 일원이었으나 오자서伍子胥의 간언을 무시하고 막강한 무력에만 의지하다가, 끝내 월왕 구천句踐에게 패망하고 말았다. 지나치게 잦은 용병과 지나친 자신감이 패인이다. 조조가 그를 '시무자'의 전형으로 인용한 것은 타당하다.

오왕 부차와 정반대로 서 언왕은 오로지 붓의 힘만 믿은 '시문자'의 전형에 해당한다. 『후한서』「동이전」 등의 기록에 따르면 그는 주나라 목왕穆王 때 인정仁政을 펼쳐 명성을 날렸다고 한다. 그러나 그는 주 목왕이 초나라로 하여금 토벌하게 했을 때 백성을 너무 사랑한 나머지 접전을 피하다가 목숨을 잃고 나라마저 패망하고 말았다. 조조가 그를 시문자의 전형으로 취급한 것은 그 나름으로 타당하다.

고금을 막론하고 난세에 무력에만 의존하는 시무자와 덕치로 일관하는 시문자 모두 패망을 자초한다. 조조가 집이시동을 역설한 이유다. 『도덕경』이 역설한 부득이용병과 조조가 언급한 집이시동을 뒤집어 해석하면 최후의 수단인 전쟁을 택하기 전에 더 나은 방안을 마련하라고 주문한 것이다. 그게 바로 『손자병법』을 비롯한 모든 병법서를 관통하는 기본 이념인 병도다. 병도의 이치를 모르면 그 어떤 병서를 접하든 단순히 전쟁 기술을 익히는 것에 불과하다.

호리지성을 최대한 활용하라

병도는 이익을 향해 질주하는 인간의 '호리지성'을 토대로 한 것이다. 『손자병법』에 나오는 모든 전략과 전술이 바로 이 호리지성을 최대한 활용해 승리를 거둘 것을 역설하고 있다. 『손자병법』이 세 번째 편인 「모공」에서 백전백승百戰百勝은 절대로 최상의 계책이 될 수 없다고 못 박은 것도 바로 이 때문이다. 작은 승리를 아무리 얻어봐야 남는 게 없다는 취지에서 나온 말이다. 매사가 그렇듯이 큰 이익을 미끼로 내걸어야 큰 고기를 낚을 수 있다. 『장자』 「외물」에 이를 뒷받침하는 일화가 나온다.

"하루는 임공자任公子라는 사람이 커다란 낚싯바늘과 굵은 낚싯줄을 만들었다. 이어 쉰 마리의 불깐 소를 미끼로 삼아 회계산에 앉아 동해를 향해 낚싯대를 드리웠다. 날마다 낚시를 했으나 1년이 지나도록 물고기를 한 마리도 잡지 못했다. 어느 날 마침내 대어가 미끼를 물었다. 거대한 낚싯바늘을 끌고 엄청나게 큰 쇠고기 미끼를 입에 문 채 바다 밑바닥까지 내려갔다가 다시 바다 위로 솟구쳐 올라 등지느러미를 마구 휘둘러댔다. 흰 파도가 산과 같고, 바닷물이 온통 뒤집힐 듯 요동쳤다. 신음이 마치 귀신의 울부짖는 소리와 같아 천리 밖에 있는 사람들까지 몹시 놀라 두려움에 떨었다. 임공자가 이내 이 물고기를 낚아 올려서 잘게 썰어 포를 만들었다. 저장 동쪽에서 창오 북쪽에 이르기까지 그곳에 사는 백성 중 배불리 먹지 않은 사람이 없었다. 이후 후세의 천박한 재사와 떠벌리는 것을 좋아하는 무리들이 모두 놀라 이 얘기를 서로 전했다."

이를 두고 장자莊子는 이같이 평했다.

리스크 없이 쟁취하라 – 손자처럼

"가느다란 낚싯줄을 묶은 낚싯대를 쳐들고 작은 도랑에서 붕어나 잔챙이를 낚으려는 자들은 이런 대어를 낚을 수 없다. 쓸모없는 작은 학설을 좇아 현령 같은 자에게 작은 자리라도 요구하며 다니는 자들은 이처럼 큰 경지에 이른 대인과 비교할 수조차 없다. 임공자의 풍도를 아직 듣지 못한 자와는 함께 천하경영을 논할 수 없는 것 또한 분명한 사실이다."

뜻이 작으면 그릇이 작고, 그릇이 작으면 담는 것도 작아진다. 나라가 작은 게 문제가 아니라 뜻과 꿈이 작은 게 문제다.『손자병법』「병세」에서 미끼를 던지면 적이 반드시 취하게 한다는 취지로 나오는 여지적취予之敵取 구절도『장자』「외물」의 이 일화와 맥을 같이하는 것이다.

원래 장자 사상은 천하조차 자신의 정강이에 난 털과 바꾸지 않겠다고 선언한 양주楊朱의 '위아爲我 사상'과 밀접한 관련이 있다. 그렇다고 장자 사상이 노자老子 사상에서 완전히 일탈한 것은 아니다. 인간의 호리지성을 통찰했다는 사실이 이를 방증한다. 실제로『손자병법』의 저자로 알려진 손무孫武와 이를 새롭게 재구성한 조조, 무위로 세상을 다스릴 것을 역설한 노자, 유세 책략으로 천하를 평정할 것을 주장한 귀곡자鬼谷子, 공평무사한 법치를 강조한 한비자韓非子 등 모두가 같은 곡을 달리 연주한 경우에 해당한다. 병서의 바이블인『손자병법』이 지향하는 병도 역시 여타 제자백가 사상과 마찬가지로 치국평천하의 이치를 뜻하는 치도治道의 하나로 나온 것이다.

주목할 것은『손자병법』이 제자백가서 가운데 가장 현실적이면서도 과학적인 견해에서 병도를 설파한 고전에 해당한다는 점이다. 부전승론不戰勝論, 임기응변론臨機應變論, 지행합일론知行合一論, 주객론主客論 등이 그렇다. 인간의 적나라한 모습이 그대로 드러나는 난세에 초점을 맞춘 결과다. 그런 점에서 『손자병법』에 나오는 전략과 전술은 법가法家 사상을 집대성한 『한비자』보다 더욱 현실적이다. 법가 사상이 엄격한 법치에 바탕을 둔 패도覇道에 초점을 맞춘 데에 반해, 병가 사상은 현실적인 힘에 바탕을 둔 이른바 강도强道에 방점을 찍은 결과다. 병가 사상과 가장 가까운 제자백가는 요즘의 외교 책략에 해당하는 유세 및 설득의 계책을 역설한 종횡가縱橫家다.

제자백가 사상 가운데 병가와 종횡가만큼 현실에 단단하게 뿌리를 내린 학파는 존재하지 않았다. 외교와 군사가 마치 동전의 양면처럼 불가분의 관계를 이루면서 국가 존망의 관건으로 작용하는 이치가 21세기가 되었다고 해서 달라질 리 없다. G2 시대와 같은 난세의 시기에는 반드시 『손자병법』으로 상징되는 병가의 '전략전술'과 『귀곡자』로 상징되는 종횡가의 '세략세술說略說術'을 깊숙이 연마해야 한다. 그래야 살아남을 수 있다.

특히 기업 CEO는 더욱 그렇다. 고금동서를 막론하고 비즈니스 정글에서 통하는 약육강식의 상략상술商略商術은 병가의 전략전술과 종횡가의 세략세술을 훨씬 뛰어넘는다. 난세에는 부모·자식 간의 천륜조차 이해타산의 부산물로 전락하는 모습을 쉽게 찾아볼 수 있다. 『한비자』가 가장 가까운 사이인 부부 관계와 부모·자식 관계까지 이익 충돌의 관계로 파악한 이유다. 『손자병법』이 국익과 민생의 견지에서 국가 존망과 병사의 생사를 가르는 전쟁 문제를 집중적으로 분석하는 것과 같은 취지다.

　그러나 『손자병법』과 『한비자』 및 『귀곡자』 등이 온 천하를 홉스Hobbes가 얘기한 것처럼 "만인에 대한 만인의 투쟁"으로 파악한 것은 아니다. 난세가 극에 이르면 치세를 향한 열망이 더욱 커지고, 치세가 극에 이르면 난세의 어두운 그림자가 엄습한다는 사실을 통찰한 것이다. 이것이 『손자병법』이 첫 편인 「시계」의 첫머리에 병도를 언급하고, 『한비자』가 첫 편인 「초견진初見秦」의 첫머리에서 공평무사한 법치를 뜻하는 법도法道를 역설하고, 『귀곡자』가 첫 편인 「패합捭闔」의 첫머리에 종횡도縱橫道를 강조한 이유다. 『맹자』가 500년을 주기로 한 치란治亂을 언급하며 덕치로 난세를 평정할 것을 주장한 것과 취지를 같이한다. 방법론만 다를 뿐이다.

　『손자병법』이 『한비자』 및 『귀곡자』와 함께 21세기의 현재에 이르기까지 수천 년 동안 '난세의 제왕학'으로 군림해온 것은 극히 현실적인 견지에서 난세의 종식 방략을 제시한 덕분이다. 진시황秦始皇이 병가와 법가 및 종횡가 사상에 근거해 사상 최초로 천하를 통일한 사실이 이를 방증한다. 조조가 삼국시대를 마무리 짓는 기틀을 닦은 것도 같은 맥락이다. 조조가 『손자병법』을 새롭게 펴낸 『손자약해』 서문에서 『도덕경』의 제도帝道 이념을 병가의 '병도' 이념으로 끌어들인 사실이 뒷받침한다. 『손자약해』 서문은 『손자병법』 첫 편인 「시계」의 첫머리에 나오는 '병도'의 이념을 풀어서 쓴 것이나 다름없다.

02

상대를 온전히 접수하라

적국을 온전히 굴복시키는 전국全國이 최상이고, 적국을 무찔러 항복을 받아
내는 파국破國은 차선이다. 적의 군단軍團을 온전히 굴복시키는 것이 최상이
고, 무찌르는 것은 차선이다. 적의 여단旅團을 온전히 굴복시키는 것이 최상이
고, 무찌르는 것은 차선이다. 적의 졸대卒隊를 온전히 굴복시키는 것이 최상이
고, 무찌르는 것은 차선이다. 적의 오대伍隊를 온전히 굴복시키는 것이 최상이
고, 무찌르는 것은 차선이다.

**全國爲上, 破國次之. 全軍爲上, 破軍次之. 全旅爲上, 破旅次之. 全卒爲上, 破卒次之. 全
伍爲上, 破伍次之.**

_「손자병법」「모공」

전적계全敵計를 다루는 본문에 나오는 전국全國과 전군全軍, 전려全旅,
전졸全卒, 전오全伍는 병도의 관점에서 수신제가修身齊家와 치국평천
하를 바라본 결과다. 원래 수신제가와 치국평천하는 유가에서 말하
는 사서삼경의 하나인 『대학』에 나온다. 덕을 열심히 닦는 수덕修德

을 통해 자신과 집안, 이웃, 국가, 천하를 다스리라는 취지에서 나온 말이다.

『손자병법』역시 '전국'과 '전군' 등의 개념을 통해 적국의 병사 개개인을 비롯해 모든 장병을 온전히 하라고 주문하고 있다. 전全은 본래 모습 또는 바탕을 고스란히 유지하는 온전穩全의 뜻이다. 이와 반대되는 개념이 파국破國, 파군破軍, 파려破旅, 파졸破卒, 파오破伍다. 여기의 파破는 때려 부수거나 깨뜨려 헐어버리는 파괴破壞의 뜻이다.

이는 서양 최고의 병법서로 불리는 클라우제비츠의『전쟁론』에 나오는 전쟁의 기본 이치와 통한다. 적의 심장부를 강타해 다시는 '기어오르는 일'이 없게 철저히 괴멸壞滅시킬 것을 주장한 게 그렇다. 『전쟁론』은 '파국'과 '파군'의 단계를 뛰어넘어 아예 존재 자체를 말살하는 멸국滅國과 멸군滅軍에 가깝다고 보아야 한다. 전쟁을 바라보는 동서의 시각 차이가 이처럼 크다.

『전쟁론』도 그 나름의 장점이 있다. 사물이나 사태의 이면을 꿰뚫어보는 통찰력洞察力을 역설한 게 대표적이다. 클라우제비츠는『전쟁론』을 모두 독일어로 썼는데, 예외적으로 유일하게 프랑스어 단어 하나를 사용했다. 그것이 바로 통찰력을 뜻하는 '쿠되이Coup d'œil'다. 승패의 관건을 지휘관의 '쿠되이'에서 찾은 것은『손자병법』의 식견에 비견할 만한 탁견에 해당한다. 그러나 전국과 전군을 이루지는 못할망정 파국과 파군의 차원을 뛰어넘는 멸국과 멸군 차원의 섬멸전까지 주장한 것을 보면 경악할 수밖에 없다.『손자병법』을 관통하는 '병도'의 개념을 알지 못한 탓이라고 해석할 수밖에 없다.

사상사적으로 볼 때 이는 클라우제비츠만의 책임도 아니다. 서양의 역사문화는 음양이 교합하는 '도'의 개념을 제대로 이해하기에는 너무나 오랫동안 이분법적인 선악善惡의 대립 개념에 빠져 있었다. 서양의 역사문화가 보이는 한계다. 다만 쿠데이 같은 용어를 만들어내며 동양의 역사문화를 깊숙이 흡입한 프랑스는 약간 예외적이다. 통치 사상과 체제 등을 보면 오히려 더욱 동양적이다. 이런 것은 중국과 한국 등이 되레 프랑스에서 배울 필요가 있다.

눈앞의 이익보다는 신의를 앞세워라

『손자병법』「모공」은 부득이 싸움을 하게 될 경우에 구사하는 가장 높은 수준의 전술에서 최하 수준의 전술까지 단계별로 언급해놓고 있다. 최상의 단계는 적을 온전히 한 채로 승리를 거두는 이른바 전적취승全敵取勝이다. 줄여서 전승全勝이라고 표현한다. 같은 한자를 쓸지라도, 매번 싸울 때마다 이기는 백전백승이라는 뜻의 전승과는 완전히 다른 개념이다.

『손자병법』에 나오는 모든 '전승' 용어는 '전적취승'의 개념으로 사용된 것이다. 제4편인 「군형」에서는 자보전승自保全勝으로 표현해놓았다. 자신의 전력을 그대로 보존한 가운데 온전한 승리를 거두는 것을 말한다. 적을 온전히 한 채로 승리를 거두는 것이니만큼, 화살 한 발 쏘는 일 없이 자신의 전력을 그대로 보존하는 것은 당연한 일이기도 하다.

전승도 여러 단계가 있다. 최상의 단계는 상대방의 마음을 얻어 굴복시키는 심복心服이 전제되어야 가능한 일이다. 반발하면 충돌이 빚어지고, 결국 아군이든 적군이든 피를 흘리게 되어 있다. 유혈 충돌이 빚어질지라도 그 파장이 마치 '찻잔 속의 태풍'처럼 미미하다면 사실상 전승에 해당한다. 일본이 조선을 병탄할 때 써먹은 수법이다. 시간을 두고 야금야금 먹어간 것이다.

사서에 기록된 전승의 대표적인 사례로, 춘추시대 중엽 제 환공에 이어 두 번째로 패업을 이룬 진晉나라 문공文公의 행보를 들 수 있다. 그는 중국의 전 역사를 통틀어 19년간에 걸친 망명 생활 끝에 보위에 올라 천하를 호령한 유일무이한 군주에 해당한다. 그의 치세 때 전승의 사례가 나온 것도 이런 맥락에서 이해할 수 있다.

실제로 진 문공은 즉위 직후 나라를 다스리는 데에 온 정성을 기울였다. 인재 등용을 빈틈없이 하고, 백성의 빚을 탕감해주고, 세금을 감경하고, 도적을 제거하고, 국용의 쓰임새를 줄이고, 전량錢糧을 풍부히 비축한 것 등 정사를 올바르게 돌보자 진나라의 정치가 청평해진 것은 물론이고 백성의 생활 또한 풍족해졌다. 그는 이러한 일련의 개혁 조치를 통해 진나라의 피폐한 기풍을 완전히 새롭게 바꿔놓았다. 19년간에 걸친 망명 생활을 통해 백성의 삶을 누구보다도 잘 알고 있었던 덕분이다.

이러한 소식을 들은 주나라 양왕襄王이 진 문공에게 조정 대신이 입는 관복을 내렸다. 제 환공의 뒤를 이은 제2의 패자가 되어 주 왕실을 받들어달라는 기대에서 나온 것이다. 그런데 당시 주 양왕에게는 이복동생인 태숙 대帶가 있었다. 태숙 대는 일찍이 북쪽의 융인

戎人을 불러들여 왕위를 빼앗으려 했다가 제 환공의 저지로 실패하자 밖으로 달아났던 인물이다. 이후에 그는 모친인 혜후惠后의 간청 덕분에 간신히 돌아오게 됐다. 혜후는 태숙 대를 총애한 나머지, 큰 아들인 양왕을 끌어내리고 태숙 대를 보위에 올리고자 했으나, 끝내 뜻을 이루지 못하고 죽었다. 태숙 대는 은인자중하는 모습을 보이면서도 속으로는 수단 방법을 가리지 않고 보위를 빼앗고자 했다.

이를 모르는 양왕은 그에게 지금의 하남성 낙양현 서남쪽에 있는 감甘 땅을 식읍으로 내렸다. 이에 사람들이 태숙 대를 감소공甘昭公으로 불렀다. 감소공 대는 드디어 적인狄人 군주의 딸인 왕후 외씨隗氏와 정을 통했다. 이후 두 사람은 뇌물 등을 주어 궁녀들의 입을 틀어막고는 밤낮을 가리지 않고 정을 통했다. 이후 양왕이 이 사실을 알고는 외씨를 왕후의 자리에서 쫓아내고 냉궁冷宮에 가두어버렸다. 이 소식을 들은 적인의 군주가 대로했다. 감소공 대가 적인의 군사 5,000명을 이끌고 쳐들어왔다. 양왕을 가까이에서 보필하던 신하인 주공 기보忌父와 원백原伯, 모백毛伯 등이 모두 포로로 잡혔다. 양왕은 황급히 정나라의 범氾 땅으로 피신하고 나서 즉시 대부 간사보簡師父을 진나라로 보내 변란이 일어난 사실을 알리게 했다.

주 양왕 17년인 기원전 635년 봄, 진 문공이 군사를 동원해 주 양왕을 낙읍으로 호송코자 했다. 먼저 군사를 이끌고 황하를 따라 내려가서는 지금의 하남성 제원현인 양번에 군사를 주둔시켰다. 이어 우익右翼에 명하여 온溫 땅에 있는 감소공 대를 치게 했다. 이어 좌익左翼에 명하여 범 땅에 있는 주 양왕을 영접하게 했다. 우익이 온 땅

리스크 없이 쟁취하라 – 손자처럼

으로 진격해 들어가자 감소공 대가 몹시 놀라 주 양왕의 왕후 외씨와 함께 도주했다. 그러나 감소공 대는 얼마 지나지 않아 진나라 군사에 의해 사로잡히고 말았다. 좌익은 주 양왕을 호송해 낙읍으로 들어갔다. 주 양왕이 마침내 지금의 하남성 낙양 서쪽인 겹郟 땅에서 복위의 의식을 치렀다. 난을 일으켰던 감소공 대와 외씨는 하남성 무척현 서남쪽인 습성에서 진나라 군사에 의해 참수됐다.

  진 문공은 주 양왕을 복위시키고 나서 이튿날 곧바로 군신들을 이끌고 가서 주 양왕을 뵈었다. 주 양왕이 크게 기뻐하며 진 문공을 위해 큰 연회를 베풀었다. 이때 주 양왕은 진 문공에게 명복命服과 제육祭肉을 내리고 폐백幣帛을 더했다. 그러자 진 문공이 "청하옵건대 훗날 신이 죽은 뒤에 수장隧葬할 수 있도록 허락해주십시오. 그러면 지하에서나마 무궁한 성은을 입을 것입니다"라고 청했다.

  '수장'은 분묘에 무덤으로 들어가는 길을 내어 관을 안치하는 장례법을 말하는데, 이는 천자의 장례 때에만 행하던 것이다. 주 양왕의 처지에서는 비록 진 문공이 자신이 복위하는 데에 결정적으로 공헌하였으나, 이 청을 들어줄 수는 없었다. 만일 이를 들어준다면 그나마 주 왕실이 전유하고 있는 권위가 단번에 추락할 소지가 컸다. 그리되면 주 왕실의 존립 자체가 위험에 빠질 수밖에 없었다. 어떤 일이 있더라도 이것만은 허용할 수가 없었다. 주 양왕이 단호히 거절했다.

  "이는 주 왕실이 예로부터 천자만이 행할 수 있도록 규정한 전장典章이오. 이를 허락하면 주 왕조에는 두 명의 천자가 있게 되오. 그리

되면 장차 천하에 정령政令을 어찌 반포할 수 있겠소?"

진 문공도 감히 더는 청하지 못했다. 이를 강요했다가는 반역으로 몰릴지도 모를 일이었다. 당시 주 양왕은 수장을 허락지 않는 대신에 진 문공에게 황하 이북과 태행산 남쪽 일대인 남양의 여덟 개 성읍을 하사했다. 양번, 온, 원, 주, 형, 치, 조, 찬모 등이 그것이다. 진 문공을 제 환공의 뒤를 잇는 명실상부한 제2의 패자로 삼아 제후들의 능멸을 막고자 한 것이다.

그런데 당시 주 양왕의 조치는 현실을 무시한 것이었다. 여덟 개 성읍 가운데 진나라로의 귀속을 원치 않는 곳이 적지 않았기 때문이다. 대표적인 성읍이 바로 양번과 원이었다. 먼저 반기를 든 것은 양번이었다. 당시 양번의 백성은 진나라에 귀속되는 것을 원치 않아 진나라 관원의 접수를 거부했다. 이에 화가 난 진 문공은 곧 군사들로 하여금 성을 포위케 하고 장차 양번의 백성을 도살코자 했다. 이때 양번을 지키는 수장守將 창갈倉葛이 성 위로 올라가 큰소리로 이같이 외쳤다.

"천왕(주 양왕)은 주 왕실을 안정시킨 진나라 군주(진 문공)의 공로를 인정하여 양번을 진나라에 상으로 내렸다. 그러나 양번의 백성은 천왕이 베푼 은덕을 생각해 진나라에 귀속되는 것을 원치 않고 있다. 진 군주는 우리 양번의 백성에게 무슨 은혜를 베풀었는가? 그런데도 지금 오히려 우리의 종묘를 크게 훼손하고 심지어는 우리 백성을 죽이려고까지 하니 이는 우리로 하여금 감히 귀순치 못하게 하려는 것이 아닌가? 응당 토벌해야 할 대상은 사방의 만이蠻夷(오랑캐)와

방자하게도 왕실에 복종치 않는 제후들이다. 지금 세력이 작고 약한 양번의 백성은 진 군주의 정령을 두루 알 수 없다. 그래서 진 군주의 명에 따르려는 사람이 없는 것이다. 만일 진 군주가 양번의 백성에게 은혜를 베풀면 우리가 어찌 진나라 관원의 명을 좇지 않겠는가? 지금 이같이 하는 것은 진나라 군사의 혁혁한 무위武威을 욕되게 할 뿐이다."

그러고는 백성에게 각기 무기를 잡고 성 위로 올라가 싸울 태세를 갖추게 했다. 진 문공은 장갈의 일갈을 듣고는 곧 전군에 명령을 내려 양번성을 둘러싼 포위망을 풀고 양번의 백성이 마음대로 나갈 수 있게 허락했다. 그러자 주나라로 돌아가고자 하는 백성이 절반이 넘었다. 창갈은 이들을 이끌고 양번성을 떠나 지금의 하남성 제원현 동남쪽인 지軹 땅으로 옮겨갔다.

양번이 복속된 지 얼마 안 돼 원의 백성도 진나라 귀속을 거부하고 나섰다. 대로한 진 문공이 군사들을 이끌고 가서 원성을 포위했다. 대부 조최趙衰가 간했다.

"원의 백성이 항복치 않는 것은 우리 진나라를 믿지 않기 때문입니다. 군주가 저들에게 믿음을 보여야 합니다. 그리하면 성문은 저절로 열릴 것입니다."

진 문공이 물었다.

"어찌하면 저들에게 신의를 보일 수 있겠소?"

조최가 대답했다.

"병사들에게 명하기를, '장차 사흘 동안 먹을 양식만 휴대하고, 사

흘 동안 원성을 공격하되 함락시키지 못할 때는 본국으로 철군한다'
라고 하십시오."

진 문공이 이를 좇았다. 그러나 사흘이 지나도록 원성의 백성은 투
항치 않았다. 이에 진 문공이 원성을 버려두고 철군할 것을 명했다.
이때 첩자가 성안에서 나와 군리軍吏에게 이같이 보고했다.

"원성의 식량이 떨어져 원성 사람들이 투항하는 것은 바로 하루
이틀 사이에 달렸습니다."

군리가 이를 전하자 진 문공이 말했다.

"원성을 얻을지라도 신용을 잃으면 장차 무엇으로 백성을 다스릴
수 있겠는가? 무릇 신용은 백성이 의지하고 보호받는 것이니, 결코
이를 잃을 수는 없다."

그러고는 철군을 강행했다. 그러자 원성의 백성이 입을 모아 진 문
공을 칭송했다.

"진의 군주는 성을 잃을지언정 신용만은 잃지 않으려고 한다!"

진나라 군사들이 지금의 하남성 휘현인 맹문에 이를 즈음, 원성의
백성이 스스로 성문을 열고 투항했다. 진 문공은 원성의 수장 원백
原伯을 기冀 땅으로 옮기고 조최를 원의 대부로 삼고 양번까지 다스
리게 했다. 조최의 능력과 충성을 높이 샀기 때문이다. 당시 진 문공
에게는 여러 명의 뛰어난 신하가 있었는데, 계책만큼은 조최가 단연
발군이었다. 조최는 『손자병법』「모공」에서 역설한 전적계의 이치를
통찰하고 있었던 셈이다.

무기를 들기 전에 마음부터 공략하라

삼국시대 당시에 제갈량諸葛亮이 행한 '칠종칠금七縱七擒'도 큰 틀에서 보자면 전적계의 한 사례로 들 수 있다. 원래 칠종칠금은 진수陳壽가 쓴 정사『삼국지』에는 나오지 않는다.

역사소설『삼국지연의』에 따르면 제갈량이 유비劉備의 뒤를 이은 유선劉禪을 보필할 때 각지에서 반란이 일어났다. 제갈량은 위魏나라를 공략하여 생전에 유비가 세운 뜻을 받들어야 했지만, 우선 내란부터 수습해야 했다. 유선이 아직 어린 탓에 군대를 동원하는 것이 무리라고 판단한 제갈량은 반란군에 유언비어를 퍼뜨리고 이간책을 썼다. 결국 반란군은 자중지란自中之亂을 일으켜 서로 살육을 일삼았다. 그런 과정 끝에 마지막으로 등장한 반란군이 바로 장수 맹획孟獲이었다.

제갈량은 계략을 써서 맹획을 생포했는데, 제갈량은 오랑캐로부터 절대적 신임을 받고 있는 그를 죽이는 것만이 능사는 아니라고 판단하였다. 촉한의 무장인 마속馬謖이 "용병의 도리는 최상이 민심을 공략하는 것이고 군사전은 하책일 뿐이니, 심리전을 펴서 적의 마음을 정복하라"라고 말했듯이, 제갈량은 오랑캐의 마음을 사로잡으면 나중에 그들의 인적·물적 자원을 바탕으로 북벌北伐을 진행하기가 한결 용이할 것으로 생각하여 맹획을 풀어주었다.

고향에 돌아온 맹획은 분함을 이기지 못해 전열을 재정비하여 또다시 반란을 일으켰다. 그러자 제갈량 역시 자신의 지략을 이용하여 맹획을 다시 사로잡았다가 또 풀어주었다. 이렇게 사로잡고 풀어

주기를 일곱 번 반복한 끝에, 마침내 맹획은 제갈량에게 마음속으로 복종하여 부하 되기를 자청했다. 이 고사에서 칠종칠금이라는 말이 나왔는데, 오늘날에는 '상대편을 마음대로 요리함'을 상징하는 말로 사용된다.

용병에서 가장 낮은 수준의 전술은 유혈전을 동반하는 '공성攻城' 이다.『손자병법』에서 구체적으로 언급하지는 않았으나 공성 중에서 도 최하 단계는 '진흙밭의 개싸움'인 이전투구泥田鬪狗다. 이익을 좇아 배신을 일삼는 조폭의 세계가 이에 해당한다. 인간의 호리지성이 가장 극악한 형태로 나타난 경우다.

영어에는 '피릭 빅토리Pyrrhic victory'라는 용어가 있다. '상처뿐인 영광'을 뜻하는 말이다. 어원적으로 따지면 '피로스Pyrrhos의 승리' 라는 뜻인데, 피로스는 기원전 3세기 말에 그리스 북서쪽에 있었던 에피루스의 왕이다. 전략에 뛰어난 그는 기원전 280년 이후 이탈리 아에서는 로마에, 시칠리아에서는 카르타고에 대적해 싸웠다. 몇 차례 승리를 거두기는 했으나 손실이 너무나 컸다. 병사가 첩보를 전하자 그가 탄식하기를, "이런 승리를 한 번만 더 하면 우리는 망하고 만다!"라고 했다. 여기서 상처뿐인 승리를 두고 '피로스의 승리'라는 말이 나왔다.

우리말에도 유사한 속담이 있다. "배보다 배꼽이 크다"라는 속담 이 그것이다. 정해진 몫보다 덧붙이는 물건 또는 비용이 더 많다는 뜻이다. 손해가 이득을 넘어섰다는 취지다.

03

상대가 절로 손들게 하라

백 번 싸워 백 번 이기는 백전백승百戰百勝은 결코 최상의 계책이 될 수 없다. 싸우지 않고도 적을 굴복시키는 부전굴인不戰屈人이야말로 최상의 계책에 해당한다.

百戰百勝, 非善之善者也. 不戰而屈人之兵, 善之善者也.

_「손자병법」「모공」

『손자병법』은 전쟁을 평화의 또 다른 측면으로 이해하고 있다. 전쟁의 궁극적인 목적이 평화를 이루는 것이라면 상대를 온전히 한 채로 제압하는 게 최상이라는 취지다. 여기서 나온 계책이 바로 앞서 검토한 전적계다. 말할 것도 없이, 힘으로 제압할 경우의 부작용을 고려한 것이다.

『손자병법』이 「모공」에서, 싸우지 않고 승리를 거두는 "부전이굴인不戰而屈人"을 최고의 전략으로 내세운 것도 같은 맥락이다. 항간에서는 '부전굴인'을 통상 '부전승不戰勝'이라고 표현한다. 같은 말이다. 원래 '부전승'은 비즈니스 협상테이블의 상략상술에 훨씬 효과가 크다.

이를 집중적으로 연구해 '낙양의 종이 값을 올린洛陽紙價貴(책이 많이 팔리는 것을 비유적으로 일컫는다)' 대표적인 인물로 미국 펜실베이니아대학 경영대학원인 와튼 스쿨의 아이콘이라 할 스튜어트 다이아몬드를 들 수 있다. 『뉴욕타임즈』 기자 출신인 그는 와튼 스쿨 MBA와 하버드대학 로스쿨을 졸업하고 경영 컨설턴트로 변신해 명성을 떨치고 있다. 그의 강의는 영국의 저명한 경제지 『파이낸셜 타임스』가 매년 선정한 경영대학원 순위 평가에서 거의 매년 1등을 차지하는 와튼 스쿨에서도 최고의 강의로 정평이 나 있다.

그는 지난 2011년 『어떻게 원하는 것을 얻는가?』를 펴냈다. 그의 주장에 따르면 설득력은 논리보다 공감에서 나온다. 사람을 힘으로 제압하려 들지 말고 감복시키라는 얘기다. 이른바 '감성 접근법'이다. 구글을 비롯해 JP모간, IBM, 마이크로소프트 등 세계 유수의 글로벌 기업들이 그의 감성 접근법에 공감해 컨설팅을 받은 바 있다. 그는 자신의 저서에서 "힘과 논리 대신 감성으로 상대방을 이해하면 더 많은 것을 얻어낼 수 있다. 힘과 협박, 파업, 비난 등으로 상대방을 압박하면 들인 노력에 비해 얻어낼 수 있는 파이가 작아진다"라고 강조하면서 힘과 논리 대신에 "상대방의 생각과 감성을 이해하고 존중할수록 얻는 대가가 더 커진다"라고 주장했다.

이런 주장은 상대방을 협박하고 힘으로 맞서야만 원하는 것을 조금이라도 더 얻을 수 있다는 기존의 협상법과는 완전히 차원이 다른 접근법이다. 객관적으로 보면 사실 이는 『손자병법』에 나오는 '부전승' 개념을 21세기 버전의 협상 이론으로 살짝 가공한 것에 가깝다.

사상사적으로 보면 『손자병법』에서 말하는 부전승 개념은 원래 『도덕경』 제58장의 화복상의禍福相依 개념에서 나온 것이다. 화와 복이 서로 맞물려 있는 까닭에 늘 겸허해야 한다는 게 골자다. 『손자병법』의 부전승 개념 역시 승리와 패배가 서로 맞물려 있는 까닭에 승리에 도취해서는 안 된다는 취지를 담고 있다. 그런 이유로 『손자병법』에는 부전승 이념이 관통하고 있다고 할 수 있다.

서양은 오랫동안 이런 이치를 제대로 알지도 못했고 알려고 하지도 않았다. 와튼 스쿨의 다이아몬드가 뒤늦게 이를 깨닫고 감성 접근법이라는 이론을 만들어낸 셈이다. 서양이 오랫동안 부전승으로 상징되는 '굴인계屈人計' 등의 이치를 제대로 파악하지 못한 것은 매사를 선악의 이분법으로 접근하는 서양의 역사문화 유전자와 무관할 수 없다. 실제로 과거 미국의 부시 정부는 세계의 모든 나라를 선과 악의 나라로 양분한 바 있다. 서양의 이런 전통은 그 뿌리가 매우 깊어 쉽게 교정할 수 없는 것이다.

일찍이 손무와 비슷한 시기에 살았던 고대 그리스의 철학자 헤라클레이토스Heracleitos는 전쟁을 우주의 섭리인 로고스Logos의 작동 결과로 보았다. 『성경』 「창세기」의 맨 앞 대목에서 '하느님의 말씀'이라는 의미로 사용된 로고스는 외양상 『도덕경』의 키워드인 '도道'

와 사뭇 닮았다. 그러나 근본적인 차이가 있다. 『도덕경』은 도를 자연의 이치로 해석한 데에 반해, 서양은 로고스를 인격신인 야훼의 영역으로 간주한 게 그렇다.

"신은 모든 것이 정의롭고 올바르지만, 인간은 어떤 것은 정의롭고 어떤 것은 그렇지 않다. 만물에 공통된 투쟁은 만물의 아버지이자 만물의 제왕이다. 투쟁이 곧 정의이고, 만물은 투쟁을 통해 생장하고 소멸한다."

헤라클레이토스의 이런 주장은 후대에 커다란 영향을 끼쳤다. 전쟁을 정의가 부不정의를 제압하는 과정으로 파악한 게 그렇다. 이게 나폴레옹전쟁 때 프로이센 장교로 출전한 바 있는 클라우제비츠의 『전쟁론』에 그대로 투영되어 있다.

마키아벨리Machiavelli의 『전술론』도 크게 다르지 않다. 이 책에서 마키아벨리는 인접한 두 강국이 충돌한다면 중립을 지켜서는 안 되고 적극적으로 어느 한쪽의 편을 드는 것이 최상의 선택이라고 주장했다. 200년 뒤의 클라우제비츠는 『전쟁론』에서 마키아벨리의 이런 주장을 높이 평가하면서 전쟁의 의미를 이같이 풀이해놓았다.

"전쟁은 적을 굴복시키고 내 의지를 실현하고자 사용하는 폭력 행위이고, 그 수단에는 본래 어떤 제한도 있을 수 없다."

그의 이런 언급은 이른바 호전론好戰論의 핵심이 무엇인지 여실히 보여주고 있다. 19세기 후반의 문명사가로서 '르네상스'라는 용어를 만들어낸 스위스인 부르크하르트Burckhardt의 해석도 별반 다르지 않다. 그는 『세계사 관찰』에서 용맹한 전사를 이같이 예찬했다.

"전사들은 번개가 치는 폭풍우처럼 공기를 깨끗이 하고 쇠약과 거짓, 게으름 등에 맞서 나라 건립의 기초인 영웅적인 미덕들을 만들어낸다."

모든 사물의 생장 소멸을 대립과 투쟁을 통한 변증법적 통합 과정으로 풀이한 헤겔Hegel의 『역사철학』도 같은 논리 위에 서 있다. 변증법을 차용해 인류의 역사를 착취에 대한 투쟁의 역사로 해석한 마르크스Marx의 유물사관도 같다. 서양에서 21세기 현재에 이르기까지 수천 년에 걸쳐 호전론이 횡행하는 근본 배경이 여기에 있다. 무력을 동원한 정의의 실현으로서 전쟁을 바라본 탓이다. 여러모로 『손자병법』이 '부전승'을 최상의 전략으로 내세운 것과는 대비된다.

싸우지 않고 적을 굴복시켜라

북경대학의 경영대학원 앞에는 노자의 두상이 모셔져 있다. 부전승의 이치를 경영 전략의 핵심으로 내세운 것이다. 이런 이치를 모른 채 『손자병법』의 전략전술만 배우려드는 하버드대 경영대학원보다는 한 수 위다. 예로부터 동양은 전쟁을 정의와 부정의의 대결로 해석한 서양과 달리 평화와 폭력의 대결로 보았다. 종교적인 선악善惡 개념이 아닌 현실적인 당부當否의 문제로 파악한 것이다. 『도덕경』제67장에는 이를 뒷받침하는 내용이 나온다. "자애를 버린 채 용맹에만 힘쓰면 이내 패망한다. 무릇 자애를 통해서만 전쟁을 해도 이길 수 있고, 수비를 해도 견고해질 수 있다."

자애는 평화, 용맹은 폭력을 상징한다. '평화를 위한 전쟁' 개념은 서양의 호전론과 대비되는 동양의 신전론愼戰論에서 나온 것이다. 이는 부득이할 경우에 한해 신중한 자세로 전쟁에 나서는 것을 의미한다. 부전승의 요체가 바로 여기에 있다. 중국의 수뇌부가 외국에 나가 해당국 지도자들에게 『손자병법』을 자주 선물하는 것도 이런 맥락에서 이해할 수 있다.

'소프트 파워'라는 개념을 처음으로 제창한 조지프 나이 하버드대학 교수는 인류사에는 세 가지 국제정치 체제가 존재한 바 있다고 주장했다. 로마제국 시절의 '팍스' 체제, 중세시대의 '봉건' 체제, 현대의 '무정부적 국제정치' 체제가 그것이다. 현재는 이 중에서 무정부적 국제정치 체제의 세계로, 세계정부가 없기에 강대국이 국제법을 어겨도 제재할 수 없다는 것이다. 비록 서양의 역사를 토대로 한 편협한 분석이기는 하지만 역사적 사실의 일단을 보여주고 있다.

현재 유엔은 세계정부의 기능과 역할을 수행치 못한다. 갈등조정 능력이 한없이 취약하다. 미국이 유엔 안전보장이사회 결의안도 없이 이라크를 침공했을 때에 당시 유엔 사무총장이었던 코피 아난은 "오늘은 국제사회가 슬퍼하는 날이다"라고 한탄만 했을 뿐이다. G1 미국을 제재할 생각을 엄두도 내지 못했다.

지난 20세기는 미국의 시대였다고 해도 과언이 아니다. 1991년 소련 붕괴 이후 본격화한 G1 미국의 '팍스 아메리카나' 체제는 미국이 세계를 혼자 지배하고 끌어가는 세상을 뜻한다. 강력한 군사력과 월가의 막강한 자본력, 할리우드 영화로 상징되는 강력한 소프트 파워가 그 밑바탕이다. '팍스 로마나'의 부활이나 다름없다.

과거 냉전의 골이 깊어지면서 대륙간 탄도 미사일 등의 최첨단무기 개발 경쟁이 가속화되었다. 이런 흐름은 신형 스텔스전투기 개발 경쟁에서 보이듯 21세기 현재까지도 지속되고 있다. 군수산업체들은 축적된 막강한 자금을 배경으로 워싱턴의 상하원 의원들과 긴밀한 유착 관계를 형성했다. 군산복합체의 일감이 떨어지지 않도록 신무기에 대한 수요를 발생시키는 새로운 군사개편 계획이 계속해서 만들어진다.

또한 국지전 양상으로 분쟁이 일어날 때마다 해당 전쟁터가 신무기 성능 시험장으로 활용되고 있는 점에 주목할 필요가 있다. 육·해·공으로 구성된 펜타곤은 각각의 무기 공급선을 지니고 있고, 펜타곤 스스로가 각 군수산업체 간의 품질 경쟁과 가격 경쟁을 유도하고 있다. 일부 전문가는 미국의 여러 우방국이 경쟁에서 탈락한 회사의 무기를 사들이는 현상에 주목하여, 미국 정부가 군산복합체의 로비스트 구실을 하고 있다는 지적도 내놓고 있다.

이러한 상황은 군비를 축소해 대립과 갈등을 종식하고 화해 분위기를 조성하여 군비에 투입되는 막대한 재원을 경제 건설과 복지 문제 및 환경 문제 등의 해결 쪽으로 돌리려는 움직임에 커다란 장애물로 작용하고 있다. 평화의 훼방꾼이나 다름없다. 군산복합체가 지원하는 후보가 G1 미국의 대통령이 될 경우 그 폐해는 상상조차 하기 어려울 만큼 엄청날 것이다. 실제로 부시 부자의 경우를 대표적인 사례로 꼽을 수 있을 것이다.

미국은 수십만 명의 군사를 해외에 주둔시키고 있다. 오바마 정부는 국방비를 해마다 줄이겠다고 약속했지만 실제로 국방예산이 줄어드는 것은 아니다. 중국도 마찬가지다. 시진핑은 지난 2015년 9월 전승절 기념식에서 지상군을 대거 감축하겠다고 약속했으나 국방예산을 줄이겠다는 취지는 아니다. 중국은 국방 예산을 공개하지 않으니 그렇다 치더라도, 미국 역시 공개된 예산 속에 숨어 있는 국방예산이 있다. FBI과 CIA 등이 사용하는 테러 대비 및 해외 비상작전 예산 등이 그것이다. 이는 일반인들이 열람할 수조차 없다.

오바마의 공언처럼 미국의 국방 예산이 장차 줄어들 것으로 예상하는 것은 너무 순진한 생각이다. 팍스 아메리카나 체제 자체가 이를 허용치 않기 때문이다. 팍스 아메리카나 체제는 막강한 무력을 배경으로 약탈경제 위에 풍요를 구가했던 팍스 로마나 체제를 그대로 닮았다. 웨스트포인트 같은 사관학교에서 『손자병법』을 필수 이수과목으로 선택한 것도 이런 맥락에서 이해할 수 있다.

왜 지금 『손자병법』을 읽어야 하는가?

그렇다면 하버드대학을 비롯한 세계 유수의 많은 경영대학원이 『손자병법』을 기본 교재로 삼고 있는 것은 어떻게 생각해야 할까? 크게 다를 게 없다. 21세기 G2 시대를 국가 총력전 양상의 경제전이라는 관점에 보면, 이 싸움에서 패하면 국가의 흥망이 좌우된다. 미국은 G1의 자리에서 내려와야 한다. 중국은 미국의 명을 받들어야 하는, 이름뿐인 G2로 남게 된다. 경제전의 선봉에 서 있는 글로벌 기업들이 『손자병법』의 전략전술을 상략상술로 활용하는 방안에 골몰할 수밖에 없는 이유다.

게다가 기업 CEO 대부분은 『손자병법』에 CEO 자신들의 리더십을 포함해 기업조직 관리, 경영마인드 등 다양한 분야에 적용할 수 있는 원리를 내포하고 있다고 믿는다. 실제로 마이크로소프트의 빌 게이츠와 소프트뱅크의 손정의 등은 『손자병법』의 전략을 구사해 초일류 글로벌 기업을 일구는 데에 성공했다. 삼국시대의 조조를 위시해 '신新중화제국'의 창업주인 마오쩌둥, 프랑스혁명의 대미를 장식한 나폴레옹, 일본 전국시대 최고의 전략가인 다케다 신겐竹田信玄 등이 『손자병법』을 숙독해 천하를 호령한 것과 다를 게 없다.

중국인 출신 CEO로는 사상 최초로 하버드대 경영대학원 강단에 선 하이얼 그룹의 장루이민 회장을 들 수 있다. '중국의 잭 웰치'로 불리는 그는 『손자병법』「허실」에 나오는 수무상형水無常形 개념을 경영 전략으로 삼아 하이얼을 일약 세계 제일의 백색가전 브랜드로 키워낸 바 있다. 그는 이같이 말한다.

"물이 일정한 형태가 없는 것과 마찬가지로 용병도 고정된 방법이 없다!"

이 또한 『도덕경』에서 나온 것으로, 허허실실虛虛實實의 임기응변과 물실호기勿失好機의 과감한 결단이 필요함을 언급한 내용이다. 부전승이 병가의 치도라면, 임기응변과 과감한 결단은 병가의 치술治術에 해당한다. 전략전술이 바로 그것이다. 승패를 좌우하는 전쟁터의 전략전술과 기업의 흥망을 좌우하는 비즈니스 협상테이블의 상략상술은 같은 곡을 달리 연주한 것에 지나지 않는다.

스마트 시대에는 기업 CEO의 리더십이 더욱 중요하다. 임기응변과 과감한 결단 여부에 따라 기업의 흥망이 갈리기 때문이다. 전장에서 지휘관의 수준에 따라 병사들의 생사와 승패가 갈리는 것과 마찬가지다. 국가 총력전 양상을 보이는 21세기 경제경영 환경에서 기업 CEO라면 누구나『손자병법』을 깊이 연구해야만 하는 이유다.

실제로 동서고금을 통틀어『손자병법』을 뛰어넘는 경영 이념 및 경영 전략서는 나온 적도 없고 앞으로도 나오지 않을 것이다. 노자의 '도치' 이념에서 도출된 부전승을 전면에 내세우며, 이를 달성하는 단계별 전략전술을 수록해놓은 것은 오직『손자병법』밖에 없다. 그래서 남북조 때의 유협劉勰은 자신이 쓴 시문 비평서『문심조룡』중「정기」에서『손자병법』을 '병경兵經'이라 칭송한 바 있다.

이제 세계에서 이름난 경영대학원이 하나같이『손자병법』을 교재로 채택한 데서 알 수 있듯이 병서의 성전인 병경兵經에 이어 비즈니스의 바이블인 상경經商의 역할까지 겸하고 있다. 안방과 문밖의 구별이 사라진 스마트 시대에는 그야말로 총칼 없는 비즈니스전쟁이 벌어진다. '병경'보다 '상경'의 역할이 더욱 중시되는 이유다. 조조와 마오쩌둥이 군사를 이끌고 전쟁터를 누비며 천하를 호령할 때에 병략 지침서로 활용되었던『손자병법』이 21세기에 들어와서는 오히려 글로벌 비즈니스의 상략 지침서로 더 인기를 끄는 셈이다.

벌모계
伐謀計

04

상대의 계책을 깨뜨려라

전쟁에서 최상의 계책은 지략으로 적을 굴복시키는 것이다. 차선책은 외교 수
단으로 적을 굴복시키는 것이다. 그다음 차선책은 무력으로 적을 굴복시키는
것이다. 최하의 계책은 적의 성을 직접 공격하는 것이다. 적의 성을 직접 공격
하는 방안은 부득이할 경우에 한한다.

上兵伐謀, 其次伐交, 其次伐兵, 其下攻城. 攻城之法, 爲不得已.

_「손자병법」「모공」

「모공」에 나오는 전략은 크게 세 가지로 요약할 수 있다. 첫째, 지략
으로 적을 굴복시키는 벌모伐謀다. 적의 계모計謀를 친다는 뜻으로,
이를테면 적의 속셈을 읽고 사전에 그 의도를 차단하는 것을 말한
다. 계모를 세워 적을 토벌한다는 뜻의 벌적이모伐敵以謀로 새겨도
뜻이 통한다. 둘째, 벌모가 통하지 않을 때는 적의 동맹 외교를 차단
해 고립시키는 벌교伐交다. 벌교 역시 외교 책략을 동원해 적의 침략

부전 | 싸우지 않고 이기는 불패술

51

의도와 저항 의지를 좌절시키는 벌적이교伐敵以交로 새겨도 뜻이 통한다. 셋째, 벌교가 통하지 않을 때 최후의 수단으로 군사를 동원해 적의 성을 공격하는 공성攻城이다.

최상의 전략은 말할 것도 없이 벌모다. 이는 다시 크게 세 가지로 나눌 수 있다. 사람의 마음을 얻어 복종케 하는 심복지계心服之計, 큰 이익을 주어 따르게 하는 대여지계大予之計, 보유한 권력과 위세를 이용하는 위권지계威權之計가 바로 이에 해당한다. 명예를 탐하는 자에게는 심복지계, 권력을 바라는 자에게는 위권지계, 이익을 밝히는 자에게는 대여지계를 구사한다.

벌모의 첫 번째 방안은 사람을 감동시켜 복종케 하는 심복지계다. '심복'은 마음속으로 크게 기뻐하며 성심을 다해 복종한다는 심열성복心悅誠服의 준말이다. 예나 지금이나 사람을 자발적으로 움직이게 하는 데에 감동만큼 좋은 방안은 없다. 가장 자긍심이 높은 인간의 명예 욕구를 자극하기 때문이다. 심복지계는 벌모의 방안 중 최상의 방안에 해당한다. 대개 종교적 지도자나 강한 신념을 지닌 사상가 및 혁명가 중에는 심복지계를 활용해 성공을 거둔 인물이 많다.

삼국시대 당시 유비는 명예를 중시하는 인간의 호명지심好名之心을 적극적으로 활용해 부하들의 충성을 얻어내는 심복지계를 구사한 대표적인 인물이다. 이익을 중시하는 인간의 호리지성을 적극적으로 활용한 조조와 대비된다. 대표적인 사례로 장판교長坂橋싸움을 들 수 있다.

리스크 없이 쟁취하라 – 손자처럼

건안 13년인 208년 9월, 조조가 형주를 접수할 당시 유비는 장판에 있었다. 그는 뒤늦게 유종劉琮의 투항 사실을 알게 됐다. 그대로 있다가는 조조에게 포로로 잡힐 수밖에 없었기에 황급히 군사를 이끌고 장판을 떠났다. 유비가 이미 떠났다는 소식을 듣고 조조는 급히 정예 기병 5,000명을 거느리고 추격했다. 꼬박 하루 밤낮을 새워 300여 리를 달려가 당양의 북쪽에 있는 장판에 이르렀다.

유비는 처자식을 버린 채 제갈량과 장비張飛, 조운趙雲 등 수십 명만 이끌고 급히 말을 몰아 도주했다. 장비는 조조 군사의 추격을 저지하는 역할을 맡아, 먼저 스무 명의 기병을 이끌고 가서 장판의 다리를 끊었다. 조조의 사병들은 감히 그에게 접근하지 못했다. 이때 어떤 사람이 유비에게 황급히 보고했다.

"조운이 이미 북쪽으로 도주했습니다!"

유비가 무기를 집어던지며 호통쳤다.

"자룡子龍(조운의 자)은 나를 버리고 도주할 사람이 아니다."

과연 얼마 안 돼 조운이 유비의 외아들 유선을 품에 안고 돌아왔다. 유비의 '심복지계'가 구사된 것은 그다음이었다. 천신만고 끝에 유비를 만난 조운이 유선을 공손히 바치자, 유비는 유선을 땅바닥에 내던지며 이렇게 말한다.

"못난 자식 때문에 나의 훌륭한 장수를 잃을 뻔했다!"

처자식보다 휘하의 장수가 더 중요하다는 의중을 이같이 표현한 것이다. 유비의 이 말을 들은 부하 장병들이 모두 눈물을 흘리며 충성을 맹세했는데, 당사자인 조자룡은 더 말할 것도 없을 것이다. 유선을 내던지는 과장된 몸짓을 통해 처자식과 아끼는 장수를 버려둔 채 도주했다는 비난을 벗어난 것은 물론이고, 단번에 부하 장수를 아끼는 덕망 높은 군주로 각인된 셈이다.

감동으로 충성심을 이끌어내라

상식적으로 판단할 때 조자룡이 적진을 뚫고 천신만고 끝에 데리고 온 유선을 내던지는 것은 비상식적이다. 유선은 그가 늘그막에 둔 유일한 혈육이기도 했다. 그의 언행은 분명히 과장되고 졸렬한 것임이 틀림없지만, 결과적으로 이런 행동을 통해 부하 장수들의 심금을 울려 충성심을 이끌어냈다. 심금은 이성적 판단이 아닌 감성적 자극에 공명하며 머리의 소관이 아니라 가슴의 소관이다. 장수의 가슴을 울린 유비는 이것으로 그들의 무한한 충성을 받기에 이른 것이다. 이 일은 심복지계의 대표적인 사례에 해당한다.

조조도 유사한 심복지계를 구사한 바 있다. 건안 2년인 197년 봄, 조조와 적대했던 장수張繡가 가후賈詡의 건의를 좇아 투항하고는 매일 주연을 벌이며 조조를 초청했다. 하루는 조조가 술에 취해 있을 때 한 측근이 은근히 말했다.

"간밤에 제가 관사 곁에 가서 살펴보니 한 부인이 있었습니다. 용모가 아름답기에 알아보았더니 바로 장수의 숙부인 장제張濟의 미망인이라고 합니다."

조조가 그 말을 듣고 좌우에 명하여 부인을 데려오라 했다. 잠시 후 군중으로 데려온 것을 보니 과연 절색이었다. 그녀는 과부가 된 장수의 숙모였다. 조조가 은밀히 장수의 숙모와 밤을 보내자 장수가 뒤늦게 이 사실을 알고는 대로했다.

"조조라는 도적놈이 나를 이같이 욕보이다니 이는 너무 지나친 것이 아닌가?"

장수는 곧 가후를 불러 의논하자 가후가 계책을 일러주었다.

"내일 조조가 장막 안에서 나와 일을 의논할 때 도모하는 게 좋을 듯합니다."

이튿날 조조가 장만 안에서 나와 좌정하자 장수가 들어가 말했다.

"이번에 항복한 군사들 중 도망치는 자들이 많으니 중군 옆으로 옮겨두는 것이 좋겠습니다."

조조가 허락하자 장수는 수하 군사들을 중군 옆으로 옮겨놓고 날짜를 정해 거사하기로 했다. 그러나 전위典韋의 용맹이 두려워 섣불리 근접할 수 없었다. 이때 조조는 장수의 부하인 호거아胡車兒를 총애한 나머지, 호거아의 환심을 사려고 금덩이를 보냈다. 장수는 조조가 호거아를 통해 자신을 제거하려고 도모하는 것이 아닌지 크게 의심했다. 장수가 측근들과 이를 상의하자 한 사람이 계책을 냈다.

"주공은 내일 연회를 베풀어 전위를 만취케 하십시오. 이후에 거사하면 가히 대사를 이룰 수 있을 것입니다."

전위는 주량이 보통 사람의 배나 되었다. 조조가 매번 그에게 음식을 늘 배불리 먹을 수 있도록 배려한 이유다. 조조는 호방한 성격의 전위를 총애했다. 당시 전위는 원래 철극鐵戟을 들고 다니기를 좋아했다. 정사 『삼국지』에서 자신이 지닌 병장기의 무게 등이 밝혀진 장수는 오직 한 사람, 전위뿐이다. 전위가 사용한 철극은 무게가 80근이었다고 한다. 전위가 사용한 철극의 무게가 사서의 기록에 남은 것은 그의 무용이 간단치 않았음을 반증한다.

당시 전위는 장수의 부하들한테 술대접을 받고 대취한 나머지, 귀영하자마자 잠에 떨어졌다. 이 틈을 타서 장수가 조조의 영채를 습격했다. 잠에서 깨어난 전위가 다급한 나머지, 보졸이 차고 있던 칼을 빼어 들고 곧바로 뛰쳐나갔다. 그가 칼을 휘두르며 영채 앞을 막아서자 적들이 더는 들어오지 못했고, 그사이 조조가 황급히 피할 수 있었다. 결국 전위는 장수의 군사들에 의해 목이 잘렸다. 『자치통감』은 당시의 급박한 상황을 이같이 묘사해놓았다.

"교위 전위와 장수가 있는 힘을 다해 싸웠으나 좌우의 군사가 거의 다 죽거나 다쳤고 전위 역시 몸에 수십 군데의 상처를 입었다. 장수의 병사가 앞으로 나와 전위를 포박하려고 하자 전위가 겨드랑이 사이에 두 명의 적을 끼고 쳐서 죽이고 나서는 눈을 부릅뜨고 큰소리로 욕을 하며 죽었다."

조조는 오른팔에 화살 한 대를 맞기는 했으나 다행히 목숨을 구할 수 있었다. 이 싸움에서 조조는 맏아들 조앙曹昻과 조카 조안민曹安民을 잃었다. 조조가 다시 전열을 가다듬어 반격을 가하자 장수가 군사를 이끌고 황급히 달아났다. 조조가 싸움에서의 공적에 따라 상벌을 내리고 나서 곧바로 전위를 제사지내면서 통곡했다.

"내가 비록 맏아들과 조카를 잃었으나 그 슬픔보다 큰 것은 전위

리스크 없이 쟁취하라 – 손자처럼

를 잃은 것이다. 지금 내가 우는 것은 오직 전위를 위해서다! 전위여, 나의 전위여!"

조조의 군사들은 이를 지켜보면서 감격을 금치 못했다. 조조는 본 거지인 허도로 돌아와서도 다시 크게 제사를 지냈다. 전위의 혼을 위로하기 위해서였다. 조조는 추모 행사가 끝나자 좌우에 명했다.

"전위의 아들 전만典滿을 중랑中郎에 임명하고 나의 부중에서 기르 도록 하겠다."

장병들 모두 감격해 마지않았다. 조조는 비록 자신의 방심으로 자식과 조카, 총애하는 호위대장을 잃었으나, 피붙이보다 장수 하나 잃은 것을 더 애통해함으로써 부하 장병들을 감복시킨 셈이다.

이는 유비가 유선을 내던지는 모습을 통해 수하 장수들을 감복시킨 것과 닮았다. 과장된 유비의 몸짓은 말할 것도 없고 조조가 보여준 극진한 애도 행사 역시 일정 부분 연출의 성격을 띠고 있을지라도 이를 탓할 수는 없다. 천하를 거머쥐려면 최소한 이런 수준의 전략적인 면모는 지녀야 하기 때문이다. 고금을 막론하고 사람을 감동시키는 것보다 더 나은 계책은 없다.

크게 주고 크게 얻어라

심복지계 다음으로 효과가 큰 벌모는 큰 이익을 주어 따르게 하는 대여지계다. 현실에서는 심복지계보다 대여지계가 훨씬 효과가 크다. 상대의 심복을 얻어내기가 그만큼 어렵기 때문이다. 그러나 상대에게 큰 이익을 제시한다면 쉽게 무릎을 꿇게 할 수 있다. 역사상 대표적인 대여지계로는 초한전 당시 유방劉邦이 당대의 병법가인 한신韓信을 끌어들여 항우項羽에게 승리를 거둔 사례를 들 수 있다.

기원전 203년 겨울 10월, 유방은 홍구에서 항우와 기만적인 강화 회담을 가졌다. 사실 그는 항우가 철군할 때 그 뒤를 기습할 속셈이었다. 유방의 군사가 진성의 북쪽 35킬로미터 지점의 양하에서 항우 군사 행렬의 꼬리를 잡았다. 양측은 지금의 하남성 태강현 남쪽과 회양현 북쪽 사이에 있는 고릉에서 첫 번째 전투를 벌였다. 고릉은 유방이 영채를 차린 양하와 항우군이 본거지를 둔 진성의 중간 위치에 있었다. 유방은 모든 것이 자신의 계책대로 이뤄졌다며 의기양양했다. 그래서 그는 팽월彭越과 한신이 오는 것을 기다리지 않고 단독으로 항우를 공격했다.

그러나 일이 여기서 꼬였다. 당시 항우는 무략도 무략이지만 결코 유방 홀로 공을 독차지할 만큼 만만한 대상이 아니었다. 결국 유방은 항우의 반격에 허겁지겁 양하의 본영으로 퇴각해야만 했다. 항우를 얕잡아 보고 성급한 마음에 단독으로 공격을 감행했다가 참패한 것이다. 자업자득이었다.

당초에 유방은 항우를 '확실히' 때려잡으려면 한신과 팽월의 도움이 필요하다는 점을 알고 있었다. 그래서 속히 군사를 이끌고 약속된 시간에 맞춰 남하할 것을 청했다. 그러나 한신과 팽월의 군사는 약속된 시간에 모습을 드러내지 않았다. 뒤늦게라도 모습을 드러낼 가능성이 거의 없었다. 매사를 낙관적으로 생각하는 유방은 항우를 독 안에 든 쥐로 만들었다는 자신감 때문에, 이들이 없을지라도 능

리스크 없이 쟁취하라 – 손자처럼

히 항우를 포살捕殺할 수 있다고 생각했다. 참패의 배경이다.

유방이 이런 실수를 범하게 된 것은 기본적으로 근거도 없이 매사를 자신에게 유리한 쪽으로 해석하는 낙관적인 기질에서 비롯된 것이다. 이런 경향의 사람은 뜻도 크고 행동도 시원시원하지만, 현실을 직시하지 않는다는 결정적인 약점도 지니고 있다.

당시 한신과 팽월은 경포黥布와 달리 이미 거대한 세력으로 커져 있었다. 단순히 유방의 명을 좇아 순순히 참전할 존재가 아니었다. 『사기』「위표팽월열전」에 따르면 팽월은 유방의 참전 요청을 받자 이런 핑계를 대며 정중히 거절했다.

"지금 위나라 땅을 처음으로 평정한 까닭에 여전히 초나라의 움직임이 걱정될 뿐입니다. 아직 떠날 수 없습니다."

그러면서 위나라 20여 개 성에서 징수한 10여만 곡斛의 곡식만 보냈다. 1곡은 10두斗다. 10여만 곡이면 대략 3,000톤에 달한다. 매우 많은 양이다. 그러나 이는 목마른 사람에게 물 대신 빵을 주는 것이나 다름없었다. 유방군은 오창을 손에 넣은 까닭에 곡식은 넉넉했다. 정작 필요한 것은 병력이었다. 팽월은 동문서답으로 응한 것이다. 팽월이 모르고 그런 것일까? 정반대로 해석하는 게 옳다. 자신의 존재감을 각인시키려는 취지에서 그리한 것으로 보인다.

한신을 보면 더욱 명확히 확인할 수 있다. 팽월은 그 나름으로 '성의'를 표시했지만 한신은 아예 응답조차 하지 않았다. 원칙대로 따지면 팽월은 유방의 동맹자, 한신은 신하에 해당한다. 동맹자는 비록 정중한 거절이지만 그 나름의 성의를 표시했는데, 신하는 아예 그런

성의조차 보이지 않았다.

당시는 아직 천하의 주인이 누구인지 확정되지 않은 때였다. 한신이라고 천하의 주인이 되지 말라는 법도 없었다. 자신을 알아주는 은혜인 이른바 지우지은_{知遇之恩}의 군신 관계는 서로 주고받는 것이다. 난세에는 더욱 그렇다. 매우 유동적일 수밖에 없다. 한신은 자기 나름으로는 '혁혁한' 전공으로 신세를 갚았다고 생각했을 공산이 크다. 자신을 제나라 왕에 봉해달라고 먼저 요청한 사실이 이를 방증한다. 그는 항우 및 유방과 어깨를 나란히 해도 좋을 정도의 막강한 무력을 보유한 자신에게, 계속 막말을 퍼부어대며 '하대'하는 식으로 접근하는 유방의 태도에 커다란 저항감을 느꼈을 것이다. 매사를 자기중심으로 해석하는 유방의 '조야_{粗野}한 건달' 버릇이 젊었을 때부터 칼을 차고 다니며 제법 '우미_{優美}한 선비' 행세를 해온 한신의 반발을 불러왔을 공산이 크다.

원래 유방은 참패를 당한 후에도 상황이 이상하게 돌아가고 있음을 제대로 깨닫지 못했다. 황급히 양하로 물러나 참호를 깊게 파고 영루를 굳게 지키면서 한신과 팽월이 오기를 기다린 게 그렇다. 두 사람이 올 리 만무했다. 그러나 유방은 두 사람이 자신의 명을 받들어 이내 올 것으로 '착각'했다. 초조하게 기다리다 지친 유방이 마침내 장양_{張良}에게 물었다.

"제후들이 내 말을 따르지 않으니 도대체 이게 어찌 된 일이오?"

장양은 유방이 뒤늦게 자문하자 그간 자신이 생각해온 해법을 제시했다. 다음은 『사기』 「고조본기」에 나오는 해당 대목이다.

리스크 없이 쟁취하라 – 손자처럼

"지금이라도 수양 이북에서 곡성에 이르는 땅을 팽월에게 주어 위나라 왕으로 삼고, 진나라에서부터 그 동쪽 바다에 이르는 땅을 한신에게 떼어서 주십시오. 한신은 고향이 초나라 지역에 있는 까닭에 초나라의 옛 땅을 다시 찾고 싶어 할 것입니다. 이 두 곳을 두 사람에게 내주고 나서 그들로 하여금 항우와 싸우도록 하면 항우는 이내 쉽게 무너지고 말 것입니다."

장양이 팽월에게 떼어줄 곳으로 언급한 "수양 이북에서 곡성에 이르는 땅"은 이미 팽월이 장악한 지역이다. 떼어 주고 말 것도 없는 곳이다. 현실을 인정하면 끝난다. 그런데도 욕심이 많은 유방은 이를 인정하려 들지 않았던 것이다. 문제는 한신이다. 한신에게 떼어서 내줄 것을 권한 "진나라에서부터 그 동쪽 바다에 이르는 땅"은 초나라 땅의 대부분을 포함한다. 이는 차원이 다르다. 장양이 유방에게 제나라 땅에 이어 초나라 땅까지 '덤'으로 얹어줄 것을 권한 것일까? 있을 수 없는 일이다.

한신이 제나라의 '임시 왕'인 이른바 가왕假王으로 봉해달라고 청했을 때, 유방은 끓어오르는 화를 꾹 참으며 오히려 한술 더 떠 진왕眞王으로 봉하는 의식을 거행했다. 이 의식을 거행한 당사자는 장양이다. 장양은 유방에게 한신이 제나라의 '진왕'이 아닌 '가왕'인 점을 상기시켜준 것이다. 당시 항우가 지배하고 있던 초나라와 한신이 점령한 제나라는 규모가 엇비슷했다.

장양은 한신이 '금의환향'을 위해 장차 제나라와 초나라를 맞바꾸는 방안에 선뜻 찬동하리라고 본 것일까? "고향이 초나라 지역에 있는 까닭에" 운운한 대목을 보면 그리 생각했던 것처럼 보인다. 그러나 한신의 처지에서 볼 때 초나라가 단지 고향이라는 이유만으로 제나라를 초나라와 맞바꾸는 것은 그다지 실익이 없었다. 오히려 더 손해일 수도 있다. 오랫동안 항우의 지지 기반이 된 초나라를 다스리려면 많은 공을 들여야 하기 때문이다. 천하의 지낭智囊 장양이 이를 몰랐을까?

팽월과 한신은 이미 위나라와 제나라를 실질적으로 지배하는 군웅의 일원이었다. 항우와 일대 결전을 앞둔 상황에서 유방이 이들에게 일방적으로 명을 내릴 수 있는 처지가 아니었다. 더구나 명목상의 군신 관계를 맺고 있는 상황에서 유방이 팽월과 한신의 영지를 멋대로 바꿔 봉하는 이른바 전봉권轉封權 또는 개봉권改封權을 행사하는 것은 더더욱 있을 수 없는 일이다.

한마디로 말해 거짓 포상을 미끼로 상대방을 유인하는 이른바 사상계詐賞計를 구사한 것이다. 인터넷 홈쇼핑에서 진품인 양 선전하고 막상 대금을 송금하면 '짝퉁'을 보내는 식의 사기 수법과 닮았다. 홍구에서의 강화회담 때 써먹은 기만적인 수법을 다시 한 번 써먹는 것이다. 주목할 것은 한신이 여기에 넘어가 유방의 '사냥개' 노릇을 자처했다는 점이다. 항우가 무너지고 나서 토사구팽의 희생이 된 근본 배경이 여기에 있다.

『손자병법』이 역설하는 벌모의 두 번째 계책인 대여지계의 위력은 이처럼 크다. 난세의 시기에는 천하의 절반에 해당하는 거대한 이익 앞에 혹하지 않는 경우가 거의 없다고 보아도 된다. 크게 주어 크게 얻는 이치다. 20세기에도 대여지계는 그대로 통했다. 한신처럼 혹했다가 토사구팽을 당한 당사자가 바로 김종필이다. 그는 내각제 개헌을 미끼로 내건 김영삼의 대여지계에 홀딱 넘어 '문민정부' 탄생에 '올인'을 했다가 토사구팽을 당했다. 이후 다시 내각제 개헌에다 절반의 조각권組閣權을 덤으로 얹은 김대중의 제안에 또다시 넘어가 '국민의 정부' 출범에 전력투구했다가 두 번째 토사구팽을 당하고 말았다. 한신의 길을 두 번이나 걸은 셈이다. 대여지계의 위력을 보여주는 생생한 사례에 해당한다.

대여지계 다음으로 효과가 큰 벌모는 보유한 권력과 위세를 이용하는 위권지계다. 권력에 대한 의지는 이익에 대한 욕구만큼 강하기 때문이다. 이처럼 『손자병법』이 최상의 전략으로 언급한 벌모의 계책들은 상황에 따라 세 가지로 나눠서 구사할 수 있다. 명예를 탐하는 자에게는 심복지계, 권력을 바라는 자에게는 위권지계, 이익을 밝히는 자에게는 대여지계를 구사하는 게 정답이다. 과거는 말할 것도 없고 21세기 현재 역시 마찬가지며 앞으로 수천 년이 흐른 뒤에도, 명예와 권력과 이익을 좇는 인간의 기본 속성이 변하지 않는 한 이들 세 가지 벌모의 계책은 계속 주효할 수밖에 없다.

05

상대의 외교를 차단하라

무릇 패왕霸王의 군사는 (……) 위세로 적을 제압해 적국의 동맹국들이 감히 적국과 외교를 맺지 못하게 한다. 외국과 동맹을 맺으려고 다툴 필요도 없고, 굳이 패권 장악을 위해 열국에 본국의 세력을 기를 필요도 없다. 자신의 의지를 얼마든지 펼칠 수 있고, 위세로 적을 제압할 수 있다.

夫霸王之兵, (……) 威加於敵, 則其交不得合. 是故不爭天下之交, 不養天下之權. 信己之私, 威加於敵.

_「손자병법」「구지」

막강한 위세를 배경으로 적과 적국의 동맹국을 위압해 외교를 맺지 못하게 하는 "패왕의 군사"는 21세기 G2 시대를 호령하는 G1 미국의 막강한 무력을 가리킨다. 이에 대거리를 벌일 수 있는 나라는 G2 중국과 과거 냉전시대 당시에 맞대결해본 경험이 있는 러시아 정도밖에 없다. 미국의 무력은 TV 프로그램인 〈동물의 왕국〉에 나오는

사자의 위세와 닮았다. G1의 무력을 상징하는 「구지」의 패왕지병霸
王之兵은 「모공」에서 얘기한 벌모 다음의 계책인 벌교를 풀이한 것이
다. 외교를 통해 상대방을 고립시키는 게 골자다.

대표적인 벌교계伐交計의 사례로는 전국시대 말기 현란한 유세로
초나라를 철저하게 고립시킨 장의張儀의 유세 책략을 들 수 있다. 결
국 초나라 회왕懷王은 그 희생양이 되어 적국인 진秦나라에 연금된
상태로 있다가 객사하고 말았다. 장의가 구사한 벌교계가 얼마나 혹
독하게 진행됐는지 대략 짐작할 수 있을 것이다.

위세로 적을 제압하고 외교로 상대를 고립시켜라

『사기』「장의열전」에 따르면 진나라 혜문왕惠文王 25년인 기원전
313년에 장의가 명을 받고 초 회왕을 설득하려고 초나라로 갔다. 동
쪽의 강국 제나라와 초나라가 손을 잡고 대항할까 봐 두려운 나머
지, 초나라를 고립시키는 계책을 구사하려고 한 것이다. 장의가 회왕
에게 이같이 유세했다.

"대왕이 실로 저의 말을 좇아 제나라와 단교하고 합종의 맹약을
끊는다면, 진나라 상어 땅 600리를 바치도록 하겠습니다. 또 진나라
공실의 여자를 대왕의 첩이 되도록 하겠습니다. 그리고 진과 초, 두
나라가 서로 딸을 시집보내 부인으로 받아들임으로써 영원히 형제
의 나라가 되도록 하겠습니다."

초 회왕이 크게 기뻐하며 초나라 재상의 인장을 장의에게 주고 후
하게 상을 내렸다. 또 관문을 닫아 제나라와 단교하고 장군 한 사람

을 딸려 보내 장의와 함께 진나라로 들어가게 했다. 장의는 진나라로 돌아가자마자 거짓으로 수레에서 떨어지고 나서, 석 달 동안 조회에 나오지 않았다. 회왕이 이 소식을 전해 듣고 이같이 말했다.

"장의는 과인이 제나라와 완전히 단교했다고는 생각하지 않는지도 모르겠다."

그러고는 마침내 용사 송유宋遺로 하여금 북쪽으로 가서 제나라 민왕湣王을 욕하게 했다. 제 민왕이 이 소식을 듣고 대로했다. 제나라와 진나라가 이내 우호 관계를 맺었다. 소식을 들은 장의가 마침내 조회에 나와 초나라 사자에게 이같이 말했다.

"그대는 어찌하여 땅을 받지 않는 것이오? 모처에서 모처까지 6리나 되오."

600리 상어 땅이 졸지에 6리로 줄어든 것이다. 초나라의 사자가 곧바로 돌아가 초 회왕에게 사실대로 보고했다. 몹시 분노한 초 회왕이 곧바로 대부 굴개屈匄에게 명해 군사를 이끌고 가서 진나라를 치게 했다. 진나라는 군정대신인 서장庶長으로 있던 공자 장章으로 하여금 이들을 맞받아치게 했다.

이 일련의 사건은 합종의 맹약을 끊으면 상어 땅 600리를 바치고 진나라 공실의 여자를 첩으로 보내겠다는 말에 혹하여 벌교계에 넘어간 결과다. 결국 초 회왕은 이후에 또다시 진 소양왕昭襄王의 꼬임에 넘어가 진나라에서 객사하고 마는 신세가 되었다. 전국시대를 통틀어 처음 있는 일이었다. 『손자병법』이 벌모계 다음으로 언급한 벌교계의 위력이 어느 정도인지를 짐작할 수 있게 해주는 사례다.

고립되어 목숨을 잃고, 나라를 잃다

장의의 벌교계는 국가 간의 외교 관계에서 구사된 것이다. 만일 벌교계가 개인 간의 사적인 관계에 구사되면 어떤 결과가 나타날까? 예컨대 군주와 신하의 관계인 군신 관계에 구사된다면 말이다. 결론부터 말하자면, 간신姦臣이 구사하는 벌교계에 군주가 빠지게 되면 이내 고립되어 자신은 목숨을 잃고 나라마저 잃게 된다. 대표적인 사례로 전국시대 말기의 연왕 쾌噲를 들 수 있다.

『사기』「연소공세가」에 따르면 그는 재위 3년인 기원전 318년, 대권을 재상 자지子之에게 넘겨주었다. 고대 성왕을 본받을 필요가 있다는 감언이설에 넘어간 결과다. 연나라 재상 자지는 국정을 마음대로 농단하고 권력을 손에 넣을 속내였다. 그는 연왕 쾌를 설득하고자 당대에 종횡가從橫家로 이름을 떨쳤던 소대蘇代를 동원했다. 소대는 전국시대 말기에 장의와 쌍벽을 이룬 소진蘇秦의 친동생이다. 소대는 연왕 쾌를 알현하는 자리에서 제齊나라 왕을 칭송했다. 연왕 쾌가 크게 탄복하며 물었다.

"제나라 왕은 어찌하여 그리도 현명한가! 장차 틀림없이 천하의 패왕이 되지 않겠는가?"

소대가 대답했다.

"패망하는 것을 구하느라 겨를이 없을 터인데 무슨 수로 패왕이 되겠습니까!"

연왕 쾌가 소대에게 그리 말하는 이유를 묻자 소대가 대답했다.

"총애하는 자를 임용하면서 군주와 같은 수준의 권세를 허락하지 않기 때문입니다."

"그처럼 임용하면 패망한다고 말하는 근거는 무엇이오?"

소대가 대답했다.

"옛날 제 환공은 관중을 총애해 중보仲父로 부르며 내정을 주관하게 하고 외교를 단독으로 결정하게 하여 나라 전체를 맡겼습니다. 일거에 천하를 바로잡는 이른바 일광천하一匡天下와 아홉 번이나 제후들과 회맹해 질서를 바로잡는 이른바 구합제후九合諸侯의 공업을 이룬 배경입니다. 지금 제나라 왕은 총애하는 신하를 임용하면서 자신과 같은 수준의 권세를 허락하지 않고 있습니다. 이로써 이내 패망하리라는 것을 알 수 있습니다."

자지가 이 소식을 듣고는 곧 소대에게 금 100일鎰을 보내며 마음대로 쓰게 했다. 소대는 다시 연왕 쾌를 만나 이같이 회유했다.

"옛날 하나라를 세운 우왕禹王은 아들 계啟가 천하를 맡기에는 부족하다고 생각해 보위를 계 대신에 백익伯益에게 전했습니다. 그러자 계가 무리를 만들어 백익을 공격하고는 보위를 탈취했습니다. 천하인은 우왕이 명목상으로만 천하를 백익에게 전했을 뿐, 사실상 계로 하여금 이를 빼앗게 한 것이라고 떠들었습니다. 이제 대왕이 나라를 자지에게 맡겼으나 관원들은 태자의 사람이 아닌 사람이 없습니다. 그러니 이는 명목상으로만 자지에게 국정을 맡긴 것으로, 실은 태자가 국정을 다스리는 것입니다."

백익은 하나라 우왕을 도와 황하의 치수에 도움을 준 인물로, 진秦나라 영씨嬴氏의 조상이다. 전설에 따르면 우왕이 죽기 전에 백익에게 보위를 물려주려고 하자 제후들이 이에 반대하며 우왕의 아들인 계를 지지했고, 결국 후계 다툼 중에 백익이 계에게 피살됐다고 한다. 백익의 양보로 계가 보위에 올랐다는 설도 있다. 소대의 말에 넘어간 연왕 쾌가 크게 소리 내어 말했다.

"지금 과인은 자지를 전폭으로 신임하고 있다! 천하 사람들이 아직도 이런 사실을 제대로 알지 못하고 있단 것인가?"

연왕 쾌는 이튿날 조회를 열고 자지에게 전적으로 정사를 맡겼다. 요순堯舜을 흉내 내어 명성도 얻고 우왕의 선례를 좇아 자식에게 보위를 넘기는 실리도 챙기려는 속셈이었다. 그러나 이는 당대의 종횡가인 장의에게 넘어간 초 회왕처럼 소대의 비겸술飛箝術(상대를 높여 상대를 제압하는 술)에 말려든 것에 지나지 않았다. 자지가 사실상의 왕 노릇을 한 게 그렇다.

연왕 쾌가 사실상의 왕 노릇을 하는 자지 밑에서 신하처럼 지낸 지 4년째 되던 기원전 314년 태자 평平 등이 장군 시피市被 등과 공모해 자지를 공격했다. 공방전이 날로 치열해지자 소식을 들은 제나라 선왕宣王이 연나라를 취하고자 대군을 보내어 자지를 잡아 죽이고 그 시체에 소금을 뿌려 젓갈을 담그게 했다. 얼마 후 연왕 쾌도 잡아 죽였다. 연나라를 병탄하기 직전까지 왔지만 상황은 간단치 않았다. 열국의 군주들은 제나라가 연나라의 혼란을 틈타 연나라 도성까지 손에 넣자 이를 크게 우려했던 것이다. 그들은 곧 함께 모여 연나라 구원 방안을 상의했다.

이 와중에 연나라 백성이 제나라에 반기를 들었다. 자지를 미워한 나머지 제나라 군사를 '해방군'으로 환영했으나, 제나라 군사들이 이내 연나라를 없애려는 모습을 보이자 이에 격분한 것이다. 제 선왕은 연나라 백성이 반기를 들자 크게 당혹해했다.

얼마 후 제 선왕이 죽고 그의 아들인 지地가 즉위했다. 그가 바로 송나라를 병탄해 위세를 떨치다가 열국 연합군의 공격을 받고 패망 직전에 몰린 끝에 초나라 장수 요치淖齒에 의해 비참한 죽음을 당한 민왕이다. 그의 시호인 민閔은 환난을 당해 횡사했다는 의미를 담은 민湣과 통한다.

고루 기용하고 적절히 부려라

법가 사상을 집대성한 한비자는 통치의 요체를 제신술制臣術에서 찾았다. 군주가 뜻하는 바대로 신하를 제압해나가는 것을 뜻한다. 그는 자신의 저서 『한비자』에서 어리석은 군주의 대표적인 사례로 연왕 쾌를 꼽은 바 있다. 자지와 같은 권신을 미리 제거하기는커녕 소대와 같은 종횡가의 유세에 넘어가 대권을 쉽사리 넘겨준 탓이다. 『한비자』 「설의說疑」의 해당 대목이다.

"연나라 왕 쾌는 주나라 건국 당시 낙양에 머물며 동쪽을 다스리던 주공 단旦과 더불어 호경을 중심으로 서쪽 일대를 다스린 소공 석奭의 후손이다. 영토는 사방 수천 리에 이르렀고, 창을 들고 나라를 지키는 군사만 수십만 명에 달했다. 게다가 그는 여인과 더불어 노는 것을 좋아하지도 않았고, 종이나 경쇠 등의 악기 연주를 들으려 하지 않았으며, 궐 안에 토산土山이나 연못 또는 누각을 만든 적

리스크 없이 쟁취하라 – 손자처럼

도 없고, 밖으로 나가 그물이나 주살로 사냥을 즐긴 적도 없다. 오히려 몸소 괭이와 쟁기를 들고 나가 백성과 더불어 농사를 지었다. 몸고생을 하며 백성을 먼저 생각하는 게 이처럼 지극했다. 비록 옛날의 성왕과 명군일지라도 몸소 근면을 실천하며 백성을 걱정하는 것이 이처럼 극심하지는 않았을 것이다. 그런데도 그는 믿었던 신하에게 죽임을 당하고 보위도 빼앗겨 나라가 패망하기 직전까지 몰림으로써 세상 사람들의 웃음거리가 되고 말았다. 이는 무슨 까닭인가? 신하들을 부리는 방법에 밝지 못했기 때문이다."

제왕의 제신술에 방점을 찍은 한비자의 견지에서 본다면, 소대는 말할 것도 없고 소진과 장의 등 일체의 종횡가는 보위를 위협하는 잠재적인 위협 세력에 지나지 않는다. 그가 『한비자』 전체를 통해 종횡가의 유세에 혹해서는 안 된다고 역설한 이유다. 유세 책략을 역설하는 종횡가의 이론서 『귀곡자』와 더불어, 제왕의 제신술에 초점을 맞춘 법가 사상의 바이블인 『한비자』는 방패와 창의 모순矛盾 관계를 이루고 있다.

큰 틀에서 보면 『귀곡자』와 『한비자』의 이런 이론적 대립은 백가쟁명에서 우위를 다투는 공방의 일환으로 나온 것이다. 제왕의 처지에서는 고루 기용해 적절히 부리면 된다. 진시황이 법가인 이사李斯, 병가인 울요尉繚, 종횡가인 요가姚賈를 공히 중시한 사실이 이를 뒷받침한다. 기업 CEO의 활약도 별반 다를 게 없다. 법률 자문단과 제품 개발 및 제조, 제품 판매 및 마케팅 이사 등을 따로 두어 활용하는 게 그렇다.

주목할 것은 한비자가 종횡가와 총애를 다투다 죽음에 이르게 되었다는 점이다. 이는 『사기』「노자한비열전」의 내용과 배치된다. 『전국책』「진책」에 따르면 요가姚賈는 당대 최고의 종횡가였다. 한비자는 진시황으로부터 수만금의 자금을 지원받은 요가가 별다른 성과를 거두지 못한 점을 신랄하게 비판해 현직에서 몰아내는 데에 성공했다. 그러나 뛰어난 언변을 자랑하는 요가의 반격으로 진시황의 노여움을 사서 결국 옥사하고 말았다. 이는 종횡가와 법가가 정면으로 충돌한 대표적인 사례에 해당한다. 오랫동안 이런 사실이 간과된 채 순자荀子 밑에서 동문수학한 이사의 암수에 걸려 옥사한 것으로 알려졌으나, 이는 역사적 사실과 다르다.

병가의 성전인 『손자병법』에 나오는 모든 전략전술은 종횡가의 성전인 『귀곡자』가 역설하는 다양한 세략세술, 그리고 법가 사상을 집대성한 『한비자』에 수록된 일체의 법략법술法略法術에 매우 우호적이다. 최고의 전략으로 법가와 종횡가에서 두루 통하는 벌모와 벌교를 차례로 언급한 게 그렇다. 그런데 종횡가와 법가는 이론상 서로 대립 관계에 있다. 『한비자』가 시종 종횡가를 비판하고 『귀곡자』가 고지식한 법치에 비판적인 태도를 내보인 게 그렇다.

득산계
得算計

06

승리할 조건을 구비하라

전쟁에 임해 싸움을 시작하기도 전에 싸움의 준비 과정을 통해 승리를 점칠 수
있는 것은 이길 조건을 충분히 갖추었기 때문이다. 싸움을 시작하기 전에 승리
를 예측하지 못하는 것은 이길 조건을 충분히 갖추지 못했기 때문이다.

夫未戰而廟算勝者, 得算多也. 未戰而廟算不勝者, 得算少也.

_「손자병법」「시계」

「시계」 본문에 나오는 묘산廟算은 원래 조상의 사당을 뜻하는 묘당廟
堂에서 군신이 모여 논의한 끝에 결정한 계책이라는 뜻이다. 고대에
는 전쟁을 벌이기 전에 사당인 태묘太廟에서 일정한 의식을 거행하
고 전쟁의 방침이나 계책 등을 논의했다. 여기서 전쟁의 준비 과정
을 '묘산'이라 부르게 됐다. 「시계」 본문의 '득산得算'은 이길 조건을
뜻하는 말로, 승산勝算과 통한다.

세상에는 외형적으로 볼 때 도무지 상대가 될 것 같지도 않던 토

끼와 거북이의 경주가 그랬듯 예상을 깨는 역전극이 자주 펼쳐진다. 진행과정을 보면 여러모로 야구의 '9회 말 역전극'과 닮았다.

『손자병법』이 언급한 '득산계'의 관점에서 풀이하면, 토끼처럼 스스로 이길 조건을 낙관하고 패망하는 이가 있는가 하면, 스스로 이길 조건이 갖춰지지 않았다고 생각하고 끝까지 노심초사하여 노력한 끝에 9회 말 역전극의 드라마를 완성하는 이도 있다. 이를테면 고금을 막론하고 아무리 약하더라도 한곳에 모든 것을 내던지는 이른바 '올인'을 하는 이에게는 당할 길이 없다. 여러모로 주인공이 오랫동안 온갖 역경 속에서 내공內功을 닦고 나서 다시 속세에 나와 복수극을 펼치는 중국 무협지의 코드와도 통한다. 과거 선가禪家에서 즐겨 쓴 면벽십년面壁十年의 득도 수행도 유사한 맥락이다.

성경에도 비슷한 일화가 나온다. 다윗과 골리앗의 싸움이 그것이다. 애송이 다윗이 거인 골리앗을 물리친 이야기가 꼭 9회 말 역전극을 닮았다. 상식적으로는 있을 수 없는 일이지만 주변을 살펴보면 그런 사례를 심심치 않게 찾아볼 수 있다. 이런 일이 빚어지는 이유는 무엇일까? 다윗이 골리앗에게 결정적인 약점을 찾은 덕분이다.

『성경』「사무엘 상」 17장을 보면 애송이 다윗은 주변 사람들을 통해 거인 골리앗의 단점을 쉽게 알아냈다. 그 단점도 단순한 게 아니라 아주 치명적인 것으로, 바로 투구 밑의 이마였다. 『성경』은 이를 장황하게 설명했지만 병법 논리에서 보면 지극히 당연한 얘기다. 매사가 그렇듯 강하면 강할수록 치명적인 약점이 있기 마련이다. 산이 높을수록 계곡이 깊은 것과 같다. 골리앗이 바로 그 경우다.

승리의 요건이 갖춰지기를 기다려라

다윗과 골리앗의 싸움은 21세기 경제전쟁 상황에 처한 초일류 글로벌 기업에도 그대로 적용된다. 그런 기업일수록 골리앗처럼 치명적인 약점을 안고 있다는 얘기다. 다윗은 골리앗과의 싸움에 앞서 골리앗에 관한 모든 정보를 입수해 약점을 찾았듯, 거대 글로벌 기업을 상대해 승리하려면 먼저 시장 조사부터 철저히 할 필요가 있다. 소비자 심리와 소비 추세, 상품 신뢰도, 상품 가격, 판매 수단 등을 검토하면 분명히 치명적 약점이 드러날 것이다. 이를 집중적으로 공략해야 한다. 다윗이 골리앗과 맞설 수 있었던 이유다.

관건은 '선택과 집중'이다. 춘추시대 말기 월왕 구천이 보여준 와신상담臥薪嘗膽 행보가 대표적인 사례에 해당한다. 기원전 490년, 범리范蠡는 월왕 구천과 함께 월나라로 돌아왔다. 구천은 귀국하고 나서도 오나라에 겪은 수모를 한시도 잊지 않았다. 자리 옆에 쓸개를 매달아놓고는 앉으나 누우나 이를 쳐다보고 음식을 먹을 때도 이를 핥았다. 그러고는 늘 '너는 회계산의 치욕을 잊었는가'라고 자문자답하며 스스로를 채찍질했다.

『춘추좌전』과 짝을 이루는 『국어國語』의 「월어越語」에 따르면, 당시 구천은 논밭을 개간하는 백성에게 세금과 부역을 감면해주고 길쌈을 장려하는 등 먼저 부민富民을 이루는 데에 정성을 쏟았다. 호구를 늘리는 데에도 세심한 주의를 기울였다. 17세에 이른 여자는 반드시 시집을 보내고 남자는 20세가 되면 혼인하게 했다. 이를 어기는 부모는 엄한 벌을 내렸다. 부부가 아들을 낳으면 술 두 동이와 개 한

마리를 상으로 내렸고, 딸을 낳으면 술 한 동이와 돼지 한 마리를 주었다. 둘째와 셋째를 계속해서 낳으면 더 많이 포상했다. 월나라 인구가 급격히 늘어난 배경이다. 외교에도 신경 썼다. 제나라와 동맹을 맺고, 초나라와 가까이 지내며, 중원의 진나라는 상국으로 모시고, 오나라에 대해서는 시종 충성스러운 모습을 보여 방심하게 했다.

구천이 오나라에서 귀국한 지 4년이 되던 해인 기원전 486년, 구천이 범리에게 물었다.

"선왕이 세상을 떠나자 내가 뒤이어 보위에 올랐소. 당시 나는 나이가 어렸던 탓에 밖으로 나가서는 수렵에 빠졌고 안으로 들어와서는 음주에 빠졌소. 나는 백성을 위해 이익을 도모할 생각은 하지 않고 오직 배와 수레를 타고 놀 일만 생각했소. 그래서 하늘이 월나라에 재앙을 내린 것이오. 나는 그대와 함께 오나라에 복수할 계책을 세우고자 하는데 괜찮겠소?"

"아직 안 됩니다. 제가 듣건대 '천시天時가 오지 않아 하늘이 돕지 않을 때에는 인내심을 품고 때가 오기를 기다려야 한다'라고 했습니다. 더 나아가 천시를 얻었는데도 이를 적극적으로 활용해 일을 성사시키지 않으면 오히려 재앙을 입게 됩니다. 하늘은 주었다가 빼앗아가기도 하고, 주기도 하고 주지 않기도 합니다. 오나라를 도모하려고 서둘러서는 절대로 안 됩니다."

구천은 1년이 지나자 다시 물었다.

"지금 오왕은 음락에 빠져 그의 백성을 잊고 있고, 헐뜯는 말을 믿고, 직언하는 대신들을 멀리하고 있소. 주변에는 온통 아첨하는 간신들로 가득 차 있고, 군신 상하가 구차하게 안일을 탐하고 있소. 이쯤 되면 가히 오나라를 도모할 수 있지 않겠소?"

"오나라에 재난이 일어난 게 사실이나, 아직 하늘의 감응이 드러나지 않고 있습니다."

다시 1년이 지났다. 구천이 물었다.

"지금 오나라 대신 오자서伍子胥가 여러 번 간했는데도 오왕은 오히려 화를 내며 그를 죽여버렸소. 가히 오나라를 정벌할 때가 온 것이 아니겠소?"

"비록 조짐이 일부 드러나기는 했으나 아직 명백한 징조가 드러난 것은 아닙니다. 조급하게 서두르면 오히려 해를 입을 수 있습니다. 잠시 인내심을 갖고 때가 오기를 기다리십시오."

또다시 1년이 지났다.

"나는 매번 그대와 함께 오나라 정벌에 관해 논의했소. 그대는 그때마다 아직 때가 오지 않았다고 했소. 지금 오나라는 크게 흉년이 들어 곡식의 종자조차 남아나지 않았소. 이제야말로 오나라를 칠 시기가 도래한 게 아니겠소?"

"하늘의 감응이 나타난 게 사실입니다. 그러나 재난이 아직 극에 달하지 않았습니다. 대왕은 조금 더 인내심을 갖고 기다리십시오."

구천이 마침내 화를 냈다.

"지난번에 그대는 천시가 아직 오지 않았다고 말했소. 지금 하늘의 감응이 이뤄졌다고 하면서 또다시 재난이 극에 달하지 않았다고 말하는 것은 무슨 뜻이오?"

범리가 대답했다.

"하늘과 사람과 땅의 징조가 모두 드러난 뒤에야 비로소 성공을 기대할 수 있습니다. 지금 오나라는 거듭 흉년을 만나 민심이 크게 흔들리고 있습니다만, 문제는 오나라의 군신 상하가 이런 사실을 익히 알고 있는 데에 있습니다. 지금 싸우면 저들은 죽기를 각오하고 대적할 것입니다. 의도적으로 우리의 허점을 보여 저들을 방심하게 해야 합니다. 민력이 고갈되어 오나라 백성의 원성이 하늘을 찌를 때에야 비로소 징벌을 가할 수 있을 것입니다."

이해 가을, 월왕이 다시 범리에게 물었다.

"속담에 이르기를, '허기졌을 때 진수성찬을 기다리는 것은 물 말은 밥 한 그릇을 먹는 것에 미치지 못한다'라고 했소. 올해도 이미 다 지나가고 있소. 그대는 지금 무슨 생각을 하는 것이오?"

범리가 마침내 흔쾌히 대답했다.

"설령 대왕이 말하지 않았을지라도 출병을 청할 생각이었습니다. 제가 듣건대 '시기를 잘 포착하는 사람은 마치 도망자를 추적하는 것처럼 신속히 행동한다'라고 했습니다. 급히 뒤를 쫓아도 쫓아가지 못할까 봐 걱정인데 어찌 조금이라도 지체할 수 있겠습니까?"

구천이 크게 기뻐하며 곧바로 총동원령을 내렸다. 마침내 오왕 부차에게 설욕하고 춘추시대 최후의 패업을 이룬 배경이다.

『손자병법』의 관점에서 보면 승리할 조건을 충분히 갖춘 '득산계'의 성과로 볼 수 있다. 승리의 조건은 별게 아니다. 목표를 향해 준비하다가 기회가 왔을 때 모든 것을 내던지는 '올인'을 했느냐에 달렸

리스크 없이 쟁취하라 – 손자처럼

다. 그러나 막상 실전에서는 아무리 올인을 할지라도 상대방도 자기 약점을 철저히 방비하고 싸움에 임하기에, 매번 역전극을 기대하기는 어려운 일이다. 실제로 다윗과 골리앗의 싸움에서 만일 골리앗이 투구 밑 이마를 가리기만 했어도 다윗의 승리는 상상조차 못 할 일이었다. 그런 결과는 우세한 상대방이 자만심에 빠졌기 때문에 벌어졌다. 자만심은 사람의 몸과 마음을 모두 망치는 아편이나 다름없다.

여기서 주목할 것은 다윗이 싸움에 임할 때 『손자병법』이 말한 '허허실실'을 구사한 점이다. 애송이의 모습 자체로 나선 게 그렇다. 이는 허허실실의 진수에 해당한다. 이게 골리앗의 방심을 불러왔고, 결국 애송이 다윗의 승리로 귀결됐다. 허허실실의 요체가 여기에 있다. 적을 착각에 빠뜨려 방비를 허술히 하게끔 유도하고 나서 치명적인 약점을 집중하여 공략하는 게 바로 그것이다. 득산계도 따지고 보면 스스로 어리석거나 약하게 보여 적을 우쭐하게 하고서 그 허술한 틈을 급습하고자 하는 허허실실의 일환에 해당한다.

압도적인 무력으로 상대를 제압하는 G1의 상황이 아닌 한 반드시 허허실실에 바탕을 둔 계책을 구사해야 승리를 기약할 수 있다. 설령 G1일지라도 자만심에 빠지면 이내 득산계의 희생양이 될 수밖에 없다. 생사를 건 싸움이 그만큼 무섭다는 얘기다. 살벌하기 짝이 없는 21세기 경제전쟁이 바로 그렇다. 『손자병법』의 모든 계책을 손금 보듯 훤히 꿰어야 하는 이유가 여기에 있다.

02

비전

싸움에 미리
대비하는
불패술

備
戰

위적계
委積計

07

물자를 미리 확보하라

군대는 치중이 없어도 패하고, 군량이 없어도 패하고, 비축 물자가 없어도 패한다.

軍無輜重則亡, 無糧食則亡, 無委積則亡.

_「손자병법」「군쟁」

「군쟁」은 적과의 싸움을 앞둔 시점에서 반드시 갖춰야 할 것으로 크게 세 가지를 들었다. 치중輜重과 양식糧食과 위적委積이 그것이다. 치중은 말이나 수레에 실은 짐을 뜻하는 말로서, 탄약·식량·장막·피복 등 군대의 온갖 비품을 가리킨다. 양식은 말 그대로 장병들이 먹는 식량으로, 곧 군량軍糧을 뜻한다. 위적은 쌓아둔 재화를 뜻하는 말로, 곧 군자금을 포함한 비축 물자를 의미한다. 조조는 이를 다음과 같이 풀이했다.

"싸움에 임하면서 치중과 군량 및 비축 물자 등 세 가지를 미리 잘 살펴 면밀히 준비하지 않았다면 이는 패망을 자초하는 길이다."

리스크 없이 쟁취하라 – 손자처럼

이는 전쟁의 불가측성을 예상한 것이다. 전쟁은 일단 접전이 벌어지면 아무리 앞서 언급한 득산계를 열심히 할지라도 종전이 이뤄질 때까지는 승패를 점칠 수 없다. 양측 모두 사력을 다하는 데다가 온갖 변수가 개입해 상승세와 하강세를 오르내리기 때문이다. 마치 온갖 소문에 휘둘리는 전시의 주식 시장에서 주식이 등락을 거듭하며 춤추는 것과 닮았다.

위적계委積計는 바로 이런 모든 경우를 포함해 유사시의 싸움에 대비해 기본 물자를 충분히 비축해두어야 한다고 주문하는 것이다. 아무리 속전속결을 예상해 작전을 펼칠지라도 전쟁은 전쟁 자체의 속성 때문에 끝없는 소모전 양상의 지구전으로 흐를 소지가 크다. 『손자병법』은 「작전」에서 이같이 충고하고 있다.

"무릇 용병을 할 경우 최소한 전차 1,000대, 치중차 1,000대, 무장한 병사 10만 명이 동원된다. 게다가 원정을 할 경우 국경에서 1,000리나 되는 먼 거리일지라도 군량과 군수품을 수송해야만 하는 부담 또한 막대하다. 전쟁을 치를 때 국경을 넘어 1,000리 밖까지 진출하는 경우가 비일비재하다. 전방과 후방에 들어가는 군사 비용, 외교 사절 등에 대한 접대비, 아교와 옻칠 등 무기와 장비를 만들고 수리하는 데에 드는 비용, 전차나 갑옷을 만들고 수리하는 데에 드는 비용 등을 포함하면 하루에도 1,000금의 비용이 들어간다. 이런 여건이 마련된 연후에 비로소 10만 대군을 동원할 수 있다. 첩자를 매수하는 비용이나 승전 이후의 포상 비용 등은 여기에 포함되어 있지도 않다. 이를 합친다면 그 비용은 천문학적으로 늘어난다."

현실에 맞지 않는 명분으로 참화를 불러오다

비축 물자를 소홀히 해 참패를 당한 대표적인 사례로는 조선 인조仁祖 때 청 태종太宗에게 처참하게 패한 병자호란을 들 수 있다. 반정을 일으킬 당시 인조는 임진왜란 때 도움을 준 명나라를 가까이하며 섬기는 이른바 친명사대親明事大를 기치로 내세웠다. 명분상 그럴듯하기는 하나, 사실은 절묘한 줄타기 외교를 하며 권력을 강화해나가던 광해군光海君을 폭군으로 몰려는 '마타도어'였다.

사실 광해군은 이미 1930년대에 일본의 저명한 사학자인 이나바 이와키치 전 교토대 교수에 의해 조선 최고의 외교 수완가로 평가받은 바 있다. 이나바는 이른바 택민주의澤民主義라는 용어까지 만들어가면서 광해군을 백성의 이익을 앞세운 훌륭한 군왕으로 평가했다. 우리나라 학계는 이나바의 이런 연구 성과를 애써 무시해왔으나 21세기에 들어와 이나바의 연구 성과에 바탕을 두고 광해군을 긍정적으로 평가하는 논문이 쏟아져 나오고 있어 그나마 다행이다.

21세기 G2 시대의 관점에서 볼지라도 반정이 일어나기 전까지 광해군은 명과 청 사이에서 탁월한 줄타기 외교를 행하고 있었다. 명나라의 강압에 의해 부득불 청나라 토벌을 위한 군사를 파견키는 했으나 도원수 강홍립姜弘立에게 상황에 따라 적절하게 조치할 것을 주문한 점을 봐도 그러하다. 강홍립이 투항하자 이를 두고 명나라 조정에서도 논란이 크게 일어났다. 갑론을박 끝에 조선군이 그 나름대로 열심히 싸우다가 부득이하여 투항한 것으로 결론이 났다. 광해군이 얼마나 뛰어난 외교 책략을 구사했는지를 반증한다. 게다가 당시

리스크 없이 쟁취하라 – 손자처럼

강홍립의 투항 결정은 불가피한 측면이 있었다. 조선군의 절반 이상이 청나라의 팔기병에게 죽임을 당한 상황이었다.

객관적으로 볼 때 당시 인조가 정묘호란 때 맺은 '형제지맹'의 약속을 어느 정도 이행하기만 했어도 병자호란은 능히 막을 수 있었다. 그러나 윤집尹集 등의 척화파들은 형제지맹의 파기를 요구하면서 부모의 나라인 명나라를 대신해 청나라와 결전을 치를 것을 주장하고 나섰다. 주목할 것은 정묘호란 때와 마찬가지로 청나라의 침공이 빤히 예상되는 상황에서 이에 대한 대비책을 특별히 마련해놓은 것도 아니었다는 점이다. 오직 압록강 일대를 지키는 임경업에게 모든 것을 맡겨놓았을 뿐이었다.

당시 청군은 임경업이 지키는 의주의 백마산성을 우회해 이내 파죽지세로 남하했다. 보름이 채 안 되어 개성을 점령한 배경이다. 급보를 접한 인조는 황급히 세자와 원손을 강화도로 피신시켰다. 이때 인조 자신도 강화도로 피신해 장기전을 펼칠 생각이었으나, 청군이 이미 강화도로 가는 길을 끊어놓은 까닭에 백관들과 함께 남한산성으로 들어갔다. 당시 산성 안에는 병력 1만 3,000명과 양곡 1만 4,000석이 있었다. 40일 정도면 식량이 바닥날 수밖에 없었다.

『손자병법』이 위적이 없으면 반드시 패한다고 주장한 경고를 무시한 결과는 참혹했다. 더 황당한 것은 남한산성에 들어간 조선의 대신들이 주전파와 주화파로 갈려 소모적인 논쟁으로 시간을 허비한 점이다. 청군은 산성을 포위한 채 각 도에서 올라온 근왕군勤王軍을 모두 격퇴하며 성안의 물자가 떨어지기만을 기다렸다. 마침내 궁지에 몰린 인조가 항복 협상을 위해 홍서봉洪瑞鳳 등을 이듬해인 숭덕 2년인 1637년 1월 2일에 청군의 진영으로 보냈다. 청나라 태종 홍타이지皇太極가 인조에게 조서를 내렸다. 이 조서는 천하를 가슴에 품은 자와 우물 안의 개구리처럼 허황한 '소小중화'의 미몽에 사로잡혀 있던 조선 군왕의 그릇이 얼마나 큰 차이가 나는지를 극명하게 보여준다. 그 골자는 다음과 같다.

"우리나라 군사가 지난해에 동쪽 우량하이를 칠 때 너희가 군사를 일으켜 요격하고 또 명나라와 협조하여 우리를 해쳤다. 우리가 요동을 얻게 되자 너희는 다시 우리 백성을 불러서 명나라에 바쳤다. 이에 정묘년에 군사를 일으켜 너희를 친 것이다. 이후에 너희는 어찌하여 우리 변경을 소란케 하고, 산삼을 캐는 자와 사냥하는 자를 잡아다가 명나라에 바치고, 짐의 군사가 귀순하는 명나라 장수를 응접하려 할 때 대포를 쏘아 방해했는가. 전단의 실마리를 또다시 너희가 연 것이다. 짐이 이미 너희 나라를 아우로 대접했는데 너는 더욱더 배역背逆하여 스스로 원수를 만들어 백성을 도탄에 빠트리고 있다. 겨우 한 몸이 산성으로 달아나 비록 천년을 산들 무슨 이익이 있겠는가. 정묘년의 치욕을 씻으려 생각했다면 어찌하여 목을 움츠려 나오지 않고 여인의 처소에 들어앉아 있는 것을 달게 여기는 것인가. 짐이 칭제稱帝했다는 말을 듣고 네가 말하기를, '이런 말을 조선의 군신이 어찌 차마 들을 수 있느냐'라고 한 것은 무엇 때문인가. 황제를 일컫는 것이 옳고 그름은 너에게 달린 것이 아니다. 하늘이 도우면 필부라도 천자가 될 수 있고, 하늘이 화를 내리면 천자라도 외로운 필부가 되는 것이다. 네가 그런 말을 한 것 또한 매우 망령된 소리다. 이제 짐이 대군을 이끌고 너희 팔도를 소탕할 것이다. 너희가 어버이로 섬기는 명나라가 장차 어떻게 너희를 구원하는지를 두고 볼 것이다. 자식에게 위험이 절박했는데 어찌 구원해주지 않는 어버이가 있겠느냐. 그렇지 않으면 이는 스스로 백성을 물불 속에 빠트리는 짓이니 억조창생이 어찌 네게 원한을 품지 않겠는가. 네가 할 말이 있거든 분명히 고하라. 결코 막지 않을 것이다."

당시 인조를 비롯한 조선의 군신은 만주족이 중원의 주인이 되는 것은 하늘이 무너져도 인정할 수 없다는 황당한 생각을 하고 있었다. 청 태종이 갈파한 바대로 "하늘이 도우면 필부라도 천자가 될 수 있고, 하늘이 화를 내리면 천자라도 외로운 필부가 되는 것이다"라는 유가 사상의 기본 이치조차 모르고 있었던 것이다.

『서경』과 『역경』 등 유가 경전이 하나같이 강조하는 것은 이른바 '천도무친天道無親'과 '천명무상天命無常'이다. 하늘은 오직 스스로 노력하여 덕을 쌓는 자에게 천명이 돌아갈 뿐이다. 누구라도 성인을 모범으로 삼아 덕을 열심히 쌓으면 능히 제왕이 될 수 있는 법이다. 제왕이 되는 것은 종족이나 민족 단위의 혈연에 토대한 것이 아니라 어디까지나 적덕積德의 유무에 달려 있다. 그럼에도 인조반정의 당사자들은 명의 천명만이 영원히 계속될 것으로 보았다. 조선을 피폐하게 한 배경이 바로 여기에 있다.

그리하여 이제는 청 태종에게 목숨을 구걸해야 하는 상황이 되고 말았다. 강화도가 함락되고 세자와 빈궁이 청의 군문으로 이송되었다. 청 태종은 명나라와 단교하고 청나라를 군주의 나라로 섬길 것, 세자와 대신을 인질로 보내고 매해 공물을 보낼 것 등을 항복 조건으로 내걸었다. 인조는 마침내 이듬해인 1637년 정월 30일에 소현세자昭顯世子와 함께 신하로 예속됨을 뜻하는 쪽빛 군복인 남융복藍戎服을 입고 삼전도에서 굴욕적인 성하지맹城下之盟을 맺었다.

『인조실록』은 당시의 상황을 자세히 기록해놓지 않았다. 조선의 군신은 화를 자초해놓고도 반성하기는커녕 이를 치욕의 역사로 간주해 사실을 은폐하는 쪽으로 나아간 것이다. 당시의 상황을 제대로 알려면 『산성일기』와 『병자일기』 등의 자료를 살펴볼 필요가 있다. 『산성일기』에 따르면, 항복 의식을 거행할 당시에 홍타이지가 단 위의 의자에 앉자 인조는 휘장 안으로 걸어 들어가 삼공육경三公六卿과 함께 뜰 안의 진흙 위에서 절하려고 했다. 신하들이 민망한 나머지 돗자리를 깔기를 청하자 인조가 이같이 말했다.

"감히 황제 앞에서 어찌 스스로를 높일 수 있겠는가!"

척화파의 거두인 김상헌金尚憲에게 동조해 청 태종을 오랑캐로 업신여기던 모습은 찾을 길 없고, 굴신인욕屈身忍辱을 감수해서라도 목숨을 부지하려는 비굴한 모습만 여실히 드러나고 있다. 인조는 항복하기 전에 수시로 사람을 보내어, 혹여 항복할 경우 목숨을 잃지나 않을지 크게 두려워하는 모습을 보였다. 이해 정월 27일에 청군 진영에 전달된 국서에 나오는 인조의 애끓는 호소가 그 증거다.

"신이 빨리 스스로 나아가 용안을 우러러보지 않았다가는 신의 조그만 정성을 펼 길이 없을 것이니 나중에 그리워한들 어찌 미치겠습니까. 엎드려 바라건대 신의 혈성血誠을 굽어 살펴 신이 안심하고 명에 따를 길을 열어주십시오.”

미래에 대비해 힘을 비축하라

사실 국가의 이익이라는 관점에서 보면, 쫓겨난 광해군의 외교 책략이 더욱 돋보일 수밖에 없다. 광해군이 그 나름으로 나라와 백성의 안위를 지키려는 최선의 방안을 구사한 게 그렇다. 반정 세력이 광해군을 두고 ‘배명통호背明通胡’ 운운한 것은 본말이 전도된 것이다. 이는 크게 세 가지 점에서 커다란 문제점을 안고 있었다.

첫째, 광해군의 대외 정책은 결코 ‘배명통호’가 아니었다. 광해군은 명나라도 의심하지 않을 정도의 뛰어난 외교 수완으로 조선의 이익을 지키는 실리 외교를 전개했을 뿐이다. 이는 반정 직후 명나라의 대신인 팽곤화彭鯤化가 올린 상소문을 통해 쉽게 알 수 있다.

“조선 국왕은 십여 년간 충순한 신하였습니다. 큰 실수를 저질렀다는 얘기를 전혀 듣지 못했는데 하루아침에 조카에 의해 폐위됐다고 하니 반란을 일으킨 자들이 어찌 의를 알아 우리를 돕겠습니까.”

광해군의 실리 외교가 얼마나 주효했는지를 증명하는 대목이 아닐 수 없다. 실제로 명나라의 『희종실록』을 비롯한 사서는 인조반정을 ‘찬탈’로 기록했다. 조선 현종顯宗 때 이 사실을 알고 청나라를 상대로 이 기록을 바꾸려고 진땀을 흘려야만 했다. 이는 영조英祖 때에 가서야 겨우 일부분이 해결됐다.

당시 광해군이 취한 대외 정책은 명나라의 무리한 군사 지원 요구를 절묘하게 피하면서 왕권을 튼튼히 하고 황폐해진 나라의 형편을 개선하려는 취지에서 나온 것이었다. 그럼에도 반정 당사자들은 광해군의 실리 외교를 일언지하에 명분과 의리를 저버린 행위로 규정한 것이다. 이는 반정의 명분을 얻으려는 무고한 모함에 지나지 않았다. 반정 세력이 광해군의 업적을 전면적으로 부인하는 데에 혈안이 되었던 이유가 여기에 있다.

　둘째, '배명통호'는 중원의 주인은 어떤 일이 있어도 한족만이 가능하다는 황당한 논리 위에 서 있다. 만주족은 오랑캐에 불과한 까닭에 중원의 주인이 될 수도 없고 되어서도 안 된다는 논리나 다름없다. 이것이 일고의 가치도 없는 주장임은 말할 것도 없다. 원래 공자가 말하는 화이론華夷論은 종족적인 개념이 아니라 문화적인 개념 위에 서 있다. 덕을 잃어 천명이 다하면, 덕을 쌓은 자가 중원의 주인이 되는 것은 당연지사다. 실제로 중국 역사의 절반 이상은 한족이 오랑캐로 치부한 북방 민족의 역사로 꾸며져 있다. 반정 세력은 덕을 쌓아 중원을 점령할 생각은 하지 못한 채 만주족이 중원의 주인공이 되는 것은 인정할 수 없다는 해괴한 논리를 편 셈이다.

　마지막으로, 설령 명나라를 문명국, 만주족의 청나라를 야만국으로 간주할지라도 당시의 상황에서 친명배청親明排淸을 기치로 내건 것은 조선의 국가 이익에 반하는 짓이었다. 당시 조선은 왜란의 후유증으로 크게 피폐해져 있었던 데다가, 막강한 무력을 보유한 청의 팔기군을 막아낼 만한 무비武備는 아무것도 갖추지 못한 상태였다. 객관적으로 볼 때 당시 명과 청이 치열한 접전을 벌이던 상황에서 친명배청을 기치로 내건 것은 "명나라를 치기 전에 조선부터 손봐주십시오!"라고 광고한 짓이나 다름없었다.

실제로 청나라의 침공이 빤히 예상되는데도 반정 세력은 아무 대비도 없이 기껏 강화도와 남한산성으로 피신해 버티면서 명군이 달려와 도와줄 것을 기대하는 한심한 모습을 보였다. 이미 정묘호란때 한번 당하고도 이런 짓을 다시 한 것은 만용과 무지의 극치에 해당한다. 『손자병법』이 역설한 '위적계'의 관점에서 보면 다윗이 아무런 준비도 하지도 않은 채 골리앗에게 삿대질한 꼴이다.

21세기에 들어와 역사가들은 반정 세력이 자신들의 당리를 위해친명배청을 기치로 내걸고 멀쩡한 주군을 내몬 반역 집단에 불과하다는 혹평을 내리고 있다. 서인 세력은 자신들의 반정을 합리화하고자 중원의 주인이 이미 바뀌었음에도 패망한 명의 연호를 계속 사용하는 등 기이한 모습을 보였다. 이후에 조선이 급변하는 국제 정세에 눈감은 채 쇠락한 것도 두 차례 호란을 겪고도 극단적인 명분론을 내세운 서인 세력이 권력을 독점한 사실과 무관치 않았다. 20세기 초 일제의 식민지로 전락하게 된 역사적 연원을 따지고 올라가면인조반정에 닿게 된다는 지적이 나오는 이유가 여기에 있다.

『손자병법』의 관점에서 볼 때 인조반정은 위적계를 철저히 무시한채 명분론에 지나치게 함몰된 나머지, 나라와 백성을 패망의 구렁텅이로 몰아넣은 최악의 반역사적인 사건에 해당한다.

08

위아래가 뜻을 같이하라

군주는 다섯 가지 사안을 기준으로 (……) 적과 아군을 분석해야 한다. 그 다섯 가지 사안은 병도兵道, 천시天時, 지리地利, 장수將帥, 법제法制다. 병도는 백성이 군주와 한마음이 되는 것이다. 그리하면 백성은 군주를 위해 죽을 수도 있고 살 수도 있으며, 어떤 위험도 두려워하지 않을 것이다.

經之以五事, (……) 而索其情. 一曰道, 二曰天, 三曰地, 四曰將, 五曰法. 道者, 令民與上同意也, 故可與之死, 可與之生, 而民不畏危.

_「손자병법」「시계」

오랫동안 주석가들 대부분은 『손자병법』의 첫 편인 「시계」에 나오는 도道를 도덕적인 정치, 천天을 자연 기상, 지地를 지리적 이점, 장將을 지도자의 능력, 법法을 법제로 풀이해왔다. '장'과 '법'에 대한 이런 해석은 그 나름으로 수긍할 수 있다. 그러나 '도'와 '천' 및 '지'의 해석만큼은 『손자병법』을 관통하는 병도의 기본 이치에 어긋난다.

리스크 없이 쟁취하라 – 손자처럼

도는 부득이용병不得已用兵 또는 집이시동戰而時動으로 표현되는 병도, 천과 지는 병도에서 흘러나온 전략의 기본 원칙을 말한 것이다. 『손자병법』의 편제 자체가 그런 이치로 구성되어 있다. 첫 편인 「시계」를 병도, 두 번째와 세 번째 편인 「작전」과 「모공」을 전략, 나머지 열 편을 전술에 관한 논의로 보는 이유가 여기에 있다.

병도는 『도덕경』에서 말하는 무위지치無爲之治에서 파생된 것이다. 최상의 덕에 의한 다스림인 상덕치上德治를 뜻한다. 노자는 유가에서 말하는 인의예지仁義禮智의 덕목을 무위지치에 미치지 못하는 인위적인 덕목으로 간주했다. 바로 하덕치下德治다. 『손자병법』의 '도'는 치도治道의 가장 높은 단계인 도가의 도치道治와 통한다. 조조가 말한 집이시동이 『도덕경』의 부득이용병 취지와 완전히 일치한다는 사실이 이를 뒷받침한다. 『도덕경』은 제30장에서 무력을 동원해 도치를 이루는 방법을 구체적으로 제시하고 있다.

"용병에 능한 자는 오직 과감할 뿐, 감히 우악스러운 모습을 취하지 않는다. 과감하되 뽐내거나 자랑하거나 교만해지지 않는다. 과감하되 부득이할 때에 한해 용병하고, 과감하되 우악스러운 태도를 취하지 않은 까닭이다. 모든 사물은 장성하면 곧 노쇠하기 마련이다. 우악스러운 모습은 도에 맞지 않는다. 도에 맞지 않는 것은 일찍 끝나기 마련이다."

부득이하여 군사를 동원했으나 오직 위기를 구제할 뿐, 무력을 이용해 광포한 모습을 드러내지 않는 것이 바로 병가에서 말하는 최상의 용병인 병도다. 그럼에도 대개 사람들은 이를 '도덕적인 정치' 등으로 해석한다. 병가의 기본 이치를 제대로 파악하지 못한 탓이다.

　동서고금의 모든 전쟁은 종교 차원의 선악과 더불어 윤리 도덕 차원의 시비라는 잣대를 무리하게 적용한 데서 비롯되었다. 수천 년 동안 이어지고 있는 중동의 종교전쟁을 보면 쉽게 이해할 수 있다. 종교는 본래 오류를 전혀 인정하지 않는 무오류無誤謬의 전제 위에 서 있다. 이를 통상 '도그마'라고 한다. 이성적이고 논리적인 비판과 증명이 허용되지 않는다. 이슬람교와 기독교가 수천 년 동안 앙숙으로 지내는 이유다.

　『손자병법』을 관통하는 기본 이념인 부득이용병의 병도는 적의 침공이 있을 때 이를 응징하는 차원에 그치는 까닭에, 복수가 복수를 부르는 식의 종교전쟁과는 거리가 멀다. 자신의 잘못을 깨우쳐주는 선에서 무력 사용을 멈추는 까닭에 원망을 살 일이 없다.

　『손자병법』이 「시계」에서 "병도는 백성이 군주와 한마음이 되어 생사를 함께할 수 있게 하는 것이다"라고 언급한 것도 바로 이런 맥락에서 이해해야 한다. 외부와의 전쟁을 치르기 전에 내부적으로 단단히 결속해야만 부득이용병이 주효할 수 있다는 취지다. 아무리 막강한 무력을 자랑할지라도 내부가 결속되지 않으면 결국 스스로 무너지고 만다. 적과 싸우기 전에 적과 내통한 제5열第五列(에스파냐 내전 때 네 개 부대를 이끌던 프랑코가 적진에도 또 하나의 자기 부대가 있다는 말을 퍼뜨린 데서 유래한 말이다) 집단을 소탕하는 이유가 여기에 있다. 제5열은 늘 간첩의 집합소 역할을 하게 마련이다. 『손자병법』이 '동의계同意計'의 중요성을 역설한 것도 바로 이런 맥락에서 이해할 수 있다.

상대와 싸우기 전에 내부부터 결속하라

동의계의 반면교사로 삼을 만한 대표적인 인물이 있다. 바로 명나라 말기 만력제萬曆帝의 아들인 복왕福王 주상순朱常洵이다. 만력제 주익균朱翊鈞은 조선에 임진왜란이 일어났을 때 보위에 있었다. 그는 황태자인 주상락朱常洛을 홀대했다. 정 귀비鄭貴妃 소생의 셋째 아들 주상순을 보위에 앉히려는 속셈이었다. 당초 만력제는 황후 왕씨가 줄곧 아이를 낳지 못해 서자만 두고 있었다. 스무 살이던 재위 10년, 1582년에 태후의 시녀 출신인 왕 공비王恭妃로부터 서장자인 주상락을 얻었다. 이후에는 왕 공비를 멀리하면서 주상락이 태어난 것을 반기지도 않았다. 만력 14년인 1586년에 총애하는 정 귀비가 주상순을 낳으면서 황태자 책봉을 둘러싼 갈등이 본격화했다.

만력제는 재위 21년인 1593년에 서장자인 주상락과 셋째 아들 주상순을 포함해 겨우 세 살에 불과한 다섯째 아들 등 세 명의 황자를 왕에 봉하는 조치를 취했다. 후대 사가들은 이를 3왕병봉三王幷封이라고 불렀다. 3왕병봉의 표면상 명분은 입적불립서立嫡不立庶였다. 적자는 황태자로 세울 수 있지만 서자는 세울 수 없다는 뜻이다. 이미 적자를 얻을 수 없는 상황에서 이는 구실에 지나지 않았다. 주상락을 황태자 후보 반열에서 밀어내리려는 궁여지책이었다. 이 때문에 황태자 책봉을 둘러싼 당쟁은 만력제가 죽는 순간까지 무려 30여 년이나 지속됐다. 이는 광해군이 명 조정으로부터 세자 책봉을 승낙받는 데에도 영향을 미쳐 인조반정의 처음을 여는 계기로 작용했다.

당시 주상락을 황태자로 책봉할 것을 강력히 주장했다가 낙향한 고헌성顧憲成은 만력 32년인 1604년에 고향인 강소성 무석에 있는 동림서원東林書院의 보수를 끝내고 사림 세력의 근거지로 삼았다. 그를 추종하는 세력들을 이후 통상 동림당東林黨으로 부르게 된 이유가 여기에 있다.

재야에서 동림당이 세력을 키워나가자 조정 대신들은 출신 지역에 따라 몇 개의 당파로 나뉘어 대립하기 시작했는데, 산동의 제당齊黨, 호북의 초당楚黨, 안휘의 선당宣黨, 강소의 곤당昆黨, 절강의 절당浙黨 등이 그것이다. 이들 모두 동림당을 배척하는 데에는 의견을 같이 해, 황실 및 환관들과 연합하여 동림당을 공격했다. 이에 맞서 동림당은 이들의 전횡을 일일이 거론하며 공격했다. 동림당은 재야의 사대부를 중심으로 하는 광범한 여론이 큰 자산이었다. 이게 동림당이 결성된 이후에 전개된 당쟁의 기본 구도였다.

이 와중에 만력제는 제국의 통치에서 아예 손을 놓은 모습을 보였다. 그는 조부인 가정제嘉靖帝처럼 궁궐 깊숙이 틀어박혀 조정에 나오려고 하지 않았다. 중국의 전 역사를 통틀어 반세기 가까이 재위하면서 철저하게 '통치 부재'의 모습을 보인 황제는 만력제 외에는 전무했다. 더 한심한 것은 주상락을 황태자에 책봉했음에도 복왕福王으로 임명한 주상순을 총애함으로써 후계 논쟁의 불씨를 계속 살려놓은 점이다. 이 때문에 세간에는 조만간 황태자가 폐해질 것이라는 불온한 소문이 횡행했다. 만력 43년인 1615년의 황태자 암살 미수 사건은 바로 이런 배경에서 나온 것이었다.

이는 정 귀비를 추종하는 세력의 사주를 받은 시정의 무뢰배가 몽둥이를 들고 주상락이 머무는 자경궁을 침범해 해를 입히려다 미수에 그친 사건이었다. 만력제는 배후 인물을 철저하게 밝히기를 요구하는 언관들의 주장을 묵살하고 곧바로 범인들을 신속히 처형해 사건을 조기에 매듭지었다. 배후 세력에 대한 규명이 오리무중이 되자 오히려 태자가 조만간 폐위될 것이라는 불온한 소문이 더욱 무섭게 퍼져갔다. 만력제는 이 와중에 세상을 떠났다. 만력 48년인 1620년 7월의 일이다.

주상락이 뒤를 이어 보위에 올랐다. 그가 보위에 오른 지 넉 달 만에 숨을 거둔 태창제泰昌帝다. 주상락의 뒤를 이어 보위에 오른 이는 천계제天啓帝 주유교朱由校다. 그는 매일 목공 일만 하여서 훗날 '목공 황제'로 불렸다. 무식한 주유교는 동생이자 주상락의 다섯째 아들인 주유검朱由檢에게 공부를 부지런히 하라고 명했다. 주유검은 형인 천계제가 보위에 오른 지 3년이 되던 해에 신왕信王에 봉해졌다. 천계 7년인 1627년 주유교가 스물세 살의 나이로 후손도 없이 죽자 그의 유언에 따라 열일곱 살의 주유검이 보위에 올랐다. 주유검이 바로 명나라 마지막 황제인 숭정제崇禎帝다.

당시 명나라는 이미 패망의 조짐이 완연했다. 당쟁의 격화로 민심이 돌아선 게 가장 큰 이유였다. 후금의 침공을 막는 데에 필요한 전비를 충당하고자 농민들에게는 온갖 종류의 막대한 세금 부담이 지워져야 했다. 게다가 숭정 원년인 1628년 이후 가뭄과 수해가 이어지면서 농민 반란이 빈발했다. 조정은 재정난을 타개하고자 전국의 역참驛站을 폐지했다. 생계 수단을 잃은 역졸驛卒과 군량을 지급받지 못한 군인들이 농민 반란에 가담했다. 명나라를 패망시킨 농민 반란 군의 수장 이자성李自成도 이들 중 한 사람이었다.

원래 이자성의 부친 이수충李守忠은 섬서성 미지현 일대에서 소작 농으로 근근이 먹고사는 빈농이었다. 그는 먹고살 길이 없어 아들 이자성을 근처 사찰에 맡겼다. 이자성은 지주의 양을 키우는 목동으 로 지내다 미지현의 역졸이 되었다. 청년 이자성은 툭하면 사고를 치다가 처벌받을 위기를 맞아 인근 마을로 도주했다. 당시 명나라는 숭정제가 즉위해 그 나름의 개혁을 시도했으나 지방관의 비리와 연 이은 흉년 등으로 민심의 이반이 심각했다.

섬서성 일대의 민란은 왕가윤王嘉胤이 이끌었다. 숭정 4년인 1631 년에 왕가윤이 전사하자, 그의 휘하에서 실력을 키운 고영상高迎祥이 우두머리가 되어 틈왕闖王을 자처했다. 이자성은 이때 가담했다.

숭정 9년인 1636년 기세등등하던 농민 봉기군은 몇몇 수령이 관 군에게 잡히면서 한풀 꺾였다. 고영상도 섬서 순무巡撫였던 손전정 孫傳庭에게 포로로 잡혀서 북경으로 압송되어 형장의 이슬로 사라졌 다. 틈왕의 깃발은 이자성이 차지했다. 숭정 10년인 1637년, 이자성 의 농민 반란군이 양사창楊嗣昌이 이끄는 관군에게 대패했다. 간신히 사지를 빠져나온 이자성는 10여 명의 부하와 함께 상락산商洛山으로 숨어들었다. 이듬해인 숭정 11년인 1638년, 청의 대규모 공세로 명 나라 관군이 철수하자 그는 다시 세력을 만회할 절호의 계기를 잡았 다. 당시 양사창은 청과 강화하고 나서 남은 적을 먼저 소탕할 것을 강력하게 주장했으나 반대파의 반발로 무산됐다. 이게 명나라 패망의 결정적인 배경으로 작용했다.

숭정 13년인 1640년, 이자성은 백성이 기아에 시달리는 하남으로 들어갔다. 이자성은 토지를 빈농들에게 고루 나눠주고 조세 감면을 명분으로 내걸었다. 막다른 길로 내몰린 무수한 농민이 대거 호응한 것은 말할 것도 없다. 명나라는 민심을 얻는 비결을 터득한 농민군의 등장을 계기로 이미 패망을 예고한 것이나 다름없었다.

실제로 청조의 패망도 '태평천국의 난'을 일으킨 홍수전洪秀全이 이자성과 같은 수법을 동원한 데에서 비롯됐다. 마오쩌둥도 국공 내전 당시에 농민 반란군에 해당하는 홍군을 모집하고 소비에트에서 토지를 분배할 때 이 수법을 그대로 흉내 냈다. 모든 면에서 우세했던 장제스가 패한 이유다. 이자성과 홍수전은 결국 실패했으나 마오쩌둥만은 끝내 성공했다. 역사에 밝았던 마오쩌둥이 두 사람의 실패를 분석해 성공의 비결을 찾아낸 게 이런 차이를 낳은 듯하다. 실제로 대장정을 전후로 '신중화제국'을 건립할 때까지 그가 가장 자주 입에 올린 역사적 인물이 바로 이자성과 홍수전이었다.

숭정 14년인 1641년에 들어오면서 이자성은 참모들과 논의한 끝에 마침내 북상하기로 결정했다. 가장 먼저 토벌 대상에 오른 인물은 낙양의 복왕 주상순이었다. 당시 낙양은 부유하기만 할 뿐, 군사력은 매우 취약했다.

당초 만력제는 주상순을 극도로 총애한 나머지, 낙양에 다른 왕부王府보다 수십 배나 화려한 왕부를 세워주고, 주상순이 혼인할 때는 30만 냥에 이르는 황금을 혼인 비용으로 하사하기도 했다. 이후에도 크고 작은 상을 끊임없이 내렸다. 그럼에도 주상순은 만족할 줄 몰랐다. 매일 가혹하게 세금을 거둬들였고, 기근이 이어지는데도 모르는 척했다. 부유했던 하남 일대가 피폐해진 이유다. 당시 조정은 각지에서 빈발한 농민 반란군을 제압하고자 사방에서 장병을 소집했지만, 장병들 모두 불만을 털어놓았다.

"낙양의 왕부는 황궁보다 부유하다. 황제는 천하의 재물로 복왕을 살찌우고도 도리어 굶주린 우리에게 배를 움켜쥐고 싸우라고 한다. 이러다가 반란군 손에 죽기라도 하면 너무 억울하지 않겠는가?"

조정 대신 중 일부도 이런 불만을 알고 있었다. 복왕 주상순에게 창고를 열어 굶주린 백성을 구할 것을 권한 이유다. 그러나 재물을 목숨보다 아낀 주상순은 이를 귓등으로 흘려들었다.

그해 1월 19일, 이자성의 반란군이 마침내 낙양을 공격했다. 그러나 낙양성의 성벽은 의외로 견고했다. 이때 만일 주상순이 재물을 풀어 병사들의 사기를 끌어올렸다면 별 탈이 없었을 것이다. 그러나 생사가 오락가락하는 그 순간에도 그는 재물을 아꼈고 성을 지키는 장병들에게 인색했다. 성을 지키는 장수들이 은량을 풀어 병사들을 위로해줄 것을 여러 차례에 걸쳐 청하자 겨우 은 3,000냥을 내주었다. 이 또한 장수들이 중간에서 가로채버렸다. 주상순이 부득불 1,000냥을 다시 내주자 병사들이 그 배분 문제를 놓고 다투었다.

이자성의 반란군이 다시 진격하기 전날 저녁, 성안의 병사들이 병란을 일으켰다. 이들은 장수들을 모두 묶고는 성루에 불을 지르고 북문을 활짝 열어 반란군을 성안으로 맞아들였다. 이자성으로서는

리스크 없이 쟁취하라 - 손자처럼

호박이 덩굴째 떨어진 격이었다. 반란군이 재빨리 왕부를 점령하고 복왕을 생포했다. 왕부의 창고와 지하실을 열어보니 수만 석의 양곡과 셀 수 없을 정도의 금은보석으로 가득했다. 반란군이 창고를 열어 곡식을 나눠주자 농민들이 벌떼처럼 몰려와 반란군에 가담했다.

이자성이 북상하면서 처음으로 전개한 낙양전투는 농민전쟁의 양상을 일거에 뒤바꾸었다. 피동적인 모습의 농민군이 주동적인 자세로 전환한 것이다. 소규모 부대로 분산되어 이리저리 몰려다니며 산발적인 전투를 벌이던 모습은 사라지고, 당당한 군사의 모습을 띠게 되었다. 유적流賊이 반군反軍으로 거듭나는 순간이었다. 이후에 승승장구의 파죽지세로 북상을 거듭하게 된 결정적인 계기가 바로 낙양전투에 있었다고 해도 과언이 아니다.

복왕 주상순의 거점인 낙양은 이자성의 견지에서 볼 때 매우 부담스러운 곳이다. 낙양전투가 길어지면 낙양 인근의 성읍에 있는 관군에게 포위당할 소지가 컸다. 실제로 주상순이 창고를 풀어 병사들의 사기를 북돋우기만 했으면 그런 위기 상황에 처했을 가능성이 컸다. 그러나 하늘은 이미 명나라 편이 아니었다. 천성적으로 인색하기 짝이 없던 주상순이 절체절명의 순간까지도 창고를 껴안고 있었던 게 그 증거다. 결국 주상순은 노루고기와 함께 푹 삶아지는 운명을 맞았고, 명나라 또한 패망의 순간이 닥치고 말았다. 『손자병법』의 관점에서 보면 동의계를 어기는 바람에, 본인은 물론이고 나라마저 패망으로 이끈 대표적인 사례에 해당한다.

엄밀히 비교하여 분석하라

군주는 (……) 다음 일곱 가지 상황을 면밀히 검토해 적과 아군을 분석해야 한다. (……) 첫째, 군주는 어느 쪽이 더 치도에 맞게 다스리고 있는가? 둘째, 장수는 어느 쪽이 더 유능한가? 셋째, 천시와 지리는 어느쪽에게 더 유리하게 작용하는가? 넷째, 법령은 어느 쪽이 더 잘 집행하는가? 다섯째, 무기는 어느 쪽이 더 강한가? 여섯째, 병사들은 어느 쪽이 더 훈련을 잘하고 있는가? 일곱째, 상벌은 어느 쪽이 더 공평히 시행하고 있는가?

(……) 校之以七計, 而索其情. (……) 曰: 主孰有道? 將孰有能? 天地孰得? 法令孰行? 兵衆孰强? 士卒孰鍊? 賞罰孰明?

_ 「손자병법」 「시계」

전쟁을 포함한 그 어떤 경쟁이든 결국은 실력이 좌우하게 된다. 실력은 겉으로 보이는 대소大小와 장단長短 등의 외형外形보다는 속으로 감추고 있는 내력內力이 좌우한다. 덩치는 산만 한데 속은 극히 소심한 졸보拙甫의 자도 부지기수로 많기 때문이다. 정반대로 단소한 사람 가운데 무예의 고수가 많은 것도 이치는 같다.

국가 간의 전쟁도 이와 유사하다. 속에 감춘 실력을 제대로 파악하지 못하고 함부로 교전했다가는 큰 낭패를 보게 마련이다. 가장 주의할 점은 상대의 왜소한 외형만 보고 얕잡아 본 나머지, 스스로 자고자대自高自大하다가 패망하는 경우다. 중국의 전 역사를 통틀어 덩치만 믿고 함부로 나대다가 패망한 대표적인 사례가 바로 고구려를 세 번 침공했다가 오히려 패망한 수나라다.

상대의 실력을 정확히 파악하라

수나라 양제煬帝 대업 6년인 610년, 대신인 배구裴矩가 양제 양광楊廣에게 고구려를 칠 것을 건의했다. 양광이 남조 진陳나라를 평정할 때 배구는 3,000명의 결사대를 이끌고 지금의 남경인 건강성을 함몰시킨 바 있다. 당시 우문술宇文述과 우세기虞世基 등은 사방에서 뇌물을 받았으나 오직 배구만은 깨끗했다.

고분고분하지 않은 고구려를 치자는 배구의 건의는 양제의 생각과 맞아떨어졌다. 곧바로 사자를 고구려로 보내 영양왕嬰陽王에게 입조入朝할 것을 명했다. 이에 앞서 수 문제文帝는 영양왕을 요동공遼東公에 봉한 바 있다. 이는 북주北周의 선례를 좇은 것이다. 그러나 영양왕은 수 문제의 의중과는 반대로 입조는커녕 오히려 이듬해에 말갈의 군사 1만여 명을 이끌고 요서를 쳤다.

몹시 노한 수 문제 양견楊堅이 아들 양량楊諒에게 명해 수륙 양군을 이끌고 가서 고구려를 치게 했다. 그러나 군량 운송이 여의치 않은 데다가 병사들 대부분이 전염병에 걸려 전력에 커다란 차질이 났다. 마침 영양왕이 사자를 보내 사죄하자 이를 구실로 철군했다.

당시 수나라 양제는 고구려 정벌을 위해 전함 300척을 건조했다. 독촉을 못 이긴 공인들이 산동 동래 일대에서 밤낮 가리지 않고 작업하다가 3분의 1가량이 죽어나갔다. 배가 건조됨과 동시에 강회 지역 일대의 수군을 포함해 영남과 하남 등 곳곳에서 병력이 차출되었다. 군사 동원 및 군량 운송 등으로 천하가 몹시 시끄러웠다.

고구려 정벌에 나서기도 전에 이미 산동성 추평현의 왕박王薄과 청하 지역의 두건덕竇建德 등이 백성의 불만을 배경으로 반기를 들었다. 이듬해인 대업 7년인 611년 2월, 왕박이 이른바 〈무향요동낭사가無向遼東浪死歌〉를 만들어 퍼뜨렸다. 가사는 이렇다.

장백산 앞 '지세랑' 있어 붉은 비단 앞뒤로 둘렀으니

長白山前知世郎, 純着紅羅飾背襠

긴 삼지창 하늘 찌르고 수레와 칼은 햇빛에 반짝이다

長稍侵天半, 輪刀耀日光

산 위에서 사슴 노루 먹고 산을 내려와 소와 양 먹으니

上山吃獐鹿, 下山吃牛羊

문득 관군 왔다는 얘기 듣고 칼을 뽑아 달려 나온다지

忽聞官軍至, 提刀向前蕩

요동서 죽느니 여기서 참수된들 무슨 손해 볼 일일까

譬如遼東死, 斬頭何所傷

리스크 없이 쟁취하라 – 손자처럼

당시 왕박은 세상일을 훤히 내다본다는 '지세랑知世郎'을 자처했다. 그는 고구려 원정을 두려워하는 백성의 심리를 반영해 노래를 만들어 퍼뜨리면서 산동의 추평 및 장산현 일대인 장백산 부근에서 반기를 들었다. 징발된 사람들이 달아나면서 이 노래를 사방에 퍼뜨렸다.

대업 8년인 612년, 양제가 첫 고구려 원정에 나섰다. 총 113만 3,800명이 동원됐다. 밖으로는 200만 대군이라 내세웠다. 전투병에 딸린 잡역부는 이보다 훨씬 많은 300만 명이었다. 정기旌旗가 1,000리에 달했고, 양제가 머무는 어영御營만 해도 80리에 이르렀다. 전무후무한 일이었다. 개전 초기에는 수나라에 유리했다. 1만여 명의 목을 베었다. 요수를 건너자 상황이 일변했다. 고구려 군사가 유격전을 전개하며 결사적으로 버티자, 수나라 군사가 무수히 죽어나갔다.

우문술은 병사들에게 명해 군량을 버리고 경무장을 한 채 속히 전진케 했다. 마침내 고구려 도성인 평양성에서 30리 떨어진 곳에 영채를 차렸다. 그러나 도중에 식량을 모두 먹어 치운 데다가 추위와 굶주림이 엄습하자 이내 퇴각할 수밖에 없었다. 고구려 군사가 급히 추격해 이들을 습격해 죽였다. 요수를 건넌 선발 부대 30만 명 중 귀환한 사람은 겨우 2,700명에 불과했다. 완전한 실패였다.

이듬해인 대업 9년인 613년 4월, 분노를 이기지 못한 양제는 다시 제2차 원정에 올랐다. 우문술 등이 다시 평양성을 향해 빠른 속도로 진격했다. 그런데 양제에게 죽임을 당한 양소楊素의 장남인 예부상서 양현감楊玄感이 이 와중에 반기를 들었다. 원래 양소는 수 양제의

즉위에 큰 공을 세워 승상 겸 사도의 직책을 받고 초공楚公으로 봉해
졌으나, 이내 수 양제의 시샘을 받아 죽임을 당했다. 양현감은 이때
에 이르러 양제에게 부친의 원수를 복수하고자 반기를 든 것이다.

당시 수 양제는 요동성을 급히 공격할 때였다. 반란 소식을 듣고
대경실색한 그는 한밤중에 은밀히 철군을 명했다. 병사들은 이유도
모르는 채 공포에 질려 황급히 철군했다. 고구려 군사도 매복에 걸
릴 것을 우려해 추격전에 나서지 않았다. 우문술과 내호아來護兒 등
은 고구려에 패한 분풀이라도 하듯 양현감의 반군을 일거에 제압했
다. 양제는 양현감의 반기를 강력히 징계하고자 했다. 배온裴蘊 등이
명을 받들어 반란에 연루된 자 3만여 명을 참수했다. 양현감이 창고
를 헐어 곡식을 나눠줄 때 이를 받은 낙양의 백성은 산 채로 성의 남
쪽에 매장되었다.

대업 10년인 614년 2월, 양제가 다시 대대적으로 동원령을 내렸
다. 제3차 고구려 원정을 단행코자 한 것이다. 이해 3월, 친히 탁군으
로 갔다. 그러나 병사들의 도주가 속출하여, 갈수록 숫자가 줄어들었
다. 이해 7월, 황제의 거등 행차가 회원진懷遠鎭에 이르렀을 때 후속
군대가 예정된 기일에 맞춰 이르지 못했다. 탈주병이 속출한 데다가
반란군이 진로를 막은 결과다.

당시 고구려 또한 수나라의 잇단 침공으로 크게 피폐해졌기에, 이
내 사자를 보내 항복 의사를 전했다. 성의 표시로 제2차 원정 때 투
항한 수나라 장수 곡사정斛斯政을 포박해 수나라 군진에 보냈다. 그
는 양현감과 가까운 인물이었다. 양제가 몹시 기뻐하며 평양성 가까

리스크 없이 쟁취하라 – 손자처럼

이 진격한 내호아에게 철군을 명했다. 내호아가 측근들에게 말했다.

"대군을 일으켜 세 번이나 원정을 나섰으나 한 번도 승리를 거두지 못했다. 지금 고구려가 극히 곤경에 처해 있어 조금만 더 있으면 능히 항복시킬 수 있다. 그렇지 않으면 우리는 아무런 공도 세우지 못하게 된다. 이 얼마나 큰 수치인가?"

내호아는 계속 싸우고 싶었지만 장수들이 듣지 않았다. 마지막으로 내호아가 결단만 하면 되는 상황이었지만, 승리를 거두지 못할 경우 자신은 물론이고 일족 모두 도살될 수밖에 없었다. 결국 제3차 원정 역시 아무런 공도 세우지 못한 채 실패로 돌아갔다.

사서의 기록을 토대로 평하면 수나라 양제는 시종 고구려 정벌에 대한 미련을 버리지 못해 패망하고 만 셈이다. 상대를 지나치게 얕본 게 화근이었다. 『손자병법』이 첫 편인 「시계」에서 상대방과 자신의 실력을 엄격히 비교하는 '교색계校索計'를 역설한 이유다.

스스로를 높이되 자만하지 마라

『사기』「서남이열전」에도 자고자대를 경계하며 교색계의 필요성을 일깨우는 일화가 실려 있다. 이른바 야랑자대夜郞自大 일화가 그것이다. 그 일화에 따르면 한나라 초기 서남이西南夷의 군장君長은 10여 명을 헤아렸다. 그중에서 야랑夜郞의 세력이 가장 컸다. 그 서쪽에는 미막靡莫 무리가 있었다. 10여 명의 군장 중에서 전滇의 세력이 가장 컸다. 전의 이북에도 군장이 10여 명 있었다. 그중에서 공도邛都의 세력이 가장 컸다. 이들은 모두 머리를 상투 모양으로 묶고, 농사를 지으며 작은 촌락을 이루고 살았다. 이들 바깥의 서쪽으로는 동사 동쪽에서 북으로 엽유에 이르기까지를 수巂 또는 곤명昆明이라고 했다.

이들 모두 머리를 땋아 내리는 편발編髮을 한 채 가축을 쫓아 이리저리 옮겨 다닌 까닭에 일정한 거주지가 없고, 우두머리도 없었다. 그 땅이 사방 수천 리나 됐다. 여러 명의 군장이 존재한 이들 무리 모두 파·촉 지역 서남쪽 외곽에 있는 만이蠻夷에 해당한다.

초나라는 전국시대 말 위왕威王 때에 장군 장교莊蹻로 하여금 장강을 따라 올라가 파, 검중의 서쪽을 공략하게 했다. 장교는 원래 초 장왕莊王의 후손이다. 장교가 지금의 운남성인 전지에 이르니, 그곳은 사방 300리나 되고 일대는 평지에 비옥한 평야가 수천 리에 걸쳐 펼쳐져 있었다. 장교는 무력으로 그곳을 평정하고 초나라에 복종하게 했다. 돌아가 복명코자 할 때에 마침 진나라가 쳐들어와 초나라의 파와 검중을 빼앗는 바람에 길이 막혀 돌아갈 수가 없었다. 장교는 할 수 없이 부하들을 이끌고 전지에서 왕 노릇을 했다. 복장을 바꾸고 그곳 풍속을 따라 그들의 군장이 된 것이다.

진나라 때에는 상알常頞이 이 일대를 공략해 5척 넓이의 도로를 개통하고 이 지역의 여러 곳에 관원을 두었다. 10여 년 뒤 진나라가 패망하고 한나라가 일어서면서 이들 지역을 포기했다. 그러고는 촉 땅에 있던 원래의 경계선을 관문으로 삼았으나, 파촉의 백성은 관문을 몰래 빠져나와 장사를 했다. 작筰 땅의 말, 북僰 땅의 노비와 모우犛牛 등을 가져온 덕분에 파촉의 생활이 부유해졌다.

한나라 무제武帝 건원 6년인 기원전 135년, 사신을 접대하는 관직인 대행大行으로 있던 왕회王恢가 동월東越을 쳤다. 동월 사람들이 자신들의 군주인 영郢을 죽이고 이를 왕회에게 통보했다. 왕회가 군대의 위세에 기대어 파양현 현령 당몽唐蒙을 남월로 보내 넌지시 귀순을 권하게 했다. 남월이 당몽에게 촉 땅에서 나는 구장枸醬(헛개나무 열매로 담근 장)을 대접했다.

　당몽이 장안으로 돌아와 촉나라 상인에게 구장을 어디서 가져왔는지 묻자 상인이 대답했다.

　"오직 촉나라에서만 구장이 나옵니다. 많은 사람이 몰래 갖고 나와 야랑에서 장사를 합니다. 야랑은 장가강 가까이에 있습니다. 강너비는 100여 보步밖에 되지 않아 배로 건널 수 있습니다. 남월이 재물로 야랑을 예속시키고, 서쪽으로는 동사同師까지 이르고 있습니다. 그러나 이들을 신하처럼 부리지는 못하고 있습니다."

　당몽이 한 무제에게 아뢰었다.

　"남월왕 조타趙佗의 손자 조호趙胡는 외람되게 천자만이 행하는 황옥좌독黃屋左纛의 장식을 하고 있습니다. 땅은 동서로 1만여 리나 됩니다. 명목상 외신外臣이라고는 하나 실은 한 주州의 군주입니다. 이제 장사와 예장 지역의 군사를 동원해 가려고 해도 물길이 끊어지는 곳이 많아 가기도 어렵습니다. 신이 가만히 들어보니 야랑이 보유한 정예병이 족히 10여 만 명이 된다고 합니다. 이들을 이끌고 배로 장가강을 따라 내려가다가 남월이 전혀 예상치 못한 곳을 덮치면 남월을 제압하는 뛰어난 계책이 될 것입니다. 실로 한나라의 강대함과 파촉의 부유함을 토대로 야랑까지 가는 길을 열기만 하면 이후 관원을 두는 것은 아주 쉬울 것입니다."

한 무제는 이를 허락하고 원수 원년인 기원전 122년, 당몽을 낭중
장郞中將으로 삼아 군사 1,000명과 군량 및 군수 물자를 운송하는 1
만여 명의 일꾼을 이끌고 파촉의 작관에서 야랑으로 들어가게 했다.

당시 야랑국의 군주 다동多同은 자기 세력권을 벗어나본 적이 없
었다. 그는 자기 나라가 세상에서 가장 큰 줄 알았다. 어느 날 다동은
부하들을 이끌고 영지를 순시하다가 물었다.

"너희는 세상에서 가장 큰 나라가 어디라고 생각하느냐?"

신하들이 입을 모아 대답했다.

"그야 야랑이지 어디겠습니까!"

흐뭇해진 다동은 눈앞의 높은 산을 가리키며 다시 물었다.

"세상에 저보다 더 높은 산이 있을까?"

신하들이 또 이구동성으로 대답했다.

"저렇게 높은 산은 어디에도 없습니다."

이윽고 흐르는 물가에 다다랐다. 강이라기보다는 큰 시내 정도였
다. 다동이 또다시 물었다.

"이 물보다 더 넓고 긴 물이 있을까?"

신하들이 똑같이 대답했다.

"그런 물이 어디 있겠습니까!"

야랑을 가장 큰 나라로 여긴 다동은 기고만장해 있다가 이때에 이
르러 인도로 가던 사신 당몽 일행을 맞게 되었다. 환영의 술자리가
한창 무르익자 다동이 당몽에게 물었다.

"우리 야랑국과 중국 중 어느 쪽이 더 크다고 생각하시오?"

당몽이 기가 막혀 웃으며 대답했다.

"우리 한나라에는 군郡이 수십 개나 되고, 그 군 하나만 해도 이곳 야랑국보다 몇 배는 큽니다."

다동은 벌어진 입을 다물지 못했다. '야랑자대' 성어가 나온 배경이다. 당시 당몽은 다동에게 예물을 후하게 주고 천자의 위세와 은덕을 일깨웠다. 이어 관원을 두기로 약속하고, 다동의 아들을 현령에 임명했다. 당몽이 돌아가 보고하자 한의 조정은 야랑국과 그 주변 나라를 건위군健爲郡으로 삼고 파촉의 군사를 동원해 길을 닦았다.

『손자병법』의 관점에서 볼 때 야랑의 군주 다동은 교색계의 이치를 전혀 깨닫지 못한 인물에 해당한다. 일찍이 니체는 자신이 보고 싶은 것만 보고 판단하는 경향을 '관점주의Perspektivismus'라고 명명한 바 있다. 이게 확장되면 남과 비교하는 것을 꺼리며 자고자대하는 것은 물론이고 남에게까지 자신이 보는 것만을 보도록 강요하는 일까지 빚어진다. 군주와 신하가 이런 착각에 빠지면 나라 전체가 '우물 안 개구리' 상태가 된다. 구한말 조선이 이러했다. 단군 이래 한 번도 나라를 잃어본 적 없는 한민족이 이웃 일본의 식민지 노예로 전락한 근본 배경이 이것이다. 『손자병법』의 관점에서 보면 교색계의 이치를 망각한 채 야랑자대에 함몰된 결과로 해석할 수 있다.

국보계
國輔計

10

뛰어난 장수를 구하라

장수는 나라를 보필하는 기둥이다. 장수의 보필이 온전하면 그 나라는 반드시
강해진다. 장수의 보필에 틈이 생기면 그 나라는 반드시 약해진다.

夫將者, 國之輔也, 輔周則國必强. 輔隙則國必弱.

_「손자병법」「모공」

뛰어난 장수는 나라를 보필하는 국보國輔가 된다. 역사적으로 이를
증명한 장수가 매우 많다. 우리 역사만 볼지라도 고구려의 을지문덕
乙支文德, 신라의 김유신金庾信, 고려의 강감찬姜邯贊 등이 그렇다. 백
제의 계백階伯도 비록 패사하기는 했으나 '국보' 역할을 했다. 가장
가까운 조선의 이순신李舜臣은 나라를 패망의 위기에서 구했다는 점
에서 '국보 중의 국보'로 평할 만하다. 러일전쟁 당시 일본의 해군 제
독이었던 도고 헤이하치로는 이순신의 학익진鶴翼陣을 흉내 내어 러
시아의 발탁 함대를 현해탄에 수장시킨 바 있다. 그가 평생을 두고

리스크 없이 쟁취하라 – 손자처럼

존경한 인물이 바로 이순신이었다.

전국시대 말기 당시 천하의 대세는 진秦나라의 천하통일로 흐르고 있었다. 이때 비교되는 두 명의 장수가 등장했다. 말 그대로 생전에 단 한 번도 패한 적이 없다는 '상승장군常勝將軍'인 백기白起, 가장 넓은 영토와 병력을 보유한 초나라를 무너뜨린 왕전王翦, 바로 이 두 사람이었다. 사마천司馬遷이 『사기』의 열전을 지으면서 두 사람을 하나로 묶어 제13편으로 「백기왕전열전白起王翦列傳」을 편제한 것도 이 둘의 면모를 제대로 살피기 위함이었다.

백기는 진시황의 증조부인 소양왕昭襄王 때 활약했다. 그의 활약을 보면 그가 왜 아주 뛰어난 천하무적의 맹장인지 단번에 알 수 있다. 실제로 그가 이끄는 진나라 군사들은 거칠 게 없었다. 싸울 때마다 승리를 거둔 것만 봐도 그렇다. 진나라의 천하통일에 그가 이바지한 공로는 지대했다. 병가의 대가로 손꼽을 만했다. 승상으로 있던 종횡가 범수范睢(범저范雎로 표기하기도 한다)와 더불어 그는 진시황의 천하통일에 초석을 놓았다고 해도 과언이 아니다.

그러나 그는 불행하게도 범수와의 갈등과 지나친 고집 등으로 소양왕의 미움을 받아 비참한 최후를 맞이하고 말았다. 이와 정반대로 진시황 때 활약한 왕전은 최대의 적인 초나라를 무너뜨리는 대공을 세우고 당대 최고의 가문으로 우뚝 설 수 있었다. 이를 통해 군주와 장수의 인간적 신뢰가 '국보' 역할을 수행한 장수의 앞날을 가르는 결정적인 관건으로 작용한다는 사실을 확인할 수 있다.

무안군武安君 백기와 응후應侯 범수가 갈등을 빚게 된 것은 백기가 조나라 도성인 한단성을 포위해 공략을 바로 눈앞에 두고서 갑작스레 철군의 명을 받게 된 데서 비롯됐다. 백기는 속으로 그 상황이 승상 범수의 짓이라 생각하고 범수를 저주하면서 철군했다.

이 일로 무안군 백기는 응후 범수와 틈이 벌어지게 되었다. 진나라를 떠받치던 두 사람 사이에 갈등이 생긴 것은 진나라로서는 커다란 타격이었다. 두 사람의 갈등은 결국 백기가 비참한 최후를 맞는 것으로 귀결됐다. 여기에는 백기의 책임도 있다. 당시 그는 진나라로 돌아오고 나서 장병들 앞에서 이같이 말했다.

"불과 한 달만 더 있어도 우리는 조나라를 완전히 항복시킬 수 있었는데, 참으로 애석한 일이다. 승상 범수가 대세를 알지 못하고 우리를 불러들여야 한다고 주장했다니 어찌할 것인가? 우리는 실로 천재일우의 기회를 놓치고 말았다!"

소양왕이 이 말을 전해 듣고는 크게 탄식했다.

"백기가 조나라 도성 한단성을 함락시킬 자신이 있었다면 왜 일찍이 상소하지 않았는가?"

당시 범수가 무안군 백기를 소환하라고 소양왕을 부추긴 것은 큰 잘못이다. 후대 사가들이 범수를 비난한 이유다. 그런 일이 없었다면 진나라의 천하통일이 훨씬 앞당겨졌을지도 모른다는 점 등을 논거로 들고 있다. 틀린 추론은 아니나 조나라를 합병한다고 해서 반드시 천하통일로 이어진다고 보기는 어렵다. 조나라보다 훨씬 강대한 초나라와 제나라 등이 아직 막강한 무력을 보유하고 있었기에 더욱 그렇다. 문제는 승상 범수가 왜 이런 일을 저질렀는가 하는 점이다.

원래 그는 타국 출신의 고관대작인 이른바 기려지신羈旅之臣이었다. 오직 믿을 것은 소양왕의 총애와 신임밖에 없었다. 그는 전국시대 초기에 자신과 같은 기려지신 출신 오기吳起가 초 도왕悼王 사후에 귀족들이 난사한 화살을 맞고 고슴도치처럼 죽고, 전국시대 중기에 역시 기려지신 출신인 상앙商鞅이 진 효공孝公이 죽고 나서 거열형車裂刑을 당한 일을 상기했을 공산이 크다. 정승 자리까지 오른 범수의 처지에서 볼 때 자신의 안위가 무엇보다 중요했을 것이다. 백기의 소환을 사주한 이유가 바로 여기에 있었다. 총애 경쟁에서 백기에게 밀리지 않으려 한 것이다. 기려지신의 한계가 적나라하게 드러난 대목이다. 물론 최종 결정을 내린 것은 진 소양왕인 만큼 모든 책임을 범수에게 뒤집어씌우는 것은 지나치다. 범수가 비록 잘못을 저지르기는 했으나 나라를 위기에 빠뜨린 것은 아니었다.

이후에 전개된 일을 보면 계속 불만을 털어놓으며 왕명을 거스른 백기 스스로 화를 부른 측면이 크다. 그가 추방령을 당하고 함양성의 서문을 빠져나가 10리쯤 갔을 때 전거傳車과 역마驛馬 등을 교체하는 두우정杜郵亭이 나타났다. 백기가 지금의 섬서성 함양시 동북쪽에 있는 이 두우정에서 잠시 휴식을 취할 당시 함양에서는 소양왕이 범수를 비롯한 군신들과 계책을 상의하고 있었다. 소양왕이 말했다.

"백기가 함양을 떠나며 분에 못 이겨 원한 섞인 말을 했다 하오."

범수가 말했다.

"백기는 대왕의 출전 명령을 거스를 요량으로 꾀병을 앓으며 대왕을 속인 자입니다. 장차 그가 다른 나라로 가서 그 나라 장수가 되어 우리 진나라로 쳐들어오면 어찌할 것입니까? 백기를 그냥 보냈다가는 큰 후환이 있을까 봐 두렵습니다."

소양왕이 문득 허리에 찬 칼을 뽑아 내주면서 이같이 하령했다.

"속히 쫓아가서 백기에게 이 칼을 전하고 자결하라 이르라!"

진나라 사자가 급히 말을 몰아 백기의 뒤를 쫓아갔다. 진나라 사자가 두우정에 머물고 있던 백기에게 칼을 내주고 소양왕의 말을 전했다. 백기가 칼을 받아 쥐고 하늘을 쳐다보며 크게 탄식했다.

"일찍이 월나라 범리가 이르기를, '토사구팽'이라고 하더니 이는 나를 두고 한 말이다. 나는 지난번 장평싸움 때 항복한 조나라 군사를 속여 하룻밤 사이에 40여만 명을 땅에 묻어 하늘을 노하게 했다. 사실 그들에게 무슨 죄가 있었겠는가? 그렇다면 내가 죽어 속죄하는 것이 도리일 것이다!"

그러고는 이내 자진했다. 진나라 사람들은 백기가 자진했다는 소식을 듣고 동정하며 슬퍼했다. 후대인들은 백기가 두우정에서 죽은 고사를 인용해 대공을 세우고도 모함으로 억울하게 죽임을 당하는 것을 두고 흔히 '두우지륙杜郵之戮'이라 부르게 됐다. 후대인에게 동정을 받기는 했으나 당사자는 비참한 최후를 면치 못한 셈이다.

큰 공을 세웠다면 더욱 고개를 조아려라

백기와 대비되는 인물이 왕전이다. 『자치통감』에 따르면 진시황 21년인 기원전 226년 겨울 10월, 진나라 장수 왕전이 연나라의 도성인

계를 함몰시켰다. 연왕 희喜와 태자 단丹이 정병을 이끌고 동쪽으로 가 요동을 지키려고 하자 진나라 장수 이신李信이 이들의 뒤를 급히 쫓아갔다. 결국 태자 단이 체포되어 참수당했다.

이때 마침 장수 왕전의 아들 왕분王賁이 초나라를 치고 10여 개 성읍을 취했다. 진시황이 이신에게 이같이 물었다.

" 초나라를 취하고 싶은데, 장군은 병력이 얼마면 충분하겠소?"

"20만 명 정도면 족할 것입니다."

진시황이 다시 왕전에게 묻자 왕전은 이같이 대답했다.

"60만 명이 아니면 불가합니다."

진시황이 핀잔을 주었다.

"왕 장군은 늙었소. 어찌 이토록 겁을 낸단 말이오."

그러고는 이신과 몽념蒙恬에게 명해 군사 20만 명을 이끌고 가 초나라를 치게 했다.

왕전이 곧 병을 이유로 물러나기를 고하고 나서 고향인 빈양으로 돌아갔다. 당시 이신과 몽념이 이끄는 진나라 군사는 초반에 승기를 잡고 승승장구했다. 그러나 결국 초나라 군사의 계략에 말려 이내 패퇴하고 말았다. 이신이 할 수 없이 도망쳐 돌아오자 몹시 노한 진시황이 그를 힐책하고 곧바로 빈양 땅으로 가 왕전에게 사과하고 병력 지휘를 맡아달라고 부탁했다.

왕전이 사양했다.

"저는 병이 들어 더는 군사를 지휘할 수가 없습니다."

"장군의 마음을 알고 있으니 부디 사양치 마시오."

그러자 왕전이 제안했다.

"부득이하여 꼭 저를 쓰고자 하면 60만 명이 아니고는 불가합니다. 옛날과 지금은 싸우는 방법이 다릅니다. 옛날에는 반드시 싸울 날짜를 통지하여 서로 진을 치고 싸웠습니다. 싸울 때도 반드시 진 앞에서만 싸웠고, 달아나고 뒤쫓는 데에도 규칙이 있었습니다. 그러나 지금은 다만 힘으로써 약한 자를 무찌르는 시대가 되었습니다. 농부들마저 무기를 잡고 어린 동자들까지 병적에 올라 있습니다. 그러니 숫자가 적으면 어찌할 도리가 없습니다. 더구나 초나라는 동남 일대를 모두 차지한 대국입니다. 그들은 한번 명을 내리기만 하면 즉시 100만 명의 군사를 동원할 수 있습니다. 상황이 이러한데 어찌 60만 명도 안 되는 군사로 초나라를 칠 수 있겠습니까?"

진시황이 흔쾌히 수락했다.

"장군이 전장에서 늙지 않았다면 어찌 그토록 상황을 정확히 읽을 수 있었겠소? 과인이 장군의 계책을 따르도록 하겠소."

진시황이 마침내 어가의 뒤를 따르는 수레에다 왕전을 태워서 함양성으로 돌아갔다. 그날로 왕전을 대장으로, 몽무蒙武를 부장으로 삼고 군사 60만 명을 이끌게 했다. 마침내 왕전이 60만 대군을 이끌고 출정하는 날, 진시황이 지금의 섬서성 서안시 동백록원 북쪽에 있는 파상까지 따라나와 왕전을 격려했다. 이때 왕전이 술을 가득 부어 진시황에게 바치고는 소매 속에서 목록을 꺼내어 들고 자신의 청을 말했다. 그 목록에는 함양 땅 중에서도 가장 좋은 논밭과 저택이 적혀 있었다.

리스크 없이 쟁취하라 – 손자처럼

"대왕께 청이 있습니다. 부디 여기에 적혀 있는 논밭과 저택을 신에게 내려주시기 바랍니다."

진시황이 의아해하며 물었다.

"장군은 출정하는 마당에 어찌 가난할 것을 걱정하는 게요?"

왕전이 대답했다.

"신은 이미 늙었습니다. 이에 비록 대왕을 위해 장수가 되었지만 끝내 공을 세워도 열후에 봉해지지는 못할 것입니다. 그러나 신이 죽을지라도 이 좋은 전택들만은 자손에게 물려줄 수 있을 것입니다. 이때를 이용해 대왕의 은덕을 자손 대대로 전하려는 것입니다."

진시황이 이 말을 듣고 크게 웃었다.

"잘 알겠소, 장군의 청대로 하겠소!"

왕전이 출병하여 지금의 섬서성 상현인 무관 땅에 이르는 동안 사자를 무려 다섯 번이나 보내 좋은 전택을 내려줄 것을 계속 청했다. 부하 장수가 꼬집었다.

"장군이 재물을 구하는 것이 지나칩니다."

왕전이 대답했다.

"그렇지 않소. 군왕은 사람을 잘 믿지 않소. 지금 군왕은 나라 안의 병사를 모두 나에게 맡겨 놓고 있소. 만일 내가 자손의 기업을 위해 전택을 많이 청하는 모습을 보이지 않으면 이는 오히려 군왕으로 하여금 나를 의심케 하는 셈이 되오."

고금동서를 막론하고 장수가 혁혁한 전공戰功을 세우면 반드시 군주의 의심을 받게 마련이다. 마키아벨리가 『군주론』에서 전공은 오로지 군주의 전유물이 되어야 한다고 역설한 이유가 여기에 있다. 보위를 빼앗길 소지가 커지기 때문이다. 무안군 백기는 장평대전에서 조나라 군사 40만 명을 참살하는 대공을 세우고도 이를 깨닫지 못했다. 『사기』를 비롯한 모든 사서는 승상 범수의 사주 탓으로 '두우지륙'이 빚어진 것으로 기록해놓았으나, 사실 이는 백기 자신이 불러온 것이다.

혁혁한 전공을 세운 장수가 군주의 출전 명령을 어길 경우 이는 곧 군주를 떨게 하는 위세인 이른바 진주지위震主之威에 해당한다. 진주지위의 출전은 『사기』「회음후열전」이다. 당시 한신은 제나라를 손에 넣고 제왕齊王의 자리를 차지함으로써 항우·유방과 더불어 천하를 삼분할 수 있을 정도로 위세가 커졌다. 유방에게 진주지위를 안겨준 셈이다. 항우가 죽자 그가 곧바로 토사구팽의 희생물이 된 근본 배경이다. 백기도 상황은 약간 다르지만 진 소양왕에게 진주지위의 위기감을 안겨준 것만은 분명하다. 범수와 백기 간의 갈등과 대립은 소소한 일에 지나지 않는다. 그 내막을 보면 두우지륙은 진주지위의 위기감을 느낀 소양왕이 결단한 것이다.

왕전이 보여준 비루한 모습은 초나라 정벌 이후 진시황에게 진주지위를 안겨주지 않으려는 고도의 계책에 해당한다. 그는 『도덕경』 제9장에 나오는 공성신퇴功成身退의 이치를 깨달은 현장賢將이었다. 공성신퇴와 반대되는 것은 공성명취功成名就다. 공을 세우고 이름을 떨치는 것을 뜻한다. 작은 공을 세울 때는 문제가 없으나 사실상의 천하통일에 해당하는 초나라 정벌과 같은 대공을 세우고 이름까지

리스크 없이 쟁취하라 – 손자처럼

날리게 되는 것은 위험한 일이다. 예로부터 공성신퇴를 취하지 않고 공성명취의 방향으로 나아갔다가 끝내 몸을 망친 경우는 그 수를 헤아릴 수 없을 정도로 많다.

춘추전국시대를 통틀어 가장 방대한 영토와 최다의 백성을 보유했던 초나라는 시종 자신의 강대함만을 믿고 천하를 깔보다가 패망했다. 당시 왕전이 60만 대군을 동원해 기필코 이뤄낸 초나라 정벌은 진시황의 천하통일 작업이 사실상 완수되었음을 의미했다. 마지막으로 남은 제나라는 천하무적을 자랑하는 진나라의 적수가 될 수 없었다. 대代 땅으로 들어가 최후의 저항을 벌이던 조나라의 공자 가嘉는 언급할 대상도 되지 못했다. 왕전은 사실상 천하통일의 대업을 완성하는 데에 견인차 구실을 한 셈이다. 『손자병법』의 관점에서 보면 진시황의 국보계國輔計가 절묘하게 맞아떨어진 셈이다.

여기서 간과해서는 안 될 것은 진주지위의 위기를 벗어나고자 왕전이 보여준 공성신퇴 행보다. 천하의 향배를 좌우하는 큰 공이 연관된 국보계는 반드시 신하의 공성신퇴 행보가 전제되어야 가능한 일이다. 그렇지 못하면 백기의 두우지륙과 같은 참사가 빚어진다. 하나의 닭장에 두 마리 수탉이 존재할 수 없고, 한 나라에 두 명의 우두머리가 존재할 수 없기에 그렇다. 기업도 하등 다를 게 없다. 춘추전국시대의 난세에 버금가는 21세기 경제전 상황에서 총수에 버금가는 위세를 지닌 임원이 존재한다면 그 회사는 이내 위기에 봉착할 수밖에 없다. 『손자병법』이 말하는 국보계의 이치를 깊이 살펴야 하는 이유다.

허실계
虛實計

11

상대가 나를 모르게 하라

양동陽動 작전의 극치는 적이 아군의 행적을 전혀 모르게 하는 데에 있다. 그
리되면 설령 아군에 깊숙이 잠입한 간첩일지라도 아군의 허실虛實을 알아낼
수 없고, 지모가 뛰어난 적군의 책사일지라도 뾰족한 계책을 내지 못할 것이다.

形兵之極, 至於無形. 無形, 則深間不能窺, 智者不能謀.

_ 「손자병법」 「허실」

「허실」의 원문에 나오는 형병지극形兵之極은 거짓으로 적을 유인하
는 양동 작전의 지극한 경지를 말한다. 양동의 양陽은 거짓 양佯과
통한다. 짐짓 겉으로 드러내며 상대를 착각에 빠뜨린다는 뜻을 지니
고 있다. 싸움은 상대를 착각에 빠뜨리는 데에서 시작하는 만큼 '허
실계虛實計'는 모든 싸움에서 대전제에 해당한다. 『손자병법』은 「병
세」에서 승리의 비결이 허실계에 있다고 단언하고 있다.

"군사가 적을 공격하면서 마치 돌로 달걀을 치듯 당할 자가 없게

리스크 없이 쟁취하라 – 손자처럼

하는 비결은 적의 주력을 피해 약한 곳을 골라 치는 '허실'에 있다."

많은 사람이 허실을 두고 '실을 피하고 허를 찌른다'라고 풀이하는데 이는 반만 맞다. 허실의 기본 취지는 허와 실을 뒤섞어 상대를 혼란스럽게 하는 데에 있다. 허실은 허허실실의 줄임말이다. 허가 허인 듯도 하고 아닌 듯도 하며, 실이 실인 듯도 하고 아닌 듯도 하다는 뜻이다. 가가진진假假真真과 같다. 가짜가 가짜인가 하면 아닌 듯도 하고, 진짜가 진짜인가 하면 아닌 듯도 하다는 의미다.

더욱 정확히 표현하면 허허허허실실실실虛虛虛虛實實實實 또는 가가가가진진진진假假假假真真真真으로 나타나는 게 옳다. 한문은 우리말의 조사와 같은 허사虛辭 대신 실사實辭의 위치만으로 문장을 만드는 까닭에 긍정과 부정, 평서와 의문 등의 뜻을 모두 지니게 된다. 한문 해석에서 가장 극단적인 경우가 이른바 용용용용용용용용龍龍龍龍龍龍龍龍 문장이다. 이는 '용이 용다워야 용이 용이지, 용이 용답지 못하면 용이 어찌 용이 될 수 있겠는가?'라는 뜻이다. 허실이 바로 허허허허실실실실의 약자라는 사실을 정확히 알아야만 허실계의 근본 취지를 제대로 파악할 수 있다.

사람들 대부분이 허허실실의 이치에 대해 고개를 끄덕이면서도 그 오묘한 이치를 깨닫는 데에 적잖은 어려움을 겪는 것도 바로 허허허허실실실실의 약자를 제대로 파악하지 못한 사실과 무관치 않다. 이는 현대인들만 탓할 것도 아니다. 조조 못지않게 당대 최고의 병법 지식을 자랑한 당나라 태종太宗 이세민李世民조차 허실계의 기본 취지를 정확히 파악하지 못해 헷갈린 적이 있다. 이세민이 명장 이정李靖과 함께 『손자병법』을 포함한 역대 병서의 특징을 깊이 검토하면서 나눈 문답을 정리해놓은 『당리문대唐李問對』 중권 첫머리에 『손자병법』의 허허실실을 논한 대목이 나온다. 하루는 당 태종이 이정에게 물었다.

"짐은 여러 병서를 보았으나 『손자병법』을 벗어나는 게 없었고, 『손자병법』 열세 편 모두 「허실」 편에서 벗어나지 않았소. 용병하는 자가 허실의 이치를 잘 알면 이기지 못하는 경우가 없소. 오늘날 여러 장수는 적의 실을 피하고 허를 쳐야 한다고 말하나, 막상 실전에서 적과 부딪치면 허실의 형세를 제대로 이해하는 자가 매우 드무오. 이는 대개 적을 유인해 아군의 사정권에 두지 못하고 오히려 유인당해 주도권을 빼앗긴 탓이오. 이를 어찌 생각하오? 경이 여러 장수를 위해 그 요체를 설명해주시오."

"장수들에게 이를 가르치고자 한다면, 우선 기병奇兵과 정병正兵이 서로 변화하는 전법을 가르치고 이어서 허실의 전세를 가르치는 게 옳을 것입니다. 장수들 대부분은 기병으로 정병을 삼고, 정병으로 기병을 삼는 이치를 모르고 있습니다. 그러니 적의 허가 도리어 실이고 실이 도리어 허라는 것을 어찌 알 수 있겠습니까?"

이정은 허실계의 요체를 간단명료하게 정리했다. 한마디로, 적으로 하여금 허와 실을 헷갈리게 하는 계책이 곧 허실계인 셈이다. 적을 완전히 궤멸시키는 이른바 절대전絶對戰을 최고의 승리로 여기는 클라우제비츠의 『전쟁론』은 매사를 이분법적으로 접근하는 서양의

리스크 없이 쟁취하라 – 손자처럼

역사문화를 그대로 흡입한 탓에 허허실실의 묘리를 제대로 파악치 못하고 있다. 장기의 '장군!'에 해당하는 '샤 마트Shah mat!'만 아는 서양의 체스로는 내 돌로 상대의 돌을 빙 둘러싸 항복시키는 바둑의 이치를 알 수 없는 것과 같다. 실제로 「허실」은 허실계를 두고 "미묘하고도 미묘하니, 아무런 자취도 보이지 않는구나! 신비롭고도 신비로우니, 숨소리조차 들리지 않는구나!"라며 그 묘리를 칭송했다.

허와 실을 뒤섞어 상대를 혼란스럽게 하라

역대 병법가 중에 조조만큼 허허실실의 전술을 절묘하게 구사한 인물은 없다. 그런데 그의 전술은 원소袁紹를 격파하고 하북 일대의 패권을 장악하기 전후로 적잖은 차이가 있다. 그 이전은 주로 기병奇兵을 구사했다. 힘이 약해서다. 이후는 정병正兵을 위주로 하고 기병을 가미하는 식으로 군사를 운용했다. 힘이 강했기 때문이다.

조조가 구사한 기병은 기본적으로 임기응변의 대원칙에 따른 것이다. 임기응변의 진수가 바로 조조의 기병에 그대로 드러나고 있다. 「허실」은 임기응변을 이같이 해석해놓았다.

"물은 높은 곳을 피해 낮은 곳으로 흐른다. 용병도 적의 강한 곳을 피해 허점을 치는 식으로 진행돼야 한다. 물은 지형에 따라 흐르는 방향이 결정된다. 군사 작전도 적의 내부 사정이 변화함에 따라 다양하게 전술을 구사해야 승리할 수 있다. 군사 작전에 일정한 형태가 없는 것은 물이 일정한 형태가 없는 것과 같다. 적의 내부 사정 변화를 좇아 승리를 거두는 것을 일컬어 신무神武라고 한다. 이는 오행五行이 서로 돌아가며 도와주거나 견제하고, 사계절이 서로 돌아가며 자리를 바꾸고, 밤낮이 서로 돌아가며 짧아졌다 길어지고, 달이 돌아가며 차고 기우는 것과 같다."

임기응변의 요체가 허허실실에 있음을 지적한 것이다. 이는 『도덕경』의 무위겸하無爲謙下 통치술과 취지가 같다. 무사법치無私法治를 강조하는 법가의 통치 사상과 허허실실을 주장하는 병가의 통치 사상이 도가의 통치 사상과 맥을 같이하는 이유가 여기에 있다. 한비자 등의 법가는 『도덕경』의 무위지치無爲之治 통치술을 '무사법치'로 해석했고 병가는 이를 허허실실로 분석한 것만이 다를 뿐이다.

당대 최고의 법가이자 병가 사상가인 조조는 양자를 통합해 해석했다. 그게 바로 무상형세無常形勢다. 실제로 그는 구체적인 전투 상황에서 천지운행의 이치를 살피며 적의 움직임을 비롯한 당시의 상황에 따라 용병했다. 무궁무진할 수밖에 없다.

그렇다면 조조는 구체적으로 허허실실의 상징인 기병을 어떻게 구사한 것일까? 그는 「모공」의 주석에서 먼저 적과 아군의 병력이 같을 경우에는 매복이나 기습 등의 다양한 전술을 활용해야만 승리를 거둘 수 있다고 했다. 병력이 서로 비슷할 때에는 정병으로 승부를 가릴 수 없는 만큼 매복계와 유병계遊兵計 등의 기병을 통해 승리할 수 있다고 주장한 것이다. 그렇다면 적이 아군보다 우세하거나 압도적으로 우세할 경우 어떻게 해야 할까? 조조의 주장이다.

"아군의 병력이 적을 때는 성벽을 높이고 보루를 튼튼히 하는 방법으로 맞서야 하고, 결코 가벼이 접전해서는 안 된다. 아군이 열세

리스크 없이 쟁취하라 – 손자처럼

일 때는 병사를 이끌고 재빨리 피해야 한다. 병력이 압도적으로 강한 적군과 정면으로 맞붙으면 이길 도리가 없다."

현실을 수긍하고 후일을 도모할 것을 권한 것이다.

주목할 것은 아군의 병력이 적보다 다섯 배나 많을 경우에 비로소 적을 능히 공격할 수 있다는 『손자병법』의 주장에 대해 이의를 달았다는 점이다. 『손자병법』의 가르침을 기본적으로 수긍하면서도, 병력의 5분의 3만 정병에 투입하고 나머지 5분의 2는 기병에 투입할 것을 주장한 게 그렇다. 이는 조조가 실전 경험을 통해 자신만의 필승 계책을 제시한 사례. 그가 역대의 수많은 주석가와 근본적으로 차이가 나는 부분이 바로 여기에 있다. 실제로 그는 『손자병법』의 해당 대목이 자신의 실전 경험과 차이가 크다면 실전 경험을 토대로 새로운 이론을 폈다. 여포呂布를 깨뜨렸을 때의 경험을 토대로 한 「모공」의 다음 주석이 이를 뒷받침한다.

"『손자병법』이 아군의 병력이 적보다 열 배가 되면 포위해 싸울 수 있다고 한 것은 적과 아군의 장수가 지략과 용맹 등에서 거의 같고 병사의 사기와 무기가 거의 비슷할 때 적용되는 원칙이다. 만일 아군의 장수가 뛰어나고 병사의 사기나 무기가 적보다 압도적으로 우세한 이른바 주약객강主弱客强의 상황일 때는 병력 차이가 반드시 열 배까지 차이가 날 필요가 없다. 나, 조조는 단지 두 배의 병력만으로도 하비성을 포위해 용맹하기 그지없는 여포를 생포한 바 있다."

사실상 『손자병법』의 주장에 대한 반론에 해당한다. 그는 실제로 오직 두 배의 병력만으로도 여포를 생포한 바 있다. 조조가 실전에서 얼마나 탁월한 용병술을 구사했는지를 여실히 보여주는 대목이다. 원래 여포는 천하무적의 효장驍將이다. 병력 차이가 겨우 두 배밖에 되지 않는데도 포위 공격을 가해 천하의 효장 여포를 사로잡은 것은 높이 평가할 만하다. 그 비결은 무엇일까? 단순히 '주약객강'의 조건만 맞으면 두 배의 우세한 병력으로 적장을 포획할 수 있는 것일까? 그렇지는 않다. 조조는 그 계책을 이같이 밝혔다.

"아군 병력이 적보다 다섯 배나 많으면 5분의 3은 정병으로, 5분의 2는 기병으로 활용한다. 아군 병력이 두 배나 많으면 군사를 절반으로 나눠 한 부대는 정병, 다른 한 부대는 기병으로 활용한다."

여포를 포획한 비결은 바로 정병과 기병을 동시에 구사한 데에 있다. 실제로 조조는 여포를 사로잡을 때 수공을 통한 정병을 구사하면서 반간계反間計 등을 포함한 기병을 동시에 구사했다. 그 결과 여포는 끝내 사로잡히고 말았다. 적과 아군의 병력 차이가 단지 두 배만 나도 얼마든지 포위 공격을 할 수 있다는 얘기가 되는 셈이다. 이는 적보다 열 배의 우세를 유지해야 비로소 포위 공격을 할 수 있다고 주장한 『손자병법』의 이론에 반론을 제기한 것이나 다름없다. 『손자병법』을 읽을 때 반드시 조조의 주석을 참조해야 하는 이유다. 조조처럼 이론과 실제를 종합해 자기 나름의 병법 이론을 제시한 사람은 수천 년 동안 거의 존재하지 않았다.

조조에 버금하는 삼국시대 책략가로는 앞의 제4계에 나온 가후를 들 수 있다. 확실히 그는 전술 면에서 탁월했다. 실제로 조조는 가후의 계략에 걸려 장남과 조카는 물론이고 호위무장 전위까지 잃고 간신히 사지를 빠져나왔다. 그러나 이는 조조가 방심한 데에 따른 것으로 조조가 전술 면에서 가후만 못하다는 증거로 삼을 수는 없다. 전략 면에서 보면 당대 최고의 전술가인 가후도 조조와 비교될 수 없다. 조조야말로 전술전략에 뛰어났을 뿐만 아니라 이론과 실제를 겸비한 당대 최고의 병가였다고 해도 크게 틀린 말이 아니다.

상황에 따라 용병하는 임기응변으로 승리하라

조조가 보여준 전략전술은 '무상형의 임기응변'으로 요약할 수 있다. 이는『도덕경』이 최상의 치도로 거론한 '도치'를 병가의 관점에서 해석한 것이다. 조조는 병도가 치도의 일환임을 실전에서 증명한 최초의 인물이다. 그가 실전에서 임기응변에 입각한 정병과 기병을 자유자재로 구사했던 배경이 여기에 있다. 사서는 물론이고 제자백가 사상에도 두루 밝았기에 가능한 일이었다. 실제로 그는 전장에서도 손에서 한시도 책을 놓지 않는 수불석권手不釋卷의 모습을 보여주었다. 국가 공동체와 군사 공동체 및 기업 공동체의 명운을 두 어깨에 짊어진 위정자와 장군, 기업 CEO들이 본받아야 할 대목이다.

서울대 경영대학장을 지낸 송병락 명예교수는 지난 2015년 초에 펴낸『전략의 신』에서 허실계에 입각한 기업경영 사례를 깊숙이 다뤄 눈길을 끈 바 있다. 그는 먼저『손빈병법』의 저자인 제나라 장수 손빈孫臏을 예로 들었다. 마릉馬陵전투 당시에 손빈은 귀곡자 밑에서 동문수학한 위나라 장수 방연龐涓을 속이고자 거짓으로 후퇴하면서 밥 짓는 아궁이 수를 매일 많이 줄여갔다. 방연으로 하여금 제나라 도망병의 수가 급증한 것으로 착각하게 한 것이다. 결국 방연은 경무장 기병을 이끌고 손빈의 군사를 맹추격했다가 마릉에서 손빈의 매복계에 걸려 참패해 자살하고 말았다.

송 교수는 이 일화를 통해 상대보다 역량이 약하면 '허', 강하면 '실'로 해석했다. 예컨대 손빈처럼 싸울 시점과 장소를 미리 알면 '실', 방연처럼 모르면 '허'에 해당한다는 식이다. 결국 아무리 뛰어난 정예군일지라도 매복계 같은 독수毒手에 걸리면 독 안의 쥐 신세로 실이 졸지에 허로 변한다는 취지다. 비록 『손자병법』이 말하는 허실의 본래 의미와 동떨어진 해석이지만, 크게 탓할 일은 아니다. 그렇게 해석하더라도 허실계에 입각한 기업경영 분석은 그 나름으로 뛰어난 바가 있다. 그는 전략경영의 대가인 마크 맥닐리가 쓴 『손자와 비즈니스 기술』을 인용해 허실계를 이같이 설명했다.

"많은 전쟁에서 군대가 패한 것은 적의 '실'을 피하고 '허'를 공격해야 하는데 거꾸로 행한 데에 있다. 가장 참혹한 전투로 알려진 독불 사이의 베르덩전투에서 양측은 서로의 '실'을 공격하느라 모두 70만 명이나 죽었다. 양측의 사망자 수는 비슷했다. 모두가 패자다. 오늘날 기업들도 경쟁자의 '실'을 공격해 실패하는 경우가 너무 많다. 한때 대형 컴퓨터의 최강자로 군림했던 IBM은 PC에 약했다. 애플과 제록스의 대응은 사뭇 달랐다. 애플은 IBM의 '허'를 공격하여 승자가 됐고, 제록스는 대형 컴퓨터를 만들어 IBM의 '실'을 공격하는 바람에 큰 손해를 보았다. 제록스의 '실'은 대형 복사기, '허'는 소형 복사기였다. 일본의 캐논은 이 틈을 노려 제록스의 '허'를 침으로

써 시장 점유율을 크게 끌어올렸다."

상당히 설득력 있는 분석이다. 원래 송 교수는 『손자병법』의 전략 전술을 기업경영에 접목한 다양한 이론을 제시해온 것으로 유명하다. 그는 베트남의 전쟁영웅인 보응우옌잡 장군을 비롯해 경영학의 창시자인 피터 드러커, 기업경영 전략의 창시자인 마이클 포터 하버드대 경영대학원 교수 등을 두루 만나 자신의 경영 이론을 다듬은 바 있다. 그 나름대로 『손자병법』의 대가에 속한다.

원래 『손자병법』의 허실계는 싸움의 판세를 주도하고자 나온 것이다. 「허실」은 이를 치인致人으로 표현해놓았다. 내가 상대방을 마음대로 조종한다는 뜻이다. 이와 정반대되는 것이 치어인致於人이다. 같은 치致인데도 치인에서는 능동사, 치어인에서는 피동사로 사용됐다. 동사 뒤에 어於가 나오면 예외 없이 피동사가 된다.

생사를 가르는 싸움에서 주도권을 쥐어야 하는 것은 말할 것도 없다. 실제로 아군과 적군의 모든 지휘관은 주도권을 쥐고자 한다. 무력에서 압도적인 차이가 나지 않는 한 지휘관의 리더십에서 판세가 갈리기 마련이다. 「허실」이 치인을 역설하며 치어인의 피동적인 상황이 되어서는 안 된다고 역설한 것은 바로 이 때문이다. 임기응변을 주문한 것이다. 『손자병법』이 모든 전략전술의 대전제로 언급한 허실계는 바로 임기응변의 또 다른 표현에 해당한다. 허실계는 전략에, 임기응변은 전술에 초점을 맞춘 게 약간 다를 뿐이다.

다산계
多算計

\
12

승산을 여러 번 따져라

전쟁의 준비 과정이 주도면밀하면 승리하고, 허술하면 승리하지 못한다. 하물며 전쟁의 준비 과정조차 없는 경우야 더 말해 뭐하겠는가? 나는 5사7계五事七計를 통해 전쟁 승패를 미리 내다볼 수 있다.

多算勝, 少算不勝, 而況於無算乎? 吾以此觀之, 勝負見矣.

_「손자병법」「시계」

여기의 다산계多算計는 앞서 제6계로 살펴본 득산계와 짝을 이룬다. 득산계는 싸우지 않고도 이길 수 있는 부전승에 초점을 맞췄고, 다산계는 막상 전쟁이 벌어질 때를 가상한 전쟁 준비에 방점을 찍은 것만이 다를 뿐이다. 형법 논리에 대입해 해석하면 득산계는 범행의 예비, 다산계는 음모에 해당한다. 아직 범행의 실행에 들어가지 않았다는 점에서는 같으나, 예비와 음모는 엄연히 구별된다.

다산계를 제대로 이행치 않을 경우 섣불리 싸움에 나서 낭패를 보

리스크 없이 쟁취하라 – 손자처럼

기 십상이다. 가장 대표적인 사례로는 삼국시대 당시 조비曹조가 황제로 즉위한 직후 이에 맞서 촉한의 황제 자리에 오른 유비가 다산계를 소홀히 하다가 끝내 죽음에 이르게 된 경우를 들 수 있다.

황초 2년인 221년, 유비는 제위에 오르자마자 가장 먼저 동오의 손권孫權을 치고자 했다. 이는 관우關羽의 죽음을 설욕하려는 것이었다. 그러자 익군장군翊軍將軍으로 있던 조운이 이같이 간했다.

"국적은 조조이지 손권이 아닙니다. 위나라를 멸하면 손권은 자연스럽게 복종할 것입니다. 지금 조조가 비록 죽었다고 하나 그의 아들 조비가 제위를 도둑질했으니 응당 민심에 부응해 먼저 관중을 도모하고 나서 황하를 점거하여 위수의 상류를 거슬러 올라가 흉적을 쳐야 합니다. 관동의 의로운 이들은 반드시 양식을 싸들고 전마를 몰고 와 우리 군사를 맞이할 것입니다. 위나라를 놓아둔 채 먼저 동오와 싸워서는 안 됩니다. 양쪽이 한번 교전하게 되면 일거에 해결이 날 수 없으니 이는 결코 상책이 될 수 없습니다."

신하 중에는 조운과 같이 간하는 자가 매우 많았다. 그러나 유비는 이를 모두 물리치며 이같이 말했다.

"손권이 짐의 아우를 해쳤고 또한 사인士仁과 미방糜芳, 반장潘璋, 마충馬忠, 이 모두가 이 갈리는 원수들이오. 그놈들의 살을 씹어 삼키고 그 족속을 다 없애야만 짐의 한이 풀리겠는데, 경들은 어찌하여 막는 것이오?"

유비가 신하들의 간언을 받아들이려 하지 않았다. 당초 장비는 낭중에 있을 때 관우가 동오 군사에게 잡혀 죽었다는 소식을 듣고 밤낮으로 통곡하는데 피눈물이 옷깃을 적셨다. 여러 장수는 그의 마음을 풀어주려고 술을 권했다. 그러나 술에 취하면 더욱 노기가 뻗쳐 조금이라도 비위에 거슬리는 자가 있으면 매질을 가했다.

하루는 사자가 내려왔다는 말을 듣고 장비가 황망히 나가 맞아들였다. 조서를 받아 읽은 장비는 북향해 절을 하고 벼슬을 받고 나서 곧 사자를 대접하면서 물었다.

"둘째 형님이 해를 입은 원한이 바다처럼 깊은데 조정 신하들은 어찌하여 폐하께 빨리 군사를 일으키라고 상주하지 않는 것이오?"

사자가 사실대로 보고했다.

"우선 위나라부터 멸하고 나서 동오를 치자고 권하는 사람들이 많습니다."

이 말을 듣고 장비가 몹시 노했다.

"그게 대체 무슨 말이오? 옛날에 우리 세 사람이 결의할 때 생사를 같이하기로 맹세했소. 이제 불행히 둘째 형님이 중도에 돌아가셨는데 내 어찌 홀로 부귀를 누릴 수 있단 말이오. 내 마땅히 선두 부대의 선봉이 되어 상복을 입고 동오를 치되 역적을 사로잡아 둘째 형님의 영전에 바쳐 지난날의 맹세를 저버리지 않겠소!"

그러고는 마침내 사자와 함께 성도로 올라왔다.

당시 유비는 매일 교장敎場에 나가 군마를 조련하며 날짜를 정해 군사를 일으켜 친히 원정하려 하고 있었다. 이를 보고 여러 공경이 승상부로 가서 제갈량에게 이같이 말했다.

"이제 황상이 대위大位에 오르신 지 얼마 되지 않았는데 친히 군사를 이끌고 나가려 하니 이는 사직을 중히 여기는 일이 아닙니다. 승상은 재상의 자리인 균형鈞衡에 있는 몸으로 어찌하여 간하려 하지 않습니까?"

그러자 제갈량이 이같이 말했다.

"내가 여러 차례 간곡히 말씀드렸지만 아직 윤허하지 않고 있소. 오늘은 여러분과 함께 교장으로 가서 말씀을 올려보도록 합시다."

제갈량이 문무백관들을 이끌고 유비를 찾아가 이같이 간했다.

"폐하께서 보위에 오르신 지 얼마 되지 않았으니 만일 북으로 한나라의 역적을 쳐서 대의를 천하에 펴려고 하는 것이면 친히 전군을 통솔하여 나아가는 것도 괜찮습니다. 그러나 단지 동오만을 치려 하는 것이면 장수에게 명하여 군사를 이끌고 가서 치게 하면 될 터인데 친히 나설 이유가 무엇입니까?"

유비가 일단 마음을 돌렸다. 그런데 이때 장비가 연무청演武廳에 이르러 엎드려 절을 하고 유비의 다리를 껴안고 울었다. 유비가 같이 따라 울자 장비가 눈물을 뿌리며 말했다.

"폐하는 벌써 도원의 맹세를 잊으셨습니까? 둘째 형님의 원수를 어찌하여 갚으려 하지 않습니까?"

유비도 울며 말했다.

"여러 관원이 간하고 막는 까닭에 내가 감히 경솔히 움직이지 못하고 있는 것일세."

장비가 흐느껴 울며 말했다.

"다른 사람들이 우리의 맹세를 어찌 알겠습니까? 만일 폐하가 가지 않는다면 신이 몸을 내던져 둘째 형님의 원수를 갚겠습니다. 신은 원수를 갚지 못하면 다시는 폐하를 뵙지 않을 작정입니다."

유비의 마음이 또 흔들렸다.

"짐도 경이 수하 군사를 이끌고 낭중으로 가면 짐이 정병을 이끌고 강주로 가겠네. 거기서 만나서 함께 동오를 치고 이 한을 풀기로 하세."

장비가 떠나려 하자 유비가 당부했다.

"짐이 잘 알고 있거니와 경은 늘 술을 먹고 나서 화를 잘 내어 군사들을 매질하니 이미 도가 지나친 것이네. 부디 군사들을 너그럽게 대하고 괴롭히지 말도록 하게."

장비가 절하여 하직을 고하고 임지로 돌아갔다.

거기장군車騎將軍인 장비는 용맹함으로 보면 관우에 버금갔다. 관우가 병사들에게는 잘 대해주면서 사대부에게는 오만했던 데에 반해 장비는 사대부에게는 예로써 대우하면서도 병사들에게는 가차없었다. 유비가 늘 장비에게 경계하여 말하곤 했지만 장비는 그 버릇을 여전히 고치지 않았다. 유비가 드디어 군마를 정비해 출정하려고 하자, 처사인 진복秦宓(우리나라에서 宓은 복 또는 밀로 발음되는데, 이 책에서는 대부분의 기존 번역서에 나오는 대로 진복으로 표기했다. 하지만 다른 사료들을 참고하면 실제로는 진밀이 옳은 듯하다)이 나와서 만류했다.

"폐하께서는 만승의 귀하신 몸을 버리고 사소한 의리를 지키려고 하니 이는 옛 사람이 취한 바가 아닙니다. 원컨대 폐하께서는 깊이

리스크 없이 쟁취하라 – 손자처럼

살피시기 바랍니다."

유비가 고개를 내저으며 이같이 말했다.

"운장雲長(관우의 자)은 짐과 한몸이었으니 대의가 뚜렷한데 어찌 잊을 수가 있겠소?"

진복이 땅에 엎드린 채 일어나지 않고 다시 말했다.

"지금은 천시가 동오를 치는 데에 불리하니 폐하께서 신의 말씀을 들어주지 않으면 참으로 일을 그르칠까 봐 두렵습니다."

"짐이 군사를 일으키는데 어찌하여 그같이 불길한 말을 하는가?"

유비가 몹시 노해 좌우에 명하여 그의 목을 베게 했다. 그러나 진복은 안색이 조금도 변하지 않은 채 유비를 돌아보며 다시 간했다.

"신은 죽어도 한이 없습니다만 새로 이룩해놓은 기틀이 전복될까 봐 두렵습니다."

이에 여러 관원이 진복을 위해 용서를 빌자 유비가 이같이 명했다.

"그럼 잠시 옥에 가두어두라. 짐이 원수를 갚고 와서 다시 처분을 내리겠다."

충분히 계산하고 주도면밀하게 준비하라

진복은 이내 하옥되었다가 훗날 사면을 받고서야 간신히 옥에서 나올 수 있었다. 제갈량은 진복이 하옥되었다는 소식을 듣고 즉시 다음과 같은 내용의 표문을 올렸다.

"신이 생각건대, 오나라 도적의 간사한 꾀가 형주에 복망覆亡의 화를 가져오고 장성을 북두성과 견우성 사이에 떨어뜨리고 천주天柱를 초 땅에서 꺾어놓았으니, 이 애통함이야 실로 잊을 길이 없습니다. 그러나 생각해보면 한나라를 옮겨놓은 죄는 조조에게 있고, 유씨의 종사를 바꾸어놓은 허물은 손권에게 있는 것이 아닙니다. 생각해보건대 위나라 도적만 없애고 나면 동오는 자연히 와서 복종할 것입니다. 바라건대 폐하는 부디 진복의 금석 같은 말을 받아들여 군사들의 힘을 기르고 달리 좋은 계책을 세우면 사직에 더 큰 다행이 없겠고 천하에도 더 큰 다행이 없을까 합니다."

그러나 유비는 동오를 치려는 생각을 바꾸려 하지 않았다. 유비는 출전에 앞서 표기장군驃騎將軍인 마초馬超와 그의 아우 마대馬岱에게 명해 진북장군鎭北將軍인 위연魏延을 도와 한중을 지키면서 위나라 군사를 막게 했다. 이어 황권黃權을 선두 부대의 선봉으로, 풍습馮習과 장남張南을 부장으로 삼아 출정 준비를 속히 마치도록 다그쳤다.

당시 장비는 1만 군사를 이끌고 낭중에서 강주로 와서 대군과 회합하기로 되어 있었다. 그는 낭중으로 돌아가자 곧바로 군중에 영을 내려 사흘 내로 백기白旗와 백갑白甲을 장만해 삼군이 상복 차림으로 동오를 치러 가게 했다. 그러자 이튿날 휘하 장수 장달張達과 범강范彊이 장비의 장막 안으로 들어와 난색을 보이며 이같이 건의했다.

"백기와 백갑을 갑자기 마련할 길이 없으니 시간을 좀 주십시오."

장비가 화를 내며 꾸짖었다.

"내가 원수를 갚기가 급해 당장 내일 역적이 있는 곳에 가지 못하는 게 한인데 너희가 감히 내 장령을 어기려든단 말인가?"

그러고는 좌우에 명해 그들을 나무에 매달고 각각 쉰 대씩 등을 때리게 했다. 매질이 끝나자 삿대질을 하며 호통을 쳤다.

"내일까지 모든 것을 다 갖추도록 하라. 만일 기한을 지키지 못하면 너희 두 놈을 죽여 효수할 것이다!"

두 사람은 영채로 돌아가 곧바로 대책을 논의했으나 도무지 이튿날까지 책임을 완수할 방안을 찾아낼 도리가 없었다. 범강이 말했다.

"오늘 이렇게 형벌을 받고 무슨 수로 내일 그것을 다 마련해놓는단 말인가? 그자의 천성이 사납기가 불같으니 필시 내일 준비해놓지 못하면 그자의 손에 죽고 말 것일세."

장달이 동의했다.

"우리가 그자의 손에 죽느니 차라리 우리 손으로 그자를 죽이세."

두 사람이 결국 이날 저녁, 술에 취해 곯아떨어진 장비를 죽이고 그의 수급을 들고 동오로 달아났다. 장비 나이 당시 55세였다. 진수는 『삼국지』에서 이같이 평해놓았다.

"관우와 장비는 모두 1만 명의 적을 상대할 만하여 당대의 호신虎臣으로 불렸다. 관우는 조조에게 보답하였고 장비는 대의로써 엄안嚴顔을 풀어주었으니, 이들은 모두 국사國士의 풍모를 지니고 있었다. 그러나 관우는 굳세고 교만한 강이자긍剛而自矜, 장비는 포학하고 은혜를 베풀지 않는 폭이무은暴而無恩의 모습을 보였다. 이런 단점 탓에 실패한 것은 이치상 그럴 수밖에 없는 것이었다."

장비가 횡사하게 되자 장비의 휘하 장수 오반吳班이 즉시 표문을 써서 유비에게 변을 고하고, 유사시를 대비해 휘하의 장수를 보내 낭중을 지키게 했다. 당시 유비는 장비의 횡사 소식도 모르는 채 길

일을 택해 제갈량을 비롯한 대소 관원들의 배웅을 받고 출정하던 중이었다. 그런데 길을 가다가 오반의 표문을 받고서야 장비가 죽었다는 사실을 알게 됐다. 이에 유비가 대성통곡했다.

"아, 장비가 죽었다!"

너무 애통해한 나머지 이내 기절하여 땅에 쓰러졌다가 여러 관원이 애써 돌보고서야 겨우 깨어났다. 이튿날 장소張紹가 달려와 엎드려 통곡하며 이같이 알렸다.

"범강과 장달이라는 자가 신의 아비를 죽이고 그 수급을 들고 동오로 도망쳤습니다."

유비는 애통한 나머지 식음을 폐했다. 여러 신하가 나서 간했다.

"폐하가 두 아우의 원수를 갚으려고 하면서 어찌하여 용체를 스스로 손상하는 것입니까?"

그제야 유비는 수저를 들었다.

이어서 유비가 동오를 향해 나아갔는데, 당시 범강과 장달은 장비의 수급을 들고 가서 무창에 있는 손권에게 바치고 지난 일들을 자세히 고했다. 손권이 그들을 받아들이고 백관들에게 이같이 말했다.

"이제 유비가 직접 군사를 이끌고 온다고 하니 급히 사자를 보내 화복과 득실을 논해 설득하는 것이 좋을 듯하오."

이에 손권이 사자를 보내 유비를 설득하게 했다. 사자의 얘기를 들은 유비는 더욱 화를 냈다.

"내 아우를 죽인 원수와는 한 하늘을 이고 지낼 수 없소. 만일 승상의 낯을 생각지 않았다면 그대의 머리를 베었을 것이오. 당신은 속히 돌아가 짐이 곧 손권에게 엄히 죄를 물을 것이라고 전하시오."

사자가 곧바로 돌아가 이를 손권에게 보고했다. 역사소설 『삼국지연의』는 이때 제갈량의 친형인 제갈근諸葛瑾이 사자로 왔다고 묘사해놓았으나 이는 허구다. 『삼국지』의 기록에 따르면 제갈근은 임지인 남군에서 유비에게 편지를 써서 동오와 촉한이 서로 원한을 풀고 전과 같이 계속 우호 관계를 유지할 것을 강력히 권했다. 그러나 유비는 들은 척도 하지 않았던 것이다. 이 일로 제갈근은 공연히 의심만 받았다. 당시 어떤 사람은 제갈근이 유비에게 편지를 보낸 일을 놓고 제갈근이 측근을 보내 유비와 내통하고 있다고 모함했다. 그러자 손권이 화를 내며 이같이 말했다.

"나와 그는 서로 죽어도 배신하지 않을 것을 맹세했다. 그가 나를 저버리지 않는 것은 내가 그를 저버리지 않는 것과 같다."

결국 유비는 무리한 싸움을 전개했다가 참패하고 말았다. 이를 통상 이릉대전夷陵大戰이라고 부른다. 적벽대전에 버금하는 큰 싸움이었다. 조자룡과 제갈량 등 측근 장상將相들의 간언을 물리친 채 무리한 출정을 강행한 탓이다. 『손자병법』의 관점에서 보면 전쟁의 준비 과정을 주도면밀하게 행하는 다산多算을 소홀히 한 결과다. 매사가 그렇듯이 서두르면 소홀한 면이 생기고, 그러면 결정적인 순간에 이게 부메랑으로 작용한다. 비행기가 작은 나사못 하나를 헐겁게 하는 바람에 비행 중에 공중에서 폭발하는 이치와 같다. 다산계는 막상 싸움이 벌어질 때 결코 생략해서는 안 될 계책에 해당한다.

03

작전

싸움의
큰 틀을 만드는
불패술

作
戰

대공계
大功計

13

인재를 작전에 투입하라

옛날 상商나라가 흥기할 수 있었던 것은 이윤伊尹이 하夏나라에 첩자로 있었기 때문이다. 주周나라가 흥기할 수 있었던 것은 여상呂尙이 상나라에 첩자로 있었기 때문이다. 오직 이치에 밝은 명군과 현장賢將만이 지략이 뛰어난 인재를 첩자로 활용할 수 있다. 그리해야만 능히 대공을 이룰 수 있다.

昔殷之興也, 伊摯在夏. 周之興也, 呂牙在殷. 故惟明君賢將, 能以上智爲間者, 必成大功.

_「손자병법」「용간」

『손자병법』은 「용간」에서 천하의 인재를 첩자로 적극적으로 활용하라고 제안하고 있다. 첩자는 머리가 비상해야 한다. 그래야 맡은 바 임무를 차질 없이 수행할 수 있다. 「용간」에서 상나라 개국공신인 이윤이나 주나라 개국공신인 여상과 같이 당대 최고 수준의 책사를 첩자로 활용해야 한다고 주문한 이유다.

이는 곧 개국공신의 역할을 할 수 있는 뛰어난 인재를 전쟁의 초

리스크 없이 쟁취하라 – 손자처럼

기 단계부터 깊이 참여시켜야 필승을 거둘 수 있고, 더 나아가 새 왕조를 세우는 등 대업도 이룰 수 있다고 언급한 것이나 다름없다. 소규모 전쟁은 물론이고 천하의 향배를 좌우할 건곤일척乾坤—擲의 천하대전이라면, 반드시 이윤·여상과 같은 천하 최고의 책사를 참모로 써야 한다고 주장한 셈이다. 이것이 「용간」의 본문에서 '필성대공必成大功'의 표현을 쓴 근본 배경이며 '대공계大功計'의 의미다.

역사상 대공계를 대표하는 것으로는 삼국시대 당시에 유비가 당대의 지낭인 제갈량을 끌어들여 마침내 조조 및 손권과 더불어 삼국정립三國鼎立을 이루는 데에 성공한 사례를 들 수 있다. 이로부터 1,700년 후에 유사한 일이 똑같이 재현되었다. 20세기 중반 국공내전 당시 마오쩌둥이 저우언라이를 적극적으로 활용해 국공합작을 성사시키고 나서 마침내 대륙을 손에 넣은 게 그렇다. 장제스와 가까웠던 저우언라이를 일종의 첩자로 활용해 대공을 세운 셈이다.

초창기에 중국 공산당을 이끌던 저우언라이는 이른바 대장정大長征으로 미화된 처절한 도피행각의 와중에 자신의 부하나 다름없던 마오쩌둥에게 충성을 서약하고 그의 핵심 참모가 됐다. 두 사람은 온갖 고생 끝에 1935년 10월 목적지인 지금의 섬서성 연안시에 도착했다.

연안에는 수년 동안 세력을 키워온 홍군의 기지가 있었다. 책임자는 연안을 담당한 공산당 섬서위원회 서기 시중쉰이었다. 시중쉰은 신중화제국 G2 중국을 이끄는 시진핑의 부친이다. 시중쉰이 스물둘의 젊은 나이로 마오쩌둥과 저우언라이를 비롯한 중국 공산당 수뇌부를 맞이한 당시의 연안은 그야말로 황무지나 다름없었다. 훗날 저우언라이는 당시의 상황을 이같이 회상한 바 있다.

"섬서의 농민은 형언할 수 없을 정도로 가난하고 땅은 척박하기 그지없다. 강서와 복건 등지에서 홍군의 진영으로 들어오는 사람들은 짐을 잔뜩 가지고 왔다. 그러나 여기서는 젓가락 하나 가져오지 않았다. 그들은 완전한 빈민이었다."

빈민들이 몰려든 섬서는 중국 내에서도 가장 가난한 곳 중 하나였다. 대장정에서 살아남은 홍군은 섬서에 산재한 수천 개의 동굴 속에 거처를 마련했다. 처음에는 보안에 있다가 얼마 후 연안으로 이동했다. 에드가 스노는 『중국의 붉은 별』에서 연안의 혈거六居 상황을 이같이 낭만적으로 그려놓았다.

"이 동굴들은 서양 사람들이 생각하는 그런 동굴이 아니다. 여름에는 시원하고, 겨울에는 만들기도 쉽고, 청소하기도 쉽다. 동굴들중 어떤 것은 여러 개의 방이 있는 거대한 건축물로, 그 안에는 가구가 있고 바닥에는 돌이 깔려 있다. 천장이 높게 되어 있는 이들 방에는 동쪽으로 난 창문을 통해 밝은 빛이 들어온다."

가까스로 연안에 당도한 공산당 지도부와 홍군은 비 온 뒤에 땅이 굳듯 끈끈한 전우애로 똘똘 뭉쳐 있었다. 이들은 그간 생사를 넘나드는 '대장정'을 거치면서 굳건히 다져온 유대감을 유감없이 발휘했다. 이들은 곳곳에서 몰려온 사람들을 인민과 하나 되는 것을 골자로 한 '마오쩌둥 사상'으로 세뇌해 천하무적의 막강한 홍군으로 길

리스크 없이 쟁취하라 - 손자처럼

러냈다. 새롭게 태어난 홍군은 이전의 군벌 휘하 장병과 아무 차이 없이 부정부패에 찌든 국민당 군대와 대비될 수밖에 없었다.

당시 저우언라이의 아내 덩잉차오는 여성들을 상대로 육아나 가정 문제, 전족의 폐지 등 현실 문제를 상담해주었다. 대장정이 끝나고 덩잉차오의 건강은 눈에 띄게 좋아졌다. 나중에 그녀는 "1년에 걸친 엄청나게 고된 생활을 견뎌내고 나니, 아무 약도 쓰지 않았는데 병이 저절로 나았다"라고 회고했다.

연안에서 사는 동안 저우언라이는 엄청난 업무량을 처리해야 했다. 그는 카드놀이도 잘했고, 춤도 수준급이었다. 그의 도시적 감각과 세련된 태도는 그를 처음 만난 서구인들을 놀라게 했다. 저우언라이가 처음 만나서 영어로 인사하는 것을 보고 깜짝 놀란 에드가 스노는 그를 이같이 묘사해놓았다.

"마른 몸매에 키는 중키였으나 골격은 어딘지 강단이 있어 보였다. 수염을 길게 길렀으나 어쩐지 소년티가 났고, 큰 눈은 깊게 움푹 패어 있었다. 그에게는 분명히 사람을 끄는 자력 같은 것이 있었다."

지략이 뛰어난 인재를 활용하라

1936년에 들어와 지도부와 홍군이 어느 정도 안정을 찾게 되자 저우언라이가 본격적인 외교 활동을 펼치기 시작했다. 일제에 대항하고자 국공합작을 추진한 그의 외교 활동은 일본군이 만주와 북부 중국에 대한 침략이 가속화되는 것과 맞물려 엄청난 위력을 발휘했다. 중국인의 거국적인 항일 움직임이 그 배경이었다. 그가 이런 천하대세의 흐름에 맞춰 고도의 외교적 수완을 발휘한 것이 바로 '서안 사건西安事件'이다.

당시 저우언라이는 당시 동북 지역 국민당 정부군을 지휘하던 장쉐량을 설복시킬 계획이었다. '청년 원수'라는 칭호를 받은 장쉐량은 1931년의 만주사변으로 만주의 근거지를 잃고 북중국으로 내려와 있었다. 두 사람은 처음 만난 자리에서 일본의 위협을 물리치려면 전 중국인이 단결해야 한다는 데에 의견을 같이했다. 두 사람이 회담을 끝내고 발표한 공동성명은 중국인을 격동시키기에 충분했다.

"중국인은 자기들끼리는 싸우지 않는다. 늑대를 먹여 살리고자 자기 형제를 살해하는 자는 인간이라고 할 수 없다."

이 소식을 접한 장제스는 경악했다. 그는 이른바 안내양외安內攘外의 신념을 좇아 공산당을 궤멸시키고 나서 전 인민의 역량을 모아 항일전에 나설 생각이었다. 그 나름대로 일리가 있는 생각이기는 했으나 시의에 맞지 않았다. 그럼에도 그는 계속 안내양외를 외쳤다.

"일본의 침략은 밖에서부터 오는 것이기에 피부의 질병과 같다. 그러나 공산 반도의 준동은 안에서 생긴 복심의 질병이다."

그의 이런 고집이 바로 서안 사건을 촉발시킨 이유 중 하나가 됐다. 1936년 12월 초 장제스는 '청년 원수' 장쉐량의 본부가 있는 서안으로 날아갔다. 장쉐량이 지휘하는 동북군이 연안의 홍군 본거지를 즉각 공격하지 않을 경우 다른 국민당 부대가 대신하여 토벌에 나설 것임을 통보할 심산이었다. 그러나 이는 그만의 생각이었다. 이미 저우언라이와 회담을 끝내고 공동성명까지 발표한 장쉐량의 결

리스크 없이 쟁취하라 – 손자처럼

심은 돌같이 굳어 있었다.

12월 12일 새벽, 동북군 소속 장교들이 장제스의 숙소를 덮쳤다. 어수선한 소리에 잠이 깬 장제스는 황급히 야전 침대에서 벌떡 일어나 틀니를 목욕탕 선반에 둔 채 슬리퍼 한 짝만을 끌고 창문을 넘어 사지를 빠져나왔지만, 이내 수색 군인들에게 붙잡히고 말았다.

저우언라이와 마오쩌둥은 소식을 듣고 환호했다. 잠시 후 장제스를 무조건 석방시킬 것을 주문하는 스탈린의 전문이 날아들었다. 이들은 스탈린의 주문을 충족시키면서 최대한 얻을 수 있는 것은 얻어야만 했다. 장쉐량이 소련 측의 주문에 동의하게끔 하는 게 결코 쉬운 일은 아니었다. '협상의 명수' 저우언라이가 나선 이유다. 그는 서안으로 출발하기에 앞서 자신이 장쉐량에게 어떤 태도를 보이라고 강요할 수는 없다는 점을 동지들에게 미리 밝혀두었다.

"어떻게 할 것인가를 우리가 독자적으로 결정할 수는 없습니다. 우리는 그의 태도를 고려해야 합니다."

모든 가능성을 염두에 둔 발언이었다. 당시 홍군과 동북군 장령 중에는 장제스를 처형해야 한다고 주장하는 사람이 적지 않았다. 장제스를 죽일 경우 이는 일본만 좋은 일을 시켜주는 꼴이 된다. 어떻게 해서든 서안 사건을 최대한 활용해 국공합작을 성사시켜야만 했다. 저우언라이는 장제스를 만나 정중히 설득했다. 회담이 끝나고 저우언라이는 마오쩌둥에게 전문을 보냈다.

"장제스가 저에게 향후 공산당에 대한 탄압을 중지할 것이고, 홍군과 협력해 일본군을 물리칠 것이라고 말했습니다. 지금까지의 상황으로 판단하건대 장제스의 태도에는 분명히 변화가 있습니다."

이해 12월 25일, 장쉐량이 마침내 장제스를 석방했다. 이후 국민당과 공산당은 이른바 제2차 국공합작을 성사시키고자 협상을 시작했다. 협상이 진행되는 동안 저우언라이는 마오쩌둥과 상의하기 위해 서안과 연안 사이를 분주히 오갔다.

1937년 7월 7일 이른바 '노구교 사건'이 터져나왔다. 중일전쟁의 서막이었다. 7월 15일, 중국 공산당 중앙집행위는 장제스를 안심시키려고 소비에트 정부의 취소와 '홍군' 명칭 폐기, 토지 및 재산의 폭력적인 몰수 중지 등을 선언했다. 또한 국민당 이념인 '삼민주의'를 받아들인다고 서약했다. 바로 제2차 국공합작이다. 전 중국인이 환호했다. 홍군은 곧 국민당 군대의 팔로군'으로 편제되었다. 팔로군은 당연히 장제스와 그가 임명한 야전 지휘관의 명령을 받기로 되어 있었다. 그러나 이는 표면상의 약속에 지나지 않았다. 이해 9월 17일 마오쩌둥은 홍군의 고위 지휘관들에게 전문을 보냈다.

"지금 홍군은 본질적으로 분견대다. 홍군은 어떤 결정적인 역할도 수행하지 않는다."

홍군 세력의 온존을 제1의 목표로 제시한 것이다.

이해 12월 코민테른을 대표해 모스크바에서 돌아온 왕밍이 국민당에 타협책을 제시하고자 했다. 연합전선의 유지를 위해 장제스의 명에 복종해야 한다는 게 골자였다. 그는 '프롤레타리아 지도' 이론을 포기하고, 독립과 민주주의를 요구하는 목소리를 낮추라고 촉구

　　　　　　　　　리스크 없이 쟁취하라 – 손자처럼

했다. 이는 마오쩌둥 노선과 배치되는 것이었다. 마오쩌둥이 승부수를 던졌다. 왕밍 노선을 '우경 투항주의'로 선언한 것이다. 왕밍의 제안은 정치국 기록에서 삭제되었다. 이는 코민테른에 대한 공개적인 반항에 해당했다.

팔로군은 마오쩌둥의 명을 충실히 좇았다. 린뱌오가 이끄는 '팔로군' 115사단이 일본군 이타가키 병단을 궤멸시킨 1937년의 '평형관전투'처럼 겉으로는 국민당 정규군과 협력하는 모습을 보이다가 신속히 일본군 배후 지역으로 들어가서는 농민을 조직하는 식이었다. 국민당의 반발을 가져올 토지 몰수 등을 정면으로 내세우지는 않았으나, 소작료 인하 등 구체적인 방안을 제시해 농민의 조직화에 박차를 가했다. 현지의 민병대는 팔로군의 일원으로 흡수했다. 국민당 정부군의 낙오병들도 병력과 무기의 또 다른 공급원이 되었다.

당시 공산당원들은 자신들의 이런 방침을 추종하지 않는 자들을 최대의 적으로 간주해 잔인하게 응징했다. 곳곳에서 충돌이 빚어지자 여론이 들끓었다. 장제스가 이른바 '영도론'을 주창하고 나선 이유다. 모든 명령을 한곳으로 결집해 효율적인 항일전을 수행하자는 내용이었다. 그러자 이때 과거 저우언라이와 함께 '황포군관학교'에 재직하며 정치부 부주임으로 있던 재야의 장선푸가 다음과 같이 주장하고 나섰다.

"문화는 전쟁을 치르는 국민에게 유용한 무기다. 현실과 자아를 초월한 높은 이상과 행동을 자신에게 요구해야 한다. 구체적인 전시 철학과 교육 정책이 필요하다."

이른바 '전시 문화론'이다. 이는 위급한 전시 상황일수록 한 명의 지도자에게 충성해야 한다고 역설한 장제스의 '영도론'과 정반대되는 것이었다. 공산당 기관지 『신화일보』에 발표한 '민주와 과학'은 장제스의 '영도론'에 대한 비판의 결정판이었다.

"과학과 민주를 자주 거론하는 것은 이 두 개가 객관적인 것이기 때문이다. 객관성이 없는 상태에서 과학은 성립될 수 없고, 민주 또한 실행할 수 없다. 과학을 제창하는 이유는 결과를 중시해서가 아니라 방법과 정신 때문이다. 민주는 실천이다. 실천을 통해 배우는 것이 가장 쉽고 바람직하다."

이는 프롤레타리아 독재를 '민주'로 돌려 표현한 마오쩌둥의 '신민주주의'를 간접적으로 선전한 것이나 다름없었다. 재주는 곰이 넘고 돈은 되놈이 받아가는 격으로 국민당 정규군의 희생이 늘어갈수록 홍군은 늘어나는 기현상이 지속되었다. 마오쩌둥은 자신의 '통일전선'이 그대로 먹혀들어가는 현실에 크게 고무되었다.

1938년 11월 그는 공산당 중앙집행위 보고에서 홍군이 겨우 1년 남짓한 기간에 원래의 4만 4,000명에서 20만 명으로 다섯 배 가까이 늘어났다고 보고했다. 이를 근거로 그는 본래 인가된 세 개 사단을 세 개 군으로 늘려줄 것을 국민당에 요구했다. 국민당 군대 장령들의 불만이 팽배했다. 장제스는 이들의 불만스러운 보고를 담은 문건을 연안과 국민당 사이의 연락책을 맡은 저우언라이에게 넘겨주었다. 그러나 그게 전부였다. 안팎의 어지러운 상황 탓에 그에게는 이 문제를 효과적으로 다룰 뾰족한 대책이 없었다. 오히려 이런 갈등이

리스크 없이 쟁취하라 – 손자처럼

외부에 알려지지 않도록 황급히 두 손으로 덮는 모습을 보였다. 장제스가 그럴 수밖에 없었던 가장 큰 이유는 전쟁이 중국 측에 불리하게 돌아간 데에 있다.

일본군이 북경을 점령했을 당시 덩잉차오는 그곳에 있었다. 에드가 스노가 그녀를 자신의 하녀로 변장시켜 북경에서 빠져나올 수 있게 해주었다. 그녀는 국민당 정부가 피난하고 있는 무한으로 가서 남편과 합류했다. 당시 저우언라이는 눈코 뜰 새 없이 바빴다. 외국인과 중국인 등 수많은 방문객을 맞아야 했기 때문이다. 그는 자신을 좋아하는 미국인들에게 특히 신경을 썼다. 전쟁이 끝나고 공산당 정부가 들어서면 미국과 우호적인 관계를 맺고 싶다는 말을 빼놓지 않았다.

하루는 미국 작가 시어도어 화이트를 어느 주점에서 접대하게 되었다. 식탁에는 껍질에 양념을 바르고 굽는 일을 오랫동안 계속해 껍질이 바삭바삭한 새끼 돼지고기 요리가 올랐다. 최고급 요리에 속하는 이른바 취피유저脆皮乳猪였다. 그러나 화이트는 돼지고기 음식을 신을 모독하는 것으로 간주하는 유대인이었다. 그가 움찔하며 젓가락을 내려놓았다. 이때 저우언라이가 젓가락을 집더니 식탁에 놓인 접시로 가져가면서 이같이 말했다.

"테디(화이트의 애칭), 이곳은 중국이오. 다시 봐요. 자, 당신 눈엔 이게 돼지로 보일지 모르나 중국에서 이건 돼지가 아니라 오리요"

화이트는 껄껄 웃으며 젓가락을 집어 들고 그 요리를 먹었다. 중국인에게 돼지고기는 육류의 기본이다. 중국에서 쇠고기는 우육, 양고기는 양육, 닭고기는 계라고 쓰지만 돼지고기는 그냥 육으로 쓴다. 수식어가 불필요한 것이다. 특히 취피유저는 청나라 공식 궁중요리인 만한전석滿漢全席에서도 으뜸으로 친다. 저우언라이의 놀라운 수완으로 완고한 유대인 화이트도 돼지고기 요리에 손을 댄 것이다.

이해 가을, 일본군이 무한까지 쳐들어왔다. 국민당 정부는 이내 사천의 중경으로 옮겨가 그곳을 새 수도를 정했다. 이듬해인 1939년 봄, 장제스와 국민당은 강서에 있는 홍군 부대를 인가했다. 이에 팔로군이 신사군新四軍으로 재편되었다. 이는 저우언라이의 요청을 받아들인 결과였다. 이로써 공산당은 중국의 중남부에 주요 군사 거점을 마련할 수 있게 되었다.

신사군으로 재편된 홍군은 장강 일원에서 일본군을 상대로 작전을 펼치면서 마오쩌둥의 지시를 좇아 홍군을 늘리는 비책을 계속 구사했다. 장제스의 국민당 군대는 안으로 곪고 있었던 셈이다. 일본의 패망 후 4년 동안 지속된 국공내전에서 홍군이 최후의 승리를 거둔 근본 배경이 바로 여기에 있었다.

『손자병법』의 관점에서 보면 마오쩌둥은 이윤·여상에 버금하는 건국공신 저우언라이를 일종의 첩자로 활용하는 대공계를 구사해 사상 최초로 신중화제국의 초대 황제 자리에 오른 셈이다.

임기응변의 작전을 짜라

승리를 거둔 계책을 되풀이해 사용해서는 안 되고, 반드시 적의 내부 사정이 변화함에 따라 무궁무진하게 변화해 대응해야만 한다. 군사 작전은 물과 같아야 하기 때문이다. 물은 높은 곳을 피해 낮은 곳으로 흐른다. 용병도 적의 강한 곳을 피해 허점을 치는 식으로 진행되어야 한다. 물은 지형에 따라 흐르는 방향이 결정된다. 군사 작전도 적의 내부 사정 변화에 따라 다양한 전술을 구사해야 승리할 수 있다. 군사 작전에 일정한 형태가 없는 것은 물이 일정한 형태가 없는 것과 같다. 적의 내부 사정 변화를 좇아 승리를 거두는 것을 일컬어 '군사 작전이 귀신과 같다'라고 한다.

戰勝不復, 而應形於無窮. 夫兵形象水, 水之形, 避高而趨下. 兵之形, 避實而擊虛. 水因地而制流, 兵因敵而制勝. 故兵無常勢, 水無常形, 能因敵變化而取勝者, 謂之神.

_「손자병법」「허실」

「허실」의 본문에 나오는 응형應形은 적의 내부 사정 변화에 따라 변화해 대응하는 것을 말한다. 이에 바탕을 둔 전략전술이 바로 응형계應形計다. 응형계는 앞서 검토한 허실계와 취지를 같이한다. 허실계는 전략 차원에서 접근하고 있는 데에 반해, 응형계는 실전 중심의 구체적인 전술에 방점을 찍는 게 약간 다를 뿐이다.

본문에 나오는 병무상세兵無常勢와 수무상형水無常形이 그 증거다. 병무상세는 군사 작전에 일정한 형태가 없다는 뜻이고, 수무상형은 작전을 펼칠 때 마치 물이 일정한 형태가 없는 것처럼 시행해야 한다는 의미를 담고 있다. 그게 바로 응형계의 요체다.

주목할 것은 응형계를 구사할 때 절대로 이전에 써먹은 승리의 계책을 반복해 사용해서는 안 된다는 점이다. 「허실」의 본문은 이를 전승불복戰勝不復으로 표현했다. 축구 경기에서 흔히 볼 수 있듯 한 번 써먹은 계책을 다시 써먹고자 하는 것은 매우 위험하다. 상대방이 그에 대해 충분히 준비하고 나오기 때문이다. 생사가 갈리는 전쟁에서는 더욱 심각하다. 『손자병법』이 시종일관 임기응변에 바탕을 둔 다양한 전략전술을 역설하는 이유가 여기에 있다.

병법에도 해박한 지식을 갖추고 있어 별도로 『전술론』을 저술하기도 한 서양의 마키아벨리는 『군주론』에서 이전의 성공 방정식을 과감히 내던지고 새로운 상황에 부응하는 방안을 적극적으로 찾아낼 것을 역설한 바 있다. 『군주론』 제25장에 나오는 해당 대목이다.

"시대 상황의 변화에 맞춰 스스로를 유연하게 바꿀 줄 아는 지혜로운 자는 거의 없다. 타고난 성향을 벗어나기 어렵기 때문이다. 특히 외길을 걸어 늘 성공을 거두었다면 그 정도가 더욱 심해 기존의 방식을 바꾸는 게 불가능에 가깝다."

현실 또는 기왕의 성공 방정식에 안주하려는 인간의 약점을 지적한 것이다. 그런 약점은 작은 변화 앞에서는 그럭저럭 넘어갈 수 있으나 시대적 격변이 몰아칠 때에는 당사자의 생사를 가르게 된다. 왕조 교체의 난세에 특히 그렇다. 이런 시기에는 어제의 황제가 오늘의 필부가 되고, 오늘의 필부가 내일의 황제가 되는 게 당연한 일이 된다. "시대가 영웅을 만든다!"라는 얘기가 나오는 이유다.

　왕조 교체의 시기에 빚어지는 모든 전쟁은 말할 것도 없고 통상적인 전쟁 상황 역시 임기응변 여부가 승패를 가른다. 싸움마다 비상한 계책이 필요한 이유다. 그게 바로 기모기략奇謀機略이다. 기상천외한 모략이라는 뜻이다. 기기모략奇機謀略과 같은 의미다. 주목할 것은 일을 꾀하는 모謀와 결정적인 계기를 뜻하는 기機가 같은 뜻으로 사용된다는 점이다. 계략이 없으면 기회가 와도 아무 소용이 없다는 취지에서 나온 것이다.

상황과 형세에 따라 항상 변화하라

전쟁의 위기 상황은 모든 사람에게 생사의 갈림길에 해당한다. 장병은 말할 것도 없고 일반 백성에 이르기까지 필사의 각오로 나서지 않는다면 앉은 채로 목숨을 빼앗길 수도 있다. 전쟁이 빚어질 때마다 기책奇策과 기모奇謀, 기략奇略, 기기奇機 등의 비상한 계책이 필요한 이유다. 그게 바로 응형계다. 응형계의 대표적인 사례로는 항우와 유방이 천하를 놓고 한 치의 양보도 없이 다투던 초한전 당시에 유방의 군사軍師로 활약한 한신의 배수진背水陣을 들 수 있다. 이는 이전의 병법가는 말할 것도 없고 21세기 현재의 군사 전문가에 이르기까지 입을 모아 칭송하는 대표적인 응형계에 해당한다.

기원전 204년 10월, 한신이 조나라를 토벌하라는 유방의 명을 받고 곧바로 남하해 지금의 산서성 태원에 이른 뒤 동쪽으로 방향을 틀었다. 험하기로 유명한 정형의 협곡을 지나 조나라의 심장부인 도성 한단으로 돌진하고자 한 것이다. 정형의 협곡 입구를 흔히 정형구井陘口라고 한다. 정형구는 산맥이 끊긴 지레목(형陘)에 두 산 사이가 좁게 형성되어 구口의 형상을 이룬 곳이다. 지키기는 쉽고 공격하기는 어려운 천혜의 험지로 일종의 관關에 해당한다. 정형구를 정형관으로 부르는 이유다. 태항산에는 이런 관문이 모두 여덟 곳이 있는데, 정형관은 다섯 번째 관문에 해당한다. 태항산맥 사이에서 현재의 산서성 태원과 하북성 석가장을 잇는 기다란 지구대의 입구에 해당한다. 원래 지구대는 나란히 뻗어 있는 단층 사이의 지반이 푹 꺼져 만들어진 좁고 긴 계곡을 말한다. 천혜의 험준한 지역이다.

당시 한신은 자신의 군사를 20만 명이라고 내세웠다. 이에 맞서 조나라 장수 진여陳餘도 20만 명의 대군을 정형구에 배치했다. 진여도 그 나름으로 병법에 일가견이 있는 인물이다. 그러나 모든 것은 상대적이다. 더 뛰어난 인물이 나타나면 자신이 아는 병법 지식은 무용지물에 가까워진다. 불행하게도 진여는 이 덫에 걸려 있었다. 참모로 있던 이좌거李左車의 건의를 무시한 게 그렇다. 당시 이좌거는 『손자병법』의 병법 이치에 따라 이같이 건의했다.

리스크 없이 쟁취하라 – 손자처럼

"한신이 승세에 올라타 싸움을 걸고 있습니다. 지금 저들의 예기銳氣를 당하기 어렵습니다. 제가 듣건대 '천 리 밖에서 양식을 운송하여 보내면 병사에게 주린 기색이 있고, 아무 준비 없이 급히 나무나 풀을 베어다가 밥을 해 먹여야 하면 군사들이 계속 배부르지 못하다'라고 했습니다. 지금 정형구는 길이 매우 좁아 수레 두 대가 병행하여 갈 수 없고 말도 대오를 지어 갈 수 없습니다. 행군의 길이는 수백 리에 이를 것이고, 형세로 보아 양식 또한 반드시 후미에 있을 것입니다. 원컨대 제가 기병奇兵을 구사하고자 하니 저에게 군사 3만 명을 빌려주십시오. 그러면 샛길로 가서 그들의 치중輜重을 끊어버리겠습니다. 그대가 해자를 깊이 파고 보루를 높인 채 저들과 교전하지 않으면, 저들은 앞으로 나아가 싸울 수가 없고 뒤로 물러나 회군할 수도 없으며 들에서 노략질할 것도 없게 됩니다. 열흘도 채 못돼 한신과 장이張耳의 머리를 그대 앞에 가져다 놓겠습니다. 그리하지 않으면 우리는 반드시 저들의 포로가 되고 말 것입니다."

그러나 선비를 자처하는 진여는 또 다른 병법서인 『사마법司馬法』을 들먹이며 의병義兵을 역설했다. 궤도詭道와 기병奇兵을 중시하는 『손자병법』의 계책을 쓰지 않는 것을 자신의 자랑으로 삼은 탓이다. 당시 그는 이좌거의 진언을 일언지하에 거절하며 이같이 반박했다.

"내가 들은 바로는 『손자병법』에서 적의 열 배면 상대를 포위하고, 두 배면 싸운다고 했소. 지금 한신의 군사는 수만 명이라고 하지만 실제로는 수천 명에 지나지 않소. 게다가 천 리 먼 길을 달려와 우리 군사를 치는 까닭에 지금 크게 지쳐 있을 것이오. 이런 약한 군사를 피하고 정면으로 공격하지 않으면 장차 더 큰 대군이 공격할 때 어찌해야 한단 말이오? 제후들은 틀림없이 나를 겁쟁이로 업신여기며 가벼이 보고 곧장 공격할 것이오!"

한신이 사람을 보내 적진을 정탐하고는, 이좌거의 계책을 쓰지 않은 것을 알고 크게 기뻐했다. 곧바로 군사를 이끌고 적진이 있는 정형구로 내려갔다. 낮에도 어두운 협곡을 행군해 출구에 해당하는 정형구에서 불과 30리도 못 미치는 곳에서 멈추고 영채를 차렸다.

한밤중에 한신은 출병의 명을 내렸다. 날쌘 기병 2,000명을 뽑아 각기 한나라를 상징하는 붉은 깃발을 하나씩 가지고 샛길을 이용해 산속에 몸을 엄폐하고 조나라 군사의 동정을 살펴보게 했다. 이때 한신이 병사들에게 이같이 경계했다.

"조나라 군사는 내가 도망치는 것을 보면 반드시 영루를 비우고 나를 쫓아올 것이다. 그때 그대들은 영루로 재빨리 들어가 조나라 깃발을 뽑아내고 우리 한나라의 붉은 깃발을 세우도록 하라."

이어 휘하 장수들 앞에서 장담했다.

"오늘은 조나라 군영을 깨뜨리고 그곳에서 회식할 것이오."

장수들 모두 한신의 말을 믿지 못하고 건성으로 응답하자, 한신은 이를 눈치 채고 간략히 배경을 설명했다.

"조나라 군사는 용병에 편리한 곳에 기대어 영루를 쌓았소. 저들은 아직 대장군의 깃발을 보지 못했기에 우리 선봉을 공격하려 하지 않을 것이오. 아마 내가 곧 험로에 막혀 회군하리라고 생각할 게요."

그러고는 1만 명의 군사들을 먼저 나아가게 했다. 그들이 출병하자 이내 배수진背水陣을 쳤다. 당시 한신이 배수진을 친 곳은 병주에서 시작해 북쪽으로 흐르다가 정형현의 경계 지역으로 들어가는 면만수였다. 조나라 군사들이 이를 바라보며 크게 웃었다.

새벽을 넘어 한신이 대장군의 깃발을 세우고 우렁찬 군악과 함께 북을 치면서 정형구를 빠져나갔다. 강물을 건너 동쪽으로 집결하자 이를 본 조나라 군사들이 영루의 문을 열고 공격했다. 진여는 한신을 사로잡을 기회가 왔다고 판단해 총공격을 명했다.

큰 전투가 제법 오래갔다. 도중에 한신과 장이가 짐짓 깃발과 북을 버리고 강가에 만들어놓은 영채로 달아났다. 한신의 병사들이 진여 군대의 추격을 힘겹게 방어하면서 더는 물러서지 않고 맹렬히 저항했다. 얼마 후 과연 조나라 군사들이 완승을 거둘 생각으로 영루를 비운 채 총출동하여 한나라의 깃발을 다퉈 빼앗으며 한신과 장의의 뒤를 쫓았다. 그러나 한신의 군사가 결사적으로 저항하자 조나라 군사는 이들을 이길 수가 없었다.

그사이 산등성이에 매복했던 2,000여 한나라 기병이 조나라 영루로 들이쳐 조나라 깃발을 모두 뽑아버리고 한나라의 붉은 깃발 2,000개를 세웠다. 조나라 군사는 한신을 잡는 게 어려워지자 영루로 귀환하려다가, 영루가 온통 한나라의 붉은 깃발로 둘러싸인 것을 보고 경악했다. 이들은 한나라 군사가 영루에 있던 조왕의 장령들을 이미 모두 포획한 것으로 생각했다. 조나라 병사들이 혼란에 빠져 달아나기 시작했다. 전세는 이미 기울었다.

살고자 하면 죽을 것이요, 죽고자 한다면 살 것이다

한나라 군사가 조나라 군사를 협격해 대파하고 남쪽으로 몇십 리 밖에 있는 저수 강가에서 진여의 목을 치고 조나라 왕 조헐趙歇을 사로잡았다. 한신이 구사한 배수진은 후대인들로부터 한신이 구사한 여러 계책 가운데 가장 멋지고 기발한 계책으로 평가받고 있다. 싸움이 끝나고 여러 장수가 떠들썩하게 축하하며 한신에게 물었다.

"병법에 이르기를, '진을 칠 때 오른쪽으로 산릉山陵을 등지고, 왼쪽 전면으로 수택水澤을 가까이 한다'라고 했습니다. 이번에 장군이 오히려 배수진을 치게 하면서 '파조회식破趙會食(조나라를 깨고 회식을 한다는 뜻)'을 언급했으나 저희는 내심으로 믿지 못했습니다. 그러나 결국 승리를 거두었습니다. 이는 어떤 전술입니까?"

한신이 대답했다.

"이 또한 병법에 있는 것으로 제군들이 자세히 살피지 못했을 뿐이오. 병법에 이르기를, '사지死地에 빠진 뒤에야 생환할 수 있고, 망지亡地에 놓인 뒤에야 생존할 수 있다'라고 하지 않았소. 게다가 나 한신은 평소에 어루만져 훈련한 사대부들을 병사로 부리는 게 아니오. 이른바 '훈련받지 않은 저잣거리 사람을 구사해 작전하는 것'과 다름없는 짓이오. 그래서 형세상 어쩔 수 없이 이들을 사지에 두어 각자 스스로 분전하게 했던 것이오. 지금 이들에게 사방으로 도주할 수 있어 목숨을 구할 생지生地를 제공했다면 모두 달아나고 말았을 것이오. 어찌 그런 사람들을 지휘하며 작전할 수 있었겠소?"

사지 및 망지와 관련해 『손자병법』 「구지」는 "급하게 싸우면 살아남고, 싸우지 않으면 패망해 죽음의 땅이 된다"라고 기록해놓았다.

삼국시대의 조조는 여기에 주석을 달기를, "앞에 높은 산이 있고 뒤에 강물이 있어, 나아갈 수도 없고 물러나려고 해도 장애가 있는 곳을 말한다"라고 했다. 여러 장수들이 한신의 말에 모두 탄복했다.

결과적으로 한신은 조나라 정벌을 통해 불과 석 달 만에 위나라와 대代나라, 조나라를 차례로 굴복시키는 대공을 세운 것이다. 이는 앞서 벌어진 팽성싸움에서 치명타를 입은 유방에게 다시 항우와 접전을 벌일 절호의 기회를 제공했다. 당시 유방은 한신이 탈취한 화북 일대를 공고히 하고 나서 항우와 결전을 치를 것인지, 아니면 여세를 몰아 제나라와 연나라를 차례로 칠 것인지, 그것도 아니면 곧바로 남하해 항우를 칠 것인지 여부를 결정해야만 했다.

이때 한신이 포로로 잡혔다가 투항한 이좌거의 계책을 좇음으로써 결과적으로 유방의 결단을 촉구하고 나섰다. 이좌거가 제시한 방안은 조나라를 거점으로 기반을 확고히 하고 나서 단계별로 주변 지역을 공략하는 방안이었다. 한신이 사자를 연나라로 보내자 과연 연나라는 바람에 밀려 쓰러지듯 이내 투항했다. 득의에 찬 한신이 유방에게 사자를 보내 자신에게 협조한 장이를 조나라 왕에 앉혀줄 것을 청했다. 장이를 조나라 왕에 앉혀 우군 세력을 확보하고 나서 제나라를 공략해 자신이 제나라 왕이 될 심산이었다.

유방의 처지에서 볼 때 한신은 장이와 차원이 달랐다. 한신을 제나라 왕으로 세운다면, 항우를 제압할지라도 후일을 기약하기가 어려웠다. 유방과 한신의 관계가 결정적으로 비틀어진 이유가 바로 여기에 있다. 한신은 전략전술만 밝았을 뿐이고 정략정술政略政術에는 무지했다고 평할 수밖에 없다. 불과 석 달 만에 위나라와 대나라, 조나라, 연나라를 차례로 복속시킨 한신은 유방에게 항우보다 두려운 존재가 되었다. 앞서 제10계에서 언급한 '진주지위'의 덫에 걸린 것이다. 순진하게도 한신 자신만이 옛날과 달라진 게 없다고 생각했다. 진주지위의 덫에 걸린 장수와 참모는 살아남지 못하는 관례에서 그 역시 예외가 될 수 없었다. 결국 항우를 없애자 한신은 곧바로 토사구팽의 제물이 되고 말았다.

한신이 배수진을 펼쳐 조나라를 공략할 때까지의 행보만을 떼어놓고 보면 감탄을 금할 수 없다. 그가 구사한 전략전술이 그만큼 뛰어났다. 『손자병법』의 관점에서 보면 그는 실전에서 구사되는 임기응변 계책인 응형계의 대가였다. 휘하 장수들이 모두 입을 벌린 채 감탄한 것으로 묘사된 『사기』「회음후열전」의 기록이 결코 과장이 아닐 것이라는 생각이 든다.

그러나 그게 전부였다. 제나라까지 정복하고 제왕의 자리에 오르는 일련의 과정을 보면 그는 유방을 두려움에 떨게 하는 진주지위의 외길을 걷고 있었다. 그러고도 토사구팽의 제물이 되지 않을 것으로 생각한 것 자체가 순진하기 짝이 없는 일이다. 천하는 결코 순진한 사람이 취할 대상이 아니다. 민국시대 말기 이종오李宗吾가 『후흑학厚黑學』을 펴내면서, 속이 시커멓고 얼굴이 뻔뻔한 자만이 천하의 주인이 될 수 있다고 역설한 게 괜한 말이 아니다.

상대를 착각에 빠뜨려라

용병의 요체는 적을 속이는 궤도詭道에 있다. 싸울 능력이 있으면서 없는 것처럼 보이고, 공격하려 하면서 하지 않는 것처럼 보이고, 가까운 곳을 노리면서 먼 곳을 노리는 것처럼 보이고, 먼 곳을 노리면서 가까운 곳을 노리는 것처럼 보여야 한다.

兵者, 詭道也. 故能而示之不能, 用而示之不用, 近而示之遠, 遠而示之近.

_「손자병법」「시계」

『손자병법』은 첫 편인 「시계」에서 용병의 요체가 상대를 속여 착각에 빠뜨리는 계책인 궤도에 있다고 못을 박았다. 이는 병법에 고정된 본보기는 없다는 얘기를 돌려 표현한 것이다. 실전에서 임기응변으로 적을 속여 이기는 게 관건이라는 지적이다. 적을 속여 착각에 빠뜨리는 기망계欺罔計는 『손자병법』에 나오는 모든 전략전술 중에서 가장 근본이 되는 계책에 해당한다.

이를 통찰한 인물이 바로 현전하는 『손자병법』의 원형인 『손자약해』를 쓴 삼국시대의 조조다. 그가 실전에서 보여준 전술은 한마디로 '변화무쌍한 임기응변의 전술'이라고 요약할 수 있다. 고정된 게 하나도 없다. 당시 조조가 임기응변을 얼마나 중시했는지는 『자치통감』「황초 원년」 조에 나오는 사마광司馬光의 다음 평이 뒷받침한다.

"조조는 적과 대진하여 싸울 때 태연자약하여 마치 싸우지 않는 듯했다. 그러나 결정적인 기회에 결단하여 승세에 올라타는 결기승승決機乘勝의 시기에는 마치 기세가 용솟음쳐 돌을 뚫는 듯했다."

'결기승승'은 조조가 구사한 임기응변의 핵심을 한마디로 표현한 것이다. 초기에 조조가 적은 병력으로 우세한 병력을 지닌 군웅들을 차례로 격파할 수 있었던 것은 바로 임기응변에 능했기 때문이다. 그러나 아무리 임기응변을 할지라도 접전 상황에서는 승부를 예측하기 어렵다. 특히 중과부적衆寡不敵의 상황에서는 더욱 그렇다. 『손자병법』이 적을 속이는 속임수인 궤도에서 그 해답을 찾은 이유다.

속지 말고 속여라

전술은 필승을 거두려는 계책이다. 한 치의 착오가 있어서도 안 된다. 전장에서 평생을 살다시피 한 조조는 궤도의 달인이었다. 그는 매번 싸울 때마다 늘 궤도를 구사해 객관적인 열세에도 끝내 승리를 얻어냈다. 그렇다면 조조가 구사한 궤도는 구체적으로 어떤 것일까? 그는 『손자약해』에서 궤도를 이같이 풀이해놓았다.

"병법의 요체는 일정하게 정해진 틀이 없는 병무상형兵無常形에 있

리스크 없이 쟁취하라 – 손자처럼

다. 오직 상황에 따라 적을 속여 이기는 궤사詭詐가 유일한 길이다"

궤도를 임기응변으로 나타나는 '무정형의 속임수'로 해석한 것이다. 많은 사람이 조조가 말한 궤사를 두고 흔히 간계奸計 또는 휼계譎計로 이해하지만 이는 잘못이다. 조조가 말한 궤사는 임기응변으로 구사되는 무정형의 모든 계책을 뜻한다. 임기응변으로 구사되는 무정형의 모든 계책은 적의 처지에서 볼 때 궤사로 보이는 것일 뿐이지, 실상 아군이 파악할 때는 필승지계必勝之計에 해당한다.

삼국시대에 조조가 구사한 '무정형의 궤도'는 매우 다양하게 표출되었다. 짐짓 아군의 약한 모습을 보여 적장의 교만과 방심을 일으키는 약병계弱兵計, 무력시위로 적을 지레 겁먹게 하는 요병계耀兵計, 허수아비 등을 이용한 거짓 용병으로 적을 착각하게 하는 의병계疑兵計, 기습적인 용병으로 적이 예상하지 못한 시점을 노려 허점을 찌르고 들어가는 기병계奇兵計 등이 그것이다.

이런 궤사는 조조만이 구사한 것도 아니고 실제 전투 상황에서 늘 전개되던 것이다. 접전을 벌이는 양측 모두 적이 궤사를 구사하리라는 것을 이미 잘 알고 있고, 자신들 역시 이런 궤사를 무시로 구사한다. 조조는 다만 남과 달리 '무정형의' 궤도를 구사했을 뿐이다. 조조가 실제 전투에서 무수한 승리를 거둘 수 있었던 힘은 바로 임기응변에 입각한 무정형의 궤도가 요체다. 그의 전술을 '임기응변에 입각한 무정형의 궤도'로 요약할 수 있는 것도 바로 이 때문이다.

조조가 구사한 궤도를 두고 흔히 그가 소년 시절에 원소를 골탕

먹인 일을 들고 있다. 환관집의 탁류 출신 조조와 최고 가문의 청류 출신 원소가 어렸을 때 만난 것은 기연이다. 두 사람이 중원의 패권을 놓고 대립한 것 역시 난세가 만들어낸 절묘한 각본이라 하겠다.

두 사람의 기연과 관련해 저자 미상의 『조만전曹瞞傳』에는 조조가 어렸을 때부터 궤도의 달인이었음을 짐작하게 해주는 일화가 실려 있다. 조조는 어릴 때부터 노래와 춤을 좋아하고 사냥을 즐겼다. 그의 숙부는 늘 그의 방탕한 모습을 보고 못마땅하여 조조의 부친인 조숭曹嵩에게 일러바쳤다. 그러면 조숭은 성을 내어 곧 조조를 불러 책망하곤 했다. 이에 조조는 문득 한 가지 꾀를 생각해냈다.

어느 날 숙부가 오는 것을 보다가 짐짓 땅바닥에 쓰러져 중풍 앓는 시늉을 했다. 숙부가 깜짝 놀라 조숭에게 알렸다. 그러나 조숭이 급히 달려와 보니 조조는 아무 탈이 없었다. 조숭이 놀라 물었다.

"네 숙부는 네가 중풍을 맞았다고 했는데 그게 사실이냐?"

조조가 시치미를 떼고 말했다.

"저는 본래 그런 병이 없습니다. 다만 제가 숙부님의 총애를 잃어 그런 애매한 말을 들은 듯합니다."

조숭은 자신의 아우가 아무리 조조의 허물을 고해바쳐도 귓등으로 흘려듣게 되었다고 한다. 이게 사실이면 조조는 날 때부터 궤도의 달인이었던 셈이다.

훗날 조조가 출병하면서 병사들에게 보리를 밟지 말라고 영을 내리고 나서, 자신의 말이 날뛰다가 보리를 밟자 군령을 좇아 짐짓 자결하려는 모습을 보이는 '쇼'를 하고, 주위의 만류로 결국 자신의 머리카락을 자르는 것으로 질책했다는 일화 역시 『조만전』에 나온다.

『조만전』의 조만은 조조의 성씨인 '조'와 속인다는 뜻인 '만'을 결합해 만든 글자다. 간악한 조조라는 의미다. 조조를 의도적으로 깎아내리려는 취지에서 나온 책인 까닭에 사료로서의 신빙성에 문제가 있지만, 그렇다고 수록된 일화를 모두 꾸며낸 얘기로 치부하는 것도 옳지 않다. 조조의 아명이 만瞞이었던 점에 비춰, 조조가 어렸을 때부터 개구쟁이 수준의 궤도를 즐겼을 가능성은 매우 크다.

남북조시대 남조 송나라의 유의경劉義慶이 지은 『세설신어』「가휼假譎」에는 이런 얘기도 실려 있다. 이 얘기는 『세설신어』에만 나오는 것이어서 사실 여부를 확인할 길은 없다.

"원소가 조조에게 여러 차례 당한 것이 한이 되어 드디어 밤에 사람을 보내 조조를 죽이려고 했다. 그러나 자객이 칼을 조금 낮게 던지는 바람에 칼이 조조를 피해 옆으로 비켜 가서 벽에 꽂히고 말았다. 조조가 깊이 생각해보고 나서 이번에는 칼이 조금 전보다 높이 날아오리라 확신하고 침상에 배를 대고 최대한 몸을 낮추고 누워 있었다. 그랬더니 과연 칼이 높이 날아왔다."

여러 기록을 보면 원소와 조조는 젊었을 때부터 애정과 증오가 뒤섞인 기이한 우정을 나누었는데, 두 사람의 그릇과 기지奇智에서 현격한 차이가 있었음을 대략 짐작할 수 있다. 그러나 이런 일들로 후대에 조조가 '난세의 간웅奸雄'으로 몰린 것 또한 부인할 수 없다. 이는 원래 정사 『삼국지』에 나오는 조조에 대한 인물평에서 비롯된 것이다. 이에 따르면 조조가 어렸을 때 사람들은 아무도 그의 기재를 알아보지 못했다. 단지 태위 교현橋玄과 남양 출신 하옹何顒만이 그의 비범함을 알아챘다. 하루는 하옹이 조조를 보고 찬탄했다.

"한나라가 장차 망하면 천하를 편안하게 할 사람은 반드시 이 사람일 것이다!"

교현도 일찍이 하옹과 유사한 평을 한 적이 있었다.

"천하가 앞으로 어지러울 것이니 천명을 받은 큰 인물인 이른바 명세지재命世之才가 아니면 이를 구할 수 없소. 천하를 능히 평안하게 할 수 있는 사람은 바로 그대일 것이오."

교현이 이어 조조에게 이같이 권했다.

"군은 아직 명망이 없으니 장차 허소許劭와 사귀는 게 좋을 거요."

허소는 자가 자장子將으로, 종형인 허정許靖과 더불어 인물평으로 명성을 떨치고 있었다. 허정은 자가 문휴文休로, 허소와 더불어 인물평으로 이름이 높았다. 두 사람은 당대의 인물을 대상으로 품평하는 것을 즐기면서 달마다 품평의 대상을 바꿨다. 이 때문에 여남에서는 매월 초에 사람들을 품평하는 풍속이 생겼다. 사람들은 이를 '월단평月旦評'이라고 불렀다. 손성孫盛의 『이동잡어』에는 조조가 허소를 찾아갔을 때의 상황이 나온다. 조조가 허소에게 인물평을 묻자 허소가 이같이 말한 것으로 기록해놓았다.

"당신은 치세의 능신能臣이고, 난세의 간웅奸雄이오!"

조조를 '난세의 간웅'으로 간주한 것은 바로 『이동잡어』에서 시작된 것이다. 나관중羅貫中의 『삼국지연의』는 이를 그대로 채택해 조조를 '난세의 간웅'으로 못 박고 나섰다. 그러나 『후한서』「허소전」은 이와 전혀 다른 얘기를 싣고 있다. 당시 조조가 자신의 사람됨을 묻자 허소가 곧바로 말하지 않았다. 조조가 다시 묻자 허소가 말했다.

"그대는 치세의 간적奸賊이고, 난세의 영웅英雄이오."

삼국시대는 난세인 만큼 조조가 과연 치세에 어떤 모습을 보였을지는 알 길이 없다. 다만 정사의 일종인 『후한서』에서 '난세의 영웅'으로 표현한 점에 주목할 필요가 있다. 『이동잡어』는 항간에 떠도는 얘기를 수집한 수준에 그치는 까닭에 액면 그대로 믿을 수 없다. 진수의 『삼국지』와 사마광의 『자치통감』 모두 조조를 '난세의 영웅'으로 평가한 만큼, 허소의 인물평이 정곡을 찔렀다고 평할 수 있다. 조조가 난세의 간웅으로 낙인찍힌 것은 『이동잡어』의 왜곡을 『삼국지연의』가 확대재생산한 결과로 보는 게 합리적이다.

조조가 『손자병법』이 역설하는 임기응변의 이치를 좇아 전장에서 다양한 기망계를 구사한 것을 두고, 항간에 나도는 '개구쟁이 궤도 행보' 얘기와 연결하며 난세의 간웅으로 모는 것은 잘못이다. 전투에서 승리하려면 적의 움직임에 따른 철저한 대비가 있어야만 하며, 이는 아군의 대비가 상대적으로 더욱 철저했음을 뜻한다. 결국 기망계란 적으로 하여금 상대적으로 경계를 덜 철저히 하거나, 상황 변화에 따른 대응을 덜 철저히 하거나, 유리한 형세를 덜 철저히 이용하게끔 하는 것이나 다름없다. 생사와 승패가 엇갈리는 전쟁터에서는 작은 실수가 승패를 좌우하는 결정적 계기가 된다.

조조가 말한 '무정형의 속임수'는 모든 상황에 대한 빈틈없는 대비책을 뜻하기에, 도덕적인 잣대를 대어 간계 또는 흉계로 폄하해서는 안 된다.『손자병법』을 꿰뚫는 병도의 견지에서 보면 이는 필승을 꾀하려고 스스로 경계하는 자계自戒의 또 다른 표현일 뿐이다.

　조조가 실전에서 보여준 전략전술 차원의 다양한 계책은 그가 당대 최고의 병법가였음을 방증한다. 현재에 이르기까지 조조와 어깨를 나란히 할 만한 인물은 마오쩌둥 정도밖에 없다. 현대 게릴라전의 금언인 이른바 16자결十六字訣을 만들어낸 것만 봐도 그렇다. 그가 막강한 무력을 자랑하던 장제스를 몰아내는 과정에서 펴낸 모든 전략전술 관련 논저는『손자병법』을 토대로 했다. 내용 자체가 조조의 주석에 방불할 정도로 뛰어나다. 이론과 실제를 겸한 덕분이다. 큰 틀에서는 그 역시 조조처럼『손자병법』에 주석을 가한 셈이다. 그가 수천 년 동안 '난세의 간웅'으로 매도당한 조조의 명예를 회복시키고자 발 벗고 나선 것도 이런 맥락에서 이해할 수 있다. 역대 제왕 가운데 조조를 적극적으로 옹호한 사람은 그가 유일무이하다.

　마오쩌둥의 삶이 조조와 닮은 것도 결코 우연으로 볼 수 없다. 평생 검소하게 살고, 국공내전 등의 전쟁 기간은 물론이고 죽는 순간까지도 손에서 책을 놓지 않은 점 등이 그렇다. 중국 군사학계에서 유사 이래의 역대 제왕 가운데 초세超世의 병법가로 활약한 인물로 오직 조조와 마오쩌둥, 그리고『당리문대』를 펴낸 당 태종 정도만 꼽는 것도 이와 무관치 않을 것이다.『손자병법』의 관점에서 보면 이들 세 사람은 한약방의 감초처럼 기망계가 모든 전략전술의 기초가 된다는 사실을 통찰한 당대 최고의 병법가로 꼽을 만하다.

공격과 수비를 겸하라

적을 이길 수 없을 때는 공격을 삼가고 수비에 치중해야 한다. 적을 이길 수 있을 때는 때를 놓치지 않고 공격해야 한다. 방어하는 것은 아직 내가 적을 이길 여건이 마련되지 않았기 때문이고, 공격하는 것은 이길 여건이 충족되고도 남기 때문이다.

不可勝者, 守也. 可勝者, 攻也. 守則不足, 攻則有餘.

_「손자병법」「군형」

「군형」의 이 대목은 공격과 수비가 사실은 하나라는 사실을 강조하고 있다. 공격이 곧 수비이고, 수비가 곧 공격이라는 취지다. 현대 축구의 보편적인 필승 전략으로 자리 잡은 이른바 '토털 사커' 전법을 연상시키는 대목이다. 사실 고금동서의 모든 전쟁이 결국은 상대적인 우열로 결판난다는 점에서 볼 때 특별히 이상하게 볼 필요도 없다. 당연한 얘기를 언급한 것에 지나지 않는다.

실제로 공수계攻守計를 언급한 「군형」의 해당 대목은 평범하기 짝이 없는 얘기의 반복일 뿐이다. "적을 이길 수 없을 때는 공격을 삼가고 수비에 치중해야 한다"라는 구절은 초등학생도 할 수 있는 말이다. "방어하는 것은 아직 내가 적을 이길 여건이 마련되지 않았기 때문이고, 공격하는 것은 이길 여건이 충족되고도 남기 때문이다"라는 얘기도 중등학교 수준이면 언급할 수 있는 말이다. 다만 "적을 이길 수 있을 때는 때를 놓치지 않고 공격해야 한다"라는 표현은 고등학교 이상의 교육 수준에서 언급할 수 있는 것으로 약간 수준이 높다고 평할 수 있다. 그러나 공수계에 관한 「군형」의 원문은 대학 이상의 고등교육을 받은 사람들에게는 특별히 가슴에 와 닿는 언급이 아니라는 얘기다.

그럼에도 주목할 것은 매사를 이분법적으로 접근하는 서구적 역사문화의 잣대로는 공격이 곧 수비이고 수비가 곧 공격이라는 이치를 제대로 알기 어렵다는 점이다. 우리는 자신도 모르게 동양 문화의 세례를 받은 덕분에 이를 당연시하고 있으나 서양의 지식인들은 아예 갈피를 잡지 못한다. 서양에서 최고의 병법서로 통용되는 클라우제비츠의 『전쟁론』이 안고 있는 최대 약점이 바로 여기에 있다.

이는 미국 내에서 최고의 중국 전문가로 통하는 키신저 전 국무장관이 지적한 사항이기도 하다. 그는 서양인이기는 하지만 『전쟁론』의 장단점은 물론이고 『손자병법』의 장점을 두루 꿰고 있는 당대의 석학에 해당한다. 지난 2011년에 나온 키신저의 『중국론』이 이를 뒷받침한다.

타협은 국면을 유리하게 만든 다음에 하라

키진저는 책에서 군사 외교에 관한 중국과 서양의 차이를 체스와 바둑의 게임 규칙에 빗대어 설명했다. 서양의 체스는 '킹'을 공략해 완승을 거두는 것이 목표다. 클라우제비츠가 『전쟁론』에서 '힘의 중심'과 '결정적 타격'을 역설한 이유다. 하지만 위기圍棋라고 불리는 바둑은 차지한 면적의 비교 우위를 통해 승패를 결정한다. '전략적 포위' 개념을 중시하는 이유다. 체스는 정면충돌로 적의 말을 제거해가고, 바둑은 비어 있는 요충지로 재빨리 나아가 상대방 세를 서서히 줄여가는 게임이라는 게 그의 해석이다. 이는 키신저가 『손자병법』을 관통하는 부전승의 병도 이념과 『전쟁론』을 관통하는 전략적 완승 개념을 대비해 그 차이점을 설명한 것으로 볼 수 있다.

8세기 중엽 당나라 현종玄宗 때 바둑의 명수인 왕적신王積薪이 종합한 '위기십결圍棋十訣'은 『손자병법』이 역설한 모든 병법의 이치를 담고 있다. 위기십결은 바둑을 둘 때 명심하고 준수해야 할 열 가지 핵심 이치를 말한다. 이는 21세기 경제전의 살벌한 상황에서 무한 경쟁을 치르는 기업 CEO들이 비즈니스 실무에 그대로 써먹어도 전혀 손색이 없는 경영 비결에 해당한다. 그 내용은 다음과 같다.

첫째, 부득탐승不得貪勝이다. 고요한 호수 같은 마음가짐으로 최선의 수를 찾아야 함을 말한다. 바둑은 이기는 것이 목적이지만 너무 승부에 집착하다 보면 오히려 그르치기 쉽다는 교훈을 담고 있다. 「군형」에서 말하듯, 전쟁을 잘하는 자의 승리는 작고 보이지 않는 것까지 살펴 얻은 것이어서 틀림이 없어야 한다는 취지와 통한다.

둘째, 입계이완入界宜緩이다. 싸움이 초반 포석에서 중반으로 넘어갈 때 승패의 갈림길에서 너무 서두르지 말고 참고 기다려야 한다는 취지다. 무슨 일이든 결정적 시기가 있는 법이다. 순서가 뒤바뀌면 일이 꼬이기 마련이다. 성급하게 돌진하는 것은 자멸하는 길이다.

셋째, 공피고아攻彼顧我다. 상대방을 공격하기 전에 먼저 자기의 허점을 잘 살펴야 한다는 뜻이다. 섣부른 공격은 화를 자초할 뿐이다. 나의 약한 곳부터 지켜두고 나서 공격해야 한다는 의미로 바둑에서 흔히 말하는 '아생연후살타我生然後殺他'의 취지와 같다.

넷째, 기자쟁선棄子爭先이다. 바둑알 몇 개를 버리더라도 선수를 잃지 말아야 한다는 의미다. 이는 병법의 속도전과 취지를 같이한다. 바둑도 전쟁과 같이 상대보다 먼저 움직여야 큰 것을 취할 수 있다.

다섯째, 사소취대捨小取大다. 작은 것은 버리고 큰 것을 취하라는 뜻이다. 당연한 말로 들리지만 이게 그리 쉽지 않다. 당장 손 안에 쥔 떡을 포기해야 하기 때문이다. 관건은 큰 이익과 작은 이익을 구별하는 안목을 갖추는 데에 있다. 뜻과 포부를 키워야 가능한 일이다.

여섯째, 봉위수기逢危須棄다. 위험을 만나면 모름지기 버릴 줄 알아야 한다는 의미다. 적의 작전에 말려 한쪽을 포기해야 하는 경우, 생사가 불확실해 보이는 말까지 살리려 들면 낭패를 보기 십상이다. 과감히 포기할 줄 아는 용단이 필요하다.

일곱째, 신물경속愼勿輕速이다. 경솔한 자세와 졸속한 처리를 버리고 매수 신중히 생각하라는 취지다. 속도전을 역설한 기자쟁선 원리와 모순되는 것처럼 보인다. 그러나 기자쟁선은 바둑의 대원칙을 언급한 것이니 일종의 전략에 해당하고, 신물경속은 상대와 치열한 접전이 벌어졌을 때의 자세를 언급한 것이니 일종의 전술에 해당한다.

여덟째, 동수상응動須相應이다. 바둑알 하나하나가 서로 유기적인 관계를 형성해야 한다는 뜻이다. 바둑을 두다 보면 죽었다고 생각했던 말이 문득 기사회생해 판세를 역전시키는 결정적인 변수로 작용하는 경우를 왕왕 볼 수 있다. 적에게 생포되거나 항복한 아군이 적진 내부에서 변란을 일으키고, 아군에게 사로잡히거나 투항한 적군이 문득 반란을 일으킨 경우에 해당한다. 회사를 나간 임직원까지 세심하게 신경 써야 하는 것과 같은 맥락이다. 이를 제대로 하지 못해 회사가 일거에 무너지는 예를 심심찮게 볼 수 있다.

아홉째, 피강자보彼强自保다. 상대방이 강할 때는 접전을 피하면서 스스로를 보강하는 일에 전념해야 한다는 취지다. 2보 전진을 위한 1보 후퇴에 해당한다. 월왕 구천이 오왕 부차에게 패하고 나서 와신상담하며 은밀히 실력을 기른 게 대표적인 실례다. 중국 수뇌부가 달빛에 칼날을 숨긴 채 실력을 기르라는 덩샤오핑의 도광양회韜光養晦 유훈을 충실히 좇은 끝에 21세기에 들어와 G2의 일원이 된 것도 같은 맥락이다.

열째, 세고취화勢孤取和다. 적의 세력 속에서 고립되었을 때는 재빨리 독자적인 생존 방안을 마련해야 한다는 뜻이다. 세고취화에 성공하면 적을 포위해 안팎으로 협공을 가해 역전극을 이뤄낼 수 있다.

키신저가 체스와 바둑의 비유를 통해 한국전쟁을 해석한 것도 위기십결의 이치를 구체적인 실전에 대입해 분석한 경우에 해당한다.

그는 마오쩌둥이 중화인민공화국 수립 1년 만인 1950년 10월 한국 전쟁에 개입한 배경을 바둑의 '전략적 포위' 본능이 발동한 것으로 풀이했다. 체스의 '결정적 타격' 개념에서 보면 마오쩌둥의 결정은 무모하기 짝이 없었다. 간신히 내전을 끝내고 국민당 포로들한테 빼앗은 무기로 핵무기를 보유한 최신식 미국 군대와 맞붙었기 때문이다. 맥아더를 비롯한 연합군 수뇌부는 그렇게 생각했다.

그러나 이는 오산이었다. 핵무기를 통한 서구의 전쟁 억제 개념은 잠재적인 적에게 피해의 위험을 과장해 보여줌으로써 전쟁을 피하자는 데서 나온 것이다. 말 그대로 체스의 '결정적 타격' 개념이다. 이에 대해 마오쩌둥은 선제공격으로 심리적인 균형을 깨뜨려 유리한 국면을 조성하고 나서 정치적 타협을 시도하는 방식으로 맞섰다. 바둑의 '전략적 포위' 개념으로 체스의 '결정적 타격' 개념을 무력화했다는 게 키신저의 해석이다.

키신저는 1954~1958년의 대만해협 충돌, 1962년 인도 국경 충돌, 1961~1971년의 소련 국경 충돌, 1979년 중월전쟁 등에도 유사한 패턴이 반복되었다고 보았다. 이는 마오쩌둥이 『손자병법』의 이치를 꿴 당대 최고의 전략가였음을 반증한다. 체스의 '결정적 타격'에 입각한 서구의 접근 방식이 퇴조하고, 바둑의 '전략적 포위'에 입각한 병도 및 전략전술이 우위를 점하게 되었음을 시사한다.

역대 병서 가운데 위기십결과 유사한 병법 이치를 논하는 병서로 『당리문대』를 들 수 있다. 편제는 크게 상·중·하로 구성돼 있다. 이 책의 가장 큰 특징은 기존의 병서에 나온 모든 병법이론을 정밀

리스크 없이 쟁취하라 – 손자처럼

하게 분석한 데에 있다. 군사 사상의 관점에서 볼 때 그 특징은 크게 세 가지로 요약할 수 있다.

첫째, 사리병중事理并重이다. 구체적인 사례와 병법 이론을 동시에 중시했다는 뜻이다. 예로부터 전해오는『손자병법』, 『오자병법』, 『사마법』,『울요자』,『육도』,『삼략』등의 손꼽히는 병서들은 각기 독특한 군사 사상을 반영하고 있음에도 하나의 공통된 특징을 보이고 있다. 이른바 사사언리捨事言理다. 구체적인 전례에 대한 분석을 버리고, 병법 이론 자체에 방점을 찍고 논리를 전개한다는 것이다. 이와 달리 서양의 병서는 동양의 병서와는 정반대되는 사리언사舍理言事의 특징을 띠고 있다. 하지만『당리문대』는 구체적인 전례를 토대로 병법 이론을 전개하고 있다. 사사언리와 사리언사의 장점을 두루 취한 사리병중이다. 상권의 첫 대목에서 당시 최대의 관심 사항이었던 고구려 공략에 관한 문제를 심도 있게 논의한 사실이 이를 뒷받침한다.

둘째, 기정병용奇正并用이다. 이는 모든 병서가 하나같이 강조한 병법 이론이다. 그러나『당리문대』는 이를 가장 체계적으로 이론화해 놓았다는 점에서 독보적이다. 그만큼 폭이 넓고 깊이가 있다. 이론을 한 단계 더 진화시킨 셈이다.『손자병법』을 제외한 기존의 병서는 기정병용의 핵심인 허실의 문제를 두고 이른바 피실격허避實擊虛 차원에서만 접근했을 뿐이고 더 나아가지 못했다.『당리문대』는 피실격허 차원을 뛰어넘어 '허중실虛中實, 실중허實中虛'의 차원으로 나아갔다. 허실의 경계를 허물어버린 것이다.

　셋째, 주객병존主客并存이다. '주객'은 공수攻守를 달리 표현한 것이다. 주객병존은 공격 속에 수비가 있고 수비 속에 공격이 담겨 있다는 의미. 외양상의 수비가 사실은 공격의 의미를 담고 있다는 이른바 이수위공以守爲攻, 외양상의 공격이 사실은 수비의 성격을 띤다는 이공위수以攻爲守의 묘리가 바로 주객병존이다. 주객을 획일적으로 나누지 않는 게 관건이다. 이는『손자병법』을 제외한 여타 병서에서는 찾을 길이 없는『당리문대』만의 자랑이기도 하다. 이를 뒷받침하는 대목이 하권에 나온다. 이에 따르면 하루는 당 태종이 이정에게 물었다.

　"공격과 방어는 사실 하나가 아니겠소? 실제로『손자병법』은 '공격 잘하는 자는 적이 어디를 방어해야 좋을지 모르게 하고, 수비 잘하는 자는 적이 어디를 공격해야 좋을지 모르게 한다'라고 했소. 그러나 적이 와서 아군을 공격하면 아군도 공격하고, 아군이 방어하면 적도 방어하는 것에 대해서는『손자병법』도 언급하지 않고 있소. 공격력과 방어력이 서로 엇비슷할 때 어떤 전술로 임해야 하오?"

　이정이 이같이 대답했다.

　"역사적으로 보면 과연 그처럼 서로 공격하고 서로 수비하는 일이 잦았습니다.『손자병법』이 언급하는 것처럼 모두 입을 모아 '방어하는 것은 아직 내가 적을 이길 힘이 부족하기 때문이고, 공격하는 것은 내가 적을 이길 힘이 유여有餘하기 때문이다'라고 했습니다. 문장 자체로 보면 채우지 못했다는 뜻의 '부족'은 결국 약하다는 의미이고, 남아돈다는 뜻의 '유여'는 결국 강하다는 의미에 지나지 않게 됩니다. 그러나 이런 식으로 접근하는 것은 공수의 기본 이치를 깨닫지 못한 것입니다. 『손자병법』은 바로 앞 구절에서 말하기를, '승리의 가능성이 없을 때는 공격을 삼간 채 수비에 치중해야 하고, 가능성이 있을 때는 때를 놓치지 말고 공격해야 한다'라고 했습니다. 이는 적과 싸워 승리할 가능성이 없을 때 잠시 방어에 치중하면서 때가 오기를 기다리고, 마침내 그런 기회가 왔을 때 결단해 공격하라는 취지입니다. 결코 양측의 강약을 얘기한 게 아닙니다. 후대인들은 그 속에 담긴 깊은 뜻을 깨닫지 못한 채 공격에 나서야 할 때 방어하고, 방어에 치중해야 할 때 공격에 나서고 있습니다. 이처럼 공격과 방어는 그 취지가 다른 만큼 결코 하나로 간주해서는 안 됩니다."

공수의 개념을 하나로 녹여 '이공위수' 또는 '이수위공'으로 표현한 것은 병법 이론의 정수에 해당한다. 『당리문대』는 공수일여攻守一如, 기정일여奇正一如, 사리일여事理一如의 관점에서 기존의 병서에 나온 모든 병법 이론을 하나로 꿰고 있다. 비록 『손자병법』이 병법 이론 중 으뜸을 차지하는 게 사실이기는 하지만, 이처럼 일목요연하게 모든 병법 이론을 하나로 꿴 것은 『당리문대』가 유일하다. 공수일여와 기정일여, 사리일여 등의 접근 방식은 『손자병법』에서 언급하는 공수계와 취지를 같이한다.

동적계
動敵計

17

미끼로 적을 유인하라

적을 능수능란하게 다루는 자가 짐짓 불리한 척하며 적을 유인하면 적은 반드시 그 계략에 말려들게 마련이다. 무언가를 주는 척하면 적은 예외 없이 이를 취하려 든다. 이익을 미끼로 내걸어 적을 움직이게 하고 나서 미리 준비해둔 병력으로 공격 기회를 노린다.

善動敵者, 形之, 敵必從之. 予之, 敵必取之. 以利動之, 以卒待之.

_「손자병법」「병세」

작전 계획에 맞춰 적을 격파하려면 먼저 자신이 원하는 쪽으로 유인할 필요가 있다. 「병세」는 이를 동적動敵으로 표현했다. 적을 유인하는 유적誘敵을 달리 표현한 것이다. 적을 아군의 영역 깊숙이 끌어들여서 격파하는 게 대표적이다. 역사상 동적계의 가장 유명한 예는 전국시대 말기 진나라 군사에 의해 조나라 군사 40만 명이 몰살을 당한 장평대전이다. 조나라의 총사령관 조괄趙括이 진나라가 제시한

리스크 없이 쟁취하라 – 손자처럼

미끼를 덥석 물었다가 빚어진 참사다.

　기원전 260년, 진 소양왕이 공손 기公孫起(백기를 달리 부르는 이름)와 장수 왕기王齮에게 명해 대군을 이끌고 가서 조나라를 치게 했다. 진나라 군사가 기세 좋게 진공했으나 곧바로 염파廉頗가 이끄는 조나라 군사의 저지에 막혀 더 나아갈 수 없었다. 염파는 진나라 군사의 진격 방향을 예상하고 미리 철저히 대비하고 있었다. 염파가 삼엄한 방비를 펼치면서 교전에 응하지 않자, 진나라 군사는 앞으로 나아가지도 못한 채 대치 상태를 유지할 수밖에 없었다.

　진 소양왕이 이내 좌서장 자리에 있던 왕흘王齕에게 명해 전군을 이끌고 상당 땅으로 가서 주둔하게 했다. 염파가 싸움에 응하지 않자 두 나라 군사가 오랫동안 장평을 사이에 두고 대치하게 되었다. 당시 조나라 효성왕孝成王은 염파가 겁을 집어먹은 것으로 오해했다. 사자를 여러 차례 보내 염파를 나무랐다. 진나라 승상인 응후 범수가 이 사실을 알고 곧 반간계反間計를 구사했다. 첩자들이 조나라로 들어가 다음과 같은 얘기를 퍼뜨렸다.

　"우리 조나라에는 마복군馬服君 조괄만 한 장수는 없다. 그는 죽은 조사趙奢보다 몇 배나 뛰어난 장수다. 염파는 이미 너무 늙어 겁이 많다. 그는 진나라 공격을 견디지 못하고 이내 항복할 것이라고 한다. 진나라 군사가 두려워하는 것은 오직 조괄뿐이다. 속히 조괄을 내보내 진나라 군사를 물리쳐야 한다."

　이 소문이 삽시간에 널리 퍼졌다. 조 효성왕은 가뜩이나 의심을 품고 있다가 이런 말을 듣자 마침내 조괄을 불렀다.

"경이 국가를 위해 능히 진나라 군사를 격파할 수 있겠소?"

조괄이 장담했다.

"진나라가 무안군 백기를 보냈으면 시일이 좀 걸리겠지만 왕흘쯤이야 당장에 깨뜨릴 수 있습니다."

"어째서 그렇소?"

"백기는 싸우기만 하면 반드시 이기는 명장입니다. 신이 백기와 싸우면 상당한 시일이 걸릴 것입니다. 그러나 왕흘은 처음으로 대장이 된 자입니다. 염파 장군이 겁을 먹은 까닭에 왕흘이 깊이 들어왔으나 이제 신이 가면 적들을 일거에 물리칠 수 있습니다."

조 효성왕이 곧 조괄을 상장군으로 삼고 신분의 신표인 부절符節을 내리며 출정을 서두르라고 명했다. 이 소식을 듣고, 정계 일선에서 은퇴한 인상여藺相如가 황급히 효성왕을 찾아왔다.

"조괄의 명성이 높다고 해서 장수로 삼으면, 이는 마치 거문고 줄을 고정해 탄주하는 것과 같습니다. 조괄은 그 아비의 병서를 읽고 얘기할 뿐입니다. 그는 임기응변의 용병 이치를 모릅니다."

여기서 식견이 얕고 부족해 융통성이 없는 사람을 비유하는 '교주고슬膠柱鼓瑟' 성어가 나왔다. 그러나 조 효성왕은 이를 무시했다.

당초 조괄은 어려서부터 병법을 배워 병법 이론이라면 천하에 그를 당할 자가 없었다. 그 또한 병법의 대가임을 자처했다. 일찍이 그는 아버지인 조사와 더불어 병법을 논한 적이 있었다. 조사는 병서

리스크 없이 쟁취하라 – 손자처럼

를 섭렵한 아들을 이론적으로 당할 길이 없었다. 부인이 몹시 기뻐했으나 조사는 아무 말도 하지 않았다.

"장군은 어찌해 아무 말도 하지 않는 것입니까?"

부인이 묻자 조사가 답했다.

"용병은 본래 사지死地로 들어가는 것이오. 그런데 이 아이는 이를 너무 쉽게 말하고 있소. 이것만 봐도 그는 장수 될 자격이 없소. 무릇 장수는 항상 긴장을 풀지 않고, 여러 장수에게 널리 묻고, 혹여 실수라도 있을까 봐 염려되어 밤잠을 못 이루오. 이 아이처럼 너무 쉽게 말하는 자가 병권을 잡으면 남 말을 듣지 않고 독단적으로 일을 처리할 거요. 만일 그를 장수로 삼으면 조나라 군사는 필시 패하고 말 것이오. 조나라 군사를 패하게 할 사람은 바로 이 아이일 것이오."

조사가 죽기 직전 아들에게 유언했다.

"병사兵事는 흉한 것이고 싸움은 위험한 것이다. 이에 옛 사람들은 함부로 싸우지 말라고 경고한 것이다. 내가 죽기 전에 너에게 한 가지 일러줄 말이 있다. 너는 결코 장수가 될 인물이 못 된다. 무슨 일이 있어도 장수의 자리에 앉아서는 안 된다. 한번 잘못하면 몸을 망칠 뿐만 아니라 나라까지 망치게 된다."

이어 부인에게 당부했다.

"훗날 왕이 이 아이를 불러서 장수를 시키려 하거든 당신은 조왕에게 내가 한 말을 얘기하고 철회를 청하도록 하시오. 많은 군사를 죽게 하고 나라를 욕되게 하는 것이 어찌 신하 된 자의 도리겠소?"

조사가 죽자 조나라 혜문왕惠文王은 그의 공로를 높이 사서 조괄로

하여금 마복군의 군호君號를 잇게 했다. 그러다가 마침내 이때에 이르러 혜문왕이 조괄을 장수로 삼은 것이다. 조괄이 장수가 되어 출병하려고 하자 그의 모친이 급히 상서해 조괄을 장수로 삼지 말 것을 청했다. 조 효성왕이 그 연고를 묻자 다음과 같이 답했다.

"제가 당초 그의 부친인 조사를 모실 때 조사는 장령將領이었습니다. 당시 조사는 상을 받으면 모두 군리軍吏에게 나눠주었습니다. 또 명을 받게 되면 집안일을 일절 묻지 않았습니다. 지금 조괄은 하루만에 장군이 되자 동쪽을 향하며 여러 장수의 조회를 받고, 군리들 중 감히 그를 올려다보는 사람이 없습니다. 또 군왕이 하사한 금백金帛을 모두 집으로 가져와 쌓아두었습니다. 또 늘 좋은 전택田宅이 어디에 있는지를 눈여겨보았다가 살 수 있는 것은 모두 사들이고 있습니다. 군왕은 그를 그 아비와 같다고 생각하지만, 이들 부자는 심사가 완전히 다릅니다. 그를 장수로 내보내서는 안 됩니다."

효성왕은 이런 반대를 무시했다. 조괄의 모친은 아들이 패하더라도 그 책임을 집안과 연루시키지 않겠다는 약조를 받고 물러났다.

이익을 미끼로 적을 움직여 공격 기회를 노려라

당시 진 소양왕은 조괄이 장수가 되었다는 얘기를 듣고 승상 범수를 불러 상의한 끝에, 은밀히 무안군을 상장군으로 삼으면서 왕흘을 부장군으로 돌리고 이같이 하령했다.

"무안군이 장수가 되었다는 사실을 감히 누설하는 자는 참형에 처할 것이다."

조나라가 백전의 용장인 무안군 백기의 상대로 겨우 병서나 읽은 풋내기 조괄을 내세운 것은 승리를 상납한 것이나 다름없었다. 조괄은 20만 대군을 이끌고 장평에 당도하자마자 조 효성왕에게서 받은 부절을 염파에게 보여주었다. 이에 염파는 모든 군적軍籍을 넘기고 단지 군사 100여 명만 이끌고 한단성으로 돌아갔다. 조괄은 염파가 만들어놓은 기존의 부서와 군령을 모두 바꾸고 군리의 자리까지 변경했다. 이어 염파가 여러 곳으로 흩어놓은 영채를 한곳으로 모아 대영大營을 만들고는 전군에 이같이 하령했다.

"앞으로 진나라 군사가 오거든 즉시 나가 싸우도록 하라. 진나라 군사가 달아나면 끝까지 추격해 무찌르도록 하라."

이때 무안군 백기도 진나라 군영에 당도해 우선 군사 3,000명을 조나라 군영 앞으로 보내 싸움을 걸게 했다. 조괄이 즉시 군사 1만 명을 내보내 맞받아쳤다. 진나라 군사가 크게 패했다. 백기가 높은 곳에서 이를 바라보다가 부장군 왕흘에게 말했다.

"내가 이제 적을 이길 방도를 알아냈소."

의기양양해진 조괄이 즉시 진나라 군영에 전서戰書를 보냈다. 백기가 부장군 왕흘을 내세워 내일 승부를 결정짓자고 답하고는, 곧 10리 밖으로 물러나 영채를 세웠다. 조괄은 환호작약했다.

"진나라 군사가 나를 무서워한 나머지 10리 밖으로 물러갔다. 내일 크게 싸워 반드시 진나라 장수 왕흘을 사로잡고야 말 것이다."

이때 백기는 여러 장수를 모아놓고 이같이 하령했다.

"내일 왕릉王陵과 왕분은 군사 1만 명을 이끌고 진을 벌인 채 싸우지는 말고 적을 유인하도록 하라. 사마조司馬錯와 사마경司馬梗은 각기 군사 1만 5,000명을 이끌고 가서 조나라 군사의 양도糧道를 끊도록 하라. 또 호양胡陽은 군사 2만 명을 이끌고 가 왼쪽에 주둔해 있다가 조나라 군사가 이곳까지 오거든 즉시 뛰쳐나가 조나라 군사의 허리를 자르도록 하라. 몽오蒙驁와 왕전王翦은 각기 기병 5,000명씩을 이끌고 가서 전세를 살피며 응원하도록 하라.”

이튿날 먼동이 트자 조나라 군사가 정연한 모습으로 전진했다. 5리쯤 갔을 때 전방에서 왕분이 병사들로 하여금 두 개의 원진圓陣을 치게 하는 모습이 눈에 들어왔다. 조괄이 선봉대를 내보내 이들을 치게 했다. 왕분이 잠시 싸우다가 짐짓 도주했다. 조나라 군사가 급히 그 뒤를 쫓자 왕릉이 나타나 잠시 앞길을 막다가 달아났다. 조괄이 환호하며 친히 대군을 휘몰아 진나라 군사를 추격했다. 조괄이 진나라 군영 앞까지 추격하자 진나라 군사는 영루를 굳게 지키며 싸움에 응하지 않았다. 조나라 군사가 사흘 동안 계속 강공을 퍼부었으나 진나라 영채는 끄떡도 하지 않았다. 조괄이 좌우에 하령했다.

“속히 후군後軍을 이리로 오도록 하라. 우리도 이곳에 영채를 세우고 총공격을 해야 하겠다.”

그러나 그사이 진나라 기병 2만 5,000명이 몰래 조나라 군사의 퇴로를 끊었다. 또 기병 5,000명이 조나라 군사와 조나라 대영 사이의 통로를 끊자 조나라 후군은 전진할 수 없었다. 조나라 군사는 완전히 둘로 나뉜 데다가 군량을 나르는 양도마저 끊어졌다. 백기가 경병輕兵으로 이들을 치자 조나라 군사가 크게 불리해졌다. 조괄이 군

리스크 없이 쟁취하라 – 손자처럼

사를 거두어 수초가 무성한 곳에 영채를 세웠다. 이어 사람을 한단으로 급파해 원군을 청했다. 날마다 진나라 군사들이 조나라 영채 앞에 와 큰소리로 말했다.

"백기 장군의 명이다. 속히 항복하면 목숨만은 살려줄 것이다."

조괄은 이때야 비로소 백기가 진나라 군사 속에 있음을 알게 되었다. 몹시 놀란 조괄은 어찌할 바를 몰랐다.

당시 진 소양왕은 조군의 양도가 끊어졌다는 얘기를 듣고 15세 이상의 백성을 징발해 장평으로 보냈다. 이들은 조나라 군량을 탈취하고, 조나라 원군이 나오지 못하게 길을 모두 차단했다. 고립된 조괄의 군사는 포위된 지 한 달이 넘자 이내 군량이 바닥나게 되었다. 이해 9월, 양식이 떨어진 지 46일째가 되자 조나라 군사가 몰래 서로를 잡아먹었다. 궁지에 몰린 조나라 군사가 진나라의 영루로 진공했으나 진나라 군사는 전혀 반응하지 않았다.

조괄이 마지막 수단으로 직접 정예군을 이끌고 가서 육박전을 폈다. 진나라 군사가 간단히 활을 쏘아 죽여버렸다. 결국 조나라 군사가 대패해 병사 40만 명이 모두 항복하게 되었다. 백기가 말했다.

"진나라가 이미 상당을 취했는데 상당 사람들은 진나라 백성이 되기를 꺼려 조나라로 가서 복종했다. 조나라 군사는 반복무상하니 그들을 모두 죽이지 않으면 장차 난을 일으킬까 봐 두렵다."

그러고는 마침내 조나라 군사를 거짓말로 속이고 모두 산 채로 파묻어버렸다. 사서는 당시 참혹하게 죽임을 당한 자가 모두 45만 명에 이른다고 기록해놓았다. 『자치통감』에 따르면 이때 미성년인 소년 병사 240명만이 살아남아 귀국하였다고 한다. 그나마 진나라가 이들을 생환시킨 것도 진나라의 위엄을 널리 떨치기 위함이었다.

조괄이 참패한 장평전투에서 '지상담병紙上談兵'이라는 성어가 나왔다. 병법서 위에서 용병을 한다는 뜻으로, 탁상공론卓上空論과 같다. 둘 다 실정에 맞지 않는 계책이나 이론 등을 지칭한다.

당시 조 효성왕은 45만 명에 달하는 조나라 군사가 일시에 산 채로 파묻혀 죽임을 당했다는 소식을 듣고 대경실색했다. 대신들 역시 공포에 떨었다. 소문이 퍼지자 조나라는 온통 울음바다가 되었다. 조나라 도성 한단에서는 통곡하는 소리가 그치지 않았다. 그러나 조괄의 모친은 "나는 조괄이 이 나라 장수가 되었을 때부터 그를 산 사람으로 여기지 않았다"라며 울지 않았다.

조 효성왕은 조괄의 모친에게 많은 비단과 곡식을 보내 위로하고 염파에게도 사람을 보내 지난날 파직했던 일을 사죄했다. 장평대전은 두 나라의 앞날뿐만 아니라 천하의 판세를 결정짓는 매우 중요한 결전이었다. 조나라는 이후 피폐함을 면치 못하다가 진나라에 병탄되었고, 진나라는 천하통일의 큰 발걸음을 떼게 되었다. 『손자병법』의 관점에서 보면 조나라는 진나라의 동적계에 넘어가 참패를 당한 것이다.

비록 검객의 일화이기는 하나 일본의 에도시대에도 유사한 사례가 있었다. 에도시대 초기에 전설적인 검객 미야모토 무사시宮本武蔵와 사사키 고지로佐佐木小次郎가 간류섬에서 벌인 싸움이 그렇다. 요시카와 에이지가 쓴 소설 『미야모토 무사시』의 하이라이트가 바로 간류섬 결투다. 당시 미야모토는 배를 타고 가다가 부러진 노를 발견하고는 이를 다듬어 목검으로 만들었다. 먼저 섬에 도착한 사사키는 약속 시간에 늦은 미야모토가 오기를 기다렸다. 결국 두 사람은 해변에서 만났다. 사사키가 칼집을 내던지며 두 손으로 칼을 치켜들 때까지 미동도 하지 않던 미야모토가 유명한 말을 한다.

"그대는 이미 졌다! 그대가 이길 것이라면 칼집은 왜 버렸는가? 그대의 칼은 도로 들어갈 칼집이 없으니 이미 진 것이나 다름없다!"

당황한 사사키가 빈틈을 보이자 미야모토가 목검으로 내리쳐 늑골을 부러뜨림으로써 싸움은 간단히 끝났다.

일본의 검도에서는 마음가짐이나 준비 자세에 틈이 생긴 상태나 약점 부위를 허虛, 빈틈없이 견실한 상태나 부위를 실實이라고 한다. 막상 진검으로 승부할 때 틈을 보이지 않는 상대방에게 짐짓 자신의 허를 보여 상대방의 허를 유인하는 것을 '색色'이라고 한다. 여인의 '미색'에서 취한 용어다. 미야모토는 바로 이 '색'을 구사해 사사키를 제압한 셈이다. 그러나 큰 틀에서 보면 미야모토가 구사한 것은 전술이 아닌 전략이었다. 사사키로 하여금 먼저 섬에 도착해 초조한 마음으로 기다리게 하면서 자신은 노를 목검으로 다듬어가는 것으로 마음을 다스리고, 결투를 벌이기 직전에 칼집 운운하며 상대를 당혹하게 하여 빈틈을 노린 것 등이 그렇다. 사사키의 패배는 미야모토가 던진 미끼를 덥석 무는 데서 비롯되었다. 미야모토의 동적계가 성공한 셈이다.

손해날 경우도 대비하라

지혜로운 장수는 이해득실을 판단할 때 이득과 손해의 두 측면을 반드시 고려한다. 불리한 상황에 처했을 때 유리한 조건을 찾아내 방비하면 군주와 병사의 신임을 얻을 수 있다. 유리한 상황에 처했을 때 위험 요소를 미리 찾아내 대비하면 재난을 미연에 방지할 수 있다.

智者之慮, 必雜於利害. 雜於利而務可信也. 雜於害而患可解也.

_「손자병법」「구변」

사람의 성향을 구분하면 크게 낙관론자와 비관론자로 나눌 수 있다. 낙관론자는 사물을 대할 때 매양 긍정적으로 평가하는 경향을 보이는 데에 반해, 비관론자는 이와 정반대되는 모습을 보인다. 문제는 전쟁처럼 생사를 가르는 매우 중차대한 경우다. 이럴 때 낙관론자는 매우 위험하다. 앞서 살펴본 동적계의 사례를 통해 확인할 수 있듯이 근거 없는 낙관론으로 말미암아 전 장병을 일거에 몰살당하게 할 수도 있다.

그렇다고 비관론이 무조건 좋은 것도 아니다. 나라의 운명을 좌우하는 결전의 상황에서는 모든 것을 내던지고 승부를 겨루는 건곤일척의 결단이 필요하다. 비관론자는 이를 결행하지 못한다. 『손자병법』이 「구변」에서 이해득실을 정확히 판단해 최선의 방안을 찾아내는 이해계利害計를 언급한 이유가 여기에 있다.

이득과 손해의 두 측면을 고려해 행동하라

매사가 그렇듯이 지혜로운 사람은 반드시 이득과 손해의 두 측면을 고려해 득실을 판단하고 나서 행동 여부를 결정한다. 이익이 눈앞에 있으면 그에 뒤따를 손해를 가늠하고, 손해가 눈앞에 보일 때는 그 뒤에 있을 이익을 염두에 둔다. 이처럼 여러 가능성을 미리 고려해야만 유사시에 급작스러운 일이 닥칠지라도 능히 헤쳐나갈 수 있다. 그러나 사실 이익과 손해를 정확히 가늠하는 일은 결코 쉬운 일이 아니다. 다만 큰 줄기를 대략 파악할 수는 있다.

「구변」에서 개괄적으로 언급해놓은 사안이 이에 해당한다. 예컨대 적을 곧바로 굴복시키고자 하면 적이 가장 두려워하는 것으로 위협하는 방안이 통할 수 있다. 해를 입는 것은 누구나 꺼리며 싫어하는 까닭에 즉각적인 효과를 거둘 수 있다는 것이다. 또 적을 지치게 하려면 적이 잠시도 쉴 여유조차 없도록 사단을 끊임없이 일으키면 된다. 일을 번거롭게 만들어 적으로 하여금 하릴없이 힘을 소진하게 하는 비책이 된다. 또한 마오쩌둥의 16자결에 나와 있듯, 적이 전진하면 아군은 후퇴하고 적이 후퇴하면 아군은 진군하는 식의 게릴라 전술을 구사할 수도 있다. 「구변」은 이해득실을 총체적으로 판단하는 이해계의 요체를 이같이 요약해놓았다.

"상황 변화에 따른 용병의 기본 원칙에 따라, 적이 가까이 이르지 않으리라 기대해서는 안 되고 늘 스스로 충분히 대비해야 한다. 또 적이 가까이 올지라도 공격하지 않으리라 기대해서는 안 되고, 늘 적이 감히 침공하지 못하게 만반의 방비 태세를 갖춰야 한다."

이는 평시에도 돌발적인 위험 사태를 염두에 두어야 한다는 뜻으로, 곧 상시적인 유비무환有備無患의 대비 태세를 언급한 것이다. 조조는 「구변」의 이 대목을 두고 '안불망위, 상설비야安不忘危, 常設備也'로 풀이했다. 안전할 때 위험을 잊지 않고 늘 유사시를 준비해둬야 한다는 뜻이다. 유비무환을 달리 표현한 것이다.

안전할 때도 늘 유사시를 준비하라

글로벌 기업 가운데 유비무환의 가르침을 충실히 좇아 성공한 대표적인 기업으로는 도요타와 함께 세계적인 자동차 회사인 혼다를 들 수 있다. 창업주인 혼다 소이치로는 파나소닉의 마쓰시타 고노스케, 소니의 공동 창업자 이부카 마사루 등과 함께 일본의 대표적인 3대 창업주로 불린다.

현재 혼다는 급성장세를 이어가고 있다. 최근에는 세계 최고의 엔진 기술력을 바탕으로 제트기 생산에도 뛰어들었다. '자가용 제트기 시대'를 대비한 발 빠른 포석이다. '혼다 제트'는 다른 제트기와 달리

엔진이 비행기 날개 위쪽으로 설치된 것이 특징이다. 일반 소형 제트기보다 기내 공간이 약 20퍼센트 넓고 속도는 10퍼센트 빠른 것으로 알려졌다. 상용화되면 세계 자가용 제트기 시장을 석권할 공산이 크다.

혼다의 이런 눈부신 행보는 창업주인 혼다 소이치로의 철저한 장인 정신이 있기에 가능했다. 기술 개발에 대한 끊임없는 열정과 도전으로, 작은 성공에 안주하지 않고 실패나 실수가 있을지라도 포기하지 않는 게 요체다. 그는 재기의 여력이 바닥났을 때 울분을 터뜨리는 대신에 방법을 바꿔가며 원래 목표를 향해 끊임없이 매진했다. 그가 죽고 10여 년이 흐른 지난 2005년에 출간된 자서전 『좋아하는 일에 미쳐라』는 좌절과 성공의 상호 관계를 이같이 설명한다.

"나는 다소 무모한 삶의 방식을 취해왔지만, 내가 해온 일 중에 정말로 성공을 거둔 일은 전체의 고작 1퍼센트밖에는 되지 않는다는 말을 해두고 싶다. 99퍼센트는 실패의 연속이었다. 그렇게 해서 열매를 맺는 1퍼센트의 성공이 현재의 나 자신이 된 것이다. 나는 그 실패의 그늘 속에서 폐를 끼친 사람들을 결코 잊지 못할 것이다."

혼다는 기술 개발을 통해 기업을 성장시킨 점에서 통상적인 기업 CEO와는 많이 달랐다. 기술 개발에 몰두한 나머지, 이삼일 동안 꼬박 잠을 자지 않는가 하면 일왕에게 훈장을 받을 때조차 작업복 차림으로 달려가 참석자들을 경악하게 했다. 그는 과거의 관습과 인습에 전혀 구애받지 않았다. 그가 누구의 도움도 빌리지 않고 독자적으로 사업을 확대할 수 있었던 배경이다. 그를 잘 아는 사람은 그를 기술자라고 불렀다. 스스로도 기술자인 것을 늘 자랑스럽게 생각했다. 현재의 혼다가 '기술의 혼다'로 불리게 된 이유다. 혼다의 제품은 기술에 대한 그의 애정과 열정, 혼이 담겨 있다. 사람들은 이를 '혼다이즘'이라고 한다. 혼다가 기존의 가치와 관행을 모두 배격하면서 성공을 거둘 수 있었던 것은 기술 개발에 대한 열정과 근면한 연구 자세가 있기에 가능했다.

"사람이 앉거나 누워 있을 때는 넘어지지 않는다. 무엇을 하려고 일어서서 걷거나 뛸 때 돌부리에 걸려 넘어지거나 가로수에 부딪힐 수도 있다. 하지만 머리에 혹이 나거나 무릎이 깨지는 한이 있더라도 앉거나 누워서 뒹구는 것보다는 훨씬 낫다. 실패는 했어도 그것을 통해 다음에 비슷한 실패를 저지르지 않겠다는 뜻있는 깨달음을 얻었기 때문이다."

그가 회장 신분으로 젊은 기술자들과 작업실에서 함께 먹고 자면서 작업복 차림으로 기술 개발에 매진한 것도 이런 맥락에서 이해할 수 있다. 그는 회사 운영이 기술 개발에 방해된다는 이유로 45세의 젊은 전문 경영인에게 회사를 넘겼다. 이후에도 죽을 때까지 작업실에서 살다시피 했다.

새로운 꿈을 품고 끊임없이 도전하라

사람들은 혼다이즘의 특징을 크게 세 가지로 요약한다. 첫째, 남의 흉내를 내지 마라. 둘째, 관공서에 의지하지 마라. 셋째, 세계 시장을

리스크 없이 쟁취하라 – 손자처럼

목표로 삼아라. '본업에 전념하라'라는 사훈을 내세워 정치권과 일절 교류하지 않고 자신의 혈육을 절대로 기업으로 불러들이지 않은 것도 이 때문이다. 구멍가게에 이르기까지 세습이 당연시되는 일본 풍토에서 이는 매우 희귀한 사례에 속한다.

당시 일각에서는 그의 동생이 중역으로 근무하는 것을 은근히 꼬집었으나 그 동생은 회사를 차리던 초창기부터 함께 일해온 까닭에 탓할 일이 아니었다.

혼다이즘은 복잡하게 생각할 게 없다. 지난 2001년 니혼게이자이 신문사가 펴낸 자서전 『실력과 꿈夢を力に』은 이같이 정리해놓았다.

"꿈을 품을 것, 끊임없이 도전할 것, 어떠한 일이 있더라도 좌절하지 말 것."

이게 혼다이즘이다. 『손자병법』「구변」에서 언급한 유비무환의 정신을 미래지향적인 도전 정신으로 확대하여 해석한 것이라고 할 수 있다. 『손자병법』이 역설한 이해계의 기본 취지에 들어맞는다. 미래에 대한 낙관주의와 비관주의의 절묘한 조화로 해석할 수 있다.

21세기 스마트 시대의 관점에서 볼 때 혼다의 삶은 소프트웨어보다 하드웨어에 방점에 찍혀 있다. 그러나 소프트웨어에 대해서도 '혼다이즘'은 그대로 적용될 수 있다. 하드웨어가 빠진 소프트웨어는 공허한 메아리에 지나지 않기 때문이다. 프랑스의 역사학자 엠마뉘엘 토드는 지난 2002년에 펴낸 『제국의 몰락』에서 하드웨어가 빠진 미국 스마트 파워의 한계를 이같이 지적한 바 있다.

"하드 파워의 뒷받침이 없는 소프트 파워는 섀도복싱처럼 공허할 뿐이다. 하드 파워인 꿩을 잃고 소프트 파워인 닭을 얻으려는 것 자체가 무모한 일이다."

토드의 지적처럼 세계 최고 수준의 하드웨어는 스마트 시대를 개척해나가는 데에 필요한 대전제에 해당한다. 소프트웨어에서 크게 불리했던 삼성이 소프트웨어 최강자인 애플을 상대로 그 나름으로 선전하고 있는 게 그 증거다. 21세기 현재까지도 철저한 장인 정신으로 일관한 혼다 소이치로의 행보가 많은 이의 탐구 대상이 되는 것도 이런 맥락에서 이해할 수 있다.

21세기 경제전의 관점에서 볼 때 『손자병법』이 제시한 이해계의 계책은 기업의 생존 및 발전에 관한 방략으로 바꿔 해석할 수 있다. 일본의 경제평론가 기류 히로시는 지난 1998년 『이제부터 성장할 기업의 조건』에서 기업이 21세기에 살아남을 수 있는 관건으로 "새로운 산업과 시장을 창조해갈 재능과 도전 욕구에 넘치는 기업가 정신"을 든 바 있다. 그는 먼 미래를 내다보는 넓은 시야의 기업 전략과 경영 능력을 최우선 과제로 꼽으면서, 기업 조직을 개방적인 네트워크 형태로 운영할 것을 조언했다.

그는 이 책에서 성공을 거둔 우량 벤처기업과 시대 변화에 적응하지 못해 내리막에 접어든 대기업을 항목별로 비교하면서 실패와 성공의 요인을 분석하고 나서 이를 토대로 한 경영 전략을 제시하고 있다. 그가 가장 많은 관심을 기울여 집중적으로 분석한 최고 경영자는 벤처기업의 상징으로 불린 마이크로소프트의 빌 게이츠와 젊

리스크 없이 쟁취하라 - 손자처럼

은 벤처기업의 기수로 불린 소프트뱅크의 손정의였다.

기류는 게이츠의 조직론이 나폴레옹의 전략전술을 원용했다고 주장했다. 마이크로소프트는 나폴레옹 군단의 군대 조직 자체였고, 게이츠의 리더십은 강력한 카리스마를 발휘한 나폴레옹 리더십 자체였다는 것이다. 더욱 주목되는 것은 메이지유신을 성사시키는 데에 결정적인 공헌을 한 사카모토 료마坂本龍馬와 일본 전국시대의 웅걸 오다 노부나가織田信長의 후신으로 칭송받은 손정의다.

기류의 분석에 따르면 손정의의 경영 전략은 모두 『손자병법』에서 나왔다. 20대 후반에 『손자병법』을 읽고 자신의 경영 전략과 접목해 이른바 '자승(제곱) 병법二乘の兵法'을 만든 게 논거로 제시되었다. 『손자병법』에 자신의 생각을 곱했다는 취지에서 이런 명칭이 나왔다. 스물다섯 자로 구성된 자승 병법의 골자는 대략 다음과 같다.

첫째, 일류공수군一流攻守群이다. 공수의 균형을 이룬 팀으로 최고가 된다는 뜻이다. 둘째, 도천지장법道天地將法이다. 이는 전쟁에서 승리하려면 사람들 간의 공감대가 가장 중요하고 주변 상황과 변화를 알아야 하며 훌륭한 리더십으로 법과 규율을 다스려야 한다는 의미다. 셋째, 지신인용엄智信仁勇嚴이다. 지도자는 지혜, 신의, 어짊, 용기, 엄격함이 있어야 한다는 뜻이다. 넷째, 정정략칠투頂情略七鬪다. 이길수 있는 확률이 70퍼센트가 되어야 싸운다는 의미다. 다섯째, 풍림화산해風林火山海다. 움직일 때는 바람처럼 이동하고 멈출 때는 숲처럼 정지하며, 공격할 때는 불처럼 뜨거워야 하고 방어할 때는 산처럼 단단해야 하며, 상대를 만나면 바다처럼 삼켜야 한다. 다케다 신겐이 내세운 '풍림화산'에 해海를 덧붙인 데서 짐작할 수 있듯 소프트뱅크의 기본 목표가 글로벌 시장 석권에 있음을 알 수 있다.

벤처캐피털의 거품이 꺼져 곤경에 처해 있을 때 일본 언론은 그의 자승 병법에 커다란 의문을 표한 적이 있다. 인수합병으로 덩치를 키워 주식 시장에 상장하고 주가를 올려 이익을 보는 미국식 접근 방식에 대한 근본적인 회의였다. 회사의 이익 창출보다는 주주들 주머니를 빼앗는 데에 더 열중한다는 비판까지 나왔다. 그는 이를 정면으로 반박했다. 돈이 없어 제때 투자받지 못하는 회사를 발굴해 물과 영양분을 주는 것으로 해석해야 한다는 것이다. 벤처캐피털의 필요성과 특징을 언급한 셈이다. 결국 그는 실적을 통해 자신의 주장을 증명했다. 지금 그는 디지털 시대의 일본을 걸머지고 나갈 총아로 인정받고 있다. 자승 병법을 창안한 성과로 해석할 수 있다.

노벨상 수상자인 조지 스티글러가 역설했듯, 우리 스스로 독자적인 경제경영 이론과 모델을 조속히 만들어낼 필요가 있다. 21세기 경제전은 총과 칼만 들지 않았을 뿐이지 사실상 국가 총력전의 전시 상황을 방불하고 있다. 지난 2005년에 작고한 피터 드러커가 생전에 '경영혁명'을 역설한 것도 바로 이 때문이다.

한국이 현재 안팎의 난관을 모두 돌파해 명실상부한 '동북아 허브'로 약진하려면 이제 흉내 내기의 구태를 완전히 벗어나야만 한다. 독자적인 경제경영 모델이 시급한 이유다. 지금 한국을 대표하는 글로벌 기업인 삼성과 LG 및 현대·기아차 등은 그 나름으로 마부정제馬不停蹄의 자세로 애플과 구글, 도요타 등을 넘어서고자 열심히 노력하고 있다. 부존자원이 없기에 인재 육성에 더욱 기댈 수밖에 없고, 4대 강국에 둘러싸여 있기에 더욱 치열하게 살아야 하는 한국인의 운명이자 과제다.

고진감래苦盡甘來라 했다. 이런 시련을 능히 극복할 수만 있다면 통일 한국의 '동북아 허브 시대'가 단순한 구호가 아닌 현실로 다가올 수 있다. 이게 가시권에 들어왔기에 이런 요구는 더욱 클 수밖에 없다. 이웃 중국은 G2의 일원이 된 것을 계기로 '팍스 시니카'의 개막을 위해 박차를 가하고 있다.

우리는 그간 열심히 일본과 미국 모델을 좇다가 많은 우여곡절 끝에 현재에 이르게 되었다. 우리 나름으로 중국보다는 상대적으로 더 많은 경험과 비법을 축적해온 셈이다. 이를 최대한 활용해야 한다. 여기서 멈칫하면 중국과 일본 사이에서 샌드위치 신세로 전락할 수 있다. 우리도 혼다이즘과 자승 병법처럼 『손자병법』의 이해계를 미래지향적으로 재해석한 새로운 경제경영 패러다임을 만들 필요가 있다. 그래야 동북아 허브 시대를 주도적으로 견인해낼 수 있다. 한반도 통일이 코앞으로 다가왔기에 더욱 그렇다.

04

교전

싸움을
다양하게 펼치는
불패술

交

戰

불의계
不意計

19

상대의 의표를 찔러라

적이 미처 방비하지 못한 곳을 치는 공기불비攻其無備와 적이 전혀 예상하지 못했을 때 치는 출기불의出其不意는 병가에서 말하는 승리의 이치다. 이는 몹시 오묘하기에, 어떤 고정된 이론으로 정립해 미리 전수할 수 있는 게 아니다.

攻其無備, 出其不意. 此兵家之勝, 不可先傳也.

_「손자병법」「시계」

『손자병법』이 말하는 모든 전략전술은 기본적으로 적을 속여 착각에 빠뜨리는 궤도詭道에서 출발하고 있다. 여기에 묵자와 맹자 등이 역설한 인의仁義의 잣대를 들이대서는 안 된다. 불가피하게 전쟁이 벌어지고, 여기서 한 발 더 나아가 부득불 전투가 개시되면 무조건 이겨야 한다. 싸움에서 패하면 무슨 말을 해도 패자의 변명에 지나지 않는다. 일단 살벌한 싸움이 시작된 이상 수단과 방법을 가리지 말고 이겨야 한다. 『손자병법』이 궤도를 역설한 이유다. 궤도는 상대

　　　　　　　　　　　　리스크 없이 쟁취하라 – 손자처럼

방이 전혀 눈치 채지 못하게 속이는 게 핵심이다.

제자백가 중에 병가를 제외하고 궤도 등의 노골적인 표현을 쓴 학단學團은 법가뿐이다. 『한비자』에는 병가의 궤도에 준하는 통치술을 대거 열거해놓았다. 군주가 신하를 다스릴 때 사용하는 이른바 칠술七術 중에서 거짓으로 명을 내리거나 하는 등의 수법으로 신하의 충성 여부를 알아내는 궤사詭使와 알면서 모른 척하며 질문하는 협지挾知, 말을 일부러 뒤집어 반대로 하는 도언倒言 등이 그것이다.

『한비자』가 신하의 충성 여부를 알아내는 제신술制臣術을 역설한 것은 기본적으로 군주와 신하 사이의 인간관계를 이해利害관계로 파악한 데에 따른 것이다. 의리義理의 관계로 파악한 유가의 견지와 대비된다. 가장 가까운 부부 사이도 예외가 아니다. 『한비자』「비내」에 이를 뒷받침하는 대목이 나온다.

"군주의 부인과 태자 가운데 간혹 군주가 일찍 죽기를 바라는 자가 있다. 옛날 초나라 사서인 『도올춘추檮杌春秋』는 '군주가 병으로 죽는 경우는 절반도 안 된다'라고 했다. 군주의 죽음으로 이익을 얻은 사람이 많을수록 군주는 위험해진다."

한비자가 군신 관계는 물론이고 부부 관계조차 이해관계로 얽혀 있다고 파악한 것은 지금은 전해지지 않는 『도올춘추』 등의 사서를 숙독한 결과다. 인간관계를 이해관계로 파악해 궤도의 필요성을 역설했다는 점에서 법가와 병가는 일치한다. 『손자병법』이 적이 방비하지 못한 곳을 치는 공기불비와 함께, 적이 예상하지 못했을 때 치는 출기불의를 필승 계책으로 제시한 이유가 여기에 있다. 그게 바로 불의계不意計다. 적이 전혀 예상치 못한 곳을 가격한다는 취지다.

상대방이 방비하지 못한 곳을 예상하지 못했을 때 쳐라
동서고금의 역대 전쟁 중 공기불비와 출기불의로 대승을 거둔 가장 유명한 사례로는 기원전 3세기 초 카르타고의 장수 한니발Hannibal이 알프스를 넘어 이탈리아반도로 쳐들어가서 로마군을 궤멸시킨 칸나에전투를 꼽을 수 있다. 이는 로마와 카르타고가 지중해의 제해권制海權을 둘러싸고 100여 년 간에 걸쳐 벌인 포에니전쟁의 와중에 일어났다. '포에니'라는 말은 라틴어로 페니키아인을 지칭한다. 포에니전쟁의 승리로 로마는 일개 도시국가에서 지중해를 장악한 세계제국으로 비약했다. 서구의 역사문화가 그리스와 로마에 뿌리를 두고 있다는 점을 고려할 때 이는 서구 문명의 일대 전환점에 해당한다.

세계의 전략가들이 주목하는 것은 제2차 포에니전쟁이다. 하이라이트는 적의 의표를 찌른 칸나에전투다. 실제로 서구의 사관학교는 반드시 칸나에전투를 빼놓지 않고 배운다. 그만큼 중요하기 때문이다. 당시 로마군은 한니발의 군사가 해안가를 따라 행군할 것으로 예상해 지금의 마르세유 일대에 집결해 있었다. 마르세유에서 로마군과 싸우는 것은 한니발에게 불리했다. 이미 로마화가 충실히 진행되어 있었던 까닭에 우군으로 삼을 만한 세력이 많지 않았다. 한니발은 북이탈리아를 주목했다. 그곳의 갈리아족은 로마군의 강압적인 식민지 정책에 크게 반발하고 있었다. 한니발이 알프스산맥을 넘은 것은 바로 이런 점 등을 모두 검토해 내린 용단이었다.

놀라운 것은 산맥을 넘은 시기가 겨울이라는 점이다. 이후 그의 동생인 하스드루발Hasdrubal과 먼 훗날 나폴레옹이 똑같이 알프스산맥을 넘기는 했으나 모두 여름이었다. 더구나 하스드루발과 나폴레옹에게는 한니발이라는 선례가 있었으나 한니발은 그런 선례도 없었다. 과감한 도전 정신과 건곤일척의 결단이 없었다면 불가능한 일이었다. 콜럼버스의 달걀을 연상시키는 대목이다. 요체는 기존의 상식과 관행을 깨는 데에 있다. 지금껏 그가 뛰어난 전략가로 칭송받는 이유다.

기원전 218년 여름, 제2차 포에니 전쟁이 일어나자 29세의 한니발은 10만여 명의 군대를 이끌고 에스파냐를 출발해 피레네산맥과 알프스산맥을 넘었다. 한니발은 마치 병법가 오기가 병사들과 고락을 함께하며 소위 부자지병父子之兵을 만든 것처럼 휘하 장병들에게서 무한한 신뢰를 받았다. 그의 군대가 피레네산맥과 알프스산맥을 넘을 수 있었던 게 결코 우연이 아니다.

특히 피레네산맥을 넘을 당시 약 3,000여 명의 병사가 도주한 일이 있었다. 알프스산맥을 넘을 때는 군사가 절반으로 줄어들어 있었다. 군심이 크게 흔들렸다. 놀라운 것은 이런 상황에서 도주병들을 흔쾌히 보내준 그의 포용력이다. 고국으로 돌아가려는 자들을 억지로 붙잡아본들 전투에 별반 도움이 안 된다고 판단한 결과로 짐작된다. 플루타르코스Ploutarchos의 『영웅전』은 행군을 방해한 원주민 포로들 중 용맹한 전사는 고향으로 돌려보내는 관용을 발휘한 덕분에 이런 기적을 만들었다고 평했다.

북이탈리아로 진공한 한니발은 그를 추격해온 집정관 스키피오Scipio를 티키누스전투에서 패퇴시켰다. 이어서 다른 집정관인 셈프로니우스Sempronius 의 군대를 트레비아 강가에서 대파하고 북이탈리아를 손에 넣었다. 이듬해인 기원전 217년, 이탈리아 중부로 싸움터를 옮겼다. 로마로 통하는 두 개의 가도는 새로 선출된 공동 집정관 게미니우스Geminius와 플라미니우스Flaminius가 봉쇄하고 있었다. 한니발은 이들의 허를 찌르고자 가운데에 있는 늪지대를 택했다. 늪지대는 무릎까지 이를 정도의 물이 수백 킬로미터에 걸쳐 차 있었다. 숙영이 불가능했다. 그는 사흘 동안 밤낮으로 쉬지 않고 행군해 늪지대를 통과했다.

이탈리아 중부로 침투한 그는 황급히 뒤를 추격해온 플라미니우스를 트라시메노 호숫가로 유인하고 매복한 군사를 이용해 플라미니우스를 포함한 거의 3만 명의 로마군을 몰살했다. 경악한 로마 원로원은 파비우스Fabius를 '딕타토르dictator'로 임명하여 전권을 부여했다. 폭군을 뜻하는 영어 dictator의 어원인 딕타토르는 통상 독재관獨裁官으로 번역된다. 상황이 급박해지자 원로원이 부득불 1인 집정관인 독재관의 출현을 허용한 것이다.

원로원의 선택은 현명했다. 파비우스는 전략전술을 아는 인물이었다. 지구전을 택한 게 그렇다. 중국 병법서를 대표하는 일곱 권의 책을 일컫는 '무경칠서武經七書'가 역설하고 있듯, 강한 적군이 침공해

왔을 때는 지구전이 유리할 수밖에 없다. 그는 교전을 피하면서 한니발의 보급로를 차단하는 데에 주력했다. 이 때문에 싸움은 이내 교착 상태에 빠졌다. 상황이 지속될 경우 승리는 로마의 몫이었다. 영어식으로는 '파비안 전술'이라고도 하는 이 '파비우스 전술'의 효과는 실제로 매우 컸다. 카르타고군은 피로가 누적되면서 사기가 크게 저하되었다. 원정군으로서는 치명타였다. 훗날 지연 전술 및 교란 전술을 '파비우스 전술'이라 일컫게 된 배경이 여기에 있다.

한니발은 신속히 전쟁터를 이탈리아 남부로 옮겼다. 공교롭게도 이때 원로원과 로마 시민들은 파비우스를 겁쟁이로 몰아갔다. 이듬해인 기원전 216년 바로Varro와 파울루스Paulus가 공동 집정관으로 선출되었다. 두 사람은 하루씩 교대하며 군사를 지휘했다. 최악의 선택이었다. 파울루스는 매사에 신중했던 반면, 바로는 성급하고 오만했다. 이는 궁지에 몰린 한니발에게 숨통을 터주는 결과를 낳았다.

바로와 파울루스는 조속한 매듭을 바라는 로마 시민들의 요구를 좇아 8만 명의 대군을 이끌고 한니발이 머물던 칸나에로 달려갔다. 한니발의 군사는 5만 명이었다. 이해 8월, 한니발은 바로가 지휘하는 날을 택해 칸나에 부근의 로마군 보급창을 급습하고 남부 아풀리아 곡창 지대를 점령했다. 바로를 격분시키려는 속셈이었다. 바로는 파울루스가 만류했지만 전군을 이끌고 아우피두스강 연안에서 카르타고군과 대치했다. 바로는 우세한 병력을 이용해 한니발군을 포위하려 했으나 여의치 않자, 곧 밀집 대형으로 전환하여 주력군인 보병 7만여 명을 중앙의 전면에 배치하고 양옆으로 7,000여 명의 기병을 포진해 보병을 엄호하게 했다.

이를 유심히 관찰한 한니발은 약한 보병을 전면에 배치해 적의 주력군을 끌어내고 기동력을 자랑하는 기병을 이용해 로마군의 좌우 날개에 포진한 기병을 깨뜨리고 퇴로를 차단하는 작전을 구사했다. 접전이 시작되자 전면에 나선 카르타고 군사가 짐짓 뒤로 물러나자 바로는 이를 진짜 퇴각하는 것으로 착각해 곧바로 제2열과 제3열에 배치된 보병까지 제1열로 투입했다. 보병의 간격이 너무 좁아져 기동성이 현저히 떨어졌다. 그사이 한니발의 좌측 기병이 로마군의 우측 기병을 궤멸시키고 로마군 본대의 뒤쪽으로 우회해 누미디아 기병과 싸우던 로마군의 좌측 기병을 강타했다. 협공에 걸린 로마 기병이 일거에 궤멸되었다. 좌우의 양 날개가 궤멸하자 로마군의 보병대는 순식간에 포위된 꼴이 되고 말았다. 협공에 걸린 로마군의 보병대는 지나친 밀집 대형 탓에 달아날 수도 없었다. 이내 전쟁터는 피가 내처럼 흐르는 아비규환의 아수라장이 되고 말았다.

각국의 사관학교에서는 한니발이 펼친 전술을 통상 '포위 섬멸 전술'로 부른다. 이는 병법에서 말하는 학익진鶴翼陣을 달리 표현한 것이나 다름없다. 학익진은 일렬횡대의 일자진一字陣을 취하다가 적이 공격해오면 중앙의 부대는 차츰 물러나고, 좌우 부대는 앞으로 달려가 초승달 형태로 적을 포위해 공격하는 진법이다. 기동력이 뛰어난 기병을 활용한 전술이다. 해상 전투에서도 기동력이 뛰어난 전선들을 이용해 유사한 효과를 낳을 수 있다. 임진왜란 때 이순신이 한산

도대첩 등에서 일본 수군을 대파할 때 사용한 게 그 실례다.

칸나에전투 당시 바로는 간신히 사지를 빠져나갔으나 7만여 명이 목숨을 잃고 공동 집정관인 파울루스를 비롯해 1만여 명이 포로로 잡혔다. 그 여파는 매우 컸다. 이탈리아 중부의 대도시 카푸아가 로마를 배신하는 것을 시작으로 동맹 이탈이 도미노 현상처럼 일어났다. 남부 이탈리아의 타렌툼과 시칠리아의 시라쿠사가 한니발의 도움을 받아 로마군을 내쫓고 한니발 편에 섰다. 로마는 남부 이탈리아 대부분과 북부 이탈리아 전부를 잃은 데에 이어, 중부 이탈리아마저 일부 지역이 떨어져가고 시칠리아마저 등을 돌리는 최악의 상황에 부닥치게 되었다. 말 그대로 풍전등화의 신세가 된 셈이다. 이것이 세계 전사에 길이 빛나는 '칸나에전투'의 전말이다.

『손자병법』의 관점에서 보면 아무도 예상치 못한 알프스 루트를 개척해 로마를 급습한 불의계의 성과에 해당한다. 이로부터 2,000여 년 뒤 나폴레옹이 이와 유사한 불의계를 구사해 이탈리아를 제압함으로써 유럽을 호령한 바 있다. 동양에도 유사한 사례를 무수히 찾을 수 있다. 일단 전쟁이 벌어지면 적을 속여 궤멸하는 궤도가 난무할 수밖에 없는 만큼 불의계는 필승의 계책이기도 하다. 『손자병법』이 첫 편인 「시계」에서 불의계를 언급하면서, 병가에서 말하는 필승의 계책을 뜻하는 이른바 병가지승兵家之勝으로 표현한 것도 바로 이 때문이다.

무무계
無武計

20

무모한 진격을 자제하라

싸움에서 병력이 많다고 무조건 좋은 것은 아니다. 병사가 많은 것만 믿고 무
모하게 진격해서는 안 된다. 전력을 최대한 집중시키고, 적의 사정을 정확히 헤
아리고, 상하가 합심해 싸워야 능히 적을 이길 수 있다.

兵非益多也. 惟無武進. 足以併力, 料敵, 取人而已.

_「손자병법」「행군」

싸움은 앉아서 싸우는 게 아니라 기습전이나 매복전 등 다양한 기만
술로 나타나는 만큼 동에 번쩍, 서에 번쩍 하며 상대를 혼란스럽게
할 필요가 있다. 발 빠르게 움직이는 쪽이 승리할 공산이 크다. 화력
을 한곳에 집중할 가능성이 커지기에 그렇다. 모든 병서가 행군行軍
의 중요성을 역설하는 이유가 여기에 있다.

주의할 것은 양측이 은밀히 이동하다가 적진과 문득 조우했을 때
이다. 「행군」은 이 대목에서 병력이 많은 것만 믿고 무모하게 진격해

리스크 없이 쟁취하라 – 손자처럼

서는 안 된다고 충고하고 있다. 적이 깔아놓은 함정에 빠질 우려가 크기 때문이다. 정사 『삼국지』에 나오는 사실史實과는 약간 다르기는 하나, 대표적인 일화로 적벽대전 당시 조조가 낭패를 본 『삼국지연의』의 '조조삼소曹操三笑' 대목을 들 수 있다. 조조삼소는 조조가 세 번 웃다가 커다란 낭패를 본다는 취지에서 나온 말이다.

안전을 확신했을 때 발밑을 조심하라

이에 따르면 적벽대전 당시 주유周瑜의 군사가 때마침 불어온 동남풍에 편승해 화공火攻을 가하자 수많은 조조 군사들이 불에 타 죽거나 바다에 빠져 죽었다. 바다 한가운데 우뚝 서 있었던 조조의 수채 역시 그대로 불길 속에 빨려 들어갔다. 당황한 조조는 휘하 장수들과 함께 정신없이 달아났다. 이를 미리 예상한 제갈량은 먼저 장비에게 호로곡으로 가서 매복할 것을 명하면서, 그와 동시에 관우에게는 화용도로 가서 매복하게 하면서 이같이 당부했다.

"조조가 장비에게 쫓기면 반드시 화용도를 거쳐 달아날 것이오. 화용도 좁은 길의 높은 곳에 올라가 마른 풀을 쌓아놓고 불을 질러 그 연기로 조조를 유인하도록 하시오."

이런 사실도 모른 채 앞만 보고 내달리던 조조는 이튿날 새벽녘이 되어서야 가까스로 정신을 차릴 수 있었다. 사지에서 간신히 벗어난 조조가 돌연 크게 웃음을 터뜨렸다.

"무슨 까닭으로 그토록 웃으십니까?"

조조가 대답했다.

"강동의 주유와 제갈량이 꾀를 합했다고 하나 별게 못 된다. 만약 나였다면 저 숲속이나 골짜기에 미리 매복해두었을 것이다!"

그때 문득 매복병이 튀어나왔다. 조조와 군사들은 다시 정신없이 도주했다. 조조의 첫 번째 웃음이 불러온 재난이다.

이때 겨울비까지 쏟아지자 패주하는 조조군의 모습이 더욱 처량했다. 달아나기에 바빠 군량도 없고 식기도 없고 솥도 없었다. 영락없이 비루먹은 강아지 꼴이었다. 부득불 마을을 약탈해 허기를 달랜 조조군은 추격이 우려되어 다시 걸음을 재촉했다. 호로곡 입구에 이르러 조조군은 다시 잠시 쉬었다. 모두가 지쳐서 넋을 놓고 앉아 있는데 문득 조조가 또 크게 웃음을 터뜨렸다.

"승상, 왜 또 웃으십니까?"

"제갈량의 지략이 뛰어나다고 하나 별게 아니구나. 이런 곳에 매복을 두었다면 편히 쉬면서 적을 기다렸다가 지친 이 조조를 단숨에 칠 수 있었을 텐데 말이다! 그런데 쥐새끼 하나 얼씬하지 않으니 얼마나 웃기는 일인가!"

말이 떨어지기가 무섭게 다시 적이 나타났다. 장비였다. 조조는 말에 오르지도 못할 정도로 혼이 빠져 군령도 내리지 못했다. 허저許楮와 서황徐晃, 장료張遼 등이 목숨을 걸고 장비를 막았으나 도망길에 지치고 다친 상태라 편히 쉬면서 매복했던 장비를 막아내는 게 쉽지 않았다. 조조는 다시 도주하기 시작했다. 기회를 봐서 허저 등도 장비한테서 빠져나왔다. 조조의 두 번째 웃음이 가져온 재난이다.

조조가 한참 달리다가 보니 두 갈래 길이 나왔다. 한 갈래는 넓고 평평하되 목적지인 강릉까지 거리가 멀었다. 다른 하나의 길은 그 유명한 화용도다. 길은 좁지만 직행하는 길이었다. 조조가 문득 바라보니 화용도 쪽에서 연기가 모락모락 나고 있었다. 제갈량은 「행군」의 "늪지대, 웅덩이나 저지대, 갈대가 우거진 곳 등은 복병이 숨어 있을 가능성이 크다"라는 가르침을 역이용한 것이다. 과연 조조는 제갈량의 계략에 넘어가 화용도를 택했다. 얼마 안 돼 앞장선 군사들이 말들을 멈춰 세우고 더 나아가지 못했다. 조조가 그 이유를 알아보게 하자 이윽고 군사가 돌아와 보고했다.

"앞쪽 산길이 새벽에 온 비로 온통 물이 고인 진흙 웅덩이 천지라서 말이 앞으로 나아갈 수가 없다고 합니다."

조조가 몹시 화를 냈다.

"본래 군사란 산을 만나면 길을 내고 물을 만나면 다리를 놓는 법인데 어찌 수렁이라고 나아가지 못한단 말인가!"

전군에 하령해 늙고 병들거나 상처를 입은 군사들은 모두 흙이나 풀, 갈대 등을 지고 와서 웅덩이를 메우게 했다. 이에 기병들이 간신히 화용도를 빠져나갈 수 있게 되었는데, 이때 병약한 병사들 중 상당수가 인마에 밟히거나 진흙 웅덩이 속에 빠져 죽었다. 겨우 길을 뚫고 가던 끝에 조조가 다시 크게 웃음을 터뜨렸다.

"왜 또 웃으십니까?"

조조가 웃을 때마다 습격을 받은 터라 장수들은 가슴이 철렁했다.

"주유와 제갈량의 꾀도 별개 아니구나. 여기에 군사 500명만 숨겨 놓았더라면 우리는 꼼짝없이 잡혔을 것이다."

말이 끝나기도 전에 조조를 기다리던 관우가 불쑥 뛰쳐나왔다. 조조의 군사가 소스라치게 놀란 것은 말할 것도 없다. 조조는 이렇게 관우에게 사로잡힐 위기를 처하자, 지난날 관우에게 베풀었던 은혜를 빌미로 목숨을 구걸하였고, 결국 관우가 길을 열어줘 마지막 있는 힘을 다해 전속력으로 화용도를 빠져나왔다. 이상이 『삼국지연의』에 나오는 '조조삼소' 대목의 내용이다. 이 일화는 나관중이 심혈을 기울여 묘사한 적벽대전의 대미에 해당한다. 그러나 이는 허구다. 조조는 호로곡과 화용도에서 장비와 관우를 만난 적이 없다.

이 일화가 비록 허구이기는 하지만 주의할 것은 조조가 지나친 자부심으로 대사를 그르치고 허둥지둥 달아나는 신세가 되었다는 점이다. 이는 정반대로 해석하면 적벽대전의 패배가 얼마나 치명타였는지 쉽게 알 수 있다. 당시 객관적인 상황에 비춰 만일 조조가 신중을 기했더라면 승세를 이어 적벽대전까지 승리를 거두고, 더 나아가 생전에 천하통일 대업을 이루었을 가능성이 컸다. 사마씨司馬氏에게 천하를 빼앗길 일도 없었을 것이다. 그러면 300여 년에 걸친 남북조 시대 같은 분열의 시대가 나타나지 않았을 공산이 크다. 역사에 가정은 없다지만 조조의 견지에서 보면 치명적인 실수에 해당한다.

조조는 형주를 무혈로 접수하고 아군의 병력이 압도적으로 많은 데에 고무되어, 무모하게 돌진했다가 패한 셈이다. 『손자병법』의 관점에서 보면 병력 등의 압도적 우위만 믿고 돌진해서는 안 된다는 무무계無武計의 경고를 무시한 후과로 해석할 수 있다. 『손자병법』이 「행군」에서 발밑을 조심하라고 역설한 것도 바로 이 때문이다.

리스크 없이 쟁취하라 – 손자처럼

상대방을 파악하고 내 부하의 동태를 파악하라

『손자병법』에서 「행군」은 특이한 모습을 보인다. 적정敵情의 다양한 모습을 구체적으로 논하는 게 그렇다. 모두 서른두 가지다. 이를 통상 '상적相敵 32법'이라고 한다. '상적'은 사람과 말에 대한 관상을 상인相人과 상마相馬로 표현하듯 적의 실상을 관찰한다는 취지에서 나온 말이다. 21세기 경제전의 상황에서 「행군」에 나오는 상적 32법은 크게 두 가지 관점에서 접근할 수 있다.

첫째, 적의 형편이나 지형 따위를 정찰하고 탐색하는 전장의 척후斥候 활동에 적용하는 경우다. 동식물 등 자연의 변화를 토대로 적의 사정 변화를 추론하는 방법이 이에 해당한다. 초목이나 조수의 움직임을 살펴 복병 여부를 판단하는 식이다. 적의 움직임을 관찰해 적의 사정을 추론하는 것도 같은 맥락이다. 적의 진지를 보고 적의 포진을 판단하거나, 출동 양상을 보고 진퇴와 궤사詭詐 여부를 파악하는 식이다. 상적 32법은 비록 원시적이기는 하나 21세기 현재까지도 주력 부대의 전방에 배치되어 적을 관측하는 GOP 등에서 그대로 통용될 수 있다.

둘째, 신하 또는 부하들의 행보를 파악하는 제신술制臣術의 일환으로 활용하는 경우다. 상적 32법은 『한비자』에 나오는 제신술과 사뭇 닮았다. 난세에는 틈만 나면 군주의 자리를 노리는 자들에 의한 독살과 척살 등이 난무한다. 군위君位와 군권君權의 확립은 지휘관의 리더십 확립에 따라 병사의 생사가 갈리는 전장 상황과 유사하다.

먹느냐 먹히느냐 하는 정글의 법칙이 그대로 적용되는 탓이다.

실제로 「행군」의 상적 32법은 신하들의 동태를 주의 깊게 살펴 미리 대처하는 제신술의 여러 대처법과 꼭 닮았다. 제신술은 신권臣權에 대한 군권의 우위를 유지하려는 비술에 해당한다. 이는 군주 개인의 도덕적인 덕행과는 하등 상관이 없다. 난세에는 군주의 강력한 군권이 확립돼야만 안팎의 위기를 슬기롭게 헤쳐나갈 수 있다는 취지에서 나온 것이다. 『손자병법』을 비롯한 모든 병사가 일선 장수의 전일적專一的인 지휘권을 역설한 것과 같다. 법가 사상과 병가 사상이 만나는 지점이 바로 여기에 있다.

법가가 군신공치君臣共治를 역설하는 유가와 달리 군주독치君主獨治를 역설하는 것도 이런 맥락에서 이해할 수 있다. 마치 전쟁터에서 일선 장수의 전일적인 지휘권만 인정하는 것과 닮았다. 이게 지켜지지 않으면 그 군대는 이내 지리멸렬해지고 만다. 명령이 두 군데서 나오는 순간 적에게 승리를 상납하는 꼴이 된다.

객관적으로 볼 때 치세에는 유가, 난세에는 법가의 관점이 더 타당성이 있다. 국가 존망을 가르는 내란 및 전쟁 등의 위기 상황에서 최고 사령관에게 독재적인 통수권을 위임하는 이치와 같다. 한비자가 군권을 공권公權, 신권을 사권私權으로 규정한 이유다.

이는 21세기 경제전과 같은 난세의 기업 CEO 리더십에 그대로 적용된다. 통상 서구의 경영 이론은 하나같이 전문 경영인이 주축이 된 기업 CEO의 민주적 리더십을 강조하고 있다. 세상은 천하 만

민의 것이라는 유가의 천하위공天下爲公 이념과 사뭇 닮았다. 경제가 호황일 때는 그 나름으로 일리가 있다.

문제는 2008년에 터져 나온 미국발 금융대란과 2011년의 유럽발 재정대란과 같은 위기 상황이다. 과감히 도려낼 것은 도려내고 새로운 상황에 맞춰 즉시 변신하는 것이 절대 필요한 상황에서 민주적 리더십으로는 결단이 늦어질 수밖에 없다. 위기상황에서 결단을 미루면 미룰수록 사안은 위중해진다. 이는 패망의 길이다. 전쟁터에서 지휘관이 임기응변의 즉각적인 명을 내리지 못하고 우물쭈물하며 연일 구수회의鳩首會議만 열다가 몰살을 자초하는 것과 같다.

위기 상황에서는 전문 경영인의 민주적 리더십보다는 오너 CEO의 제왕적 리더십이 더욱 빛을 발한다. 창업주나 그 후손인 오너의 주인의식은 전문 경영인과 질적으로 다를 수밖에 없다. 일부 악덕 기업주를 제외하고는 기업에 강한 애착을 느낀다. 역대 왕조의 창업주와 그 후손인 군주가 사직의 안녕을 위해 애쓰는 것과 닮았다.

뉴욕대 정치학과 석좌교수 메스키타는 지난 2011년에 펴낸 『독재자의 핸드북』에서 "정치란 권력을 확보하고 유지하는 일에 지나지 않는다"라고 단언하며 민주와 독재의 구분을 거부했다. 그는 대체 가능 집단, 유력 집단, 핵심 집단의 규모와 역할이 민주국가와 독재국가를 구분하는 기준이 된다고 했다. 민주국가는 대체 가능 집단과 유력 집단이 다수를 형성해 소수의 핵심 집단보다 우위를 점한 나라이고, 독재국가는 극소수의 핵심 집단과 소수의 유력 집단이 대규모 대체 가능 집단을 압도하는 나라에 지나지 않는다는 것이다. 곧, 민주와 독재는 질적인 차이가 아니라 양적인 차이에 불과하다는 지적이다. 그는 이런 비유를 썼다.

"민주국가든 독재국가든 핵심 집단에서 가장 중시하는 세 가지 특징은 첫째도 충성, 둘째도 충성, 셋째도 충성이다!"

그는 국가 운영과 기업 경영 모두 경쟁과 자원의 조절 및 배분 문제를 핵심 사안으로 삼는 만큼 이론상 차이가 있을 수 없다고 했다. 정치에서 다루는 핵심 이론이 기업이나 어떤 다른 조직에도 동일하게 적용된다는 것이다.

난세의 위기 상황에서 최고 통치권자 및 기업 CEO의 리더십이 인정받으려면 먼저 인사가 공정해야 한다. 한비자가 인재를 발탁할 때 천하의 공의公義에 부합해야 한다고 역설한 이유다. 상벌권의 행사 역시 신중하고 공정해야 한다. 세인들 모두 수긍하는 천하의 공론公論에 부합해야 실효를 거둘 수 있다. 한비자가 군주의 공평무사한 수법守法을 역설한 이유가 여기에 있다. 군주에 대해 엄정한 법치를 실행하는 최후의 보루로 간주한 결과다.

「행군」에서 말하는 상적 32법은 늘 국민과 부하 직원 및 고객들의 반응과 동향에 귀를 기울이며 그에 부응하는 발 빠른 대응을 주문한 것이나 다름없다. 아무리 지지도가 높을지라도 만심慢心하면 이내 부메랑을 맞게 된다. 민심은 늘 무상無常하기 때문이다. 세력만 믿고 함부로 돌진하는 것을 극도로 경계한 무무계의 계책도 바로 이런 이치에서 나온 것이다.

21

판세를 유리하게 이끌어라

전쟁을 잘하는 자는 승리의 관건을 병세兵勢에서 찾을 뿐이고 일부 장병의 용 맹에 기대지 않는다. 인재를 선발해 적재적소에 배치하는 방법으로 유리한 병 세를 만들어내는 게 요체다. 병세를 유리하게 이끄는 자는 병사들을 지휘하는 것이 마치 통나무나 돌을 굴리는 것처럼 자유자재다. 전쟁을 잘하는 자가 행하 는 병세를 보면 마치 천 길 높은 산 위에서 둥근 돌을 굴리는 것과 같다. 이것 이 바로 '병세'의 진면목이다.

善戰者, 求之於勢, 不責於人, 故能擇人而任勢. 任勢者, 其戰人也, 如轉木石. 故善戰人 之勢, 如轉圓石於千仞之山者, 勢也.

_「손자병법」「병세」

병세는 통상 군세軍勢 또는 전세戰勢와 동일한 의미로 사용된다.『손 자병법』이「병세」를 따로 편제한 것은 '싸움의 판세'를 읽는 장수의 안목이 그만큼 중요하기 때문이다. 판세를 잘못 읽으면 돌이킬 수 없는 참사를 불러온다.『손자병법』이 말하는 병세는『한비자』에서 말하는 세위勢威 이론과 사뭇 닮았다. 이를 뒷받침하는 『한비자』 「공명」의 해당 대목은 다음과 같다.

"1척에 불과한 나무일지라도 높은 산 위에 서 있으면 천 길의 계곡을 내려다본다. 이는 나무가 크기 때문이 아니라 서 있는 위치가 높기 때문이다. 아무리 무거운 물건도 배가 있으면 물 위에 뜨지만, 아무리 가벼운 물건일지라도 배가 없으면 가라앉는다. 이는 물건 자체의 무게 때문이 아니라 기대는 세력의 유무에 따라 상황이 달라지기 때문이다. 작은 것이 높은 곳에 자리 잡고 내려다보는 것은 위치 때문이고, 불초한 자가 현자를 제어하는 것은 권세 때문이다."

1척에 불과한 나무가 높은 산 위에 서 있다는 표현은 형세形勢가 권세를 좌우하는 요소로 작용한다는 취지에서 나온 것이다. 고금동서를 막론하고 아무리 지존의 자리에 앉아 있을지라도 세력이 뒷받침되지 않으면 나라를 제대로 다스릴 수 없다. 『손자병법』에서 말하는 병세의 이치가 『한비자』의 세위 이론과 서로 통하는 배경이 바로 여기에 있다. 『한비자』 「설림 하」는 형세와 관련해 이런 일화를 실어놓았다.

노나라 사람 가운데 어떤 자가 짚신을 만드는 데에 능했다. 그의 처는 흰 명주 비단을 잘 짰다. 이들이 월나라 땅으로 이사하려고 하자 어떤 이가 말했다.

"그대는 틀림없이 궁해질 것이오."

"왜 그렇다는 것인가?"

"신은 발에 신는 것인데 월나라 사람들은 맨발로 다니오. 비단은 관을 만들어 쓰려는 것인데 월나라 사람들은 머리를 풀고 지내오. 그대의 기술이 아무리 뛰어날지라도 그것이 쓰이지 않는 나라에 가서 살면 아무리 궁해지지 않으려 할지라도 그게 가능하겠소?"

한비자가 볼 때 인의仁義를 앞세우는 유가의 현자賢者는 기본적으로 군주의 권세와 양립할 수 없는 존재였다. 치국에 아무런 도움이 되지 않을 뿐만 아니라 오히려 해가 된다고 본 이유다. 이를 뒷받침하는 『한비자』「외저설 좌상」의 해당 대목이다.

"무릇 아이들이 소꿉장난할 때는 흙으로 밥을 짓고 진흙으로 국을 끓이고 나무로 고기를 만든다. 그러나 날이 저물면 반드시 집으로 돌아가 밥을 먹는다. 이는 흙으로 만든 밥과 진흙으로 만든 국은 가지고 놀 수는 있어도 먹을 수가 없기 때문이다. 예로부터 전해오는 전설과 송가頌歌는 듣기에 좋으나 현실성이 떨어진다. 선왕이 행한 인의를 받들어 행하는 것으로는 나라를 바르게 할 수 없다. 이 역시 소꿉장난처럼 즐길 수는 있지만 치국에 사용할 수 있는 게 아니다."

유가 역시 현자와 군주의 권세는 이른바 모순의 관계에 있다고 보았다. 『한비자』「난세」에 인용된 유가의 주장이다.

"어떤 사람이 창과 방패를 팔았다. 방패의 견고함을 자랑하려고 이를 뚫을 수 있는 게 없다고 했다. 얼마 후 다시 창의 예리함을 자랑하고자 이로써 뚫을 수 없는 게 없다고 했다. 구경하던 사람이 창으로 방패를 뚫으면 어찌 되겠느냐고 묻자 그는 대답하지 못했다."

여기서 그 유명한 '모순矛盾' 성어가 나왔다. 유가를 주장하는 논객의 모순 논리를 한비자가 인용한 것은 결론만큼은 타당하다고 판단한 데에 따른 것이다. 그러나 기본 견해만큼은 정반대다. 모순에 대한 한비자의 해석이다.

"본래 어떤 것이라도 이를 뚫을 수 없는 방패와 어떤 것이라도 뚫을 수 있는 창은 명목상 양립할 수 없다. 무릇 요순과 같은 현자는 권세로 제압할 수 있는 대상이 아니다. 권세는 일종의 통치 수단으로 이 세상에 이를 금지할 수 있는 게 없다. 권세로 제압할 수 없는 유가의 현자와 제압하지 못할 게 없는 권세는 양립이 불가능한 모순 관계에 있다. 요순과 같은 현자와 군주의 권세가 서로 용납할 수 없다는 것은 분명한 사실이다."

한비자가 보기에 요순이 천하를 순복하게 한 것은 덕성 덕분이 아니라 군주의 자리에서 나오는 세위勢威 덕분이다. 그가 상앙商鞅의 법치法治와 신불해申不害의 술치術治, 신도愼到의 세치勢治 이론을 끌어들여 법가 사상을 완성한 이유다. 한비자가 말하는 '세치'는 신도가 역설했듯 지존의 자리에서 절로 우러나오는 것으로, 『손자병법』에서 말하는 병세와 취지를 같이하는 것이다. 이는 결코 유가에서 말하는 인의 등의 공허한 덕목으로 대체할 수 있는 게 아니다. 한비자는 이를 통찰했다. 『한비자』「공명」의 다음 대목이 그 증거다.

"하나라의 걸桀이 천자가 되어 능히 천하를 제압한 것은 그가 현명했기 때문이 아니라 세도가 막중했기 때문이다. 요 임금도 필부였다면 세 집안조차 바르게 다스릴 수 없었을 것이다."

한비자가 군주는 신하에게 함부로 권세를 빌려줘서는 안 된다고 역설한 이유가 여기에 있다. 군주가 보유한 위세를 통찰한 결과다.

『손자병법』은 한비자가 말한 군주의 권세와 세위를 전장의 병세 개념으로 바꿔 해석했다. 「병세」에서 마치 높은 곳에서 통나무나 돌을 굴리는 것처럼 병사들을 자유자재로 부리는 장수의 리더십으로 풀이한 게 그렇다. 「병세」는 이를 여전목석如轉木石으로 표현했다. 인구에 회자하는 파죽지세와 같은 뜻이다. 적을 거침없이 물리치고 쳐들어갈 때 사용한다.

파죽지세로 거침없이 적을 물리쳐라

『진서晉書』「두예전杜預傳」에 따르면 위魏나라의 권신인 사마염司馬炎이 위나라의 마지막 황제인 원제元帝 조환曹奐을 폐하고 나서 스스로 보위에 올라 진晉나라를 세웠다. 바로 진 무제武帝다. 그가 세운 진나라는 불과 30여년 만에 패망하고 지금의 강소성 남경에 망명 정권을 세워 잔명을 이어갔다. 사가들은 망명 정권을 동진東晉, 그 이전을 서진西晉으로 구분했다.

서진은 중국의 전 역사를 통틀어 가장 사치스러운 정권이었다. 진 무제 사마염 역시 중국 역사상 가장 많은 후궁을 거느린 황제로 기록되었다. 그가 거느린 후궁은 1만 명이었던 것으로 알려지고 있다. 다만 그의 치세 때 셋으로 쪼개진 천하가 다시 하나로 합쳐지는 천하통일의 작업이 이뤄졌다. 진시황의 천하통일 이후 한 고조 유방의 한나라 건국에 이어 사상 세 번째의 천하통일에 해당한다. 이런 위업을 이룬 주인공은 바로 두예杜預다. 두예는 훗날 당나라 때 시선詩仙 이백李白과 쌍벽을 이뤄 시성詩聖으로 일컬어지는 두보杜甫의 먼 조상이다. 두보는 평생 두예의 후예임을 커다란 자랑으로 삼았다.

두예는 단순한 무장이 아니었다. 그는 어릴 때부터 평생 『춘추좌전』을 옆에 끼고 살았다는 이른바 좌전벽左傳癖의 당사자다. 『자치통감』을 저술한 사마광 역시 『춘추좌전』에 감복한 나머지 그 후속편인 『자치통감』을 지었다. 두보의 먼 조상인 두예는 바로 이처럼 위대한 『춘추좌전』을 정밀하게 주석한 『춘추좌전집해春秋左傳集解』를 펴냈다. 이 책은 21세기 현재에 이르기까지 『춘추좌전』에 대한 역대 주석서 가운데 최고의 주석서로 통한다. 얼마나 정밀한 주석을 가해놓았는지 대략 짐작할 수 있다. 그런 점에서 두예는 중국의 전 역사를 통틀어 문무를 겸비한 몇 안 되는 장수 중 한 명이었다.

진 무제 사마염은 함녕 5년인 279년 마침내 진남대장군 두예에게 오나라 토벌을 명했다. 이듬해인 함녕 6년 2월, 무창을 점령한 두예는 휘하 장수들과 함께 오나라의 도성인 건업을 일거에 함락시킬 방안을 논의했다. 이때 한 장수가 이같이 건의했다.

"지금 당장 오나라 도성을 치기는 어렵습니다. 이제 곧 잦은 봄비로 강물은 범람할 것이고, 또 언제 전염병이 발생할지 모릅니다. 일단 철군했다가 겨울에 다시 공격하는 것이 어떻겠습니까?"

찬성하는 장수들이 매우 많았다. 두예는 단호히 반대했다.

"그건 안 될 말이오. 지금 아군의 사기는 마치 대나무를 쪼개는 기세인 '파죽지세'와 같소. 대나무는 처음 두세 마디만 쪼개면 그다음부터는 칼날이 닿기만 해도 저절로 쪼개지는 법이오. 어찌 이런 절호의 기회를 내다버릴 수 있겠소?"

그러고는 곧바로 전군을 휘몰아 건업으로 진격해 단숨에 함락시켰다. 함녕 6년인 280년 4월의 일이었다. 진 무제 사마염은 이를 크게 기려 연호를 함녕 6년에서 태강太康 원년으로 바꿔버렸다. 100여 년 동안 지속된 삼국시대에 종지부를 찍고 새롭게 천하를 통일한 것을 기념하려는 것이었다.

두예가 없었다면 삼국통일이 훨씬 늦춰졌거나, 아니면 장강을 사이에 두고 두 왕조가 대립하는 남북조시대가 훨씬 이전에 개막했을 가능성이 있다. 두보가 자신의 먼 조상 두예를 한없이 자랑스러워한 것은 그 나름으로 일리가 있다. 『손자병법』의 관점에서 보면 두예의 파죽지세 행보는 「병세」가 역설하는 병세계兵勢計의 요체를 꿴 덕분이라고 할 수 있다. 「병세」에 나오는 여전목석의 표현을 파죽지세로 바꾼 것만이 다를 뿐이다.

부하를 적재적소에 배치하여 판세를 자유자재로 이끌어라

주목할 것은 『전략의 신』의 저자인 송병락 명예교수가 「병세」의 여전목석 이치를 기업의 경영 사례에 대입해 만들어낸 형세形勢 이론이다. 그의 주장에 따르면 사바나에서 들소를 노리는 사자의 자세는 형形, 목표물을 정하고 쏜살같이 내달리는 것이 세勢, 일격에 들소의 목을 물어 숨통을 조이는 것이 절節에 해당한다는 것이다. 야구에서 타자가 홈런을 치는 것에 비유하자면 공을 치는 자세는 형, 방망이를 휘두르는 것은 세, 공을 맞히는 것은 절에 해당한다고 본 셈이다. 그는 형·세·절의 조화를 통해 글로벌 기업으로 성장한 대표적인 사례로, 전 세계에 220만 명의 종업원을 거느린 월마트를 들었다.

그의 형세 이론 가운데 독창적인 것은 세를 크게 세 가지 유형으로 나눈 점이다. 세를 스스로 키우는 모세謀勢, 다른 사람이나 외부 환경 조건의 힘을 빌리는 차세借勢, 증가시킨 세를 실행에 옮기는 용세用勢가 그것이다. 그는 「병세」에 나오는 여전목석 비유를 들어 이를 설명했다. 돌을 산꼭대기에 가져다 놓을 때 크고 둥글수록, 산이 높을수록 세는 강해진다. 이를 모세로 규정했다. 이어서 더 높은 곳에 갖다 놓을수록 구르는 힘이 더 커지는데, 이는 산으로부터 빌리는 힘인 차세가 더 커지기 때문이라고 보았다. 그다음으로 산의 울퉁불퉁한 모습 등을 고려해 최상의 효과를 내는 방식으로 돌을 굴리는 것이 용세에 해당한다고 분석했다.

얼핏 그럴듯해 보이기는 하지만 이는 여전목석의 이치를 반만 헤아린 것이다. 『손자병법』이 「병세」에서 여전목석의 비유를 든 것은 병사들을 능력에 따라 적재적소에 배치하는 방법을 통해 병세를 유리하게 이끄는 장수의 리더십을 강조하려는 것이다. 「병세」는 이를 택인임세擇人任勢로 표현했다. 상황에 따른 임기응변의 용병술에 초점을 맞춘 셈이다. 송 교수가 세를 모세·차세·용세로 분류한 것은 그 나름으로 참신하지만 비유가 적절치는 못하다는 얘기다.

송 교수가 범한 잘못은 무겁고 크고 둥근 돌을 산꼭대기에 갖다 놓는 수고를 고려치 않은 데에 있다. 그런 돌을 산꼭대기에 올려놓으려면 전군의 힘을 소진하고 말 것이다. 이어 더 높은 곳에 올려놓을수록 더욱 세가 커진다며 이를 두고 산세를 빌린다는 차원에서 차세로 규정한 것은 초점에서 빗나간 것이다.

이런 오류는 「병세」가 여전목석의 비유를 든 것이 상황에 따른 임기응변의 용병술을 강조하려는 것이라는 사실을 간과한 후과다. 「병세」는 그 해법도 제시해놓았다. 병사들을 능력에 따라 적재적소에 배치함으로써 판세를 자유자재로 유리하게 이끄는 택인임세가 그것이다. 굳이 송 교수처럼 산의 돌을 이용하는 경우에 비유하고자 하면 크고 둥근 돌을 힘들여 산꼭대기로 올려놓는 경우에 비유할 게 아니라 산에 있는 돌을 활용하는 것으로 비유하는 게 적절하다. 산꼭대기에 있는 둥근 모습을 한 돌을 찾아내는 것을 모세, 그런 돌을 찾아내 그런 돌이 지닌 엄청난 위치에너지를 최대한 활용해 밀려드는 적을 향해 밀어뜨리는 것을 차세, 아군이 점령한 고지를 향해 밀려드는 적군 가운데 가장 큰 무리를 향해 돌을 굴리는 것을 용세로 비유하는 게 훨씬 합리적이다.

그럼에도 송 교수가 세를 활용할 줄 알아야만 최대의 성과를 낼 수 있다고 지적한 것은 탁견이다. 그의 주장에 따르면 세력을 모으는 모세는 전적으로 기업 CEO의 리더십에 달렸다. 1의 힘은 어디까지나 1에 불과하지만 세를 잘 타면 2나 3, 심지어 100의 힘도 발휘할 수 있다는 것이다.

기업 CEO가 모세에 밝으면 1.1 이상의 인재가 모여 구성원의 힘을 곱한 값으로 나오는 해당 조직의 힘은 날로 늘어나고, 반대로 모세에 밝지 못하면 0.9의 인재만 모여 해당 조직의 힘은 날로 줄어든다는 주장이다. 매우 설득력 있는 비유다.

그는 자신의 모세 이론을 뒷받침하려고 파리가 하루에 100킬로미터를 갈 수 있는 비결을 제시하며 차세 이론을 전개했다. 비결은 적토마와 같은 천리마의 엉덩이에 붙는 것이다. 그러면서 이순신 장군이 열세 척의 배로 일본 수군과 명량에서 싸운 것은 울돌목의 세를 빌린 덕분이라고 분석했다. 피터 드러커가 기업의 미래형 성장 비결로 '전략적 제휴'를 제시한 것도 같은 맥락이라고 보았다. 특히 4대 강국에 둘러싸인 한국의 경우 차세가 나라의 존망과 직결되어 있다고 지적한 것은 큰 공감을 자아낸다.

원래 송 교수가 자신의 차세 이론을 뒷받침하려고 예로 든 천리마 엉덩이의 비유는 『사기』「번역등관열전」에 나오는 것이다. 「번역등관열전」은 이를 부기지미附驥之尾로 표현했다. 천리마의 꼬리에 붙어 먼 길을 내달린다는 뜻이다. 부기미 또는 부기로 줄여 쓰기도 한다. 이와 유사한 의미를 지닌 또 다른 성어도 있다. 용의 비늘을 끌어 잡고 봉황의 날개에 붙는다는 뜻의 반룡부봉攀龍附鳳이 그것이다. 흔히 반부로 줄여 쓴다. 이를 최초로 언급한 것은 『한서』「서전叙傳」이다. 해당 구절이다.

"한 고조 유방이 한나라를 세울 때 대공을 세운 번쾌樊噲는 원래 백정, 하후영夏侯嬰은 마부, 관영灌嬰은 비단장수, 역상酈商은 필부 출신에 지나지 않았다. 그러나 이들 모두 반룡부봉을 행한 덕분에 천하를 주름잡게 되었다."

그래서 사마천도 이들 네 명의 공신을 하나로 묶어 「번역등관열

리스크 없이 쟁취하라 – 손자처럼

전」을 쓴 것이다. 반룡부봉과 부기지미는 같은 곡을 달리 표현한 것에 지나지 않는다. 송 교수가 자신의 차세 이론을 뒷받침하려고 부기지미 성어를 이용한 것은 매우 적절하다.

또한 송 교수는 모세와 차세를 통해 축적된 세를 활용하는 용세를 뒷받침하고자 입학시험의 예를 들었다. 평소에 아무리 열심히 공부했더라도 막상 당일 시험을 잘못 보면 패자가 된다는 지적이 그렇다. 이것이 용세의 대표적인 사례라니, 꽤 그럴듯하다.

그는 끝으로 21세기 경제전의 시대를 '글로벌 네트워크 시대' 또는 '초超경쟁 시대'로 정의하면서 개인·기업·국가 모두 모세와 차세, 용세를 잘해 승자가 되기를 기원한다고 했다. 사실 그의 지적대로 기업 CEO가 부하 직원의 작은 허물이나 한계를 문제 삼으면 그 기업의 앞날은 암담하다. 부하 직원의 장점을 최대한 부각해 조직의 역량을 극대화할 필요가 있다. 완벽한 인간을 바라는 것 자체가 망상이다. 난세의 시기에는 더욱 그렇다. 『손자병법』의 관점에서 볼 때 여전목석으로 표현된 인재의 활용은 곧 병세계를 통해서만 최대의 효과를 얻을 수 있다는 얘기가 된다. 부하 직원들을 능력에 따라 적재적소에 배치함으로써 전체 판세를 자유자재로 유리하게 이끄는 택인임세가 관건이다.

도피계
逃避計

22

극히 열세이면 달아나라

용병의 기본 이치를 말하면 아군의 병력이 적의 열 배일 때는 포위해 굴복시킬
수 있다. 다섯 배일 때는 공격해 굴복시키는 것도 가하다. 두 배일 때는 분산해
공격한다. 비등할 때는 유리한 지형 등을 최대한 활용해 싸운다. 아군이 수적으
로 적을 때는 충돌을 피한다. 극히 열세일 때는 과감히 퇴각한다. 병력이 크게
달리는데도 피하지 않고 굳게 버티면 결국 강대한 적에게 포로로 잡히고 만다.
**用兵之法, 十則圍之. 五則攻之. 倍則分之. 敵則能戰之. 少則能逃之. 不若則能避之. 故
小敵之堅, 大敵之擒也.**

_「손자병법」 「모공」

「모공」의 이 대목은 막상 적과 교전해본 결과 힘의 우열이 뚜렷하게
나타났을 때 취해야 할 방안을 언급한 것이다. 힘이 비등한 경우를
기준으로 하여 아군의 힘이 훨씬 우위에 있을 경우와 정반대로 적군
의 힘이 아군의 힘을 압도할 경우를 나눠 설명하고 있다. 여기서 가
장 문제가 되는 것은 아군의 힘이 극히 열세일 경우다. 이때는 단순

리스크 없이 쟁취하라 – 손자처럼

히 분기憤氣 또는 오기傲氣로 대할 일이 아니다. 전 장병의 운명이 달렸기에 장수의 신중한 선택이 필요하다.

『손자약해』주석을 통해 조조가 제시한 모든 전략전술은 '싸움은 상대적이다'라는 대전제에서 나왔다. 모두『도덕경』의 무위지치 원리에서 병도의 이치를 찾아낸 덕분이다. 그가 볼 때 국가 간 전쟁은 그 배경과 결과 등을 살펴보면 크게 세 가지 유형에 지나지 않았다.

첫째, 중과부적 상황이다. 상대방이 여러 면에서 압도적인 우위를 점했을 때다. 이때는 정면충돌을 최대한 피하면서 힘을 비축해야 한다. 달빛 아래서 은밀히 칼을 갈며 때를 기다리는 '도광양회' 책략이 필요한 이유다. 도중에 적의 도발로 불가피하게 싸움이 빚어졌을 때는 정규전을 최대한 피하고 매복과 기습 및 유격 등의 기병奇兵을 펼쳐야만 한다. 오늘날의 게릴라 전법과 닮았다. 이를 최대한 활용하면 다윗이 골리앗을 이기는 기적을 만들어낼 수 있다.

대표적인 예로 삼국시대 당시 조조가 관도대전에서 막강한 무력을 자랑한 원소의 대군을 격파하고, 주유가 적벽대전에서 조조의 대군을 물리친 것을 들 수 있다. 모두 도강 작전을 최대한 활용한 예다. 월남이 끈질긴 유격전 끝에 몽골군을 격퇴한 데에 이어 20세기에 들어와 프랑스와 미국의 군사를 물리친 것도 세계 전사에 남을 정글전의 성과다. 소련군을 격퇴한 바 있는 아프가니스탄이 21세기 최강의 화력을 자랑하는 G1 미국을 퇴각시킨 것도 같은 맥락이다. 해발 수천 미터에 이르는 산악 지형을 최대한 활용한 덕분이다. 병력의 다소가 승패를 좌우하는 게 아니다. 한 사람이 100명의 적군을 상대한다는 취지의 일당백—當百 같은 용어가 나온 것도 바로 중과부적의 불리한 상황을 슬기롭게 타개한 일이 비일비재했기 때문이다.

둘째, 중과필적衆寡匹敵 상황이다. 양측 군사력이 엇비슷할 때를 말한다. 이는 자칫 최악의 상황으로 치달을 수 있다. 양측 모두 군사력과 국가 재정이 고갈되는 지경에 이를 때까지 끝없는 소모전을 펼칠 소지가 크기 때문이다. 제1차 세계대전 당시 독일과 프랑스의 국경지대에서 전개된 공방전이 대표적인 예에 해당한다. 당초 독일은 속전속결을 꾀했지만 개전한 지 얼마 되지 않아 파리의 북동쪽 마른강을 사이에 두고 영불 연합군과 독일이 맞선 마른전투에서 프랑스가 승리하자 이내 교착 상태에 빠지고 말았다.

셋째, 중과가적衆寡可敵 상황이다. 상대방이 여러 면에서 압도적인 우위를 점한 중과부적과는 정반대 상황이다. 원소가 관도대전에서 조조에게 패하고, 조조가 적벽대전에서 주유에게 패한 것처럼 중과가적의 가장 큰 위험 요소는 자만심에 있다. 자만심은 만심慢心을 불러오고, 만심은 빈틈을 만든다. 막강한 무력을 자랑하던 군대가 적의 기습에 허무하게 무너지는 이유가 여기에 있다. 『손자병법』이 「구변」에서 성미 급하고 화 잘 내는 장수는 이내 적에게 쉽게 넘어가 병사가 전멸당하고 자신 또한 죽임을 당하는 복군살장覆軍殺將의 참화를 당할 수 있다고 경고한 것도 바로 이 때문이다. 원소가 조조에게 패하고 나서 이내 피를 토하고 죽은 것도 같은 맥락이다.

지금까지의 마음가짐을 버리고 완전히 달라져라

고금동서의 모든 싸움은 크게 볼 때 이들 세 가지 유형 가운데 하나에 속하게 마련이다. 그러나 그 결과는 다양하게 나타난다. 최후의 순간에 작은 실수로 일순 역전패를 당하는가 하면, 적의 허점을 집요하게 파고들어 마침내 역전승을 거두는 등 그 결과를 예측하기가 어렵다. 도피계逃避計는 아군의 힘이 극히 열세일 때 행하는 계책이다. 『손자병법』이 「모공」에서 이런 이치를 무시한 채 굳게 버티면 결국 강대한 적에게 포로로 잡힌다고 경고한 이유다. '도피' 자체를 부끄러워할 이유가 없다는 취지를 담고 있다. 또 다른 병서인 『삼십육계』에서 마지막 계책으로 도피계를 언급한 것도 같은 취지다. 『삼십육계』는 이를 주위상走爲上으로 표현해놓았다. 달아나는 것이 상책이라는 뜻이다. 『삼십육계』의 해당 대목이다.

"막강한 적을 만났을 때 곧바로 달아나는 것은 최상으로 간주하는 계책이다. 전군이 강적을 피하는 것은 2보 전진을 위한 1보 후퇴에 해당한다. 용병의 원칙에 어긋나는 게 아니다. 이는 '군사가 한때 왼쪽으로 물러나 포진하는 것은 허물이 없으니, 결코 병법의 기본 이치를 잃은 게 아니다'라는 뜻을 지닌 『주역』 「사괘師卦」의 '좌차무구, 미실상야左次無咎, 未失常也' 효사爻辭와 취지를 같이하는 것이다."

주위상의 주走를 두고 적잖은 사람이 달아날 도逃와 같은 뜻으로 새기고 있으나 이는 잘못이다. 여기서 주는 어디까지나 적이 강하고 아군이 약한 상황에서 실력을 보전하고자 취하는 '2보 전진을 위한 1보 후퇴'의 뜻으로 사용된 것이다. '전술적 퇴각'을 뜻한다. 투지와 기개에 아무런 변함이 없다. 오히려 투지를 더욱 불태우는 방안으로 활용할 수도 있다.

주위상은 『회남자』 「병략훈」에 나오는 '실즉투, 허즉주實則鬪, 虛則走'와 취지를 같이한다. 여기의 실은 병력이 충실한 경우를 뜻하고, 허는 병력이 피폐해진 상황을 의미한다. 아군이 허의 상황에 처했는데도 무모하게 실의 상황에 있는 적과 정면대결을 펼칠 수는 없는 노릇이다. 「병략훈」의 이 구절은 적과의 충돌을 피해 힘을 보충하고 나서 다시 생각해보라고 주문한 것이다. 똑같이 '퇴각'의 뜻을 지니고 있음에도 굳이 도逃가 아닌 주走를 사용한 이유가 여기에 있다.

『손자병법』의 도피계와 취지를 같이하는 주위상 계책은 대적할 수 없는 강적을 만났을 때 정면충돌을 피하고 속히 피해가는 게 관건이다. 말할 것도 없이 후일을 도모하려는 것이다. 『남제서南齊書』 「왕경칙전王敬則傳」의 내용을 보면 『삼십육계』의 원형은 남제의 명장 단도제檀道濟가 쓴 『단공삼십육책檀公三十六策』이다. 현존 『삼십육계』가 오랜 시간에 걸쳐 많은 가감첨삭이 이뤄졌을지라도 그 원형만큼은 단도제에 의해 만들어졌다고 보아야 한다. 「왕경칙전」에 나오는 "단공의 36책 중에 피하는 것이 상책이다檀公三十六策, 走是上計"라는 구절자체가 현재의 『삼십육계』 제36계 구절의 내용과 완전히 일치하고 있다는 점이 이를 뒷받침한다.

주위상의 계책을 구사하는 것은 기본적으로 전기轉機를 모색하려는 취지에서 나온 것이다. 심기일전心機一轉의 취지와 같다. 심기일전은 어떤 동기가 있어 이제껏 지녔던 마음가짐을 버리고 완전히 달라지는 것을 말한다. 이 말과 관련한 일화가 있다.

지난 1973년 10월부터 시작된 석유 파동은 한국에 석유 부족, 물가 폭등, 국제수지 악화라는 삼중고를 안겨줬다. 해결 방안으로 제시된 석유 사용 10퍼센트 절감 정책은 국영 기업체와 관공서의 전구 가운데 3분의 1을 빼내고, 다방·음식점·목욕탕의 영업시간을 단축하고, 텔레비전 방영시간을 하루 네 시간 단축하는 식으로 전개되었다. 이는 국민에게 절약할 구석이 의외로 많다는 사실을 일깨워줬다. 박정희 대통령 역시 경공업 위주의 한국을 세계적인 공업대국으로 만들겠다는 결심을 더욱 굳혔다.

1973년 11월 중순 박정희는 보유 외환이 바닥나고 있다는 보고를 접하자 곧 경제기획원 장관 태완선에게 종합 대책을 마련하여 보고하도록 지시했다. 이해 12월 중순, 대책 보고 회의가 열렸다. 박정희가 실망스러운 표정을 지었다.

"태 부총리(장관직을 겸직했다), 수고했소. 워낙 중요한 사안이니 청와대에서 다시 검토하여 결론을 내도록 합시다."

그러고는 집무실로 돌아와 김용환 경제1수석 비서관을 불렀다.

"경제기획원에 한 달의 시간을 줘서 대책을 마련하라고 했는데 도대체 뭔 소리인지 모르겠소. 그렇게 미지근하게 대응해서는 난국을 극복하기가 어려울 것 같소. 임자가 한번 다시 만들어보시오."

김용환은 새해 1월 10일을 목표로 정하고 비밀 작업에 들어갔다. 한 해 전에 기습적인 사채 동결 조치인 이른바 8·3조치를 비밀리에 만든 바 있는 그는 당시의 팀을 다시 그러모았다. 8·3조치 때와 마찬가지로 정책 입안 관련자로부터 보안을 준수하겠다는 서약서와 함께 이를 지키지 못했을 경우를 가정한 사직서를 받았다.

이듬해인 1974년 1월 초, 마침내 비밀 계획서를 작성하여 재가를 받았다. 문서 제목은 「대통령 긴급조치 제3호와 관련사항에 관한 보고」였다. 이해 1월 14일에 청와대에서 열린 국무회의에서는 이른바 1·14조치안이 의결되었다. 김용환이 긴급조치 선포에 따른 대통령 담화문 낭독을 마치고 통과시키려는 순간, 문교부 장관으로 있던 민관식이 소리를 질렀다.

"각하, 틀린 글자가 하나 있습니다. 심기일전心氣—轉이 아니라 심기일전心機—轉입니다."

오자와 탈자를 우려해 수십 번이나 원고를 확인했던 김용환은 가슴이 철렁할 수밖에 없었다. 박정희가 껄껄 웃으며 이같이 말했다.

"통상 우리가 쓰는 한자는 민 장관 말이 맞소. 그러나 기機를 기氣로 쓴 심기일전도 좋지 않소? 마음과 기분을 한번 가다듬자는 뜻인데 오히려 이게 더 좋은 것 같소."

모두 박정희를 따라 크게 웃었다. 결국 원안대로 통과되었다. 관보에도 그대로 나갔다. 김용환은 지난 2002년에 펴낸 회고록 『임자, 자네가 사령관 아닌가』에서 대통령의 세심한 배려에 고마움을 표하며 이같이 술회했다.

"경제 관료들을 휘어잡는 박 대통령 특유의 용인술을 읽을 수 있는 대목이었다. 경제 관료들의 노력을 인정하고 사기를 꺾지 않으면서 맡은 바 임무에 충실하도록 격려하고자 그리한 것이다."

박정희가 심기일전心氣一轉에 손을 들어준 것은 심기일전心機一轉의 근본취지가 『삼심육계』의 제36계인 주위상 또는 『손자병법』의 도피계와 취지를 같이한다는 사실을 통찰한 결과로 볼 수 있다.

실제로 사서를 보면 도피계를 이용해 심기일전에 성공한 사례가 매우 많다. 대표적인 사례로는, 진시황 사후 천하의 호걸이 우후죽순처럼 일어날 당시에 진여와 장이가 일순 치솟는 울분을 가라앉히고 훗날을 도모한 일을 들 수 있다.

권토중래를 꾀하는 퇴각은 부끄러워할 이유가 없다

당초 진시황이 급서했을 때 처음으로 봉기의 깃발을 든 사람은 한 지역의 아전 출신인 진승陳勝이었다. 그는 장초張楚라는 나라를 세운 뒤 백성 사이에서 명망이 높았던 장이와 진여를 참모로 두었다. 그런데 장이와 진여는 자신들의 계책이 받아들여지지 않은 상황이었기에 진승에게 심복할 수 없었다. 비슷한 시기의 장양과 삼국시대의 제갈량은 각각 유방과 유비를 만난 자리에서 자신의 건의가 그대로 채택되는 것을 보고 감격하여 휘하 참모의 길을 걷게 되었다. 그런 점에서 진승은 뜻만 컸을 뿐이지 천하경영의 웅략雄略이 없었다.

당시 장이와 진여는 함께 진승을 찾아간 데서 알 수 있듯 이른바 문경지교刎頸之交로 소문이 나 있었다. 이는 목이 달아날지라도 변치 않을 만큼 가까운 친교를 뜻한다. 원래 이 말은 전국시대 말기 조 혜문왕 때 명신인 인상여와 장수 염파가 맺은 두터운 친교에서 나온 것이다. 염파는 인상여의 출세를 시기하며 크게 불화했으나, 인상여의 넓은 도량에 감격한 나머지 이내 깨끗이 사과하고 죽음을 함께해도 변치 않을 정도의 친교를 맺게 되었다. 장이와 진여 모두 지금의 하남성 개봉인 대량 출신으로, 어렸을 때부터 함께 생장해온 까닭에 인상여와 염파 못지않게 깊은 우정을 과시했다.

이 때문에 많은 사람이 두 사람의 연배가 비슷할 것으로 생각하고 있으나『사기』「장이진여열전」은 나이가 젊은 진여가 장이를 "부친처럼 섬겼다"라고 기록해놓았다. 원문은 "부사父事"다. 섬긴다는 뜻의 동사 사事 앞에 부父가 '부친처럼'의 뜻을 지닌 부사어로 사용된 경우다. 사마천은『사기』전체를 통틀어 '부사'라는 용어를 세 번 사용했다. 「장이진여열전」의 장이와 진여의 경우를 포함해 「장승상열전」에 나오는 장창張蒼과 왕릉王陵, 「유협열전」에 나오는 전중田仲과 주가朱家의 경우가 그렇다. 모두 의리의 표상에 해당한다.

장이와 진여는 나이 차이가 대략 스무 살 안팎이었을 것으로 추정된다. 나이 차이를 잊고 친교를 맺는 것을 흔히 망년지교忘年之交라고 한다. 나이가 젊은 진여가 장이를 부친처럼 모셨는데도 장이가 진여를 마치 붕우를 대하듯 가까이하면서 문경지교를 맺은 것은 서로를 일종의 도반道伴으로 간주했기 때문이다. 도반은 '도를 함께 닦는 반려'라는 뜻으로, 승려와 도사들이 서로를 도반으로 부른다.

진시황이 위魏나라를 병탄할 당시에도 장이와 진여는 명성이 높았다. 진시황이 이 소문을 뒤늦게 듣고 장이에게 1,000금, 진여에게 500금의 현상금을 내걸고 수소문했다. 이들이 당대의 '도반'이었음

리스크 없이 쟁취하라 – 손자처럼

을 반증한다. 당시 두 사람은 황급히 성명을 바꿔 신분을 감추고 작은 고을의 문지기로 지내며 재기할 날을 기다렸다.

이 와중에 진여가 자신의 신분이 탄로 날 수도 있는 실수를 저질렀다. 향리가 지나갈 때 한눈을 파는 바람에 제대로 인사를 하지 못해 향리의 화를 돋운 게 화근이었다. 향리가 근무 태만의 구실을 붙여 형벌을 가하려고 하자 진여는 거칠게 대항하려 했다. 그 순간 장이가 재빨리 진여의 발을 밟으며 그대로 매를 맞게 했다. 향리가 돌아가고 나서 장이가 진여를 이끌고 뽕나무 아래로 가서 나무랐다.

"전에 내가 그대에게 어떻게 말했던가? 지금 작은 모욕을 당하자 이를 참지 못해 한낱 아전 한 사람을 죽이려고 드는 것인가?"

"제가 어리석었습니다!"

진여가 사과했다. 장이가 진여의 발을 밟은 것은 말할 것도 없이 때를 기다리며 은인자중해야 한다는 취지였다. 당대의 명사인 진여가 이를 모를 리 없다. 그럼에도 그가 그토록 과민한 반응을 보인 것은 신분을 감춘 채 문지기로 살아가는 현실에 대한 불만이 그만큼 컸음을 반증한다.

무릇 형세가 여의치 못할 때는 뒤로 빠지는 게 상책이다. 당시 진여가 순간적인 화를 참지 못하고 장이의 충고를 무시한 채 향리에게 달려들었으면 이내 신분이 탄로나 목숨을 잃고 말았을 것이다. 장이의 제안은 일종의 도피계에 해당한다. 시골 마을의 문지기로 신분을 위장한 두 사람에게 향리는 하늘과 같은 존재다. 싸워보았자 자신만 낭패를 보게 된다.

물론 그 향리를 흠씬 두들겨 패고 달아나는 방안이 없는 것은 아니다. 그러나 장이와 진여는 이미 현상금이 걸려 있던 당대의 명망가였다. 향리를 두들겨 패고 달아날 경우 곧바로 신분이 들통나 추격이 벌어질 수밖에 없었다. 사세事勢가 불리할 때는 『손자병법』의 도피계를 강구하는 게 상책이다.

다만 잊지 말아야 할 것은 이때의 퇴각이 어디까지나 일시적인 퇴각에 지나지 않는 까닭에, 심기일전의 자세로 권토중래捲土重來를 꾀해야 한다는 점이다. 그게 『삼십육계』 주위상 계책의 진면목이다. 알량한 자존심 때문에 이를 행하지 않는 바람에 후대인의 웃음거리가 된 인물이 바로 항우다. 『사기』 「항우본기」에 따르면 그는 기껏 "하늘이 나를 버렸다"라고 탄식하며 오강에서 스스로 목숨을 끊는 졸장부의 모습을 보였다. 21세기에 들어와 사가들에 의해 이 기록이 역사적 사실과 동떨어져 있다는 사실이 밝혀지기는 했으나 항우가 강동으로 건너가 권토중래를 꾀하지 않은 것만은 분명하다. 주위상 계책을 부끄럽게 여긴 탓이다.

민국시대 말기 이종오가 『후흑학』에서 천하를 놓고 다툴 때는 소치小恥와 소인小仁, 소의小義, 소용小勇에 얽매여서는 안 된다고 역설한 이유가 여기에 있다. 이종오는 항우의 이런 행보를 부인지인婦人之仁, 필부지용匹夫之勇으로 비판했다. 이는 원래 『사기』 「회음후열전」에 나오는 말이다. 당시 한신은 항우 휘하에 있다가 자신의 존재를 알아주지 않자 이내 유방에게 몸을 맡겼다. 그는 유방을 만난 자리에서 항우를 이같이 평했다.

"저는 일찍이 항우를 섬긴 적이 있기에 그의 사람됨을 압니다. 그가 화를 내며 큰 소리를 내지르면 1,000명이 모두 엎드립니다. 그러나 현장賢將을 믿고 병권을 맡기지 못하니 이는 일개 사내의 용기인 필부지용에 지나지 않습니다. 그가 사람을 대하는 태도는 공손하고 자애롭고 말씨 또한 부드럽습니다. 누가 병에 걸리면 눈물을 흘리며 음식을 나눠줍니다. 그러나 부리는 사람이 공을 세워 봉작封爵해야 할 때 인장이 닳아 없어질 때까지 차마 내주지를 못합니다. 이는 일개 아녀자의 어짊인 부인지인에 지나지 않습니다."

당시 항우는 권토중래를 권한 어느 어부의 권고를 좇아 강동으로 한때 몸을 숨기고 권토중래를 꾀할 필요가 있었다. 수치스럽고 힘든 기간일 수 있으나 이를 참아내야만 천하를 거머쥘 수 있다. 실제로 월왕 구천은 오왕 부차의 마부로 일하다가 풀려나서 와신상담 끝에 마침내 자신에게 한없는 굴욕을 안긴 부차를 제압하고 천하를 호령할 수 있었다. 한때 실패했다고 앞으로도 계속 실패하리라는 법은 없다. 훗날을 기약하며 인내하고 실력을 닦는 게 정답이다. 지금 가난하다고 해서 평생 가난하게 살아야 하는 것도 아니고, 지금 힘들고 어렵다고 해서 앞으로도 계속 힘들고 어려운 삶을 살아야 하는 것도 아니다. 『손자병법』의 도피계와 『삼십육계』의 주위상 계책은 그 기본 취지가 바로 여기에 있다. 2보 전진을 위한 1보 후퇴로 심기일전을 꾀하라는 말이다.

기정계
奇正計
————
23

정병과 기병을 섞어라

적의 공격을 받았을 때 병사들로 하여금 적과 맞부딪쳐 치열한 접전을 벌이면
서도 반드시 패하지 않도록 하는 비결은 기병奇兵과 정병正兵을 적절히 섞어
쓰는 기정奇正에 있다. (……) 무릇 전쟁에서는 먼저 정병으로 적과 맞서고
기병으로 승부를 결정짓는다.

三軍之衆, 可使必受敵而無敗者, 奇正是也. (……) 凡戰者, 以正合, 以奇勝.

_「손자병법」「병세」

『손자병법』이 역설하는 모든 전략전술은 다음의 두 가지 이치를 따
르고 있다. 첫째, 상대를 속여 착각에 빠뜨리는 궤도詭道가 그것이다.
여기서 최단기간 내에 승부를 결정지어 전승의 효과를 극대화하는
속전속결, 국가 재정과 재화의 확충을 전제로 백성의 요역徭役을 최
소화하는 국용유족國用有足, 공과 과에 따라 상과 벌을 엄히 시행하
는 도리인 신상필벌信賞必罰 등의 원칙이 나왔다. 이종오가 『후흑학』

에서 역설한 두꺼운 얼굴과 시커먼 속셈이라는 뜻의 면후심흑面厚心
黑 역시 상대를 착각에 빠뜨리는 것을 목적으로 삼는 까닭에 궤도의
일환으로 해석할 수 있다.

둘째, 상황에 따라 재빨리 변신해 싸움에 임하는 임기응변이 그것
이다. 여기서 상대방으로 하여금 허와 실을 구분하지 못하도록 유도
하는 허허실실, 통상적인 용병과 변칙적인 용병을 섞어 사용하는 기
정병용 등의 원칙이 나왔다. 개혁개방 이후 미국과 맞설 수 있을 때
까지 때를 기다리며 힘을 축적해온 덩샤오핑의 도광양회 계책도 임
기응변의 일환으로 볼 수 있다.

상황에 따라 재빨리 변신해 싸움에 임하라

『손자병법』이 말하는 기정계奇正計는 상황에 따라 기병과 정병을 적
절히 섞어 쓰는 기정병용을 말한다. 이는 임기응변이나 허허실실과
취지를 같이하며, 『주역』이 역설하는 음양상생陰陽相生의 이치와 부
합한다. 정병은 양陽, 기병은 음陰에 속한다. 이는 단순히 전술에 그
치는 것이 아니라 전략에도 그대로 통용되는 것이기도 하다.

예컨대 「시계」에서 전략의 대원칙으로 언급한 5사7계 용병 원칙은
정, 전술의 대원칙으로 언급한 궤도는 기를 뜻한다. 「허실」에서 말하
는 실은 정, 허는 기에 해당한다. 『손자병법』의 제4편 「군형」부터 제
13편 「용간」까지 모두 따지고 보면 기정병용 또는 허허실실의 운용
술을 풀이한 것이다. 임기응변이나 궤도의 다양한 모습을 언급한 것
이라고 해도 과언이 아니다.

한마디로 말해 기정계는 『손자병법』을 관통하는 임기응변의 꽃에 해당한다. 기본 취지는 『도덕경』 제57장에서 비롯된 것이다. 『도덕경』은 이를 기정지책奇正之策으로 풀이했다. 해당 대목이다.

"올바름을 내세우는 계책인 정책正策으로 나라를 다스리고자 하면 끝내 기이한 술책인 기책奇策으로 용병하는 지경에 이르게 된다. 인위적인 유위有爲로 일을 만들지 않는 무위지치를 통해야만 천하를 손에 넣을 수 있다."

『손자병법』에 나오는 병도와 전술전략 모두 『도덕경』에 뿌리를 두고 있음을 보여주는 대목이다. 병도와 전략 및 전술은 구슬을 하나로 꿴 것과 같아서 따로 나눠 볼 수 있는 게 아니다. 총론과 각론의 관계와 같다. 『손자병법』에 나오는 모든 전략전술이 상대방을 속이는 궤도로 요약되는 이유다. 최후 수단으로 무력을 동원했는데도 상대방이 전혀 항복할 기미를 보이지 않는 최악의 상황에서는 수단과 방법을 가리지 말고 승리를 거둬야 한다. 『손자병법』이 모든 전략전술을 궤도라는 한마디로 요약한 이유다.

문제는 기병과 정병을 과연 실전에서 어떤 비율로 섞어 써야 타당한가 하는 점이다. 이에 대해 합의된 이론이 없다. 『손자병법』이 출현한 이후 현재까지 이론이 분분한 이유다. 지금까지 나온 여러 견해를 종합하면 크게 세 가지로 요약할 수 있다. 첫째, 기선을 제압하고자 먼저 싸움에 나서는 것을 정, 가장 적절한 기회가 올 때까지 기다렸다가 싸움에 나서는 것을 기로 보아야 한다는 선정후기先正後奇의 견해다. 둘째, 정면에서 싸우는 것이 정, 측면에서 공격하는 것이

리스크 없이 쟁취하라 – 손자처럼

기라는 면정측기面正側奇의 견해다. 셋째, 정규전에 해당하는 원칙적인 용병이 정, 비정규전에 해당하는 변칙적인 용병이 기라는 원정변기原正變奇의 견해다.

그러나 이들 세 가지 견해 모두 기정병용 이치를 다른 말로 풀이해놓은 동어반복에 지나지 않는다. 실전을 토대로 한 여러 사례가 뒷받침되어야만 설득력이 있다. 객관적으로 볼 때 21세기 현재까지 기정병용의 오묘한 이치를 가장 그럴듯하게 풀이한 사람은 조조와 마오쩌둥밖에 없다.

조조는 『손자병법』에 나오는 전술과 관련한 대목이 자신의 실전 경험과 차이가 나면 주석에서 실전 경험을 토대로 과감하게 새로운 이론을 전개했다. 앞서 말했듯, 「모공」편의 주석에서 열 배의 군사를 동원해야 한다는 본문의 가르침과 달리, 오직 두 배의 병력으로 천하의 효웅 여포를 포획한 사실을 특서特書한 게 그렇다. 이는 정병과 기병을 뒤섞어 사용한 기정병용의 진수에 해당한다. 실제로 조조는 수공을 통한 정병을 구사하면서 반간계 등을 포함한 기병을 동시에 구사하여 여포를 사로잡음으로써 자신의 병법 이론을 훌륭히 뒷받침했다.

『손자병법』 못지않게 기정계의 중요성을 역설한 병서로는 『당리문대』를 들 수 있다. 『당리문대』 역시 적의 강한 곳을 피하고 약한 곳을 쳐야 한다는 피실격허 차원을 뛰어넘는 계책을 제시했다. 그게 바로 '허중실, 실중허'다. 허와 실의 구분을 무색하게 하는 대목이다.

객관적으로 볼 때 『손자병법』과 『당리문대』를 제외한 대부분 병서들은 단순히 피실격허 차원에 머물고 있다. 『당리문대』의 '허중실, 실중허'는 허실의 경계를 아예 허물어버린 뛰어난 병법 이론에 해당한다. 『장자』 「제물론齊物論」의 호접몽胡蝶夢 일화를 연상시키는 대목이다. '허중실, 실중허'는 전략전술이 장병의 몸과 마음에 그대로 녹아들어간 경지를 말한 것이다. 『당리문대』 상권에 이를 뒷받침하는 위국공衛國公 이정의 언급이 나온다.

"용병에 능한 자는 정병의 전술을 사용하지 않는 경우가 없고, 기병의 전술을 사용하지 않는 경우도 없습니다. 적으로 하여금 그 변화를 헤아리지 못하게 하려는 것입니다. 정병을 사용해도 승리하고, 기병을 사용해도 이깁니다. 삼군三軍의 병사들은 오직 승리할 줄만 알고, 승리하는 방법 등은 알지 못합니다. 변화무쌍한 용병의 도에 능하지 않고 어찌 이런 경지에 이를 수 있겠습니까? 병력의 분합分合이 이뤄내는 변화는 오직 손무만이 능했습니다. 오기를 비롯한 여타 병가들은 결코 그런 경지에 이르지 못했습니다."

이를 두고 『손자병법』은 「병세」에서 기정지변奇正之變 또는 기정상생奇正相生으로 표현해놓았다. 『당리문대』가 유독 『손자병법』만을 높이 평가한 게 우연이 아니었음을 알 수 있다. 『당리문대』의 이런 평가는 『손자병법』을 사실상 집필한 조조에 대한 칭송이나 다름없다.

실제로 조조는 역대 제왕 가운데 죽을 때까지 평생 손에서 책을 놓지 않는 수불석권의 자세를 보이며 병법을 끊임없이 연구한 사람이다. 이런 태도는 당 태종과 청대의 강희제康熙帝, 현대의 마오쩌둥

리스크 없이 쟁취하라 – 손자처럼

등 극히 일부에서만 나타난다. 게다가 당 태종은 보위에 오르고 나서는 병가보다는 유가의 덕치 이념 구현에 초점을 맞추었고, 강희제 역시 유가 경전의 주석과 덕치 이념의 확산에 주력했다.

마오쩌둥은 또 달랐다. 그는 조조처럼 수불석권의 자세를 견지하며 『손자병법』에 나오는 전략전술 이론을 토대로 자기 나름의 주석을 가하고 새로운 유형의 다양한 전략전술을 만들어냈으니 조조의 부활에 해당했다. 그는 생전에 조조의 치국평천하 행보를 극찬하면서 조조를 흉내 낸 병법 이론서를 많이 펴냈다. 연안 시절에 나온 「모순론」과 「실천론」은 겉으로는 마르크스주의의 외피를 입었으나 그 내막은 『손자병법』 이론의 주석이나 다름없다. 마오쩌둥이 시종 노동자혁명이 아닌 농민혁명을 역설해 마침내 신중화제국의 창업자가 된 배경은 『손자병법』에 대한 창의적인 해석과 무관하지 않다.

연안 시절에 마오쩌둥을 포함한 수뇌부는 연안에서 모든 것을 자력으로 마련해야 했다. '자력갱생'과 '생산투쟁'이 강조된 배경이다. 마오쩌둥은 즐기는 담배를 조달하고자 자기 동굴 앞에 있는 작은 텃밭을 가꾸어 스스로 담배를 재배했다. 1939년 2월, 그는 '생산 동원 대회'를 열고 경제적 곤경을 해결하는 방안을 한마디로 제시했다.

"스스로 움직여 입을 것과 먹을 것을 풍족하게 하라!"

『손자병법』에서 말하는 군량 자급의 원칙을 차용한 것이다. 이후에 이는 공산당이 상용하는 구호 중 하나가 되었고, 주둔하는 해당 지역의 경제 사정이 어려워지면 스스로 움직여서 먹고 입을 것을 해결하라는 지침으로 활용되었다. 그의 이런 지침은 지휘관의 자질과 조건에 대한 언급에서 더욱 소상히 드러나고 있다.

"군사 지도자는 물질적인 조건이 허용되는 범위 내에서 승리를 쟁취할 수 있고 또 반드시 그래야만 한다. 본인이 하기에 따라서는 객관적 조건 위에 설정된 무대에서 다채롭고 웅장한 활극을 공연할 수 있다. 전쟁이라는 큰 바닷속에서 자유자재로 유영할 줄 아는 지휘관은 자신의 몸을 물속에 가라앉히지 않고 능히 건너편 해안에 이르게 해야 한다. 전쟁의 지도 법칙은 곧 유영술이다."

여기서 말하는 '유영술', 즉 수영 기술은 주변의 상황 변화에 따라 재빨리 변신해 승리를 거두는 임기응변의 전술을 달리 표현한 것이다. 그가 전략적 퇴각을 매우 중시한 근본 이유가 여기에 있다. 고금 동서의 전례에 비춰볼 때, 제때에 퇴각하지 못하면 이내 참패로 연결될 수밖에 없다. 그는 『수호지』를 예로 들어 이를 설명했다.

"『수호전』에 나오는 홍 교두는 임충에게 달려들면서 '덤벼라, 덤벼'라고 연거푸 소리쳤으나 결국 한 걸음 물러섰던 임충이 그의 약점을 틈타 단번에 그를 차서 넘어뜨렸다. 우리 전쟁은 1927년 가을부터 시작되었으나 1928년 5월부터 당시 정황에 적응되는 소박한 성격을 띤 유격전의 기본 원칙이 만들어졌다."

마오쩌둥이 현대 게릴라전의 원형에 해당하는 유격전의 기본 전술을 창의적으로 만들어낸 배경이 여기에 있다.

『수호전』에 나오는 홍 교두와 임충의 대결은 매우 유명한 장면이다. 홍 교두는 시진의 집에 있던 무술 교관으로서 교만했다. 시진이 임충의 실력도 가늠하고 홍 교두의 코를 납작하게 할 요량으로 두 사람의 봉술 대결을 부추겼다. 결투 당시, 교만한 홍 교두가 먼저 일어나 도발했다. 홍 교두가 봉을 내리치자 임충이 한 발 물러섰다. 임충은 홍 교두의 발걸음이 이미 불안정한 것을 보고, 봉을 들어 내려치는 척하다가 즉시 봉으로 낮게 원을 그리며 돌려 쳤다. 홍 교두는 상반신만 바라보다가 손 쓸 새도 없이 정강이뼈를 얻어맞고 풀썩 주저앉고 말았다. 그는 부끄러움에 이내 황급히 자리를 벗어났다.

마오쩌둥이 『수호지』의 이 장면을 예로 든 것은 임충이 「병세」에서 말하는 기정병용의 묘리를 절묘하게 구사한 점을 높이 평가한 결과다. 기정지병의 핵심이 짐짓 나의 허점을 보여 상대방을 유인하는 궤도에 있음을 뒷받침하는 일화다.

여기서 마오쩌둥이 만들어낸 것이 바로 현대 게릴라전의 금언으로 인용되는 '16자결'이다. 그 내용은 매우 간략하다. 첫째, 적진아퇴敵進我退. 적이 진격하면 나는 퇴각한다. 둘째, 적주아요敵駐我擾. 적이 주둔하면 나는 교란한다. 셋째, 적피아타敵疲我打. 적이 피로하면 나는 공격한다. 넷째, 적퇴아추敵退我追. 적이 퇴각할 때 추격한다.

16자결은 전력이 절대적인 열세에 놓인 측이 구사하는 가장 효과적인 전법이라고 할 수 있다. 실제로 전력 면에서 크게 열세에 있던 홍군이 막강한 전력을 갖춘 국민당 정부군의 공세에도 괴멸하지 않고 버텼던 것은 16자결을 충실히 따른 결과였다. 『손자병법』의 관점에서 보면 조조와 마오쩌둥은 전장에서 평생을 보내며 쉬지 않고 병법을 연구한 덕분에 기정계의 진수를 꿰게 된 인물이다.

용간계
用間計

24

다양한 첩자를 활용하라

명군과 현장賢將이 일단 움직이면 반드시 승리하고 다른 사람보다 더 큰 공을 세우는 것은 미리 적의 사정을 훤히 꿰고 있기 때문이다. 이는 귀신에게 빌어 알 수 있는 것도 아니고, 유사한 사례로 유추해 알 수 있는 것도 아니다. 나아가 일월성신의 움직임을 헤아려 그 징조를 알 수 있는 것은 더더욱 아니다. 반드시 사람을 통해 알아내야만 한다. 적의 내부 사정을 깊숙이 아는 첩자가 필요한 이유다.

明君賢將, 所以動而勝人, 成功出於衆者, 先知也. 先知者, 不可取於鬼神, 不可象於事. 不可驗於度. 必取於人, 知敵之情者也.

_ 「손자병법」 「용간」

정보전이 날이 갈수록 격화하고 있다. 2015년 9월의 워싱턴 미·중 수뇌회담에서 오바마와 시진핑이 '사이버 첩보' 및 해킹 문제 등을 놓고 한 치의 양보도 없이 치열한 접전을 벌인 게 그렇다. 살벌한 경제경영 환경에 비춰볼 때 앞으로 더하면 더했지 덜할 가능성은 거의 없다. 주목할 것은 종래 정치·군사 분야가 주를 이루었던 국제 첩보전이 경제 첩보전으로 변모하고 있다는 점이다. 21세기 경제전이 국가 총력전 양상을 띠는 데에 따른 필연적인 현상이기도 하다.

경제 첩보전에서 패하면 시장의 변화에 제대로 적응하기 어렵다. 자칫 일국의 기간산업 기반이 일거에 무너질 수도 있다. 『손자병법』이 마지막 편인 「용간」에서 이 문제를 집중적으로 조명하는 것도 유사한 맥락이다. 기밀 유지가 절대적으로 요구되는 전쟁에서 아군의 1급 비밀이 적의 첩보망에 포착된다면 이미 죽은 목숨으로 봐야 한다. 기업 CEO 모두 「용간」이 역설하는 첩보 또는 정보전의 중요성을 통찰할 필요가 있다.

적의 내부 사정을 알아내면 승리는 저절로 온다

「용간」의 '간間'은 원래 말뜻 그대로 간첩間諜을 뜻한다. 간첩의 간은 이간離間, 첩은 염탐해 보고한다는 첩보諜報의 의미를 지니고 있다. 간은 내부 분열을 통한 극심한 혼란으로 이어지는 까닭에 오히려 첩에 비해 더 위험할 수 있다. 적의 이간계 또는 반간계에 걸리고도 멀쩡하게 살아남은 경우는 거의 없다.

역사상 반간계에 걸려 손에 넣은 천하를 고스란히 상대에게 '상납'한 대표적인 사례로 초한전 때 항우가 유방의 책사인 진평陳平의 반간계에 넘어가 책사인 범증范增을 내친 사건을 들 수 있다.

『사기』「진승상세가」에 따르면 기원전 204년 봄, 유방이 항우에게 지금의 하남성 정주시 부근인 형양을 기준으로 천하를 둘로 나눠 갖고 잠시 싸움을 멈추자고 제의했다. 장차 한신의 군사를 끌어들여 항우를 격파하는 데에 적극적으로 활용하고자 한 것이다. 홍구에서의 강화회담이 이뤄지기 1년 전의 일이다. 「진승상세가」에 따르면 당시 유방은 문득 진평을 불러 이같이 물었다.

"천하가 분분하니 언제나 안정되겠소?"

"항우의 강직한 신하는 범아부范亞父와 종리매鍾離昧, 사마용저司馬龍且, 주은周殷 등 몇 사람에 지나지 않습니다. 대왕은 실로 수만 근의 황금을 내어 반간계를 구사하면 항우의 군신을 이간시켜 서로 그 마음을 의심하게 할 수 있습니다. 항우는 위인이 시기가 많고 참소하는 말을 잘 믿는 인물입니다. 반드시 안에서 서로 죽이는 일이 빚어질 것입니다. 한나라가 이 틈에 거병하여 공격하면 초나라를 격파하는 것은 의심의 여지가 없습니다."

진평이 말한 '범아부'의 '아부'는 항우가 범증을 '작은아버지'로 높여 부른 호칭이다. 당시 유방은 진평의 얘기를 듣고는 크게 기뻐하며 곧 진평에게 황금 4만 근을 내주었다. 지출 내역을 전혀 묻지 않을 터이니 마음대로 사용해 반간계를 반드시 성사시킬 것을 주문했다. 전국시대 말기 진나라가 천하통일의 걸림돌로 작용하던 위나라의 신릉군信陵君을 낙마시키려고 반간계를 구사한 바 있다. 당시 진나라가 유세객들에게 사용한 황금이 1만 근이었다. 유방이 진평에게 내린 4만 근이 얼마나 큰 액수인지 쉽게 알 수 있다. 당시 진평은 황금을 이용해 초나라 군영 내에서 반간계를 구사하면서 공개적으로

리스크 없이 쟁취하라 – 손자처럼

이런 말을 퍼뜨렸다.

"종리매 등은 항우를 위해 많은 공을 세웠는데도 끝내 분봉分封의 포상을 받지 못했다. 장차 한나라와 연합해 항씨를 멸망시키고 그 땅을 나눠 가지려 할 것이다."

「진승상세가」는 이를 계기로 항우가 속으로 종리매 등을 의심하기 시작했다고 기록해놓았으나, 이는 액면 그대로 믿기는 어렵다. 이해 4월에 항우가 직접 군사를 지휘하며 형양에서 유방을 더욱 급박하게 공격한 것을 보더라도 그렇다. 종리매 등이 형양에 대한 공격을 만류했을 리도 없다. 실제로 항우가 종리매를 의심해 공격의 고삐를 푼 적은 없다. 이는 종리매 등을 노린 반간계가 제대로 먹히지 않았음을 반증한다. 『사기』「고조본기」의 다음 기록이 이를 뒷받침한다.

"한왕이 강화를 청하면서 형양의 서쪽 지역을 베어내어 그곳만 갖겠다고 제안했다. 항왕이 받아들이지 않았다. 한왕이 이를 크게 우려해 이내 진평의 계책을 사용했다."

유방의 처지에서 볼 때 당시의 강화 방안은 1년여 뒤에 이뤄진 홍구 강화 때보다 훨씬 서쪽으로 치우친 것이다. 경계선이 관중 쪽에 훨씬 가깝다. 유방이 불리한 형세에 처해 있었음을 반증한다. 범증이 항우에게 형양에 대한 맹공을 강력히 권한 배경이 여기에 있다. 당시 항우는 유방이 강화 방안을 제시한 속셈을 정확히 파악하려고 사자를 보냈다. 「고조본기」에서 "진평의 계책을 사용했다"라고 한 것은 바로 이즈음의 상황을 언급한 것이다.

당시 진평이 구사한 반간계가 빛을 발하는 것은 항우가 유방의 속셈을 알아보려고 보낸 사자를 역이용한 데에 있다. 일종의 장계취계將計就計에 해당한다. 이는 상대편의 계교를 미리 알아채고 그것을 역이용하는 것을 말한다. 고단수의 속임수에 속한다.

「진승상세가」의 기록에 따르면 당시 진평은 항우의 사자가 도착할 즈음에 좌우에 명해 이른바 태뢰太牢를 갖춰놓게 했다. 태뢰는 제사나 연회 때 소와 양, 돼지 등 세 가지 희생犧牲을 모두 갖추는 것을 말하며, 돼지와 양만 갖춘 것은 소뢰小牢라고 한다. 음식을 올리던 중에 진평이 나타나 초나라 사자를 보고 짐짓 놀라는 체했다.

"범아부의 사자인 줄 알았더니, 이자는 항우의 사자가 아닌가!"

그러고는 그 음식을 내가게 하고 조악한 음식을 초나라 사자에게 올리게 했다. 초나라 사자가 귀환해 이를 상세히 보고했다. 「고조본기」는 이때 항우가 범증을 크게 의심하기 시작했다고 기록해놓았다. 이는 사실에 부합할 듯하다. 의견 충돌로 범증이 항우 곁을 떠난 게 그 증거다. 진평이 구사한 장계취계의 반간계가 그만큼 뛰어났음을 반증한다.

『손자병법』이 굳이 「용간」을 마지막 편에 편제한 것은 제1편 「시계」에서 역설한 병도의 기본 취지를 재차 강조하려는 것으로 보인다. 병도와 전략 및 전술의 기본 이치가 마치 『주역』의 체體와 용用처럼 불가분의 관계를 이루고 있음을 수미일관首尾一貫하여 설명하고자 한 것으로 짐작된다. 『논어』가 쉬지 않고 배우는 자세를 찬미한 제1편 「학이」에서 시작해 군자의 치국평천하를 논한 제20편 「요왈」

에서 끝나는 것과 닮았다.

역대 병서 가운데 간첩의 역할을 『손자병법』만큼 중시한 병서는 없다. 「용간」이 은나라 개국공신 이윤과 주나라 개국공신 여상을 반간계의 주역으로 언급한 게 그렇다. 『손자병법』이 '반간'을 포함한 '용간'을 얼마나 중시했는지를 반증한다. 「용간」은 다섯 가지 유형의 간첩 가운데 반간계를 구사하는 간첩인 반간을 최상으로 쳤다. 최상급의 정보를 얻을 가능성이 가장 크고, 활용도가 그만큼 높기 때문이다. 『삼십육계』는 반간계를 33번째 계책으로 다루고 있다. 적의 첩자를 포섭해 아군의 첩자로 활용하거나, 적의 첩자인 줄 알면서도 모르는 척하며 거짓 정보를 흘려 적을 속이는 방법을 말한다.

『삼국지연의』에도 유명한 반간계 일화가 나온다. 적벽대전 당시 오나라 장수 주유周瑜와 동문수학한 장간蔣幹이 조조의 명을 받고 주유를 찾아갔다. 항복을 권하고자 한 것이다. 주유는 매우 취해 자는 척하며 탁자 위에 조조에게 투항한 채모蔡瑁와 장윤張允에게 보내는 것처럼 꾸민 거짓 편지를 놓아두었다. 당시 채모와 장윤은 위나라 수군의 훈련을 책임지고 있었다. 내막을 모르는 장간이 몰래 이를 들고 나와 조조에게 고하자 조조는 투항한 오나라 장수를 첩자로 간주해 목을 베는 잘못을 저지르고 만다. 결국 조조는 이들을 통해 수전에 약한 위나라 군사를 훈련하려던 당초 계책을 관철하지 못해 이후에 수전에 강한 오나라 군사에게 패하는 빌미를 제공한다. 이상이 『삼국지연의』에 나오는 반간계 대목의 골자다.

엄밀한 사료 선정으로 유명한 『자치통감』에는 장간이 주유를 설득하려고 오나라로 간 내용만 나온다. 게다가 이는 적벽대전 이후의 일이다.『삼국지연의』처럼 주유의 반간계에 걸릴 이유가 없었다.

장간은 혼란스러운 삼국시대에 매우 특이한 인물이었다. 난세의 와중에 교역을 통해 엄청난 부를 얻은 것도 그렇고, 위나라와 오나라를 가리지 않고 넘나들며 유세객으로 활동한 사실이 그렇다. 범상치 않은 인물이었음이 틀림없다.『삼국지연의』는 그런 장간을 적벽대전 와중에 등장시켜 한낱 주유의 반간계에 놀아나는 어리석은 인물로 묘사했다. 조조를 어리석은 인물로 묘사하는 소도구로 이용한 것이다. 그럼에도 적벽대전 당시 반간계를 골자로 한 치열한 첩보전이 전개되었고, 자만심에 빠진 조조가 첩보전을 소홀히 하다가 끝내 패하게 된 사실만큼은 부인할 수 없다.

예나 지금이나 싸움은 규모가 커질수록 총력전 양상을 띠게 마련이다. 상하 간의 일치단결이 반드시 필요하다. 객관적으로 중과부적의 열세에 처해 있을지라도 상하가 일치단결하면 막강한 무력을 지닌 대적大敵도 능히 물리칠 수 있다. 이를 가장 효과적으로 달성할 수 있는 게 바로 적진의 상하를 이간하는 반간계다. 적의 군주와 신하들 사이는 물론이고 신하들 내부에서도 서로를 믿지 못해 의심하며 대립하게 하는 게 관건이다. 이는 극히 교묘한 까닭에 겉만 봐서는 도무지 그 내막을 알 길이 없다.

이를 실현하는 수단은 무궁무진하다.『삼십육계』에서 말하는 미인계는 말할 것도 없고, 뇌물로 적의 수뇌부를 매수하는 이른바 회뢰계賄賂計 등 적의 결속을 해칠 수 있는 기만술은 매우 많다. 임진왜란

리스크 없이 쟁취하라 – 손자처럼

당시 이순신이 해전에서 연승을 거두다가 문득 백의종군하게 된 것도 왜군이 구사한 반간계에 넘어간 결과로 볼 수 있다.

조선군과 합세해 왜군의 북상을 가까스로 저지했던 명나라가 정유재란 직후 다시 당쟁의 소용돌이에 휘말려 맹장 원숭환袁崇煥을 혹형에 처한 것도 동일한 맥락이다. 이순신은 장렬한 전사로 그 이름을 죽백竹帛에 올렸지만, 원숭환은 청나라 군사의 남하를 저지하는 대공을 세웠음에도 저잣거리에서 마치 생선회처럼 토막 나는 혹형을 당하고 죽었다. 청나라의 이간책에 걸려 만고의 역적으로 몰린 탓이다. 원숭환이 만고의 역적으로 몰리는 배경 및 과정이 이순신이 백의종군하게 된 것과 사뭇 닮았다.

공교롭게도 원숭환의 처형 과정은 명나라의 몰락 과정과 닮았다. 이 과정에서 결정적인 역할을 한 부류가 두 마음을 품은 이른바 이신貳臣들이다. 명나라에서 벼슬하다가 후금으로 귀순하거나 투항해 벼슬한 한족 관원을 말한다. 명나라가 보기에는 반역자에 해당하나, 청나라가 보기에는「용간」에 나오는 이윤 및 여상과 같은 건국공신에 해당한다.

실제로 청 태종 홍타이지는 범문정范文程을 비롯한 이신들을 중용해 중원 공략의 기반을 다져나갔다. 원숭환과 범문정 모두 한족이다. 청조가 패망하고 나서는 원숭환이 '한족의 영웅'이 된 반면, 범문정은 '한간漢奸'으로 매도되었다. 21세기에 들어와 역대 최고의 재상으로 재평가되고 있는 증국번曾國藩이 한때 한간으로 매도된 것과 닮왔다. 자금성의 수뇌부가 민족 통합을 내세우고 나서는 범문정 역시 청조 최고의 재상으로 평가받고 있다. 고려의 유신遺臣으로 남겠다며 두문동으로 들어갔다가 조선조에 참여한 탓에 '이신'으로 평가받았던 권근權近과 하륜河崙 등에 대해서 한국의 학계에서 재조명 작업을 전개하는 것과 닮았다.

성패를 가르는 핵심은 정보다

「용간」에서 말하는 간첩 활용 방안은 크게 다섯 가지다. 향간鄕間, 내간內間, 반간, 사간死間, 생간生間이 그것이다. 향간은 적국의 일반인을 첩자로 이용하고, 내간은 적국의 관원을 첩자로 삼고, 반간은 거짓 정보로 적의 첩자를 역이용하는 것을 말한다. 사간은 밖에서 유포한 거짓 정보를 적국에 잠입해 있는 아군 첩자에게 알리고 이를 고의로 적국의 첩자에게 전달하게 하는 방법이다. 생간은 적국에 잠입해 수집한 정보를 교묘하게 살아와서 보고하도록 하는 것을 말한다. 상황에 따라 뒤섞어 사용할 필요가 있다.

주목할 것은 첩자의 활용 못지않게 중시되는 암호가 적에게 해독되어 승패가 엇갈린 경우가 적지 않다는 점이다. 대표적인 사례로 제2차 세계대전 당시 막강한 무력을 자랑한 일본 해군이 암호가 해독되는 바람에 크게 패한 미드웨이해전을 들 수 있다.

제2차 세계대전의 와중인 1942년 6월 5일부터 7일까지 하와이 북서쪽 미드웨이 앞바다에서 벌어진 이 싸움은 사상 최대 규모의 해전으로 기록되어 있다. 단 사흘 동안 벌어진 해전이기는 하지만 그 규모와 역사적인 의미에서 볼 때 세계 3대 해전으로 함께 손꼽히는 쓰시마해전과 유틀란트해전을 압도한다.

당시 일본은 진주만 기습공격 성공 이후 우세한 해군력을 바탕으로 동부 태평양 전역을 공격하고 오스트레일리아 침공을 준비하는 등 승승장구할 때였다. 이에 반해 미국은 유럽의 전황에 초점을 맞추고 있었던 까닭에 일본 함대에 비해 여러모로 열세였다.

이를 잘 아는 일본의 연합함대는 미드웨이섬을 일거에 점령하기 위해 항공모함 네 척을 포함해 수십 척의 함정을 동원했다. 미국의 태평양함대도 항모 세 척을 포함해 수십 척의 군함으로 맞섰다. 그러나 승리의 여신은 미국의 손을 들어주었다. 미국의 승리를 견인한 결정적인 관건은 암호 해독에 있었다. 21세기 현재까지 첩보전 승리의 대표적인 사례로 미드웨이해전을 드는 이유다.

미드웨이해전의 결과 일본은 네 척의 주력 항모와 수많은 베테랑 파일럿들을 잃었다. 단 한 번의 패전으로 태평양에서 주도권을 상실하고 말았다. '태평양전쟁' 개전 이래로 계속 열세에 있던 미국은 이 승리로 일거에 해상 주도권을 잡아 대대적인 반격을 가할 전기를 마련했다. 이후 일본이 1945년의 항복 선언 때까지 몰락의 길을 내리걷게 된 근본 배경이 여기에 있다. 『손자병법』의 관점에서 보면 암호 해독은 곧 첩자를 통해 1급 비밀을 훔친 것에 비유할 만하다. 용간계 用間計가 미국의 승리를 견인한 셈이다.

05

속전

싸움을
신속히 끝내는
불패술

速
戰

속전속결로 승리하라

용병의 기본 이치는 신속을 가장 중요한 과제로 삼는다. 이는 적이 미처 대비
하지 못하는 빈틈을 노리고, 적이 예상치 못한 길로 진격하고, 적이 전혀 경계
하지 않는 곳을 치는 것을 뜻한다.

兵之情主速, 乘人之不及, 由不虞之道, 攻其所不戒也.

_「손자병법」「구지」

개인 차원의 싸움인 주먹다짐에서 국가 차원의 전쟁에 이르기까지
일단 무력을 동원한 접전이 빚어지면 피를 보게 된다. 자신은 전혀
피를 보지 않고 상대만 일방적으로 피 흘리게 하는 일은 있을 수 없
다. 속전속결이 필요한 이유는 어떤 싸움이든 장기적인 지구전이 진
행되면 그 비용 및 피해가 기하급수적으로 늘어나기 때문이다. 자칫
잘못하면 '상처뿐인 영광'을 손에 넣게 되고, 상황이 더 심각해지면
그 후유증으로 자신마저 무너지는 상황에 직면할 수 있다. 어부지리

漁父之利 또는 방휼지쟁蚌鷸之爭의 성어가 나온 이유가 여기에 있다. 조조도 「구지」의 주석에서 이같이 경계했다.

"지구전이 되면 전비가 천문학적으로 늘어나 아무 이익이 없다. 전쟁은 요원의 불길과 같다. 목적을 이루고 나서 곧바로 거둬들이지 않으면 불길은 불씨가 스스로 꺼질 때까지 모든 것을 태워버린다."

『손자병법』 「작전」에도 유사한 구절이 나온다.

"병법은 속전속결로 이기는 것을 귀하게 여기고, 길게 끄는 지구전을 천하게 여긴다."

원문은 '병귀승, 불귀구兵貴勝, 不貴久'로, 흔히 '병귀신속兵貴神速'으로 줄여 쓴다. 용병은 병사의 신속한 이동이나 행군을 중시한다는 뜻이다. 서양에서는 신속계神速計를 이른바 전격전電擊戰으로 해석한다. 마치 번개가 치듯 속히 달려가 적의 허점을 치는 계책을 말한다.

세계 전사에서 가장 유명한 전격전으로는 제2차 세계대전 당시 히틀러가 시행한 이른바 블리츠크리크Blitzkrieg를 들 수 있다. 말 그대로 전격전이다. 이 전격전은 독일군의 완전무결한 계획에 따라 한 치의 오차도 없이 시행되었다. 이 전격전으로 프랑스가 자랑하던 난공불락의 마지노선은 제 기능을 하지 못했고, 당초 6년 정도 소요될 것으로 예상했던 두 나라 간의 전쟁이 단 6주 만에 끝났다. 그래서 전쟁 개념을 완전히 뒤바꾼 전격전의 창시자가 바로 히틀러였다고 주장하는 이도 있다. 『타임스』 등에서 군사 전문 기자로 활약한 바 있는 영국의 전략가 리델 하트가 대표적인 인물이다.

하트는 역저 『전략론』에서 히틀러를 탁월한 전략가로 평가했다.

선전, 침투, 협박, 교란, 심리전 등 『손자병법』에서 역설하는 첩보전과 심리전을 적극적으로 활용하는 등 전쟁을 국가 총력전으로 파악했다는 게 논거다. 사실 이는 칭기즈칸成吉思汗의 몽골 기마군단이 써먹은 수법이다. 하트 역시 히틀러가 바로 이를 흉내 냈다고 지적했다. 객관적으로 볼 때 전략전술에 관한 한 히틀러는 『손자병법』을 숙독한 덕에 최고의 전략가로 활약한 나폴레옹에 버금가는 당대의 전략가에 해당한다. 하트의 평가가 역사적 사실에 가깝다.

실제로 히틀러의 전격전이 나오기 전까지 서구 군사학의 전략전술은 『손자병법』이 극히 꺼리는 지구전 차원에 머물러 있었다. 히틀러는 『손자병법』의 신속계를 흉내 낸 전격전을 도입해 서구의 군사학 수준을 한 단계 높인 주인공에 해당한다. 이는 서구 군사학 수준이 극히 후진적인 상황에 머물러 있었음을 반증한다.

정치학의 경우도 마찬가지다. 서구 학자들은 현대 정치학의 기점을 마키아벨리의 『군주론』 출현으로 잡고 있다. 통치 사상 및 통치술 관점에서 볼 때 『군주론』은 『한비자』의 초급 수준에 지나지 않는다. 경제경영학도 크게 다를 게 없다. 『관자』와 『사기』 「화식열전」은 애덤 스미스Adam Smith의 『국부론』보다 더 뛰어난 경제경영 이론을 담고 있다. G2 시대를 맞아 이제 우리도 세계의 역사문화를 한층 객관적으로 보는 안목이 필요하다. 특히 『손자병법』 같은 동양 전래의 고전부터 깊이 탐구할 필요가 있다.

최근 서구의 군사학계에서는 히틀러의 전격전을 두고 반론을 제기하는 견해가 등장해 눈길을 끌고 있다. 독일 연방군 육군대령 출신 프리저가 당사자다. 그는 자신의 저서 『전격전의 전설』에서 적극적인 반론을 펴고 나섰다. 전격전은 히틀러가 창시한 게 아닐 뿐 아니라 사전에 철저히 계획된 작전도 아니라는 것이다. 그의 주장에 따르면 전격전은 독일군이 전통적으로 추구해온 기동전 및 포위 섬멸전 개념에서 탄생한 역사적 산물에 지나지 않는다. 평범한 기습작전이 엄청난 성공으로 이어지자 히틀러가 개인의 침략적 비전을 제시하는 도구로 이를 이용했다는 게 그의 주장이다.

　그렇다면 당시 독일군이 거둔 기적적인 승리의 비결은 무엇일까? 프리저는 독일군이 무전통신 체계와 전차, 항공기 등 첨단기술을 접목한 새로운 전술을 구사한 데에 반해, 프랑스군은 시대착오적인 지휘 체계로 방어 위주의 전술을 구사한 데서 찾았다. 객관적으로 볼 때 프리저의 반론이 타당할지라도 히틀러가 서구에서 사상 최초로 전격전을 구사한 사실이 달라지는 것은 아니다.

모든 것을 다 태우기 전에 전쟁의 불길을 거두어들여라

동양에도 유사한 사례가 있다. 전국시대 말기 당대의 책사 범수가 구사한 원교근공遠交近攻이다. 범수는 진시황의 증조부인 진 소양왕에게 원교근공 계책을 건의해 이를 성사시킨 바 있다. 그런데 현재는 일각에서 범수의 계책에 대해 프리저의 주장과 유사한 비판을 가하고 있다. 히틀러의 경우와 마찬가지로, 설령 그 비판이 타당하다할지라도 범수가 원교근공 계책으로 진나라를 최강의 나라로 만든 사실이 달라지는 것은 아니다.

삼국시대 당시 제갈량이 유비에게 천하삼분지계天下三分之計를 건의한 것도 같은 맥락이다. 그가 유비에게 이를 제시하기 전에 이미 유사한 견해를 피력한 이는 흔했다. 그렇다고 하여 제갈량의 천하삼분지계 건의가 퇴색하는 것은 아니다. 매사에 중요한 것은 고양이 목에 방울을 다는 게 옳은가 하는 당위론이 아니라 누가 과연 이를 실천하는가 하는 현실론이다. 마키아벨리가 『군주론』 제15장에서 현실에 입각한 위정자의 실천을 역설한 것도 바로 이 때문이다.

"지금까지 많은 사람이 아무도 본 적이 없거나 실존한 것으로 알려진 바가 없는 여러 유형의 공화국이나 군주국을 상상해왔다. 그러나 '사람들이 어떻게 살고 있는가?' 하는 문제와 '사람들이 어떻게 살아야 하는가?' 하는 문제는 거리가 너무 멀다. '사람들이 무엇을 해야 하는가?' 하는 문제에 매달려 '사람들이 무엇을 하고 있는가?' 하는 문제를 소홀히 하는 군주는 자신의 보존보다 파멸을 훨씬 빠르게 배우게 된다. 매사에 선善을 내세우는 군주는 그렇지 못한 군주들 사이에서 몰락할 공산이 크다. 따라서 권력을 유지하고자 하는 군주는 반드시 시의時宜에 따라 때로는 악하게 굴거나 악행을 저지르거나 하는 법을 배워야 한다."

마키아벨리가 군주에게 시의에 따라 때로 악행을 저지를 수 있어야 한다고 충고한 것은 악행이 나라를 수호하는 데에 있어야 할 '필요악'이라고 판단한 결과다. 그는 군주의 행보를 윤리 도덕의 관점에서 파악하는 플라톤Platon의 『국가론』 등을 크게 두 가지 측면에서 비판했다.

첫째, 플라톤을 위시한 역대 학자들은 아무도 본 적이 없거나 실존한 것으로 알려진 바가 없는 여러 유형의 공화국이나 군주국을 제시하며 군주로 하여금 현실과 동떨어진 이상국을 추구하게 했다. 둘째, 이들은 군주로 하여금 백성이 어떻게 살고 있는가 하는 현실론보다 어떻게 살아야 하는가 하는 비현실적인 이상론에 매달리게 했다.

통렬한 비판이다. 그의 이런 비판은 새로운 시대의 개막을 알리는 전주곡이었다. 군주의 행보에 대한 신민의 칭송과 비난이 정반대의 결과를 낳을 경우, 과연 무턱대고 비난할 수 있는가 하는 질문을 던진 덕분이다. 아무도 이를 제대로 반박하지 못했다. 마키아벨리는 『군주론』 제18장에서 다음과 같이 설명해놓았다.

"군주는 전승戰勝과 보국保國을 최우선의 과제로 삼아야 한다. 이에 성공한다면 동원된 수단은 늘 명예롭고 칭송받을 만한 것으로 평가된다. 이 세상은 사안의 겉모습과 결과만 보고 감명받는 사람들로 가득 차 있다."

승자의 저주를 피하려면 뿌리부터 탄탄히 하라

『손자병법』이 「구지」에서 속전속결의 신속계를 주장한 것은 전쟁의 수렁에 빠져 속 빈 강정에 해당하는 '상처뿐인 영광'을 얻는 경우가 없도록 조심하라는 취지에서 나온 것이다. 주의할 것은 기껏 힘들여 싸워 승리를 거뒀는데도 오히려 남 좋은 일만 하는 황당한 상황을 맞이할 수 있다는 점이다. 실제로 기업 간의 경쟁에서 이런 일이 왕왕 빚어지고 있다. 이른바 '승자의 저주'가 그것이다. 이는 치열한 경쟁을 뚫고 마침내 승리를 거머쥐었지만 그 과정에서 과도한 비용을 치름으로써 오히려 위험에 빠지거나 커다란 후유증을 겪는 상황을 뜻하는 말이다. '승자의 재앙'이라 부르기도 한다.

이 용어는 지난 1971년, 미국의 종합 석유 회사인 ARCO에서 근무한 카펜, 클랩, 캠벨 등 세 명의 엔지니어가 공동으로 발표한 논문에서 처음 언급되었다. 1950년대에 미국 석유기업들은 멕시코만의 석유시추 사업의 공개입찰에 참여했다. 당시만 해도 석유 매장량을 정확히 측정하는 기술이 부족했다. 기업들은 석유 매장량을 추정하여 입찰가격을 써낼 수밖에 없었다. 입찰자들이 대거 몰리면서 입찰 가격이 천정부지로 치솟았다. 그 결과 2,000만 달러를 써낸 기업이 입찰을 따냈지만 이후에 측량된 석유 매장량의 가치는 1,000만 달러에 불과했다. 1,000만 달러의 손해를 보게 된 셈이다. 이때의 상황을 카펜 등은 논문에서 '승자의 저주'로 정의했다. 지난 1992년에는 미국의 행동경제학자 리처드 탈러는 『승자의 저주The Winner's Curse』라는 책을 펴내 낙양의 지가를 올리기도 했다.

기업의 M&A 또는 법원경매 등의 공개입찰 때 이런 일이 자주 빚어진다. 경쟁이 치열할 때 인수를 희망하는 일부 기업은 매물로 나온 기업의 성장 잠재력이 인수자금을 능가할 만큼 충분하다고 생각하면 비싼 값을 치르고서라도 대상 기업을 인수한다. 일종의 결단에 해당한다. 전후 사정을 모두 심사숙고해 결단한 것이면 이후 '대박'을 터뜨릴 공산이 크다. 문제는 대박에 대한 기대가 너무 큰 나머

리스크 없이 쟁취하라 - 손자처럼

지, 인수자금도 충분치 않은 상황에서 꾼 돈을 통해 인수한 경우다. 이 경우는 거의 예외 없이 승자의 저주에 걸리게 된다. 대박은 먼 미래의 일이고, 막대한 자금의 차입에 따른 이자 지급의 압박은 눈앞의 일로 닥쳐오기 때문이다. 자금에 여유가 있으면 이익을 보는 데서 벌충하면 되는 만큼 큰 타격이 없다. 그러나 기본 자금이 충분치 않을 경우는 대개 사달이 나고 만다. 이때 꾼 돈의 이자를 부담할 수 없는 상황에 빠져 모기업의 현금 흐름마저 막히게 되면 기업 전체가 휘청거리는 재앙을 맞게 된다. 그야말로 승자의 저주다.

우리나라에는 승자의 저주에 걸린 기업의 사례가 무수히 많다. 기초자금이 부족한 상황에서 덩치가 큰 기업을 무리하게 인수하거나, 무리하게 문어발식으로 사업을 확장하는 경우, 대개는 승자의 저주에 시달리게 되었다. 그런데 이는 오히려 신속계 때문에 생긴 승자의 저주다. 신속계에 지나치게 초점을 맞춘 나머지, 치중輜重도 버린 채 경무장을 한 돌격 부대가 쾌속으로 달려가 적의 성채를 점령한 까닭에 스스로 고립을 자초한 꼴이다. 무기와 식량이 모자라는 상황에서 성을 계속 오랫동안 점령할 수는 없는 일이다.

신속계의 치명적인 약점이 여기에 있다. 선봉 또는 돌격 부대가 경무장을 한 채 너무 빨리 행군해, 후방의 치중 부대와 동떨어지는 바람에 고립을 자초할 때가 그렇다. 치중 부대와 적당한 간격을 유지하며 행군해야 고립도 면할 수 있고 적진을 완벽하게 장악할 수 있다. 지나치게 속전속결에 방점을 찍어서 경무장을 한 채 신속계를 실천에 옮길 경우, 자칫 승자의 저주를 자초할 수 있다.

분전계
分專計

26

나눈 뒤 집중하여 공격하라

적의 실상을 드러나게 하고 아군의 실상이 드러나지 않게 하면 아군의 병력은 한곳으로 집중되고, 적은 열 곳으로 분산된다. 아군의 병력이 한곳으로 집중되고 적이 열 곳으로 분산되면 곧 열 명이 한 명을 공격하는 것과 같다. 결국 아군은 다수, 적은 소수가 된다. 다수인 아군이 소수인 적을 치는 것이니 아군은 얼마 안 되는 적과 맞서 싸우는 셈이다.

形人而我無形, 則我專而敵分. 我專爲一, 敵分爲十, 是以十攻其一也, 則我衆而敵寡. 能以衆擊寡者, 則吾之所與戰者約矣.

_「손자병법」「허실」

고금동서를 막론하고 제아무리 뛰어날지라도 사람의 역량은 한정되어 있다. 목표를 여러 개 선정하면 아무래도 투입되는 양이 줄어들 수밖에 없다. 『손자병법』이 「허실」에서 힘을 한곳으로 집중해 적을 치라고 주문한 이유다. 그게 바로 분전계分專計다. 적의 힘을 분산시킨 가운데 나의 힘을 하나로 모은다는 뜻의 '적분아전敵分我專'의 준

리스크 없이 쟁취하라 – 손자처럼

말이다. 명나라 건국공신 유기劉基가 쓴 『욱리자郁離子』에 분전에 관한 유명한 일화가 나온다.

하루는 상양常羊이라는 사람이 도룡자주屠龍子朱에게 활쏘기를 배웠다. 얼마간 시간이 지나자 도룡자주가 제자인 상양에게 충고했다.

"그대는 활 쏘는 도리에 관해 듣고 싶은가? 옛날 초나라 왕이 운몽 땅에서 사냥할 때 산지기에게 명해 숲 속의 새들을 들쑤시게 하고 활을 쏘았다. 새들이 하늘 위로 나는 순간, 사슴은 왕의 왼쪽에서, 고라니는 오른쪽에서 나왔다. 초나라 왕이 활을 뽑아 쏘려고 하자 고니가 왕의 깃발을 스치며 지나가는데 그 날개가 마치 구름과 같았다. 초나라 왕은 화살을 활에 재놓고 무엇을 쏘아야 할지 몰라 허둥댔다. 이때 대부 양숙養叔이 건의하기를, '제 활솜씨는 100보 밖에서 나뭇잎을 놓고 쏘아도 열 발을 쏘아 열 발 모두 명중시킬 정도입니다. 그러나 만일 나뭇잎 열 개를 쏘라면 다 맞출 수 있을지 자신할 수 없습니다'라고 했다."

여기서 도룡자주는 주평만朱泙漫이라는 사람이 도룡지리익屠龍支離益으로부터 용을 죽이는 기술을 배웠다는 일화를 살짝 베낀 것으로, 뛰어난 능력의 보유자를 상징한다.

목표를 단일화하여 모든 정신을 집중시켜야 성공을 거둘 수 있다는 훈계를 담고 있는 이 일화의 출전은 『장자』「열어구」다. 이를 두고 유기는 자신의 견해를 대신하는 욱리자의 입을 통해 이같이 탄식했다.

"다재다능한 자 가운데 정밀한 자는 드물다. 많이 고려하는 자 가운데 결단력 있는 자는 드물다. 뜻이 전일專—하지 못하면 잡되고, 잡되면 분산되고, 분산되면 어지러워져 정할 바를 모르게 된다. 총명이 전일에서 나오는 이유다. 새들이 무지한 듯이 보이면서도 사람도 모르는 것을 아는 것은 전일에서 온다. 사람은 만물의 영장인데도 욕심이 많아 때론 어리석은 모습을 보이는데, 오히려 새들만도 못한 경우도 있다. 이는 가지를 기르느라 신경을 쓰는 바람에 뿌리를 말라 죽게 한 것이나 다름없다. 아, 사람이 그 마음을 전일하게 할 수 있다면 그 무엇이 이보다 더할 수 있겠는가?"

힘을 한곳에 모아 상대방을 쳐라

사실 아무리 뛰어난 능력을 지니고 있을지라도 여러 개의 목표를 일거에 이룰 수는 없는 일이다. 목표를 단일화해 모든 힘을 일거에 쏟아부어야 하는 이유다. 역사상 목표를 단순화해 매번 승리를 거둔 대표적인 인물로 원나라 태조太祖 칭기즈칸을 들 수 있다.

인류 역사상 가장 거대한 제국을 만든 칭기즈칸의 원래 이름은 테무친鐵木眞이다. 1206년에 열린 귀족회의인 쿠릴타이에서 '칭기즈칸'의 칭호를 얻었는데, 이것에 대해서는 몽골어로 '강하다'는 뜻을 나타내는 '칭'이라는 말에서 비롯되었다는 주장과, 몽골 전통 신앙에서 '광명의 신'을 뜻하는 '하지르 칭기즈 텡그리'에서 유래했다는 주장 등이 대립한다. '바다' 또는 '넓게 펼쳐지다'라는 의미를 나타내던 고대 튀르크어 '텡기스'가 변형된 것으로 보는 견해가 가장 그럴듯하다.

우리가 주목할 것은 칭기즈칸이 천하를 제압하는 과정에서 낮은

리스크 없이 쟁취하라 – 손자처럼

단계의 목표부터 몽골 초원의 통일이라는 높은 단계의 목표에 이르기까지 순차적으로 달성해나간 점이다. 마치 계단을 차례로 밟아 정상에 오르는 것과 같다. 매번 달성 목표가 단순화되어 있었던 까닭에 모든 힘을 한곳에 쏟아부을 수 있었다. 이웃한 타타르 부족을 궤멸시킨 것을 계기로 막강한 무력을 보유한 튀르크계 나이만 부족을 정벌하고 서하, 금나라 등을 차례로 꺾은 게 그렇다. 이때 그는 『삼십육계』에 나오는 제18계 금적금왕擒賊擒王의 계책을 구사해 적을 굴복시켰다. 『삼십육계』의 해당 대목이다.

"적을 칠 때 적장부터 사로잡는 계책이다. 적의 주력을 격파할 때 그 우두머리를 잡으면 적의 전력이 곧바로 와해된다. 용이 바다를 떠나 들에서 싸우면 이내 궁지에 몰리는 것과 같은 이치다"

적을 칠 때 적장부터 때려잡는 게 상책이라는 지적이다. '금적금왕'이라는 용어는 당나라 시인 두보의 시 〈전출색前出塞〉에서 따온 것이다.

활은 강한 활을 당기고

挽弓當挽强

화살은 긴 화살을 써야만 한다

用箭當用長

사람 맞추려면 말부터 맞추고

射人先射馬

도둑은 두목부터 잡는다

擒賊先擒王

적장을 잡으려면 먼저 적장이 탄 말을 맞춰야 한다. 그게 바로 석인석마射人射馬다. 석射을 통상적인 의미의 '사'로 읽으면 단지 사람을 쏘려고 말을 향해 화살을 쏜다는 뜻이 된다. 문맥이 잘 통하지 않는다. 쏘아 맞힌다는 뜻의 '석'으로 읽어야만 문맥이 통한다. 금적금왕은 석인석마와 같은 뜻이다. 적장을 잡으면 지휘관을 잃은 적군은 대개 우왕좌왕하며 사방으로 흩어지기 마련이다. 싸움이 싱겁게 끝나는 이유다.

기동성을 살려 상대방보다 다수를 유지하라

주목할 것은 유럽 원정 당시 몽골 기병이 전체 군사의 40퍼센트를 중기병, 나머지 60퍼센트를 경기병으로 구성했다는 점이다. 적군의 힘을 분산시키고 아군의 힘을 집중시키기 위한 병력 배치였다. 당시 몽골 기병의 활은 유럽의 '롱 보우'와 비교해 무게는 가벼우면서도 화력은 훨씬 뛰어났다. 롱 보우는 덩치는 크지만 34킬로그램의 힘과 230미터의 사거리밖에 안 된다. 훨씬 작은 몽골 활은 45~72킬로그램의 힘과 320미터의 사거리를 자랑했다. 몽골군은 활을 이용한 경기병 공격이 끝나면 중기병을 내보냈다. 적의 방어벽이 무너지고 틈이 보이기 시작할 즈음, 3.5미터 남짓한 길이의 창으로 무장한 중기병이 돌격전을 펼쳐 결정타를 날리는 수법을 구사한 것이다.

적을 포위하지 못하는 상황이 발생하면 이들은 특공대를 이용한 이른바 '망구다이 전술'을 썼다. 이는 후퇴하는 척하며 적 일부를 유인해 본대로부터 멀리 떨어뜨리고 나서 집중포화를 퍼부어 섬멸하는 전술을 말한다.

몽골 기병은 적의 배후를 공격해 그 힘을 분산시키고, 적들이 힘을 결집할 틈을 주지 않으려고 연속적인 타격을 가하는 수법을 구사했다. 이를 제도적으로 뒷받침하고자 30킬로미터마다 역참驛站을 설치했다. 30킬로미터는 말이 탈진하지 않고 최고의 속도를 낼 수 있는 거리라고 한다. 수천 개에 달하는 역참은 점점이 흩어져 네트워크형 전달 방식으로 짜였다. 당시 몽골 기병의 진군속도는 시속 70킬로미터에 달했다. 병사 한 사람이 말 다섯 마리를 끌고 가면서 타고 가던 말이 지치면 곧바로 갈아타는 수법을 구사한 덕분이었다.

이들은 쾌속을 유지하려고 모든 수단을 동원했다. 경무장한 갑옷은 가죽갑옷 안에 넣은 철편의 무게를 고려할지라도 7킬로그램을 넘지 않았고, 휴대 식량은 말린 고기가루와 이를 개어 먹는 데에 필요한 물밖에 없었다. 당시 유럽 기사단은 70킬로그램이 넘는 중무장을 하고 있었다. 게다가 말까지 갑주를 씌운 까닭에 기동성에서 몽골 기마군의 상대가 되지 않았다.

'병귀신속'의 상징인 몽골 기병을 흉내 내어 매번 승리를 낚은 사람이 바로 나폴레옹이었다. 당시 그가 이끄는 프랑스군의 진군 속도는 1분에 120보로, 적군보다 거의 두 배나 빨랐다. 프랑스군이 한곳에 화력을 집중할 수 있었던 비결이 여기에 있다. 당시 막대한 병력을 보유한 오스트리아군은 숫자만 믿고 섣부른 공격을 가하다가 이내 순식간에 불어난 프랑스군에 포위되어 궤멸당하곤 했다.

1798년 5월 나폴레옹은 6만 대군을 이끌고 눈 덮인 알프스산맥을 넘어갔다. 이탈리아 주둔군을 포위하여 공격하던 오스트리아군을 역으로 포위해 궤멸시킨 비결이다. 이때 "내 사전에 불가능은 없다"라는 말이 나왔다고 한다. 그는 부하들이 소수의 병력으로 승리를 거둔 것을 칭송하자 이같이 반박했다.

　　"맞는 말이다. 우리는 전체 병력에서 늘 소수였다. 그러나 적과 만나는 접점에서만큼은 빠른 진군 속도로 늘 적보다 많은 병력을 투입할 수 있었다. 나는 언제나 다수로 소수를 이겼다."

집중과 천착으로 히든 챔피언을 만들어라

적군의 병력을 분산시키고 아군의 힘을 한곳에 집중하는 분전계의 이치를 이처럼 알아듣기 쉽게 잘 설명해놓은 것은 없다. 몽골 기마군단과 나폴레옹이 행한 분전계는 21세기 비즈니스 전략에도 그대로 써먹을 만한 것이다. 피터 드러커 이후 가장 뛰어난 경영 이론가로 평가받는 헤르만 지몬이 역설한 '집중集中과 천착穿鑿' 전술이 그것이다.

　　지몬은 25개국 언어로 번역된 베스트셀러 『히든 챔피언』에서 '집중과 천착' 전술을 구사해야만 세계 시장에 통할 수 있는, 창의성 있는 '히든 챔피언'을 육성할 수 있다고 주장했다. 그가 '집중과 천착'의 대표적인 사례로 든 기업은 독일의 세탁기 회사 밀레와 영국의 진공청소기 회사인 다이슨이다. 밀레를 세운 진칸 전 회장의 박사학위 논문은 「세탁기의 초고압력 조절에 관한 분석」이다. 다이슨은 먼

지통이 없는 진공청소기를 개발하려고 수년간 시제품 3,000개를 만든 것으로 유명하다. 두 회사 모두 단일한 목표를 세우고 나서 연구 개발에 총력을 기울여 세계적인 히든 챔피언으로 우뚝 선 셈이다.

지몬이 말하는 히든 챔피언이 되려면 처음 품은 뜻을 관철하고자 하는 불굴의 정신이 필요하다. 도중에 커다란 어려움을 겪을 수도 있기 때문이다. 이때 쉽게 좌절해서는 안 된다.『채근담』에 이를 경계하는 얘기가 나온다.

"실패하고 나서는 오히려 성공할 가능성이 크다. 뜻대로 되지 않는다고 쉽게 손을 빼서는 안 된다."

최강의 기술을 배경으로 해당 분야의 히든 챔피언이 된 비결이 여기에 있다. 목표를 단순화하여, 좌절하지 말고 기술 개발에 총력을 기울이는 게 요체다. 사운을 걸고 기술 개발에 총력을 기울이다 보면 문득 더 나은 기술이 눈에 띄기 마련이다. 모든 발견과 발명이 이런 과정을 통해 이뤄졌다.

히든 챔피언은 세계 시장 점유율이 3위 이내에 들면서 매출액이 40억 달러 이하인 우량 강소기업을 말한다. 독일은 이에 해당하는 기업이 1,000개가 넘는다. 우리나라의 '중견기업'은 이와 다르다. 중소기업 범위를 벗어났으나 대기업에 속하지 않는 기업으로, 종업원 300인 미만이거나 자본금 80억 원 이하인 기업을 말한다. 대기업은 자산 총액 5조 원이 넘는 상호출자제한 집단을 지칭한다. 국내의 중견기업은 2013년 기준으로 1,400여 개가 있으나 전체 기업의 0.04

퍼센트에 불과하다. 모두 히든 챔피언으로의 도약을 꺼리는 이른바 '피터팬 증후군'에 걸린 탓이다. 정부의 적극적인 지원도 필요하지만 기업 CEO 스스로 뼈를 깎는 자세로 사업에 임할 필요가 있다. 스스로 노력하지 않는 한 자생력은 결코 생기지 않는다.

이는 자신의 모든 열정과 혼을 한곳에 쏟아부어야만 가능하다. 몽골 기마군단과 나폴레옹이 적을 격파할 때 늘 분전계를 사용했다는 사실에 집중한 이유가 여기에 있다.

다트머스대학의 리처드 다베니도 지난 1994년에 펴낸 『하이퍼컴피티션』에서 '미국식 자유민주주의 자본주의와 중국식 '사회주의 자본주의' 간의 대결을 '경제 냉전'으로 표현하면서 미국이 열세에 놓일 것으로 전망했다. 그는 21세기 경제전을 하이퍼컴피티션 Hypercompetition, 즉 초超경쟁으로 정의하면서 그 특성을 크게 세 가지로 요약한 바 있다.

첫째, 승부가 순식간에 결정된다. 둘째, 승자가 모든 것을 거머쥐는 승자독식 구도다. 셋째, 법은 국가 챔피언 기업을 육성하는 방향으로 바뀌고 있다.

모든 싸움은 상대가 있게 마련이다. 21세기 경제전은 다베니가 지적했듯이 사방의 적을 동시에 맞닥뜨려 승리를 움켜줘야 하는 양상으로 전개되고 있다. 그만큼 힘들다. 그러나 이런 힘든 역경에서 승리를 거둘 경우 그에 대한 보상은 의외로 크다. 바로 승자독식 구조로 되어 있기 때문이다. 해당 분야에서 히든 챔피언이 많을수록 그런 기업을 많이 보유한 나라가 부강하게 된다.

모든 기업과 경영에는 '장단長短'이 있게 마련이다. 100퍼센트의 '장' 또는 100퍼센트의 '단'만 있을 리 없다. 관건은 해당 기업의 장을 최대한 살리면서 단을 극소화하는 길이다. 개인과 기업 및 국가 모두 장을 키우고 단을 극소화하는 길로 나서야 한다. 장을 더욱 북돋아주는 게 요체다. 이게 제대로 되지 않으면 정반대 양상이 나타난다. 아이를 키울 때 단의 교정에 치우치다 보면 오히려 아이를 망치게 된다. 장을 찾아내 계속 고무하며 칭송하면 자신도 모르는 사이 해당 분야에서 당대 최고의 인물이 될 수 있다. 이게 바로 다베니가 얘기하는 초경쟁 사회에서 살아남는 길이다.

『손자병법』이 「허실」에서 분전계를 역설한 것도 바로 이 때문이다. 적군의 힘을 분산시키고 아군의 힘을 한곳에 집중한다는 것은 곧 나의 장을 최대한 강화해 상대의 단을 치라는 주문이나 다름없다. 나폴레옹이 사방의 적을 일거에 무너뜨리고 황제의 자리에까지 올라갈 때 늘 쓰던 수법이 바로 「허실」에서 역설한 분전계였다는 사실을 명심할 필요가 있다. 이는 국가 총력전 양상을 보이는 21세기 경제전의 시대에 더욱 절실히 요구되는 계책이기도 하다.

우직계
迂直計

27

우회하여 더 빨리 가라

용병할 때 유리한 시기와 지세 등을 확보하려고 다투는 군쟁軍爭보다 어려운 일은 없다. 군쟁이 어렵다고 하는 것은 먼 우회로를 택하는 것처럼 가장하면서 지름길을 곧바로 가고, 객관적으로 불리한 조건을 문득 이로운 조건으로 바꿔 놓아야 하기 때문이다. 짐짓 길을 우회하는 것처럼 기만하고, 더 나아가 작은 이익을 미끼로 내걸어 적을 유인하면 적보다 늦게 출발해도 먼저 도착할 수 있다. 이같이 하면 우회하는 것처럼 내보이면서 곧장 지름길로 가는 이른바 우직 지계迂直之計를 안다고 할 만하다.

莫難於軍爭. 軍爭之難者, 以迂爲直, 以患爲利. 故迂其途而誘之以利, 後人發, 先人至, 此知迂直之計者也.

_「손자병법」「군쟁」

「군쟁」은 유리한 시기와 지세 등을 확보하고자 다투는 다양한 계책을 다루고 있다. 군쟁軍爭의 군軍은 군사 조직 및 편제 등을 뜻한다. 군쟁을 두고 조조는 『손자약해』에서 이런 주석을 달아놓았다.

리스크 없이 쟁취하라 – 손자처럼

"군명을 받들어 백성으로 군대를 편성하고 전선에 투입되어 영루를 세우고 서로 대치하는 일체의 과정을 말한다."

『손자병법』은 군쟁을 이루는 최상의 계책을 우직지계迂直之計에서 찾았다. 우회하는 듯 보이나 곧게 가고, 곧게 가는 듯 보이나 우회하는 계책을 말한다. 우직지계에 따르면, '임기응변의 궤도'를 제대로 발휘하려면 전장의 주도권을 장악해야 하고, 이를 위해서는 유리한 시기와 지세 등을 먼저 차지해야 한다. 한마디로 고지 선점高地先占을 주문한 셈이다.

매사가 그렇듯 상대보다 먼저 고지를 점하려면 빠른 기동력과 엄정한 기밀 유지 등 여러 조건이 선결되어야 한다. 『사기』와 『전국책』 등은 전국시대 말기 고지 선점에 성공해 나라를 지킨 조나라 장수 조사와 함께, 똑같이 고지를 점거했는데도 참화를 당한 그의 아들 조괄에 관한 일화를 실어놓았다. 부자가 앞뒤로 장수가 된 사례는 흔하지만, 외양상 동일한 전술을 폈는데도 아비는 보국지신保國之臣이 되고 아들은 나라를 망친 망국지신亡國之臣이 된 경우는 이게 유일하다. 왜 이런 일이 빚어졌을까? 임기응변의 이치를 몰랐기 때문이다. 『사기』「염파인상여열전」에 이에 관한 일화가 나온다.

고지를 선점하여 주도권을 장악하라

기원전 270년, 진나라 호양이 20만 명의 대군을 이끌고 조나라를 향해 쳐들어갔다. 이는 진나라가 동원한 가장 많은 병력인 동시에, 당대 최대 규모의 군사 동원이기도 했다. 호양은 신속계를 구사했다. 조나라로 진격하려면 한나라를 지나가야 했다. 먼저 한나라의 상당 땅을 점령하고 여세를 몰아 알여 땅을 포위했다. 알여 땅을 근거지로 삼아 조나라 도성 한단에 양면 협공을 펼치려는 속셈이었다. 조혜문왕이 크게 당황했다. 알여 땅이 진나라 수중에 떨어지면 조나라 사직이 위태로울 수밖에 없었다. 이때 활약한 장수가 조사다.

조사는 조나라 도성에서 불과 30리가량 떨어진 곳에 영채를 차리고는 꼼짝도 하지 않았다. 진나라가 자신들과 싸울 의사가 없다고 생각하게 한 것이다. 당시 조사의 휘하 군사 가운데 허력許歷이라는 병사가 있었다. 그가 조사에게 간했다.

"병법에 따르면 지리를 얻는 자가 이긴다고 했습니다. 알여 땅의 지세를 보면 북산이 가장 높습니다. 그런데 진나라 장수는 이를 이용할 줄 모르고 있습니다. 장군은 속히 북산을 점거하십시오. 북산을 선점하는 쪽이 반드시 승리할 것입니다."

고지 선점의 계책을 진언한 것이다. 조사가 허락하자 허력이 곧바로 군사 1만 명을 이끌고 북산으로 달려갔다. 비슷한 시각에 진나라 군사들도 달려왔으나 이미 조나라 군사가 북산을 점거한 뒤였다. 진나라 군사는 북산을 탈취하려고 달려들었으나 조나라 군사가 밑으로 굴려 내리는 바위와 돌에 치여 무수한 사상자만 냈다.

호양이 몹시 노해 직접 대군을 지휘했으나, 워낙 험한 산이라 아무 소득이 없었다. 진나라 군사들이 겨우 길을 찾아 기를 쓰고 올라가고 있을 때 조사가 군사들을 이끌고 와서 산 위로 올라가는 진나라

리스크 없이 쟁취하라 – 손자처럼

군사의 뒤를 엄습했다. 호양이 매우 놀라 조사의 군사부터 막게 했지만 위아래로 몰아치는 조나라의 협공을 견뎌낼 수가 없었다. 진나라 군사의 참패였다. 황급히 포위를 풀고 퇴각할 수밖에 없었다.

조사의 승리는 '고지 선점'이 승패에 얼마나 큰 영향을 미치는지를 여실히 보여준다. 진나라 군사도 북산을 점거하는 게 승패의 관건이라는 사실을 알았다. 그러나 한발 늦었다. 속도전에서 패한 것이다. 일개 병사에 불과한 허력이라는 인물도 뛰어나지만 그의 계책을 과감히 받아들인 조사의 리더십 또한 높이 평가하지 않을 수 없다. 고금을 막론하고 군대만큼 위계질서가 엄한 집단이 없다. 그러나 계책에 관한 한 일개 병사도 자유로이 의견을 개진할 수 있게 문호를 개방해야 한다. 정보의 취합만큼 정보의 가공을 통한 새로운 아이디어가 절실히 필요한 21세기 스마트 시대에는 더 말할 것도 없다.

우회하면 더 빨리 간다

송병락 서울대 명예교수는 『전략의 신』에서 베트남의 전쟁영웅 보응우옌잡 장군을 '우직계迂直計'의 대가로 꼽았다. 보응우옌잡은 프랑스군과 벌인 디엔비엔푸전투를 승리로 이끌어 100년 가까운 프랑스 식민통치를 끝낸 인물이다. 이는 식민통치를 받은 약소국이 선진 종주국과 싸워 승리한 첫 번째 사례이기도 하다. 원래 베트남은 원나라 때 천하제일의 무력을 자랑한 몽골군을 세 번에 걸쳐 몰아낸 역사를 지닌 나라이기도 하다. 보응우옌잡이 프랑스를 몰아낸 것도 이런 역사문화 유전자와 무관치 않다고 보아야 한다.

보응우옌잡이 우직계의 대가로 꼽힌 것은 그 나름으로 일리가 있다. 디엔비엔푸전투 당시 보응우옌잡은 접근하기 쉬운 길이 아니라 정글을 통과하는 우회로를 통해 프랑스군을 포위했다. 프랑스군은 이를 전혀 눈치 채지 못하고 접근로에 지뢰와 철조망 등을 이중, 삼중으로 겹겹이 설치해놓았다. 만일 보응우옌잡이 정면 공격을 시도했다면 마치 계란으로 바위를 치는 것이나 다름없었을 것이다. 결국 보응우옌잡의 우직계 때문에 프랑스군은 스스로 독안에 든 쥐 꼴이 되어 항복하고 말았다.

리델 하트 역시 『전략론』에서 「군쟁」에 나오는 우직계를 높이 평가했다. 그는 우직계를 '간접 접근법'으로 번역하여 비즈니스나 인간관계에도 간접 접근법을 그대로 적용할 수 있다고 주장했다. 간접 접근법은 정확한 번역어라고 할 수는 없으나 그 나름으로 기본 취지만큼은 충분히 전하는 셈이다. 사실 리델 하트가 지적한 것처럼 일상생활에서도 직장 상사나 인생 선배, 비우호적 고객이나 거래처, 아랫사람에게도 직공이나 직언을 피한 채 간접 접근법을 행하는 게 훨씬 효과적일 때가 일반적이다.

단도직입적인 접근은 학문을 하는 경우에는 그 나름의 장점으로 작용하기는 하나, 비즈니스와 인간관계에서는 오히려 득보다 실이 크다. 그때는 『손자병법』의 우직계를 구사하는 게 낫다. 전쟁에서도 물론 직공이 잘 통할 때도 있지만 자칫 큰 화를 불러올 소지가 크다. 기업 경영도 크게 다르지 않다. 만일 기업 CEO가 빠르게 돈을 버는 길만 찾다 보면 돈도, 사람도 모두 놓치게 된다. 돈과 여인은 좇을수록 멀리 달아난다는 얘기가 결코 헛말이 아니다. 자연스레 다가오게 해야 한다. 멀리 돌아가는 듯한 모습을 보이는 우직계를 구사해야 하는 이유다. 결과를 보면 우회로가 오히려 빠른 길이다.

기밀을 유지한 채 빠른 기동력을 발휘하라

사례史例를 통해서도 우직계의 위력을 쉽게 확인할 수 있다. 대표적인 예로 기원전 205년 3월에 벌어진 팽성전투를 들 수 있다. 이는 유방이 항우의 기습 공격을 받고 궤멸 직전에 이른 전투를 말한다.

당시 유방은 항우가 반기를 든 전횡田橫의 제나라를 치고자 주력군을 이끌고 북상한 틈을 타서 연합 세력을 이끌고 항우의 본거지인 팽성에 무혈입성했다. 문제는 그다음이었다. 너무나 쉽게 팽성을 접수한 까닭에 유방의 군사는 말단의 병사에 이르기까지 너 나 할 것 없이 승리에 도취해 있었다. 팽성 안의 모든 것은 노략질의 대상이었다. 『사기』「고조본기」의 다음 기록이 이를 뒷받침한다.

"팽성에 입성한 유방은 보화와 미인을 모아놓고 날마다 성대한 술잔치를 베풀었다."

주색을 밝힌 유방은 함양 입성 때 제대로 펴지 못한 욕정을 이때 마음껏 발산했다. 내심으로 항우의 숨통을 끊었다고 생각했을 공산이 크다. 이때 병법의 대가인 한신만이 광란의 야단법석에 참여하지 못하도록 직속 부대에 엄명을 내려 평소의 군기를 유지했을 뿐이다. 팽성의 함락은 그 나름으로 높이 평가할 만하나 결전이 아직 이뤄지지도 않은 시점에서 연일 성대한 잔치를 베풀며 먹고 마신 것은 분명히 지나쳤다. 모든 병서는 적을 가볍게 여기면 반드시 패한다고 경고했다. 그게 바로 경적필패輕敵必敗다. 실제로 유방은 당대의 병법가인 항우의 기습공격을 받고 마치 쥐구멍을 찾듯이 황급히 달아나는 신세가 되고 말았다.

사실 유방이 '5국 제후왕'과 합세해 56만 명의 대군을 이끌고 항우를 치고자 팽성으로 진격할 때 항우는 이를 방어할 겨를이 없었다. 제나라 전횡의 저항이 그만큼 강고했던 것이다. 『사기』 「항우본기」는 당시 상황을 이같이 기록해놓았다.

"전횡이 흩어진 병사 수만 명을 거둬 성양에서 기병하자 항우는 제나라를 평정하느라 정신이 없었다."

항우는 이 와중에 유방이 팽성을 함락시켰다는 소식을 들었다. 당대의 병법가인 그는 곧바로 결단했다. 제나라 공격은 장수들에게 맡기고 자신이 직접 정병으로 3만 명의 정예병을 이끌고 밤을 새워 남쪽으로 내려갔다. 당시 항우는 단순히 유방을 치는 것으로 끝낼 생각이 없었다. 차제에 유방과 그의 일당을 섬멸할 생각이었다. 어떻게 3만 명의 병력으로 56만 명에 달하는 대군을 '섬멸'할 수 있을까? 그런데 실제로 그런 거짓말 같은 일이 벌어졌다. 『손빈병법』은 소수 병력으로 적의 대군을 물리치는 방법을 이같이 기술했다.

"용병에 뛰어난 장수는 아무리 적이 대군이고 강할지라도 적의 병력을 분산시켜 서로 구원하지 못하게 한다. 또 분산된 적을 공격할 때도 적이 서로 연락을 취할 수 없도록 조치해 자신들이 공격받는 상황을 잘 모르게 한다. 이어 전쟁터의 지형을 잘 살펴 험준한 지형을 활용하고, 병사들을 독려해 진퇴를 자유롭게 한다. 그리하면 적이 아무리 해자를 깊이 파고 보루를 높이 쌓을지라도 그들의 진영은 결코 견고해질 수 없고, 아무리 전차 부대가 견고하고 무기가 날카로워도 그 위력을 발휘할 수 없다. 또 아무리 병사들이 용맹할지라도 결코 강한 군대가 될 수 없다."

전장의 지형을 숙지한 가운데, 적의 병력을 분산시키고 아군의 움직임을 전혀 눈치 채지 못하게 하는 게 요체다. 적이 술에 취해 잠에 떨어져 있을 경우는 섬멸할 수도 있다. 항우는 바로 이런 절호의 기회를 만난 것이다. 관건은 얼마나 빨리, 그리고 얼마나 소리 나지 않게 팽성으로 달려가 기습 타격을 가하는가에 달렸다.

팽성 주변의 지형을 훤히 꿰고 있던 항우는 팽성의 서쪽으로 우회해 퇴로를 차단하고 나서 다시 동쪽으로 밀어붙이는 작전을 구상했다. 심야에 유방의 무리를 '독 안의 쥐'로 만들고자 한 것이다. 팽성 함락 소식을 들었을 당시에 항우는 거야의 늪지대 서쪽에 포진한 전횡의 군사와 맞서 동쪽에 진을 치고 있었다. 그는 여기서 전횡의 군사가 전혀 눈치 채지 못하게 곧바로 남하하여, 공자의 고향인 지금의 산동성 곡부인 노현으로 들어갔다. 이어 다시 사수의 물길을 따라 남으로 내려와 지금의 강소성 소현으로 나왔다.

일부러 멀리 우회한 것이다. 『손빈병법』에서 말한 '빨리 빨리'의 원칙에는 어긋나지만 '소리 나지 않게'의 원칙에는 부합한다. 만일 심야의 강행군 등을 통해 속도를 배가했다면 '빨리 빨리'의 원칙에도 부합할 수 있다. 항우는 이 두 가지 요구를 모두 충족시켰다. 비록 멀리 우회하기는 했으나 강행군을 통해 팽성 동쪽에 이르게 되었을 때는 새벽의 여명이 트기 직전이었다. 항우의 군사가 시간을 지체하지 않고 덮치자 깊은 잠에 떨어졌던 유방의 군사는 속수무책이었다. 당시 유방은 항우의 군사가 설령 습격을 가할지라도 북쪽으로부터 공격하는 길 이외에는 달리 방법이 없다는 식으로 안이하게 생각했다. 우회해서 급습하리라고는 전혀 상상조차 못 했던 것이다.

이는 1800년에 나폴레옹이 한겨울에 눈 덮인 알프스산을 넘어 오스트리아 군사를 기습한 것과 닮았다. 당시 프랑스가 이탈리아를 침공하는 루트는 지중해 해안도로를 따라 들어가는 길밖에 없었다. 알프스가 가로막고 있었기 때문이다. 당시 병사들은 사흘분 식량을 지급받았다. 대포와 짐마차는 분해하여 병사들이 각 부품을 등에 지고 갔다. 포신은 반쪽으로 쪼개 속을 파낸 소나무통 안에 집어넣고 노새가 끌게 했다. 이들은 거의 한 줄로 늘어서서 생베르나르협곡을 통과했다. 하루에 통과하는 병사 수는 약 6,000명이었다. 그는 거의 저항을 받지 않고 6월 2일 롬바르디아의 수도 밀라노를 점령했다.

당시 제노바에서 나폴레옹의 최측근인 마세나Masséna 장군을 포위해 승리를 눈앞에 두었던 오스트리아 군사는 나폴레옹 군대의 급습에 반격할 엄두도 내지 못한 채 속수무책으로 당할 수밖에 없었다. 나폴레옹은 이전에 알프스를 넘으려던 다른 도전자들과는 달랐다. 그의 사전에 정말로 불가능이란 없었다. 역사적으로 많은 지휘관이 나폴레옹 못지않은 장비와 용맹한 군사를 거느렸지만, 알프스를 넘는 데는 성공하지 못했다. 끈기와 용기의 부족 때문이다. 나폴레옹은 그 어떤 어려움 앞에서도 뒤로 절대 물러서지 않는 불굴의 투지를 보였다. 항우가 팽성을 칠 때와 꼭 닮았다.

당시 유방의 군사는 승리에 도취하여, 항우가 당대의 병법가라는 사실조차 망각했다. 항우의 기습으로 허를 찔린 유방과 5국 제후의 군사들은 서로 밟고 밟히며 사방으로 달아났다. 「항우본기」는 잠에서 깨어나 정신없이 곡수와 사수가 있는 쪽으로 달려갔다가 잇달아 빠져 죽은 유방의 군사가 10여 만 명에 달했다고 기록해놓았다.

그러나 유방의 군사는 항우보다 거의 스무 배나 많았다. 10여 만 명이 곡수와 사수에 빠져죽었지만 아직도 40여 만 명이나 남아 있었다. 이들은 남쪽으로 달아났다가 대열을 정비하고 나서 반격하고자 했다. 그러나 문제는 시간이었다. 항우의 군사는 조금도 여유를 주지 않았다. 곧바로 유방의 군사 뒤를 추격해 팽성에서 서남쪽으로 50킬로미터가량 떨어진 수수 강변까지 몰아붙였다. 궁지에 몰린 유방의 군사 10여 만 명이 모두 수수에 수장되었다.

『사기』와 『자치통감』은 이 바람에 수수의 물이 흐르지 않을 지경이 되었다고 기록해놓았다. 나머지 군사들은 정신없이 사방으로 흩어져 도망갔다. 이로써 이날 정오쯤 모든 상황이 종료되었다. 새벽부터 시작해 반나절도 되지 않는 시간에 56만 명에 이르는 유방의 군사가 궤멸당한 것이다. 사실상 '섬멸'에 가깝다. 중국의 많은 전사戰史 연구자들은 팽성전투를 우직계의 대표적인 사례로 꼽고 있다. 항우의 뛰어난 용병술이 찬연한 빛을 발하는 대목이다.

탈심계
奪心計

28

적장의 마음을 탈취하라

적과 싸울 때는 적병의 사기를 꺾고, 적장의 심지心志를 빼앗아야 한다. 용병
하면서 적의 마음을 빼앗는 게 관건이다. 원래 군사의 사기는 아침에 왕성하고,
낮에 해이하고, 저녁에 쉬기 마련이다.

三軍可奪氣, 將軍可奪心. 是故朝氣銳, 晝氣惰, 暮氣歸.

_「손자병법」「군쟁」

「군쟁」은 이 대목에서 적군을 심리적으로 동요시키는 방안을 언급
하고 있다. 적장의 심지를 뒤흔드는 게 관건이다. 이른바 탈심계奪心
計다. 조조는 "적과 싸울 때는 적병의 사기를 꺾고, 적장의 심지를 빼
앗아야 한다"라는 대목을 두고 이같이 주석했다.

"『춘추좌전』에서 말하기를, '한 번 북을 쳤을 때 아군이 움직이지
않으면 적군은 사기가 왕성한데도 어찌할 도리가 없다. 두 번 북을
쳤을 때도 움직이지 않으면 적군의 투지가 크게 떨어진다. 세 번 북

을 쳤을 때도 움직이지 않으면 적군의 투지가 완전히 고갈된다'라고
했다."

이는 『춘추좌전』「노나라 장공 10년」조에 나오는 노나라 군사軍師
조귀曹劌의 언급을 인용한 것이다. 사마천은 그를 자객으로 간주해
『사기』「자객열전」에 수록된 다섯 명의 자객 가운데 첫 번째 인물로
꼽았다. 그가 비수를 들고 패자의 자리에 오른 제 환공을 협박해 잃
어버린 노나라 땅을 되찾은 사실에 주목한 결과다. 당시 제 환공은
조귀의 소행을 괘씸하게 생각해 약속을 이행하지 않으려고 했으나
이내 관중의 건의를 받아들여 약속을 지켰다. 이는 제후들의 신뢰를
얻는 결정적인 계기로 작용했다.

상대의 사기를 꺾고 심리적으로 동요시켜라

원래 조귀는 장인의 나라인 제나라에서 횡사한 노나라 환공桓公의
뒤를 이어 즉위한 노 장공莊公 때 발탁된 인물이다. 노 장공 10년인
기원전 684년, 제나라 군사가 노나라로 쳐들어왔다. 장공이 맞받아
치려고 하자 문득 대부 조귀가 노 장공을 알현하고자 했다. 이때 그
의 고향 사람이 이같이 핀잔을 주었다.

"육식자肉食者들이 꾀하는 일인데 그대가 왜 끼어들려고 하오?"

'육식자'는 고기를 먹는 사람을 뜻하는 말로, 곧 고관을 뜻한다. 조
귀가 대꾸했다.

"육식자는 안목이 짧아 멀리 내다볼 수 없소."

그리고는 이내 노 장공을 배알하면서 이같이 물었다.

"무엇을 믿고 장차 제나라와 싸우려 하는 것입니까?"

"입고 먹는 것과 같이 편안한 것을 감히 내가 홀로 차지하지 않고 반드시 백성에게 나누어주었소."

"그것은 작은 은혜에 불과해 백성에게 두루 미칠 수 없으니, 백성이 군주를 좇아 죽기로 싸우려 하지는 않을 것입니다."

"조상에게 제사지낼 때 희생이나 옥백玉帛을 바치면서 감히 거짓으로 고하지 않고 반드시 성심을 다해 진실을 고했소."

"그것은 작은 믿음에 불과합니다. 큰 믿음이 아니니, 사직의 귀신이 그로 말미암아 승리를 도와주지는 않을 것입니다."

"모든 크고 작은 옥사獄事를 비록 다 밝게 살피지는 못했으나 반드시 실정에 맞게 처리했소."

"그것은 백성을 위해 헌신하는 충忠에 속하는 일입니다. 그것이라면 한번 저들과 싸울 수 있습니다. 청컨대 출병할 때 군주와 함께 종군할 수 있도록 허락해주시기 바랍니다."

노 장공이 출병하면서 조귀와 더불어 같은 전차를 타고 나가 장작 땅에서 제나라 군사와 싸웠다. 노 장공이 진격의 북을 울리려고 하자 조귀가 급히 만류했다.

"적 군사의 예기가 날카롭습니다. 조용히 때를 기다려야 합니다."

그러고는 이같이 하령했다.

"누구든지 망동하는 자는 참할 것이다!"

제나라 군사들이 공격을 가해도 노나라 쪽은 철통같이 수비만 할 뿐, 응하지 않았다. 얼마 후 제나라 군사가 물러갔다가 두 번째로 북을 울리며 물밀듯이 진격해왔다. 이번에도 노나라 군사가 꼼짝하지 않자 아무 성과도 거두지 못한 채 물러났다. 포숙아鮑叔牙가 말했다.

"이는 노나라 군사가 싸움이 무서워 꼼짝하지 않고 있는 것이다. 한 번만 더 북을 울리면 반드시 달아나고 말 것이다!"

그러고는 또다시 일제히 북을 울리게 했다. 조귀는 제나라 군사의 세 번째 북소리를 듣고서야 비로소 노 장공에게 건의했다.

"이제 영격迎擊의 북을 쳐도 좋을 것입니다."

노나라 군사가 처음으로 북소리에 맞춰 일시에 물밀듯이 진격해 오자 제나라 군사들이 크게 당황했다. 성난 파도처럼 밀려오는 노나라 군사 앞에 제나라 군사들은 마치 기와장이 흩어지듯 사방으로 달아났다. 노나라 군사는 단 한 번의 북소리에 제나라 군사를 여지없이 깨뜨린 것이다. 제나라는 두 차례에 걸친 진격이 아무런 성과도 없이 끝남에 따라 극성했던 예기銳氣를 모두 소진한 데에 반해, 노나라는 적이 지치기를 기다렸다가 비축했던 힘을 일시에 뿜어낸 결과였다. 조귀가 사용한 전술이 바로 「군쟁」에서 말한 이일대로以逸待勞 계책이었다.

당시 노 장공이 승세를 몰아 제나라 군사를 추격하려고 하자 조귀가 만류했다.

"잠시 기다리십시오."

곧 전차에서 내려 제나라 군사가 진을 펼쳤던 곳으로 갔다. 수레바퀴 자국을 유심히 살펴보고 나서는 다시 전차에 올라 가로대 나무를 잡고 멀리 제나라 군사들이 움직이는 모습을 바라봤다. 그러고는 비로소 이같이 건의했다.

"가히 적을 추격할 만합니다."

조귀는 제나라 군사들이 정신없이 도주한 것을 확인하고 나서 비로소 추격할 수 있다고 판단해 급히 그 뒤를 쫓게 했던 것이다. 노 장공이 전군에 하령해 급히 제나라 군사를 추격하게 했다. 노나라 군사가 빼앗은 무기와 치중이 이루 헤아릴 수 없을 정도로 많았다. 조귀는 탁월한 지략과 용맹을 지닌 당대 전략가였다. 노 장공이 대승을 거두고 나서 조귀에게 물었다.

"경은 한 번 북을 울려 세 번이나 북을 울린 적을 단숨에 꺾었으니, 이는 무슨 연고요?"

조귀가 대답했다.

"무릇 용병이란 한마디로 병사들의 전의戰意에 달렸습니다. 한 번 북을 치면 병사들이 투지가 치솟습니다. 그러나 교전이 이뤄지지 않아 두 번째 북을 치게 되면 투지가 떨어지게 됩니다. 그래도 교전이 이뤄지지 않아 세 번째 북을 치게 되면 투지가 완전히 소진되고 맙니다. 제나라 군사의 전의가 바닥에 떨어졌을 때 우리가 북을 한 번 쳐서 병사들의 투지를 드높였기 때문에 이길 수 있었던 것입니다."

"제나라 군사가 패했을 때 어째서 즉시 추격하지 않았던 것이오?"

조귀가 대답했다.

"제나라와 같은 대국의 전력과 용병술은 쉽게 헤아리기 어려운 데다가, 자칫 복병에게 기습을 당할까 봐 우려했기 때문입니다. 그러나 수레바퀴 자국이 어지러운 데다가 깃발이 어지럽게 흔들리는 것을 보고 별다른 계책이 없다는 것을 알았습니다. 그래서 급히 추격

리스크 없이 쟁취하라 – 손자처럼

할 것을 건의한 것입니다.”

　노 장공이 크게 탄복하며 조귀를 대부로 삼고 그를 천거한 시백施
伯에게 큰 상을 내렸다. 조귀가 생존할 당시에는 『손자병법』이 없었
다. 그러나 『손자병법』에도 『군정軍政』 등의 병서가 언급된 데서 알
수 있듯 당시에도 병서가 존재했다. 조귀는 이들 병서를 열심히 읽
으며 자기 나름으로 병법을 깊이 연구했을 공산이 크다. 그런 점에
서 그는 춘추전국시대에 등장한 최초의 병법가에 해당한다. 조조가
「군쟁」에 주석을 가하면서 특별히 조귀를 언급한 이유가 여기에 있
다. 이는 조조가 『춘추좌전』 등의 사서를 깊이 탐독했음을 반증하는
대목이기도 하다.

　「군쟁」의 이 대목은 고대 전투에서 심리전을 언급한 최초의 사례
에 속한다. 「군쟁」에서 『손자병법』은 옛 병서인 『군정』을 인용해 탈
심계의 위력을 비교적 상세히 소개해놓았다.

　“옛 병서 『군정』에 이르기를, ‘전쟁 중에는 말로 지휘하면 들리지
않기에 북과 징을 치고, 몸짓으로 지휘하면 보이지 않기에 깃발을
사용한다’라고 했다. 징과 북, 깃발의 사용은 전군의 움직임을 일치
시키려는 취지다. 전군의 움직임이 하나로 통일되면 용맹한 자도 홀
로 뛰어나가지 않을 것이고, 비겁한 자도 홀로 달아나지 않을 것이
다. 이것이 대군을 지휘하는 방법이다. 밤에 전투할 때는 횃불이나
북을 많이 쓰고, 낮에 전투할 때는 깃발을 주로 사용한다. 이는 병사
들의 눈과 귀가 밤낮에 따라 그 반응이 다르기 때문이다.”

　교전할 때 적장의 위치를 알려주는 수기帥旗를 탈취하는 데에 심

혈을 기울이는 이유가 여기에 있다. 수기를 빼앗기게 되면 장수의 지휘를 전달할 길이 없어진다. 병사들이 우왕좌왕하며 흔들리면 이내 하나둘씩 달아나는 병사가 나타나게 되고, 마치 전염병이 돌듯이 전 병사가 사방으로 달아나는 사태로 이어진다. 이는 심리적인 공황에 따른 것으로, 철옹성처럼 보였던 군진이 일거에 무너져 장수가 아무리 칼을 뽑아 달아나는 병사의 목을 칠지라도 막을 길이 없게된다. 이를 두고 흔히 궤산潰散이라고 한다. 고금동서를 막론하고 수기의 탈취를 마치 적장을 생포한 것과 동일한 군공軍功으로 치부하는 이유가 여기에 있다.

적병의 마음을 빼앗아 일거에 궤멸하라

실제로 남북조시대에 그런 일이 빚어졌다. 북조의 전진前秦과 남조의 동진東晉 사이에 빚어진 비수대전이 그렇다. 당시 전진은 당대의 영웅 부견苻堅이 즉위하면서 북중국을 일거에 통일하는 위업을 이루었다. 이에 크게 고무된 부견은 여세를 몰아 곧바로 동진에 대한 정벌 전쟁에 나섰다. 휴식을 취하고 유리한 시기를 택해야 한다는 군신들의 반대를 무릅쓰고 단기간 내에 87만 대군을 동원해 일거에 동진을 삼키고자 했다. 그러나 비수대전이 참패로 끝나면서 자신은 물론이고 나라마저 패망하게 하고 말았다. 휴식 시간도 갖지 않은 채너무 서두른 게 화근이었다.

전쟁 초기만 해도 싸움이 전진에 유리하게 진행되었다. 동진의 장수 호빈胡彬은 양식이 떨어졌고 이 사실을 전진에 들키고 말았다. 이에 부견은 곧바로 대군을 항성에 주둔시키고 나서 직접 8,000명의 기병을 이끌고 수춘으로 달려갔다.

상황이 이렇듯 유리했지만, 그렇다고 해서 동진이 반격할 힘조차 없었던 것은 아니었다. 동진의 장수 유뢰劉牢가 5,000명의 병사를 이끌고 밤에 전진 영채를 급습해, 전진 장수들의 목을 치고 많은 수의 전진 병사들을 없애버렸다. 동진의 장수 사석謝石 등은 여세를 몰아 수륙으로 병진하며 반격했다.

부견과 그의 동생 부융苻融은 성에 올라 살펴보니, 동진의 부대는 군기가 정연하고 사기 또한 높아 보였다. 북쪽으로 눈을 돌리니, 팔공산에는 동진의 군사들이 셀 수 없을 만큼 많이 도열해 있었다. 사실 이는 동진의 회계왕會稽王 사마도자司馬道子가 풀과 종이 등을 이용해 만들어놓은 인형들이었다. 이 사실을 모르는 부견이 놀라 부융에게 말했다.

"이는 모두 적이 아닌가? 어찌 적 숫자가 얼마 안 된다고 말했나?"

부견은 전에 포로로 잡혀 투항한 동진의 장수 주서朱序를 사석에게 보내 항복을 권유하도록 했다. 그러나 주서는 오히려 사석에게 전진의 허실을 낱낱이 일러주었다.

"속히 적의 선봉과 결전을 치르시오. 선봉만 꺾으면 승리할 가능성이 크오. 저들의 100만 대군이 몰려오면 감당키 어렵소."

그러면서 주서는 속히 결전을 벌이면 전진 군사의 내부에서 호응하겠다고 했다. 당시 전진의 장수 장자張蚝가 비수 남쪽에서 사석의 군사를 대파하고, 비수 강가에 군진을 펼치고 있었다. 양쪽이 강을 사이에 두고 팽팽히 대치하고 있었지만, 전세는 여전히 전진이 유리했다. 이때 궁지에 몰린 동진의 사석은 사자를 부융에게 보내, 전진 군사들을 약간 뒤로 후퇴하여 빈 곳을 내어주면 병력을 이끌고 강을 건너 그곳으로 가서 본격적으로 싸우겠다는 의사를 전했다.

부융은 이 제안에 호응했는데, 실은 동진의 군사가 절반쯤 강을 건넜을 때 곧바로 공격을 가할 심산이었다. 전진의 병력이 후퇴하기 시작하자, 이때 갑자기 주서가 전진의 진영을 돌아다니며 "진군秦軍이 패했다!"라고 외치기 시작했다.

이 소리를 듣자 전진의 군사로 편입되어 있던 선비족과 강족, 갈족의 병사들이 크게 놀라 사방으로 달아나기 시작했고, 후방에 있던 병사들도 앞에서 무슨 일이 일어났는지도 모른 채, 곧바로 무기를 버리고 함께 도주했다. 부융은 말에 채찍을 가하며 이들을 저지코자 했으나 오히려 그가 타고 있던 말이 죽어 넘어지고 말았다. 말 그대로 '궤산'의 모습이 빚어진 것이다.

당시 전진은 전선을 길게 펼쳤던 탓에 맨 뒤의 부대는 겨우 장안을 출발한 상태였다. 전진의 100만 대군 가운데 비수대전에 동원된 군사는 10여 만 명에 불과했다. 싸움이 초반에 끝나는 바람에 나머지, 90만 대군은 싸워보지도 못한 채 궤멸한 셈이다. 전진은 비수대전의 여파로 이내 내분에 휩싸여 패망하고 말았다. 비수대전은 『손자병법』의 관점으로 본다면 주서를 간첩으로 활용한 용간계와 함께, 적장을 포함한 적군의 마음을 빼앗는 탈심계의 위력을 보여준 대표적인 사례에 해당한다.

존망계
存亡計

29

궁지로 밀어 넣지 마라

적이 철군할 때는 퇴로를 막지 않는다. 적이 포위되었을 때는 반드시 퇴각로를 터준다. 적이 막다른 곳에 몰렸을 때는 성급히 공격하지 않는다. 이것이 궁지에 처한 적과 맞닥뜨렸을 때에 구사하는 통상적인 용병 원칙이다.

歸師勿遏, 圍師必闕, 窮寇勿迫, 此用兵之法也.

_「손자병법」「군쟁」

"쥐도 궁지에 몰리면 고양이를 문다"라는 속담이 있다. 이른바 궁서설묘窮鼠齧猫다. 중국에서는 궁서설리窮鼠齧貍로 표현한다. 모든 생명체는 생명이 끊어지는 순간에는 최후의 저항을 하기 마련이다. 대상에 따라 저항의 강도에 차이가 있을지언정 죽을 힘을 다해 저항하는 까닭에 정면으로 맞설 경우 적잖은 피해를 볼 수 있다.

『맹자』「진심盡心 하」에도 유사한 취지의 성어가 나온다. 부우완항負隅頑抗이 그것이다. 호랑이가 산모퉁이에 의지해 완강히 저항한다는 의미다. 궁서설묘와 취지를 같이한다. 「진심 하」에 따르면 제나라에 흉년이 들자 맹자의 제자 진진陳臻이 스승에게 말했다.

"제나라의 도성 사람은 모두 선생님이 장차 다시 한 번 당읍에 있는 곡식 창고를 열어달라고 건의할 것으로 생각하고 있습니다. 그러나 이는 다시 할 수 없을 듯합니다."

맹자가 말했다.

"그리하는 것은 풍부馮婦의 짓이다. 일찍이 진晉나라 사람 중에 풍부라는 자가 호랑이를 잘 잡아 문득 무사의 모범이 되었다. 하루는 그가 들로 나가자 여러 사람이 호랑이를 쫓고 있었다. 호랑이가 산모퉁이를 등지고 서자, 사람들이 감히 달려들지 못했다. 사람들은 마침 멀리 있는 풍부를 보고는 곧바로 달려가 맞이했다. 풍부가 곧 수레를 타고 달려와 팔뚝을 걷어붙이고 수레에서 내리자 사람들이 아주 좋아했다. 그러나 선비들은 모두 이를 비웃었다."

맹자는 자신을 풍부, 제나라 군주를 범에 비유해, 사람들이 좋아한다고 해서 어리석은 짓을 되풀이하지는 않겠다는 취지로 말한 것이다. 그렇다면 그는 왜 흉년의 상황에서 스스로를 풍부에 비유하며 곡식창고 개방에 반대했을까? 남송 때 주희朱熹는 이같이 풀이했다.

"당시 제나라 선왕宣王이 맹자를 등용하지 못했고, 맹자 또한 장차 떠나려 한 듯하다."

주희의 해석을 따를 경우 맹자는 선비들의 비웃음을 두려워하여 백성의 어려움을 무시한 채 당읍 창고를 다시 한 번 열어달라고 건의하는 것을 매우 꺼린 셈이 된다. 첫 번째 흉년보다 두 번째 흉년이 상대적으로 미약했거나, 첫 번째 흉년 때의 창고 개방 과정에서 불

리스크 없이 쟁취하라 – 손자처럼

미스러운 일이 있었을 공산이 크다.

힘이 있다고 함부로 남용하지 마라

주목할 것은 명나라 태조太祖 주원장朱元璋의 책사로 활약한 유기의 저서 『욱리자』에 전혀 다른 내용의 풍부 일화가 나온다는 점이다. 해당 대목이다.

"동구東甌 사람들은 '불'을 '호랑이'라고 부른다. 이 지역에서는 불을 뜻하는 화火와 호랑이를 뜻하는 호虎의 발음이 같기 때문이다. 이 나라에는 벽돌이 없어 띠로 지붕을 이은 탓에 화재가 잦았다. 백성 모두 고생이 심했다. 전에 해변의 한 상인이 중원의 진晉나라로 갔다. 그곳에는 호랑이를 잘 잡는 풍부라는 인물이 있었다. 상인은 풍부가 가는 고을에는 호랑이가 없다는 말을 듣고는 돌아와서 동구의 군주에게 그 얘기를 했다. 동구의 군주가 불을 잘 끄는 것으로 오해해 크게 좋아하며 곧 그에게 명해 말 열 필匹과 옥 두 쌍, 무늬가 화려한 비단 열 필疋을 예물로 가져가 풍부를 불러오게 했다. 풍부가 오자 동구의 군주는 수레의 상석을 비워두고 관문까지 나가 영접하고는 함께 돌아와 국빈관에 머물게 하면서 귀빈으로 대접했다. 이튿날 시장에 불이 나자 백성이 풍부에게 달려와 이 사실을 알렸다. 풍부는 팔을 걷어붙이고, 그들을 따라나서 호랑이를 찾았으나 도무지 찾을 길이 없었다. 불길이 궁전 옆의 가게를 위협하는 상황이 되자 사람들이 풍부를 안아다가 불길을 끄게 했다. 결국 풍부는 불에 타죽었다. 상인은 군주를 속인 죄로 벌을 받았고, 풍부는 영문도 모른 채 죽고 말았다."

유기는 이 장에서 사람의 말만 듣고 실상을 확인하지 않는 데에 따른 폐해를 지적하고 있다. 풍부를 예로 든 게 그렇다. 풍부는 호랑이를 잘 잡는 사람인데도 동구의 군주는 불을 잘 끄는 사람으로 착각했다. 결국 불도 끄지 못하고 풍부는 불에 타 죽고 말았다. 실상을 확인하지 않은 데에 따른 참사다. 난세에는 이런 일이 비일비재하다.

『맹자』와 『욱리자』의 일화는 서로 내용이 약간 다르기는 하나, 풍부라는 인물이 선비들의 비웃음 대상이 되거나 불에 타 참사를 당한 취지만큼은 동일하다. 「군쟁」에서 말하는 물궁계勿窮計의 관점에서 보면 풍부가 완력을 좋아하다가 낭패를 당했다는 점에서 『맹자』와 『욱리자』에 나오는 풍부의 일화는 궁서설묘와 일면 상통하는 면이 있다. 요약해 말하면 힘이 넘친다고 함부로 사용해서는 안 된다는 얘기다. 특히 상대가 궁지에 몰렸을 경우 더욱 그렇다.

이런 이치는 전쟁에도 그대로 적용된다. 『손자병법』이 「군쟁」에서 궁지에 몰린 적을 심하게 밀어붙이지 말라고 당부한 이유다. 『손자병법』이 말하는 물궁계는 크게 세 가지다. 첫째, 철군하는 적의 퇴로를 막지 않는 귀사물알歸師勿遏이다. 둘째, 적을 포위할 때 반드시 퇴각로를 터주는 위사필궐圍師必闕이다. 셋째, 막다른 곳에 몰린 적을 성급히 공격하지 않는 궁구물박窮寇勿迫이다. 위사필궐을 두고 조조는 『손자약해』에서 이같이 주석했다.

"『사마법』에 이르기를, '세 방향에서 포위하며 한 방향을 열어준다'라고 했다. 적이 도주할 길을 열어주어 쉽게 싸움을 매듭짓고자 한 것이다."

위사필궐에 대한 조조의 주석은 귀사물알 또는 궁구물박에도 그대로 적용할 수 있다. 조조가 언급했듯 세 가지 계책 모두 속전속결의 원칙에서 나온 것에 지나지 않기 때문이다.

주목할 것은 귀사물알과 궁구물박이 얼핏 비슷한 것처럼 보이나 그 내막을 보면 현격한 차이가 있다는 점이다. 후한 말기에 이를 뒷받침하는 일이 빚어졌다. 주인공은 동탁董卓과 황보숭皇甫嵩이다.

『후한서』「동탁전」에 따르면 동탁은 지금의 감숙성 일대인 농서군 출신이다. 젊은 시절에는 의로운 일을 즐겨 하며 인근의 강족羌族들과 가까이 지냈다. 강족 추장들이 모두 그를 따랐다. 한번은 그가 나중에 고향으로 돌아와 들녘에서 농사를 짓고 살자 추장들이 그를 찾아왔다. 동탁은 그들과 함께 집으로 돌아가 농사짓는 소를 여럿 잡아 크게 잔치를 베풀었다. 동탁의 후한 대접에 감동한 추장들은 이내 마을로 돌아가 1,000여 마리 가축을 거두어 동탁에게 주었다. 되로 받은 은혜를 말로 보답한 셈이다.

활솜씨가 뛰어났던 동탁은 환제 때 근위군 장교인 우림랑羽林郎이 되면서 관직에 들어섰다. 동탁은 관직에 발을 들여놓자마자 장환張奐을 수행해 병주의 반란을 진압하는 공을 세웠다. 그의 뛰어난 리더십은 포상으로 받은 비단 9,000필을 모두 전 장병에게 나눠준 데서 선명히 드러났다. 휘하 장병들이 환호한 것은 말할 것도 없다.

중평 5년인 188년 11월, 서쪽에서 흉노족의 추장인 왕국王國이 부하들을 이끌고 와서 지금의 섬서성 보계시 동쪽인 진창 일대를 포위하는 일이 일어났다. 조정이 황보숭을 좌장군으로 삼아 전장군 동탁과 함께 4만 명의 군사를 이끌고 가서 흉노족을 치게 했다. 동탁은 황보숭과 함께 출정하는 와중에 이같이 건의했다.

"진창이 위급하니 속히 구원하는 것이 옳을 듯합니다."

"그렇지 않소. 『손자병법』이 말했듯이 백전백승은 부전승만 못하오. 진창은 비록 작지만 성의 수비가 엄밀해 쉽게 공략할 수 없소. 왕국이 비록 강하다 하지만 진창을 공략하지는 못할 것이오. 그들이 피곤해질 때를 기다려 출격하는 것이 필승의 계책이오. 어찌 구태여 가서 구원할 필요가 있겠소?"

왕국은 포위하여 공격한 지 80여 일이 지나도록 진창을 공략하지 못했다. 이듬해인 중평 6년인 189년 2월에 왕국의 부하들이 몹시 지치자 이내 포위를 풀고 철병하게 되었다. 황보숭이 군사들을 이끌고 가서 왕국의 뒤를 치려고 하자 동탁이 급히 만류했다.

"안 됩니다. 『손자병법』에서 궁지에 몰린 적과 철군하는 적은 쫓지 말라고 했습니다."

"그렇지 않소. 이전에 내가 출격하지 않은 것은 그들의 예기를 피하고자 함이고 지금 나가고자 하는 것은 그들의 사기가 쇠약한 것을 이용하려고 함이오. 우리가 공격하고자 하는 적은 피로에 지친 군사이지, 귀환하는 군사가 아니오. 그러니 우리가 정예 부대를 이끌고 가서 어지러운 적을 치는 것이지, 궁지에 몰린 적을 치는 게 아니오. 지금 왕국의 군사는 급히 도피하고 있어서 싸울 의지조차 없소."

결국 황보숭은 단독으로 출격하면서 동탁으로 하여금 적의 뒤를

리스크 없이 쟁취하라 - 손자처럼

끊게 해 1만여 명의 수급을 베는 대승을 거두었다. 이 일로 두 사람 사이에 틈이 생겼다. 조정은 동탁이 황보숭과 갈등을 빚자 곧장 동탁의 벼슬을 박탈하여 병력을 황보숭에게 인계하고 바로 상경하라는 명을 내렸다. 상경하는 즉시 동탁의 목이 달아날 공산이 컸다. 동탁은 상소를 올리며 버텼다. 조정도 동탁이 군사를 계속 이끄는 까닭에 쉽게 손을 쓸 수 없었다. 동탁은 군사를 하동에 주둔시키고 나서 시국의 추이를 관망하다가, 문득 원소의 사주를 받은 대장군 하진何進의 밀서를 받고 급히 상경해 이내 권력을 장악하게 되었다.

적의 퇴로를 막지 말고 궁지에 몰린 적을 성급히 공격 마라

여기서 주목할 것은 동탁과 황보숭의『손자병법』「군쟁」대목에 대한 논쟁이다. 궁구물박과 귀사물알을 언급한 점에 비춰 동탁도 자기 나름으로『손자병법』을 열심히 읽었음을 알 수 있다. 그러나 그의 해석은 수박 겉핥기였다. 동탁의 건의를 배척한 황보숭이 대승을 거둔 사실이 이를 뒷받침한다.

당시 황보숭이 택한 계책은 춘추시대 조귀가 택한 '이일대로' 계책(제28계 참고)이었다. 퇴각하는 왕국의 군사를 과연 궁구물박 또는 귀사물알로 평가할 것인지, 아니면 싸울 의지조차 없는 오합지졸로 볼 것인지는 사람에 따라 다를 수 있다. 결과적으로 동탁은 왕국의 군사를 과대평가한 셈이다. 후대 사가들 모두 동탁의 계책이 졸렬했다는 식으로 풀이했다.

그러나 동탁이 『손자병법』「군쟁」 대목을 놓고 황보숭과 논쟁을 벌인 데에는 민족적인 갈등이 적잖이 작용했을 공산이 크다. 동탁과 가까이 지냈던 티베트족 계통의 강족은 왕국이 이끈 흉노족과 뿌리가 같은 북방 민족이다. 흉노족은 동탁의 고향인 지금의 감숙성 일대에 널리 퍼져 살고 있었다. 동탁이 양아들로 삼은 여포 역시 지금의 내몽골 자치구인 오원군 출신으로, 사실상 동탁과 같은 고향이나 다름없다. 두 사람 모두 출신 자체가 중원의 한족과 매우 달랐다.

이런 상황에서 동탁은 평소 친근한 관계를 유지했던 강족 출신을 동탁의 군사 내에 대거 유입했을 공산이 크다. 조정에서 그를 병주목幷州牧에 임명하면서 휘하 군사를 모두 황보숭에게 넘기라는 조명을 내렸을 때 이에 반발하며 올린 상주문에 그런 점이 드러난다.

"신은 외람되이 황은을 입어 군문에 10년간 종사하면서 장병들과 고락을 같이해왔습니다. 그들은 신이 길러준 은혜를 생각해 신의 명을 즐거이 따르고자 하니 청컨대 그들을 이끌고 북상해 변방을 튼튼히 할 수 있게 해주기 바랍니다."

동탁이 조상 때부터 동고동락해온 주변의 강족과 흉노족을 대거 끌어들여 군사를 편제한 것은 고려 말에 여진족 출신 이성계가 조상 때부터 두만강 일대에 함께 살던 여진족을 대거 끌어들여 병사로 삼아 최강의 무력을 자랑했던 것과 마찬가지다. 이 점은 졸저 『조선국왕 vs 중국황제』에서 자세히 살핀 바 있다.

실제로 동탁이 죽고 나서 장안에서 동탁의 고향인 양주 출신을 모조리 죽여야 한다는 말이 나돈 사실이 이를 뒷받침한다. 이는 당시

리스크 없이 쟁취하라 – 손자처럼

중원의 한족이 양주를 포함해 변경 일대의 주민을 어떻게 생각했는지를 웅변한다. 한족은 이들을 이민족이나 다름없다고 본 것이다.

동탁은 권력을 장악하고 나서는 한족이 중심이 된 중앙 조정의 정치문화를 거의 이해하지 못하고 강족을 대할 때처럼 자신을 중심으로 한 막부 정권을 세우고자 했다. 이게 정사 『삼국지』를 비롯해 『삼국지연의』 등에서 동탁을 만고의 폭군으로 묘사하게 된 근본 배경이 되었다. 동탁에 대한 평가가 권력을 잡기 이전과 이후의 대목에서 하늘과 땅만큼의 차이를 보이는 게 그 증거다.

『삼국지』와 『후한서』의 기록을 토대로 보면 동탁은 권력을 잡기 이전만 해도 성품이 매우 호탕하며 의로웠고, 지금의 감숙성 및 내몽골 일대에 널리 퍼져 살고 있던 북방 유목민과 친근한 유대 관계를 유지했고, 부하들을 매우 아낀 장수였으며, 뛰어난 무력과 탁월한 전술을 구사해 여러 차례 대공을 세웠다.

그러던 것이 권력을 잡는 시기를 전후하여 희대의 살인마이자 최악의 폭군으로 둔갑하고 만다. 장안에서 300리 떨어진 자신의 봉지인 미현에 장안과 똑같은 성을 쌓고 30년 동안 먹을 수 있는 양식을 비축했다는 식의 기록이 그렇다. 장안으로 천도한 지 불과 2년여 만에 횡사했는데, 그 사이에 무슨 일이 있었던 것일까? 권력을 잡기 전까지만 해도 전혀 나무랄 데가 없이 뛰어난 인물이 어떻게 권력을 잡자마자 문득 괴물로 변할 수 있는 것일까?

"역사는 승자의 기록이다"라는 금언을 상기시켜주는 대목이다. 오나라의 마지막 황제 손호孫皓가 희대의 폭군으로 묘사된 것도 같은 맥락이다. 『연산군일기』에 연산군燕山君이 전무후무한 폭군으로 그려진 것과 하등 다를 바가 없다.

오히려 사서에 나오는 단편적 사실을 종합해보면 동탁은 권력을 잡은 후에도 뛰어난 정사를 펼쳤다. 환관의 난인 이른바 당고지화黨錮之禍로 피해를 본 선비들을 모두 복귀시키고, 인재를 발탁하려 애쓴 것 등이 그렇다. 당대 최고의 인물 중 하나인 순상荀爽과 채옹蔡邕 같은 인물들은 모두 동탁이 중용했다. 채옹은 동탁의 죽음을 애도하는 말을 했다가 왕윤王允에게 죽임을 당했다. 그가 포악하기만 했다면 천자를 옆에 끼고 천하를 호령하는 일 자체가 불가능했다. 휘하 장수였던 이각李催과 곽사郭汜 등이 이른바 '제2의 장안 정권'을 세운 것도 동탁의 억울한 죽음을 풀어주겠다는 명분에서 나온 것이다. 그의 리더십이 간단하지 않았음을 증명하는 대목이다.

이런 맥락에서 볼 때 「군쟁」 대목을 둘러싼 동탁과 황보숭의 논쟁도 재조명할 필요가 있다. 자신과 가까웠던 북방 민족 출신의 흉노족 추장 왕국이 부하들을 이끌고 무사히 퇴각하게 하려고 짐짓 궁구물박과 귀사물알을 언급했다는 식의 해석이 그렇다. 『손자병법』의 관점에서 볼 때 궁구물박과 귀사물알은 말할 것도 없고 위사필궐 모두 같은 곡을 달리 연주한 것에 불과하다. 궁구물박과 귀사물알을 둘러싼 황보숭과 동탁의 논쟁은 주도권을 장악하려는 기세 싸움에 지나지 않는다는 얘기다.

동주계
同舟計

30

때론 같은 배에 올라타라

용병에 능한 장수는 마치 솔연率然처럼 병사를 지휘한다. 솔연은 항산에 있는
뱀의 이름이다. 그 뱀은 머리를 치면 꼬리가 달려들고, 꼬리를 치면 머리가 달
려들며, 허리를 치면 머리와 꼬리가 함께 달려든다. 누군가 "군대도 솔연처럼
움직일 수 있는가?"라고 물으면 나는 "가능하다"라고 답할 것이다. 무릇 오나
라와 월나라 사람은 서로 미워하는 사이다. 그러나 그들은 같은 배를 타고 강
을 건너다가 풍랑을 만나자, 한몸에 있는 양손처럼 서로 도와 살아났다.

善用兵者, 譬如率然. 率然者, 常山之蛇也. 擊其首則尾至, 擊其尾則首至, 擊其中則首尾
俱至. 敢問, '兵可使如率然乎?' 曰, '可.' 夫吳人與越人相惡也, 當其同舟而濟, 遇風, 其
相救也如左右手.

_「손자병법」「구지」

「구지」에서 말하는 솔연은 전설에 나오는 뱀이다. 『신이경神異經』
「서황경西荒經」은 이같이 설명해놓았다.

"서쪽 변경 산에 뱀이 있는데, 머리와 꼬리가 크고 몸이 오색이다.

사람이나 다른 사물이 머리를 치면 꼬리가 달려들고, 꼬리를 치면 머리가 달려들고, 허리를 치면 머리와 꼬리가 함께 달려든다. 이를 솔연이라고 한다."

『손자병법』이 「구지」에서 솔연을 언급한 것은 인구에 회자하는 오월동주吳越同舟를 언급하려고 도입한 것이다. 본문에 나오는 동주이제同舟而濟와 동주상구同舟相救는 오월동주 성어의 근거가 된 구절이다. 모두 같은 배에 탄 사람들이 서로 다른 생각을 품고 있음에도, 배가 전복되는 위기가 닥치자 서로 힘을 모아 구조한다는 뜻을 담고 있다. 교전의 와중에 이를 행하는 것이 바로 동주계同舟計다.

생각이 달라도 목표가 같다면 힘을 모아라

동주계의 대표적인 사례로 삼국시대 초기에 서로 다른 꿍꿍이속을 지닌 원소와 여포의 결탁을 들 수 있다. 『자치통감』에 따르면 후한의 마지막 황제인 헌제獻帝 초평 3년인 192년 봄, 천하는 동탁의 손에 있었다. 동탁은 장수들이 조금이라도 실수하면 그 자리에서 제거했다. 장수들은 언제 죽임을 당할지 몰라 불안에 떨었다. 사도司徒 왕윤 등이 이를 틈타 은밀히 동탁을 제거하려고 했다. 이때 이들의 눈에 들어온 인물이 바로 동탁의 수양아들인 중랑장中郞將 여포였다.

중랑장 여포는 궁마弓馬에 능할 뿐 아니라 힘이 절륜했다. 동탁은 어디를 가든 늘 여포를 대동하여 자신을 호위하게 했다. 이 때문에 여포에 대한 동탁의 신임이 더욱 깊어져 마침내 부자의 의리까지 맺게 된 것이다. 얼마 후 여포의 작은 실수로 동탁과 여포 사이에 틈이

리스크 없이 쟁취하라 - 손자처럼

벌어졌다. 화가 난 동탁이 무기인 수극手戟을 뽑아 여포에게 던졌으나 여포가 재빨리 몸을 피해 무사할 수 있었다. 여포가 동탁에게 잘못을 빌어 겨우 동탁의 노기를 가라앉혔으나, 여포는 이 일을 계기로 동탁에 대해 내심으로 원한을 품게 되었다.

한번은 또 동탁이 여포에게 중각中閣을 지키게 한 적이 있다. 이때 여포는 동탁 몰래 동탁의 시첩과 사통하였다. 여포는 늘 이 사실이 발각될까 봐 마음이 불안했다. 왕윤은 평소 여포를 매우 잘 대해주었다. 여포가 왕윤을 만나 거의 동탁에게 죽을 뻔했다가 구사일생으로 위기를 피한 얘기를 털어놓자, 왕윤은 동탁을 제거하려는 자신들의 계책을 여포에게 전했다. 여포는 동탁과 자신이 부자지간이나 다름없다며 처음에는 고개를 저었으나, 마침내 왕윤의 제의를 수락했다. 여포가 마침내 휘하 병사들을 이끌고 동탁을 살해하자, 소식을 들은 장안의 백성이 대로로 쏟아져 나와 노래를 부르며 춤을 췄다. 동탁의 일족 모두 군중이 휘두른 칼과 도끼 등에 몸이 잘려나가거나 도망가다가 화살을 맞아 죽거나 했다.

동탁이 죽자 왕윤이 녹상서사錄尙書事에 임명되었다. 여포는 분위장군에 제수되고 온후溫侯에 봉해졌다. 모든 의식 및 대우가 삼공三公과 같았다. 왕윤과 여포가 조정을 장악해 공동으로 다스렸다. 여포는 동탁의 재물을 공경과 장교들에게 나눠줄 것을 바랐으나 왕윤이 동의치 않았다. 왕윤은 평소 여포를 일종의 검객으로 대우했다. 그러자 여포는 동탁을 제거한 공로가 자신에게 있다고 자부했는데, 자신의 뜻이 제대로 관철되지 않자 점차 불평이 일기 시작했다. 왕윤은 성정이 강직해 악을 원수같이 미워했다. 그는 처음에 동탁을 두려워해 부득불 겸허한 태도를 보였지만 동탁이 사라지자 다시는 재난이 없을 것으로 생각해 점차 교만해지기 시작했다.

당시 백성 사이에는 조정에서 양주 사람들을 모두 죽이려 한다는 유언비어가 나돌았다. 동탁의 옛 장교들이 서로 말을 전하면서 두려움에 떨었다. 동탁의 휘하 장수로 있던 이각 등이 사자를 장안으로 보내 사면을 청하였으나 왕윤이 거절했다. 왕윤이 응하지 않자 이각 등은 더욱 두려워한 나머지 어찌할 바를 몰라 각자 흩어져 샛길을 통해 고향으로 돌아가고자 했다. 이때 참모로 있던 가후가 권했다.

"장군들이 만일 군사를 버리고 홀로 떠나게 되면 한 사람의 정장(지금의 파출소장)조차 능히 제군들을 잡을 수 있게 되오. 그러느니 차라리 군사를 이끌고 서쪽으로 진격해, 장안을 치고 동탁 승상의 원수를 갚는 게 낫소. 성사되면 곧 천자를 옹호해 천하를 바로잡고, 아니면 다시 도주해도 늦지 않을 것이오."

이각 등이 크게 기뻐하며 이에 동의했다. 곧 서로 결맹하고는 수천 명의 군사를 이끌고 밤낮을 달려 서쪽 장안으로 진격했다. 장안으로 가는 도중에 수시로 병사들을 그러모으자 장안에 도착할 때는 이미 10여 만 명에 이르렀다. 이해 6월 1일, 여포 군사 중 일부 병사가 반기를 들어 이각의 군사를 성안으로 끌어들였다. 여포는 이각과 성안에서 시가전을 벌였으나 이기지 못하자, 이내 수백 명의 기병을 이끌고 동탁의 머리를 말안장 위에 묶은 채 성 밖으로 달아났다.

당시 남양으로 도주한 여포는 원술에게 몸을 기댔다. 원술은 원씨

가문의 원수인 동탁을 살해한 여포를 후하게 대우했다. 여포 역시 원씨에게 은혜를 베풀었다고 생각해 군사를 풀어 멋대로 약탈했다. 원술이 우려의 뜻을 나타내자 마음이 불안해진 여포는 곧 원술을 떠나 하내의 장양張楊을 찾아가 몸을 의탁했다. 이각 등이 현상을 내걸고 여포의 체포를 다그치자 장양의 배신을 우려한 여포가 또다시 달아나 원소에게 몸을 맡겼다.

이해 9월, 승상 동탁의 억울한 죽음에 대한 설원雪寃을 기치로 내건 이각 등이 모두 열후에 봉해졌다. 장안으로 천도해 천하를 손에 넣은 동탁이 제1기 장안 정권이라면, 이각은 제2의 장안 정권에 해당했다. 이해 12월, 황보숭을 면직하고 광록대부 주충周忠을 태위로 삼았다. 이듬해인 초평 4년인 193년 정월, 천하에 대사령이 내려졌다. 제2의 장안 정권 출범을 천하에 선포한 셈이다. 이때 조조가 원술의 군사를 치자 원술이 황급히 달아났다. 원술이 회북에서 다시 군사를 모아 양주를 점거하고 서주백徐州伯이라 칭했다. 이각이 곧 원술을 양적후陽翟侯에 봉하고 손을 잡았다.

이해 3월, 원소 휘하의 위군 지역 출신 병사들이 반기를 들어 흑산적黑山賊과 연합하고 수만 명의 무리를 이끌고 와서 업성을 점령하고 태수를 죽였다. 원소가 군사를 이끌고 와서 이들을 도륙했다. 끝으로 원소의 군사는 상산전투에서 흑산적 장연張燕과 흉노의 한 부족인 도각屠各의 네 개 부락, 안문 지역의 오환烏桓족 부락 등과 교전했다. 원소가 여포와 함께 장연을 공격하여 열여드레 동안 싸웠다. 장연 측의 사상자가 더 많았으나 원소의 군사 또한 피로를 견디지 못해 각각 퇴병하게 되었다.

당시 여포의 군사가 매우 횡포했다. 원소가 원술처럼 우려를 표시하자 여포가 이내 낙양으로 돌아갈 뜻을 밝혔다. 원소가 멋대로 황제의 명의를 빌려 여포를 임시 사례교위司隷校尉로 삼고 여포에게 환송연을 베풀었다. 전송하는 길에 은밀히 역사力士들을 딸려 보내 그를 죽이고자 했다. 여포가 수상한 낌새를 알아채고 틈을 타 몰래 빠져나와 도주했다. 역사들이 야습했으나 여포가 없자 막사의 기물 등을 모두 부숴버렸다. 날이 밝자 원소는 여포가 도주한 것을 알고서는 두려워하여 문을 닫고 경비를 강화했다. 여포는 군사를 이끌고 다시 장양을 찾아가 몸을 의탁했다.

당초 원소와 여포는 오월의 관계에 해당한다. 원소는 '반反동탁'을 기치로 내건 관동군의 수장이었고, 여포는 동탁의 수양아들로 있었기 때문이다. 여포가 동탁을 척살하고 나서 왕윤과 함께 잠시 집권하기도 했으나, 이각이 이끄는 제2의 장안 정권에 의해 조적朝敵으로 내몰리면서 두 사람은 손을 잡았다. 『손자병법』의 관점에서 보면 두 사람 모두 서로의 필요에 의해 오월동주의 동주계를 구사한 셈이다. 그러나 얼마 후 서로를 위험한 인물로 생각해 다시 헤어지게 된 것이다. 동주계의 파단에 해당한다.

영원한 적도, 영원한 친구도 없다

이를 통해 알 수 있듯 동주계는 일시적인 제휴에 지나지 않는다. 말 그대로 임시방편臨時方便인 셈이다. 시간이 얼마 지나면 반드시 헤어지게 되어 있다. 춘추시대 말기에 오나라와 월나라가 그랬듯이 본질적으로 서로를 용납할 수 없기 때문이다. 국제 정치에서는 이런 식의 오월동주 행보가 일상화되어 있다. "영원한 적도, 영원한 친구도 없다"라는 말이 나도는 이유다. 21세기 경제전 상황에서는 이런 모습이 더욱 일상화되어 있다. 삼성과 애플이 스마트폰 제품에서는 서로 치열한 접전을 벌이면서도, 부품 조달 차원에서는 상생 관계를 이어가는 게 가장 대표적인 사례에 해당한다. 이익이 된다면 '적과의 동침'도 불사하는 것이다. 국제 정치의 기본 이치가 글로벌 경제 경영에도 그대로 적용되는 셈이다.

20세기 초 중국 공산당이 국민당과 맺은 국공합작 역시 그 내막을 보면 원소와 여포가 서로 필요에 의해 동주계를 구사한 것과 사뭇 닮았다. 두 사람의 동주계는 장제스의 패퇴와 마오쩌둥의 천하 장악으로 귀결되었다. 결정적인 빌미는 장쉐량이 장제스를 가두는 1936년 12월의 이른바 서안 사건이 제공했다.

당초 마오쩌둥의 홍군은 장제스에게 궤멸적인 타격을 입고 '대장정'으로 미화된 일패도지의 패주敗走를 거듭하고 있었다. 1935년 말, 이들은 악전고투 끝에 간신히 섬서성 북부로 들어갈 수 있었다. 당시 섬서성 일대는 지방 군벌 양후청이 장악하고 있었다.

1934년 일본군에게 동북 3성을 잃고 1년 동안 유럽으로 망명차 떠났던 장쉐량이 귀국하자 장제스가 그를 '서북초비 부사령西北剿匪 副司令'에 임명했다. 일거에 홍군을 궤멸시킬 속셈이었다. 그러나 당시 장쉐량이 이끌고 온 동북군은 일본군에 대한 적개심에 불타고 있을 뿐, 연안의 홍군에 대해서는 특별한 감정이 없었다. 장쉐량도 마찬가지였다. 장쉐량과 양후청이 의기투합한 이유다. 장제스로서는 혹을 떼려다가 혹을 붙인 셈이었다. 그러나 그는 이런 사실을 까마득히 몰랐다. 홍군이 먼저 선수를 쳤다. '대정정' 끝에 섬서성에 도착한 이듬해인 1936년 1월 5일 마오쩌둥과 저우언라이 등 공산당 수뇌부 20여 명의 명의로 '동북군 전 장교와 사병에게 보내는 글'을 발표했다.

"중국 소비에트 정부와 홍군은 모든 무장 항일 세력과 연합군을 결성해 일본 제국주의자와 전면전을 벌이고자 한다. 우리는 우선 동북군과 뜻을 같이해 중국 전 인민의 항일투쟁에 선봉이 될 것이다."

그러고는 동북군 67군과 항일투쟁 협력 관계를 맺었다. 이해 4월 9일 저우언라이가 은밀히 연안으로 장쉐량을 찾아가 구국을 위한 연합군 결성 방안을 논의했다. 이게 장쉐량을 국공합작의 선도자로 끌어들이는 결정적인 계기로 작용했다. 당시 섬서성과 감숙성 일대는 국민당 군대에 포위되어 있었던 까닭에 장쉐량이 마음만 먹었으면 홍군을 완전히 궤멸시킬 수도 있었다. 그러나 역사는 홍군의 손을 들어주었다. 따지고 보면 장제스가 제2차 국공합작의 오월동주에 올라탔다가 이내 패망하게 된 단초가 여기에 있다고 해도 과언이 아니다.

이해 12월 4일, 서안으로 온 장제스는 동북군이 연안의 홍군 본거지를 즉각 공격하지 않는다면 중앙군을 투입하겠다는 뜻을 밝혔다.

장쉐량과 양후청은 장제스가 내전을 중단할 의사가 없고 항일운동의 억압을 중지하지 않는 것을 알고는, 이른바 병간兵諫을 시도하기로 의견을 모았다. 이는 무력시위로 주군에게 간언해 뜻을 관철하는 것을 말한다. 12월 12일 새벽, 동북군 소속 장교들이 장제스의 숙소를 덮쳐 장제스를 붙잡았다. 앞의 제13계 대공계에 자세히 다루었듯, 이후의 협상 과정을 거쳐 이해 12월 25일에 장쉐량이 마침내 장제스를 석방했다. 제2차 국공합작이 성사된 배경이다.

이후 국민당 군대에 편입되어 항일전선에 투입된 홍군은 지지 기반 확충에 모든 역량을 기울였다. 일본이 연합군에 항복할 즈음 홍군의 숫자는 무려 120만 명으로 늘어나 있었다. 국민당 정부군 430만 명에 비하면 턱없이 부족한 수였으나 내용 면에서 보면 자웅을 겨룰 만했다.

실제로 천하의 패권을 놓고 본격적인 국공내전이 벌어지면서 이 숫자는 아무 의미가 없다는 사실이 이내 드러났다. 장제스의 처지에서 보면 장쉐량과 양후청의 병간에 못 이겨 마오쩌둥과 함께 같은 배에 올라탄 후과로 해석할 수밖에 없다. 그러나 마오쩌둥의 처지에서 보면 서안 사건 덕분에 절묘한 동주계를 구사해 마침내 천하를 거머쥐는 행운을 만난 셈이다.

06

승전

싸움에서
반드시 이기는
불패술

勝戰

상령계
賞令計

31

파격적인 상벌을 행하라

장수는 관례를 깨는 파격적인 포상인 무법지상無法之賞 을 행하고, 상규常規를 뛰어넘는 법령인 무정지령無政之令 을 반포한다. 전군을 마치 한 사람을 부리 듯 자유자재로 다루는 배경이 여기에 있다.

施無法之賞, 懸無政之令. 犯三軍之衆, 若使一人.

_ 「손자병법」 「구지」

「구지」에 나오는 무법지상과 무정지령은 신상필벌의 이치를 언급한 것이다. 여기의 무법지상은 관례를 뛰어넘는 포상을 말한다. 법외지 상法外之賞과 같다. 여기의 무법은 관례에 부합하지 않는다는 의미다. 무정지령 역시 통상적인 관례인 상규를 뛰어넘는 명령을 말한다. 여 기의 정政은 정正의 뜻이다. 예로부터 신상필벌이 주효하려면 반드 시 파격적이면서도 신속해야 한다. 그리하지 못하면 병사들의 사기 를 북돋우거나 군기를 바로 세우는 일이 어렵게 된다.

리스크 없이 쟁취하라 – 손자처럼

본문에 나오는 '범삼군지중犯三軍之衆' 구절의 범犯은 용병의 용用과 뜻이 통한다. 여기서는 상벌을 명확히 해야 한다는 취지를 밝히고 있다. 그리해야만 수많은 병사를 마치 한 사람을 부리듯 할 수 있다. 본문의 '약사일인若使一人' 구절이 이를 의미한다. 조조는 『손자약해』에서 이 대목을 두고 이같이 주석해놓았다.

"적을 굴복시키기도 전에 군법과 군령에 따른 포상을 미리 시행할 수는 없으나, 그렇다고 포상을 내걸지 않을 수도 없다. 『사마법』에 이르기를, '적과 대적할 때는 파격적인 포상을 내걸어 병사들의 사기를 높이고, 승리 후에는 그 공에 따라 대대적으로 포상해야 한다'라고 했다. 장수가 현장에서 파격적인 포상인 무법지상과 상규를 뛰어넘는 법령인 무정지령을 반포해야 하는 이유가 여기에 있다."

관례를 뛰어넘어 신속하게 포상하라

이는 상벌의 대원칙이다. 전시 상황에서는 통상적인 상벌로 대처해서는 안 된다. 장병들은 목숨을 걸고 싸우기에 반드시 파격적인 포상과 명령을 내걸어야 한다. 그게 바로 무법지상과 무정지령이다.

조조는 주석에서 "포상을 미리 시행할 수는 없으나 그렇다고 포상을 내걸지 않을 수도 없다"라며, 사전 포상은 불가하지만,포상에 대한 사전 예고는 할 수 있다고 주장했다. 이는 조조가 당대의 법가 사상가인 점을 고려하면 당연한 견해 표명이다. 『한비자』가 역설하듯 법가는 '신상필벌'의 원칙만큼은 병가보다 더욱 엄하다. 포상에 대한 사전 예고만 인정하고 사전 포상을 용납지 않는 이유다.

그러나 상가商家의 효시인 관중의 견해는 이와 다르다. 병사들을 고취할 수만 있다면 사전 포상도 가능하다는 견해를 보이고 있다. 사실 관중은 상가의 효시이지만 병가의 효시이기도 하다. 그의 저서인 『관자』에 『손자병법』 못지않은 뛰어난 병법 이론이 대거 수록되어 있다. 『관자』가 병서의 바이블로 통하는 『손자병법』도 인정치 않은 '사전 포상제'을 인정한 것은 놀라운 일이다. 동서고금의 역사 속에서 그런 사례史例를 찾기도 매우 어렵다. 『관자』 「경중 을」에 나오는 '사전 포상제' 관련 대목이다.

"제 환공은 마침내 군사를 일으켜 내萊나라를 치고, 거莒나라의 필시리에서 싸웠다. 내나라와 싸울 때 양측의 북과 깃발이 서로 보이지도 않고, 병력이 얼마나 되는지 서로 알 수도 없는 상황에서 겁에 질린 내나라 군사가 모두 황급히 달아났다. 이내 달아나는 내나라 군사를 쫓아가 대파하며 땅을 병탄하고 적장을 포획했다. 아직 땅을 나눠 분봉도 하지 않고 전폐錢幣를 내어 포상도 시행하지 않았는데, 적군을 격파해 그 땅을 병탄하고 군주까지 생포했다. 이것이 바로 미리 포상하는 '소상素賞'의 계책이다."

『관자』는 사전 포상제를 소상지계素賞之計라 했다. 『손자병법』을 비롯한 여타 병서와 마찬가지로 『관자』 역시 책 전체를 통해 신상필벌의 중요성을 역설하고 있다. 그러나 유독 「경중 을」에서 전공을 세우기도 전에 미리 포상하는 소상의 계책을 언급하고 있다. 이는 여타 병서에는 전혀 나오지 않는 계책이다. 여기서 「병법」과 「칠법」 편을 비롯한 『관자』의 군사 관련 대목을 총칭한 이른바 관자병법의 특

리스크 없이 쟁취하라 – 손자처럼

징이 여실히 드러나고 있다. 일각에서 관중을 병가의 효시로 꼽는 이유다. 「경중 을」에 나오는 소상지계 일화에 따르면 하루는 관중이 궁궐로 들어와 제 환공에게 이같이 보고했다.

"올해의 전조田租 수입은 4만 2,000금입니다. 청컨대 병사들에게 포상하도록 하십시오."

"잘 알겠소."

제 환공이 곧 하령하여 태주의 들판에 군사를 소집하고 단 위로 올라섰다. 관중을 위시해 포숙아와 영척甯戚, 습붕隰朋, 역아易牙, 빈서무賓胥無 등 휘하 장상들이 그 뒤에 나란히 섰다. 관중이 북채를 들고 장병에게 읍揖한 뒤 이같이 포고했다.

"누가 능히 적진을 함몰시키고 적군을 격파하는 함진파적陷陳破敵을 행할 수 있겠는가? 100금을 상으로 내리겠다."

관중이 세 번이나 거듭 물었는데도 대답하는 병사가 없었다. 이때 어떤 병사가 칼을 든 채 앞으로 쑥 나서며 물었다.

"'함진파적'의 적군은 몇 명을 말하는 것입니까?"

관중이 대답했다.

"적군 1,000명을 말한다."

"적군 1,000명이라면 제가 능히 깨뜨릴 수 있습니다."

관중이 그에게 곧바로 100금을 주었다. 관중이 또 말했다.

"누가 능히 칼이 부딪치고 화살이 오가는 혼전의 와중에 적장을 포획할 수 있겠는가? 100금을 상으로 내리겠다."

어떤 병사가 물었다.

"적장은 몇 명의 부하를 거느린 장수를 말하는 것입니까."

"1,000명의 부하를 거느린 장수를 말한다."

"1,000명의 부하를 거느린 장수라면 제가 잡아 올 수 있습니다."

관중이 그에게 곧바로 100금을 주었다. 관중이 또 말했다.

"누가 능히 정기旌旗의 지시를 좇아 적장의 목을 베어 올 수 있겠는가? 1,000금을 상으로 주겠다."

능히 할 수 있다며 나서는 자가 수십 명이나 되었다. 곧바로 이들에게 1,000금을 주었다. 그 밖에도 적군의 머리를 베어 오겠다고 나선 자에게는 10금씩 주었다. 단 한 번의 포상으로 전조 수입으로 거둔 4만 2,000금이 단박에 사라졌다. 제 환공이 몹시 놀라 한숨을 내쉬며 탄식했다.

"내 어찌 이리될 줄 알았겠는가!"

관중이 말했다.

"군주는 걱정할 필요가 없습니다. 이는 병사들로 하여금 밖으로는 향리에서 공명을 떨치고, 안으로는 부모에게 보답하며 집 안의 처자에게 은덕을 베풀게 하는 것입니다. 이같이 하면 병사들은 반드시 다퉈 공명을 세워 군주의 은덕에 보답하고, 달아날 생각을 하지 않을 것입니다. 군사를 동원해 출정하면서 적군을 격파하고 적지를 병탄하면 이는 결코 4만 2,000금에 비할 바가 아닙니다."

영척 등 다섯 사람이 입을 모아 동조했다.

"옳은 말입니다."

제 환공도 수긍했다.

"잘 알겠소."

관중이 곧바로 군중軍中의 대장에게 이같이 경계시켰다.

"백인장百人長의 장령을 대할 때는 반드시 예의를 갖추고, 천인장千人長의 장령을 대할 때는 반드시 두 계단 아래에서 배웅하시오. 그들의 부모가 생존해 있으면 반드시 술 네 석石과 고기 네 솥을 보내고, 없으면 그 처자에게 술 세 석과 고기 세 솥을 반드시 보내시오."

정령을 시행한 지 반년이 지나자 부모는 자식을, 형은 아우를, 아내는 남편을 이같이 격려했다.

"군주가 이토록 후대하고 있는데, 전장에서 목숨을 걸고 싸우지 않으면 무슨 면목으로 귀향할 수 있겠는가?"

제 환공이 내나라를 격파할 수 있었던 배경이다. 아직 땅을 나눠 분봉도 하지 않고 전폐를 내어 포상도 시행하지 않았지만, 내나라 군사를 격파해 그 땅을 병탄하고 군주까지 생포했다. 미리 포상하는 소상의 위력이 이처럼 컸다.

이를 보면 『관자』에 나오는 전략전술이 『손자병법』과 비교할지라도 전혀 손색이 없다는 사실을 쉽게 대략 짐작할 수 있다. 「경중 을」에 나오는 소상지계는 『손자병법』을 위시한 모든 병서와 『한비자』 등의 법가서가 하나같이 역설하는 신상필벌 계책의 꽃에 해당한다. 일각에서 관중을 병가 사상의 효시로 간주하면서 이른바 관자 병법을 『손자병법』을 비롯한 후대 병서의 남상濫觴으로 보는 이유다.

취지 면에서 볼 때 『손자병법』 「구지」에 나오는 무법지상 속에는 『관자』 「경중 을」이 제시한 사전 포상제도 포함되어 있다고 봐야 한다. 단지 당대의 법가 사상가인 조조는 무법지상을 주석하면서 포상의 사전 예고만 인정하고 사전 포상제에 대해서는 언급하기를 꺼렸다고 보는 게 합리적이다.

그런 점에서 『손자병법』「구지」에 나오는 무법지상은 모든 종류의 포상 제도를 포함한 개념으로 해석해야 한다. 이를 21세기 경제전의 비즈니스 경제경영 이론에 적극적으로 도입할 필요가 있다. 실제로 파격적인 포상은 초일류 글로벌 기업으로 성장하는 데에 매우 긴요한 요건에 해당한다. 국가든 기업이든 흥망의 관건은 결국 얼마나 많은 인재를 확보해 적절히 활용하는지에 달렸기 때문이다.

파격적인 대우로 인재를 확보하여 적절히 활용하라

21세기에 들어와 글로벌 기업들은 산업 분야와 국경의 울타리를 넘어 핵심 인재를 확보하려고 치열한 경쟁을 벌이고 있다. 인재를 확보하려면 먼저 해당 기업이 안팎의 모든 사람에게 매력적으로 보여야 한다. 관건은 회사의 이미지 및 브랜드다. 인재는 해당 회사가 아직 낮은 수준의 브랜드에 그치고 있을지라도 성장 가능성만 있으면 우호적인 반응을 보인다. 실리콘밸리의 인재들이 급여와 복리후생이 뛰어난 구글보다 회사의 성장 잠재력 및 개인적 성장 가능성이 크다고 평가받는 페이스북으로 이동한 경우가 좋은 사례다. 장기적인 마스터플랜이 필요한 이유가 여기에 있다.

물론 여기에는 파격적인 보수와 복리후생 등이 전제되어야 하는 것은 더 말할 것도 없다. 게다가 인재는 단순히 확보하는 것에 그쳐서는 안 된다. 적재적소의 배치와 적절한 관리가 필수다. 이를 제대로 이행하지 못하면 기존 구성원들과의 갈등 및 조직문화에 대한 부

리스크 없이 쟁취하라 – 손자처럼

적응 등으로 오히려 갈등과 분란만 키울 수도 있다.

주의할 점은 핵심 인재를 영입하려고 제시한 파격적인 대우가 비슷한 경력을 지닌 기존 구성원에게 부정적인 영향을 미치지 않도록 세심한 주의를 기울이는 일이다. 한정된 재원으로 핵심 인재를 영입할 경우, 기존 구성원들에게 투입되던 재원은 축소될 수밖에 없다. 충성도가 높았던 기존의 인재를 상대적 박탈감 때문에 잃을 수도 있다. 산토끼를 쫓다가 집토끼를 잃는 격이다. 해답은 기존의 인재들에게도 문호를 대폭 개방해 새로 영입한 핵심 인재를 뛰어넘을 수 있도록 고취하는 데에 있다. 전체 구성원들에게 누구나 노력하면 핵심 인재가 될 수 있다는 균등한 기회를 부여하는 게 요체다.

핵심 인재를 모으려면 반드시 파격적인 포상을 제시하는 것은 물론이고 밝은 미래에 대한 가능성을 확신할 수 있게 해줘야 한다. 과거 커다란 군공을 세운 자에게 전답과 주택, 베와 비단 등을 상으로 내리는 동시에, 열후 등의 작위를 파격적으로 수여하는 이유가 여기에 있다. 전 장병을 독려하려는 것이다. 『관자』「경중 을」은 사전 포상제에 해당하는 소상지계를 제시했다. 치열하기 짝이 없는 21세기 경제전에서 살아남으려면 『손자병법』「구지」에서 역설한 무법지상의 범위 내에 소상지계까지 포함하는 창조적인 발상이 필요하다.

쉬운 상대를 대적하라

옛날 전쟁을 잘하는 자는 완벽한 조건을 갖추고서 쉽게 이길 수 있는 적을 상
대로 승리를 거뒀다. 전쟁을 잘하는 자는 애초부터 패하지 않을 위치에 서 있
고, 적을 패퇴시킬 기회를 놓치지 않는다. 그래서 승리하는 군대는 승산을 확인
하고 전쟁을 벌이고, 패하는 군대는 전쟁부터 벌이고 승리의 요행을 찾는다.

古之所謂善戰者, 勝於易勝者也. 故善戰者, 立於不敗之地, 而不失敵之敗也. 是故勝兵
先勝而後求戰, 敗兵先戰而後求勝.

_「손자병법」「군형」

「군형」은 여기서 싸움을 잘하는 선전자善戰者의 의미를 상세히 설명
하고 있다. 선선자는 곧 쉽게 승리를 낚는 이승자易勝者이고, 이승자
는 애초부터 패하지 않는 위치에 서 있는 불패자不敗者이며, 불패자
는 적을 패퇴시킬 기회를 잃지 않는 불실자不失者이고, 불실자는 승
산을 확인하고 전쟁을 벌이는 선승후전자先勝後戰者가 되는 식이다.

리스크 없이 쟁취하라 – 손자처럼

여기서 구체적으로 거론되지는 않았지만 쉽게 패배를 불러오는 이패자易敗者에 대한 추론도 가능하다. 거꾸로 해석하기만 하면 된다. 예컨대 이패자는 애초부터 패하는 위치에 서 있는 선패자先敗者이고, 선패자는 적을 패퇴시킬 기회를 날려버리는 유실자有失者이며, 유실자는 먼저 전쟁부터 벌이고 승리의 요행을 찾는 선전후구승자先戰後求勝者가 된다. 실제 조조는 『손자약해』에서 이 대목을 그런 취지로 주석했다.

"원래 승리의 기미를 읽고 쉬운 적을 상대로 승리를 거두었다는 것은, 이길 수 있는 적을 공격하고 이길 수 없는 적을 공격하지 않았다는 얘기에 지나지 않는다. 승패의 분기점은 결국 철저히 계책을 세운 군대와 계책도 없이 무턱대고 싸움에 임하는 군대의 차이에서 비롯된다는 지적이다."

한마디로 말해, 승리를 거두려면 치밀하게 준비하고 준비가 여의치 않을 때는 수비에 치중하라는 주문이다. 지극히 당연한 얘기이지만 막상 전쟁이 벌어지면 이를 지키기가 쉽지 않다. 격앙되기 때문이다. 일선의 장수가 격앙되어 있으면 휘하 장병을 적군의 제물로 바치게 된다. 만일 통수권을 행사하는 최고 통치권자가 격앙되어 있으면 어떻게 될까? 이는 나라의 패망을 자초하는 것이나 다름없다.

많은 사람이 '승리'에 집착해 수비보다 공격에 방점을 찍는다. 이 경우 상대방의 역습에 가진 것을 모두 잃을 수 있다. 바둑의 금언인 아생연후살타我生然後殺他의 취지와 같다. 일단 스스로 방비를 튼튼히 하고 나서 국면의 추이를 살펴 공격에 나서야 한다는 뜻이다.

승리가 확실치 않을 때는 수비에 치중하라

아생연후살타의 이치는 기업 경영의 이치에도 그대로 적용된다. 이를 어기면 곧 부메랑을 맞게 된다. M&A 과정에서 차분한 준비도 없이 덥석 미끼부터 물어 '승자의 저주'에 빠지는 게 그렇다. '승자의 저주'는 「군형」이 역설했듯 승산을 확인하고 전쟁을 벌이는 선승후전의 대원칙을 지키지 않고, 정반대로 전쟁부터 벌이고 나서 승리의 요행을 찾는 선전후구승先戰後求勝을 좇은 후과로 해석할 수 있다. 국가를 경영하는 최고 통치권자나 기업을 경영하는 CEO 모두 절제의 미덕을 지녀야 한다. 과욕을 조심하라는 얘기다.

기업 CEO가 절제하지 못하고 마구 욕심을 내면 이내 부메랑을 맞게 된다. 임직원과 그 가족은 물론이고 관련 기업의 임직원과 가족 모두 길거리로 내몰리게 된다. 최고 통치권자 역시 기업 CEO 못지않게 무거운 책임의식을 지녀야 한다. 바둑에서 얘기하는 아생연후살타의 금언을 곱씹어야 하는 이유다.

역사상 이런 이치를 가장 충실히 좇은 인물로 삼국시대 당시 동오의 손권을 들 수 있다. 손권의 뛰어난 면모는 수성守成에 있다. 창업자인 부친 손견孫堅과 형 손책孫策이 이룩한 기업基業을 지켜나가는 데에 성공한 게 그렇다. 그럼에도 일각에서는 손권의 '수성' 행보를 비판적으로 본다. 부형과 같은 웅지가 없었기에 줄곧 강동에 틀어박혀 오직 지키는 데에 열중했다는 지적이 그렇다.

완전히 틀린 말은 아니나, 한 면만을 지나치게 확대해석한 것도 사실이다. 수성은 창업 못지않게 중요하다. 아무나 할 수 있는 것도 아

리스크 없이 쟁취하라 – 손자처럼

니다. 손권이 강동을 보전한 것을 폄하해서는 안 되는 이유다.

그렇다면 손권이 수성에 성공한 비결은 무엇일까? 손권은 비록 창업 면에서는 조조나 유비에 미치지 못하지만, 부형이 남긴 기업을 유지하는 수성 면에서는 남달랐다. 그는 비록 웅지와 군략軍略 면에서는 조조나 유비만 못했지만, 변화무쌍한 시변時變을 좇아 능수능란한 임기응변 행보를 보여주었다. 요체는 치욕을 굳게 참고 견디는 견인堅忍에 있었다. 명분보다 실리를 취한 것이다.

손권이 조조나 유비와 달리 50여 년 동안 보위에 있었던 것도 창업이 아닌 수성에 전념한 보답으로 볼 수 있다. 격렬한 항쟁의 시대에 교묘히 위기를 피하면서 살아남는 데에 성공한 손권의 '수성' 행보는 크게 두 가지 측면에서 분석할 수 있다.

첫째, 인재 등용이다. 그는 우선 모든 것을 신하에게 맡기는 원칙을 엄수했다. 부형 이래의 원로 공신인 장소張昭를 사부로 대접하고, 주유와 정보程普 및 여범呂範 등에게 군사를 맡기면서 나머지 번잡한 문서 처리 또한 모두 아랫사람에게 일임했다. 조조의 인재 등용은 공적인 대의에 입각한 구현求賢, 유비의 용인술은 사사로운 의리에 기초한 인현引賢으로 표현할 수 있다. 손권은 시의時宜를 좇은 용현用賢에 해당한다. 그의 용현은 일정한 선을 넘지 않았다. 그 비결은 손권의 다음과 같은 언급에 잘 나타나 있다.

"상대 장점을 높여주고 상대 단점을 곧 잊어버린다."

그는 단점에 눈감아버리고 장점을 발휘할 수 있도록 유도했다. 한번 일을 맡기면 전폭적인 신임을 아끼지 않았다. 적벽대전에서 주유에게 모든 것을 맡기고, 이릉대전에서 육손陸遜을 발탁하여 활용한데에 이어, 제갈근에게 끝없는 믿음을 보낸 게 그 증거다.

원래 예로부터 용인의 요체는 흔히 지용임신知用任信이라는 넉 자로 요약된다. 인재가 있다는 사실을 알면 그를 불러들이고, 일단 불러들인 이상 임무를 맡기고, 임무를 맡긴 이상 믿으라는 것이다. 삼국시대 당시 지용임신을 철저히 수행한 인물이 바로 손권이다.

둘째, 능굴능신能屈能伸하는 유연한 외교술이다. 그의 외교 정책은 외견상 일관성이 없는 듯 보이나 그 나름의 기본 원칙이 있다. 바로 '강동의 보전'이다. 그는 이 단일 목표를 유지하고자 모든 수단을 동원했다. 수성에 '올인'한 셈이다. 그의 외교술이 수성을 위주로 한 굴신의 책략으로 나타난 근본 배경이다.

천하통일이라는 큰 틀에서는 이를 비판할 수는 있다. 그러나 반드시 고려해야 하는 게 당시의 상황이다. 천하의 효웅 조조 및 유비가 멀쩡히 살아 있었다. 이들과 대결하려면 먼저 부형이 물려준 기업을 잘 보존할 필요가 있었다. 그의 수성 행보는 그 나름대로 주어진 상황에서 전력을 기울인 것으로 평할 수 있다. 아생연후살타의 수성 이치에 충실했던 셈이다.

수성을 위해서는 인재를 등용하고 굴욕을 참아라

더구나 그의 수성 행보는 뛰어난 용인술에서 비롯된 것이다. 춘추시대 말기 오왕 부차는 기반을 확고히 다지지 않은 채 천하의 패권을 장악하려고 대군을 이끌고 북상했다가 끝내 패망하고 말았다. '강동의 보전'에 성공한 손권과 대비되는 대목이다. 병가의 관점에서 보면 수비가 곧 공격이고 공격이 곧 수비라는 사실을 통찰한 결과로 해석할 수 있다.

『손자병법』은 쉬운 적과 싸우는 이승계易勝計를 실현하려면 내부부터 잘 다스릴 것을 충고했다. 「군형」의 해당 대목이다.

"용병을 잘하는 군주는 정사를 바르게 펴고 법령을 확고히 세우는 수도보법修道保法에 애쓴다. 늘 승패 결정권을 장악하는 이유다."

이를 두고 조조는 이같이 주석했다.

"병법에 뛰어난 군주는 먼저 나라 안의 정사와 인사를 바르게 해 적이 감히 넘볼 수 없는 치도를 실현한다. 법령을 공평히 시행하면서 적의 피폐하고 어지러운 틈을 놓치지 않는 게 승리의 요체다."

고금을 막론하고 신용과 성실은 세상을 살아가는 근본이기도 하다. 「군형」은 이를 '수도보법'으로 풀이해놓은 것이다.

도道는 말 그대로 노자가 말하는 최고의 치도인 제도帝道를 뜻한다. 법法은 법가인 한비자가 역설한 엄격한 법치, 즉 패도覇道를 뜻한다. 양자 모두 가 공평무사公平無私 이념에서 비롯된 것이다. 해와 달이 사사롭게 어떤 사물에 더 많은 빛을 비추지 않고, 법의 집행이 존비와 고하를 가리지 않고 공평히 이뤄지는 것과 같다. 군주와 장수가 공평무사하게 행하는 신상필벌이 바로 수도보법의 요체다. 중국 및 한국과 달리 문文보다 무武를 숭상했던 이웃 일본은 오래전부터 이를 체득하고 있었다.

달빛 속에서 칼을 갈아라

일본의 전국시대는 제자백가가 사상 논쟁을 벌인 중국의 춘추전국시대와 달리, 오직 하나, 『손자병법』 해석을 둘러싼 병가 내부의 논쟁이 있었다는 점에서 매우 특이했다. 전략전술에 관한 한 일본이 21세기 현재에 이르기까지 최고 수준을 자랑하는 이유가 여기에 있다. 『손자병법』에 뿌리를 둔 일본 특유의 기업경영 전략이 나오게 된 것도 바로 이 때문이다. 말할 것도 없이 모두 『손자병법』 전략전술을 응용한 것이다.

이와 관련해 지금도 일본인들 사이에서 회자하는 매우 유명한 일화가 있다. '전국 3영걸'에게 두견새가 울지 않을 경우 어찌 대처할 것인지를 물었다. 오다 노부나가는 "이내 죽여버리겠다"라고 했다. 다른 대안을 찾겠다는 취지다. 이는 막부 체제 자체를 없애고 스스로 제왕이 되고자 하는 취지를 드러낸 것이다. 도요토미 히데요시豊臣秀吉는 "어떻게 해서든 울게 하겠다"라고 했다. 막부 체제를 유지한 채 막부의 우두머리인 쇼군이 되겠다는 취지를 드러낸 것이다. 마지막으로 도쿠가와 이에야스德川家康는 "울지 않는 두견새가 울 때까지 기다리겠다"라고 했다. 도요토미가 죽기를 기다렸다가 이내 자신의 근거지인 에도에 새로운 막부를 세우겠다는 반심叛心을 드러낸 셈이다.

대부분의 일본인들은 혼란한 전국시대에서 통일의 초석을 닦으려면 오다 노부나가의 리더십이 필요하고, 통일의 계기를 마련하는 데는 도요토미 히데요시의 접근 방식이 어울리지만, 열도를 통일하려면 때가 오기를 기다리는 도쿠가와 이에야스의 인내심이 필요했다고 해석한다. 그 나름으로 일리 있는 해석이다.

미국 제품보다 몇 수 아래에 있던 '메이드 인 재팬'이 수십 년 만에 미국 시장을 석권할 때는 이런 접근이 그 나름대로 타당했다. 도쿠가와 이에야스가 '전국 3영걸' 가운데 가장 높은 인기를 누린 것도 이 때문일 것이다. 일본을 흉내 내기 바빴던 1970년대 당시의 한국도 그를 주인공으로 삼은 역사소설 『대망』에 열광했다. 당시 한국에서는 기업 CEO라면 이 소설을 반드시 『삼국지』와 함께 읽어야 할 필독서로 간주했다.

사실 도쿠가와의 리더십은 배울 점이 많다. 힘이 달릴 때는 반드시 기회가 올 때까지 속을 드러내지 않고 열심히 칼을 갈 필요가 있기 때문이다. 1970년대 후반에서 1980년대에 이르기까지 '메이드 인 재팬'의 라벨을 단 일본 제품이 무차별로 미국 본토를 공습한 게 그 증거다. 경악한 미국의 정·재계 인사들이 "제2의 진주만 공습" 운운한 게 결코 허풍이 아니었다. 경제적으로 G1 미국을 제압하고자 도쿠가와 이에야스처럼 달빛 속에서 칼을 간 도광양회 전략의 성과였다. 일본으로서는 진주만 기습의 실패를 40년 만에 설욕한 셈이다. 명나라의 개입으로 한반도 점령에 실패한 과오를 두 번 다시 반복하지 않으려고 유성룡의 『징비록』을 입수해 대책을 강구한 끝에 마침내 300년 뒤 조선 병탄의 뜻을 이룬 것과 취지를 같이한다. 객관적으로 볼 때 도쿠가와 이에야스의 리더십은 일본인의 무서운 집념을 상징한다. 우리는 무서운 이웃을 두고 있는 셈이다.

그러나 시대가 변했다. 21세기 디지털 시대에 도쿠가와의 노선을 좇는 것은 스스로 패퇴의 길로 접어드는 것이나 다름없다. 변화 속도가 너무나 빠르기 때문이다. 주춤거리는 일본의 행보는 하드웨어와 소프트웨어가 결합한 스마트 시대로 진행하는 도도한 천하대세의 흐름을 간과한 탓이다.

일본의 앞선 하드웨어 기술과 제도를 베껴 무역대국 반열에 오른 한국도 이를 결코 '강 건너 불구경하는' 식으로 대할 일이 아니다. 속히 기왕의 하드웨어 위에 소프트웨어 외피를 입히는 작업에 매진할 필요가 있다. 일본도 『손자병법』의 속전속결 원리에 충실한 속도 경영을 중시하는 새로운 흐름이 생겨나고 있다. 다케다 신겐과 오다 노부나가를 중심으로 이야기를 풀어간 『야망패자』가 널리 읽히는 게 그 증거다.

다케다 신겐의 용병술은 아군의 피해를 동반하는 공성攻城을 최하의 용병으로 간주한 『손자병법』의 가르침을 충실히 좇은 것이다. 싸움을 벌이기 전에 온갖 유형의 책략을 구사하는 게 그렇다. 가능한 한 유혈전을 피하고자 한 것이다. 『손자병법』의 관점에서 보면 승산을 확인하고 전쟁을 벌이는 선승후전의 이승계를 충실히 따른 결과로 해석할 수 있다.

위험하지 않게 싸워라

적을 알고 나를 알면 매번 싸워도 위태롭지 않다. 적을 알지 못하고 나를 알면
승부를 알 수 없다. 적도 모르고 나도 모르면 싸울 때마다 위험에 처하게 된다.

知彼知己者, 百戰不殆. 不知彼而知己, 一勝一負. 不知彼不知己, 每戰必殆.

_「손자병법」「모공」

「모공」에 나오는 지피지기자知彼知己者는 피아彼我의 강약과 이해득
실의 형세를 헤아린다는 의미로 사용된 것이다. 본문의 백전불태百戰
不殆에 나오는 백百은 숫자 100을 뜻하는 게 아니라 '대개'의 뜻이다.
태殆는 위태로울 위危와 통한다. 매전필태每戰必殆가 일부 판본에는
매전필패每戰必敗로 되어 있다. 문맥에 비춰 매전필태가 옳다.

　주목할 것은 「모공」이 위험에 처하지 않는 불태계不殆計를 설명하
고자 교전 상황을 크게 지피지기, 부지피지기不知彼知己와 부지피부
지기不知彼不知己 등 세 가지 경우로 나눠 설명한다는 점이다. 본문에

서는 지피부지기知彼不知己를 거론하지 않았으나 부지피지기와 같은 경우로 보면 된다.

역대 주석가 사이에 해석이 엇갈리는 것은 '승부를 예측할 수 없다'라는 뜻의 일승일부一勝一負 구절이다. 당나라 때 두우杜佑를 포함한 많은 주석가가 '승률이 절반이다'라고 풀이했다. 그럼에도 21세기 현재까지 주석가들 대부분은 이를 '한 번 이기고 한 번 패한다'라는 식으로 해석하고 있다. 이는 『손자병법』이 말하고자 하는 기본 취지와 동떨어진 것이다. '승부를 예측할 수 없다'라고 풀이하는 게 문맥에 맞다.

승부를 알 수 없기에 과오를 적게 하라

무력을 동원하는 전쟁은 동전 던지듯이 쉽게 확률을 얘기할 수 없다. '일승일부'를 결코 한 번 이기고 한 번 진다고 해석해서는 안 되는 이유가 여기에 있다. 바꿔 말하면 적을 모를 경우 승패의 확률은 통계학적으로 2분의 1인 것이 분명하지만 현실에서는 열 번을 넘어 극단적인 경우로 100번까지도 연이어 패할 수 있다는 것이다. 프로스포츠나 바둑게임 등에서도 왕왕 두 팀의 전력이 분명히 어슷비슷한데도 어떤 때는 한 팀이 내리 연승을 거두고 다른 팀은 내리 연패를 당하는 예를 볼 수 있다.

이는 비슷한 실력을 갖춘 상황에 한한 것도 아니다. 압도적인 무력 차이를 보일지라도 마찬가지다. 객관적으로 모든 면에서 우세했던 원소가 조조에게 패하고, 당대 최고의 용력을 자랑했던 항우가 유방

리스크 없이 쟁취하라 – 손자처럼

에게 패한 것도 바로 이 때문이다. 초한전 당시 항우는 싸울 때마다 사실 백전백승의 승리를 거두었다. 그러나 그는 진평 등이 구사한 반간계에 넘어가 최고의 책사인 범증을 내치는 등의 실수를 범한 데에 이어, 마침내 최후의 결전에 해당하는 해하싸움에서 패해 스스로 삶을 마감하고 말았다. 이 대목을 깊이 연구한 마오쩌둥도 「지구전론持久戰論」에서 이와 유사하게 경계한 바 있다.

"우리는 전쟁 현상이 다른 어떤 사회 현상보다 더 파악하기 어렵고 승률의 개연성이 적다는 것을 인정해야만 한다. 전쟁은 신이 하는 게 아니다. 『손자병법』이 '지피지기' 운운한 것은 여전히 과학적 진리다. 그러나 전쟁은 속성상 여러 상황 때문에 상대방을 완전히 알 수가 없고, 단지 대체적인 것만을 알 뿐이다. 여러 정찰을 통해, 그리고 지휘관의 총명한 추론과 판단에 의해 과오를 적게 하는 게 승리의 관건이다."

마오쩌둥의 지적은 현실에서 동전을 열 번 던질지라도 매번 앞면 또는 뒷면만 나올 가능성을 언급한 것이나 다름없다. 전쟁터에서 장수는 늘 세심한 정찰을 통해 적정敵情의 상황 변화를 면밀히 파악하고, 적장의 의도를 여러 정황을 종합해 추리하고 판단해야 하는 이유가 여기에 있다. 그런 점에서 마오쩌둥이 "과오를 적게 하는 것이 승리의 관건이다"라고 지적한 것은 탁견이다. 20세기 최고의 군사 전략가다운 면모를 유감없이 드러낸 대목이다.

『손자병법』이 부지피지기에 따른 승패 전망을 일승일부로 표현한 것은 마오쩌둥이 지적했듯 승패 여부를 한 치도 예측할 수 없다는 의미로 풀이하는 게 옳다. 그렇다면 부지피지기의 정반대로 적을 알고 자신을 모르는 이른바 지피부지기의 경우도 일승일부로 표현해도 좋을까? 「모공」은 아무런 언급도 하지 않았다. 그러나 「지형」에 해답이 제시되어 있다. 해당 대목이다.

"아군이 적을 공격할 수 있다는 것만 알고 적이 아군을 공격할 수 없다는 것을 모르면 승부를 예측하기 어렵다. 적이 아군을 공격할 수 있다는 것만 알고 아군이 적을 공격할 수 없다는 것을 모르면 이 또한 승부를 예측하기 어렵다. 적이 아군을 공격할 수 있고 아군도 적을 공격할 수 있다는 것을 모두 알지라도 지형이 불리하다는 사실을 모르면 이 또한 승부를 예측하기 어렵다."

여기서 "아군이 적을 공격할 수 있다는 것만 알고 적이 아군을 공격할 수 없다는 것을 모르면"은 곧 부지피지기를 말한다. 마찬가지로 "적이 아군을 공격할 수 있다는 것만 알고 아군이 적을 공격할 수 없다는 것을 모르면"은 지피부지기의 뜻이다. 부지피지기와 지피부지기 사이에 아무런 차이가 없음을 지적한 것이다.

「지형」에 나오는 "승부를 예측하기 어렵다"라는 뜻의 원문은 "승지반勝之半"이다. 승률이 절반인 까닭에 승부를 예측하기가 매우 어렵다는 취지다. 「모공」에서 언급한 일승일부와 같은 뜻이다. 현존 『손자병법』에 해당하는 『손자약해』를 펴낸 조조는 승지반을 두고 이같이 풀이했다.

"승률이 절반이라고 한 것은 승패를 알 길이 없다는 미가지未可知의 뜻이다."

마오쩌둥의 해석과 같다. 주목할 것은 『손자병법』이 가장 확실한 승리 방안인 지피지기조차도 불완전한 것으로 보고 있다는 점이다. 지피지기에 따른 승부의 전망을 '매번 싸워도 위태롭지 않다'라는 뜻의 백전불태로 표현한 게 그렇다. 아무리 지피지기를 행할지라도 위태로운 상황에 빠지지 않을 가능성만 클 뿐이지, 승리를 담보하는 것은 아니라고 언급한 것이다.

사실 전쟁터에서는 모든 것이 급변하는 까닭에 설령 만반의 지피지기를 행할지라도 패할 수 있다. 스포츠 경기에서 흔히 단판 승부를 치를 경우 만년 하위 팀이 최상위 팀을 격파하는 이변이 속출하는 이유다. 그렇다면 백전불태의 차원을 넘어 필승을 꾀할 수 있는 조건은 무엇일까?

천시와 지리까지 알면 적을 온전히 한 채 굴복시킬 수 있다

"전쟁을 아는 장수는 일단 출격하면 과단성 있게 행동하고, 작전 또한 적의 내부 사정 변화에 따라 무궁히 변화시킨다. 그래서 말하기를, '적을 알고 나를 알면 승리를 거두는 데에 어려움이 없고, 천시天時와 지리地利까지 알면 적을 온전히 한 채 굴복시키는 전승全勝이 가능하다'라고 하는 것이다."

『손자병법』은 「지형」에서 그 해법을 이같이 제시하고 있다. 상황 및 지형에 따른 임기응변의 과감한 결단이 해답인 것이다. 이를 지천지지知天知地로 표현했다. 지피지기 위에 천시와 지리를 깨달아야만 승리를 기약할 수 있다고 지적한 것이다. 『손자병법』의 위대한 점이 바로 여기에 있다. 이는 인화人和를 천시와 지리보다 높게 평가한 맹자의 주장과는 반대되는 것이다. 『맹자』「공손추 하」의 해당 구절이다.

"천시는 지리만 못하고, 지리는 인화만 못하다. 내성의 둘레가 3리, 외성의 둘레가 7리에 불과한 작은 성을 포위하여 공격할지라도 이기지 못하는 경우가 있다. 대개 포위 공격을 가하는 경우는 반드시 천시를 얻었기 때문이다. 그럼에도 이기지 못한 것은 천시가 지리만 못하기 때문이다. 성이 높지 않은 것도 아니고 해자가 깊지 않은 것도 아니며, 무기와 갑옷이 견고하고 예리하지 않은 것도 아니고 군량이 많지 않은 것도 아닌데, 성을 포기하고 도주하는 경우가 있다. 이는 지리가 인화만 못하기 때문이다. 그래서 이르기를, '백성을 영토 내에 안치하면서 영토의 경계에 기대지 않고, 나라를 방위하면서 산천의 험고險固에 기대지 않고, 천하에 위엄을 떨치면서 무기와 갑옷의 견고함에 기대지 않는다'라고 하는 것이다. 덕정의 이치를 얻은 자는 도와주는 자가 많고, 그렇지 못한 자는 도와주는 자가 적은 법이다. 도와주는 자가 적어져 극한에 이르면 친척조차도 배반하고, 도와주는 자가 많아져 극한에 이르면 천하 사람이 따르게 된다. 군자는 천하 사람이 따르는 상황에서 친척조차 배반하는 자를 공격하는 까닭에 비록 싸우지 않는 것을 기치로 내세우지만 일단 싸우면 반드시 승리를 거둔다."

맹자는 덕치를 역설하고자, 천시는 지리만 못하고 지리는 인화만 못하다고 했다. 그 나름으로 일리 있는 지적이기는 하나 병가의 관점에서 볼 때는 지나치게 현실과 동떨어지고 사변적이다. 『손자병

리스크 없이 쟁취하라 – 손자처럼

법』에서 지피지기를 언급한 「모공」과 지천지지를 역설한 「지형」의 논리에 따르면, 오히려 정반대로 해석해야 한다. 인화가 기본이고, 그 위에 지리와 천시를 더해야만 반드시 승리를 거둘 수 있다는 논리가 성립된다. 이를 통해 『맹자』가 역설한 인화는 『손자병법』의 지피지기를 달리 표현한 것임을 알 수 있다.

『귀곡자』가 역설하는 유세와 책략의 비술 역시 지피지기와 지천지기에서 출발한다. 다만 『귀곡자』는 지피와 지기를 같은 비중으로 다룬 『손자병법』과 달리 지기를 지피보다 중시했다는 점이 약간 다르다. 『귀곡자』 「반응」의 해당 대목이다.

"사람을 아는 것은 자신을 아는 것부터 시작한다. 스스로를 알고 난 연후에 비로소 남을 알 수 있다."

원문으로는 지기를 자지自知, 지피를 지인知人으로 표현해놓았으나 같은 말이다. 주목할 것은 지기가 이뤄져야 지피도 가능하다고 역설한 점이다. 지기가 전제되지 않으면 지피도 불가능하다고 언급한 셈이다. 이를 두고 남북조시대 남조 양나라의 도홍경陶弘景은 이같이 풀이해놓았다.

"지인에 능한 자는 지혜롭고, 지기에 능한 자는 사물의 이치에 밝다. 지혜는 사물의 이치에 밝은 뒤에 나온다. 지인에 앞서 지기를 해야 하는 이유다."

맹자가 『대학』에 나오는 수제치평修齊治平을 두고 수제가 이뤄져야 치평이 가능하다고 역설한 것과 닮았다. 인화가 천시와 지리보다 중요하다고 역설한 것도 같은 맥락이다. 이와 정반대로『한비자』는 치평이 이뤄져야 수제도 가능하다고 역설했다.『한비자』「오두」의 해당 대목이다.

"요즘 버릇이 좋지 않은 자식들은 부모가 나무라도 그 행동을 고치려 하지 않고, 마을 어른이 꾸짖어도 움직이려 하지 않고, 스승이 가르쳐도 전혀 변함이 없다. 부모의 사랑, 마을 어른의 지도, 스승의 지혜라는 세 가지 도움이 더해져도 끝내 움직이지 않고 털끝만큼도 고치지 않는다. 그러나 고을의 관원이 병사를 이끌고 나라의 법령을 집행하며 간사한 짓을 하는 자를 색출하러 다니면, 이내 두려워하며 그 태도를 바꾸고 행동을 고친다. 부모의 사랑으로는 자식을 가르치기에 부족한 까닭에 반드시 고을 관원의 엄한 형벌에 기대야만 한다. 백성은 본래 사랑을 대할 때에는 교만하지만 권세를 대할 때에는 복종하기 때문이다."

『손자병법』이 지피지기의 인화로는 단지 위험에 빠지지 않을 뿐이고 승리를 기약할 수 없으며, 반드시 천시와 지리를 아는 지천지지를 해야만 승리를 기약할 수 있다고 언급한 것과 닮았다. 모든 병서가 하나같이 임기응변을 역설한 이유다. 지피지기는 병가와 법가 사상이 만나는 지점이기도 하다. 지피에 대해 법가는 군주가 신민臣民의 속마음을 헤아리는 지신지민知臣知民으로 돌려 해석한 것만이 다를 뿐이다.『손자병법』이 언급하는 불태계는 법가와 종횡가 역시 깊숙이 다루는 계책이기는 하나 그 의미가 약간씩 다르다는 점에 주의할 필요가 있다.

리스크 없이 쟁취하라 – 손자처럼

애사계
愛士計

34

장병을 자식처럼 아껴라

장수가 병사를 마치 어린아이 대하듯 아끼면 병사들은 깊은 계곡이라도 함께 들어갈 것이다. 장수가 병사를 사랑하는 자식처럼 대하면 병사들은 기꺼이 생사를 같이할 것이다. 그러나 병사를 두터이 대하여 부리지 못하거나, 총애해 제대로 가르치지 못하거나, 어지러운데도 다스리지 않거나 하면 이런 병사는 마치 버릇없는 자식과 같아 전쟁에 쓸 수 없게 된다.

視卒如嬰兒, 故可與之赴深谿. 視卒如愛子, 故可與之俱死. 厚而不能使, 愛而不能令, 亂而不能治, 譬若驕子, 不可用也.

_「손자병법」「지형」

「지형」의 이 대목은 장수가 병사들을 효과적으로 다루는 비책을 언급한 것이다. 요지인즉 사랑하는 자식처럼 다루되 엄하게 가르쳐야 한다는 것이다. 엄부자모嚴父慈母의 모습을 모두 지닌 게 바람직하나, 여의치 못할 경우는 자모가 아닌 엄부의 모습을 보이라고 충고한 셈이다. 『손자병법』이 제시한 애사계愛士計의 요체가 바로 여기에 있다.

이를 두고 조조는 『손자약해』에서 이같이 주석했다.

"장수는 일방적으로 은혜만 베풀어서도 안 되고, 오로지 형벌만 사용해서도 안 된다. 은혜만 베풀면 패거리가 형성되고, 형벌만 내리면 장수의 독선을 막을 길이 없기 때문이다. 총애를 입은 자들이 교만을 떨며 멋대로 일을 벌이면 해만 가져올 뿐이고 아무짝에도 쓸모없어진다."

『손자병법』도 전편에 걸쳐 장수와 병사의 밀접한 관계를 수시로 언급하며 한몸을 이룰 것을 역설하고 있으나 다른 전략전술에 대한 언급에 비하면 상대적으로 적은 편이다. 역대 병서 가운데 애사계를 깊숙이 다룬 것은 오직 『오자병법』밖에 없다.

상하 간의 인간적 유대감이 핵심이다

원래 『오자병법』은 오랫동안 『손자병법』과 더불어 병서의 쌍벽으로 간주되어왔다. 여기에는 『손자병법』과 구별되는 차별성이 크게 작용했다. 실제로 어떻게 이길 것인가 하는 방법론에서 『손자병법』과 적잖은 차이를 보인다. 게다가 『손자병법』이 첫머리에서 병도를 역설하고 나서 전략과 전술 등의 용병술을 차례로 언급하는 데에 반해, 『오자병법』은 전쟁을 수행하는 데에 필요한 사전 준비에 많은 지면을 할애했다. 이는 『손자병법』에서 찾기 어려운 대목이다.

큰 틀에서 볼 때 두 병서는 상호 보완적이다. 한비자가 지적한 것처럼 이미 전국시대부터 일반 서민조차 『손자병법』과 『오자병법』을 함께 비장하며 그 지략을 배우고, 후대에 오기가 병법가로서 손무와 대등하게 평가받게 된 것도 이런 맥락에서 이해할 수 있다. 『오자병법』의 가장 큰 특징은 인화人和를 역설한 데에 있다. 그는 군주와 백성, 장수와 병사 간의 인간적 유대감을 부국강병의 요체라고 여겼다. 첫 편인 「도국」의 앞 대목에 이를 뒷받침하는 구절이 나온다.

"옛날 나라를 잘 다스린 군주는 반드시 먼저 백성을 교화하고 친화하는 데에 역점을 두었다. 인화를 중시했기 때문이다. 군주가 유념해야 할 네 가지 불화不和가 있다. 첫째, 나라가 하나로 결속되어 있지 않다면 출병해서는 안 된다. 둘째, 병사가 하나로 뭉쳐 있지 않다면 출진해서는 안 된다. 셋째, 진영이 하나로 단합되어 있지 않다면 진격해서는 안 된다. 넷째, 진격 과정에서 일사불란하지 않다면 결전을 치러서는 안 된다. 치도를 아는 군주가 백성을 부릴 때 반드시 먼저 상하의 화합을 꾀하고 나서 대사를 도모하는 이유다. 이때도 혹여 군주 자신의 사사로운 생각에 따른 것이 아닌지 우려해, 반드시 먼저 종묘에 고하고 나서 거북점을 치고 천시를 살펴 길조가 나타나야만 실행에 옮겼다. 백성은 군주가 자신들의 생명을 소중히 여기며 희생을 아까워한다고 믿게 된다. 이같이 된 연후에 군주가 전쟁에 임하면 병사들은 용감히 싸우다가 죽는 것을 자랑으로 여기고, 물러나 살아남는 것을 치욕으로 여긴다."

이를 통해 인화가 『오자병법』을 관통하는 키워드라는 사실을 대략 짐작할 수 있다. 『오자병법』 「치병」은 이를 부자지병父子之兵으로 표현해놓았다. 장수가 병사를 자식처럼 아끼는 군대라는 뜻이다. 「치병」에 따르면 전국시대 초기 오기는 승패의 관건을 병력에서 찾아야 하는 게 아니냐고 묻는 위魏나라 무후武侯에게 이같이 대답했다.

"법령이 명확하지 않고 상벌이 불공정하면 병사들은 징을 쳐도 멈추지 않고 북을 울려도 나아가지 않습니다. 그러니 백만 대군이 있다고 한들 무슨 소용이 있겠습니까? 이른바 '잘 육성된 군대'는 가만히 있을 때는 예가 바르고, 일단 움직이면 위풍당당합니다. 진격하면 막을 자가 없고, 후퇴하면 쫓아올 자가 없고, 진퇴에 절도가 있고, 좌우이동이 명에 따라 일사불란하게 이뤄집니다. 설령 도중에 부대가 단절될지라도 군진을 유지하고, 분산될지라도 대오를 갖춥니다. 이는 상하가 고락과 생사를 함께한 덕분입니다. 이런 군대는 한 덩이가 되어 움직이는 까닭에 흩어지는 일이 없고, 합세해 적과 싸우는 까닭에 지치는 일이 없습니다. 어느 곳에 투입할지라도 천하에 당할 자가 없는 이유입니다. 이를 일컬어 '부자지병'이라 합니다."

장수와 사병이 인화를 이루었을 때 최고의 전투력을 발휘한다는 취지를 부자지병의 비유에서 찾은 것이다. 『손자병법』의 백미가 지피지기와 부전승에 있다면, 『오자병법』은 부자지병과 인화에 있다고 해도 과언이 아니다. 이는 그가 공명功名을 추구하는 인간의 호명지심을 통찰한 결과로 볼 수 있다. 『손자병법』이 이익을 향해 질주하는 인간의 호리지성에 대한 통찰 위에 서 있는 것과 대비된다.

인간의 공명심을 자극하라

제자백가 가운데 인간의 호명지심이 호리지성 못지않게 강렬하다는 사실을 통찰한 대표적인 인물로 한비자를 들 수 있다. 『한비자』「궤사」의 다음 대목이 그 증거다.

"지금 세인들은 군주의 자리를 업신여기며 권력을 우습게 여기는 자를 두고 고상하다고 말하고, 군주를 낮추어 보며 벼슬을 마다하는 자를 현명하다고 말하고, 이익을 무시하며 위세를 가벼이 여기는 자를 진중하다고 말하고, 법령을 따르지 않고 하고 싶은 바대로 행하는 자를 충실하다고 말하고, 명예를 숭상하며 관직에 나가지 않는 자를 정절이 뛰어난 열사라고 말하고, 법을 가벼이 여기고 형벌이나 사형의 중벌도 피하지 않는 자를 용사라 말한다. 지금 백성이 명성을 추구하는 것이 이익을 추구하는 것보다 그 정도가 훨씬 심하다. 상황이 이러니 선비 중에서 먹을 게 없어 극도의 빈궁에 빠진 자가 어찌 도인을 흉내 내어 깊은 산속으로 들어가 수행하는 방식으로 명성을 다투려 들지 않겠는가? 세상이 제대로 다스려지지 않는 것은 신하 탓이 아니라 군주가 다스리는 도를 잃었기 때문이다."

인간의 호명지심이 얼마나 강한지를 날카롭게 지적하고 있다. 『오자병법』의 논리 역시 호명지심 위에 서 있다. 『손자병법』이 호리지성 위에 서 있는 것과 대비되는 대목이다. 이를 뒷받침하는 대목이 『오자병법』「도국」에 나온다.

"무릇 전쟁이 일어나는 원인은 크게 다섯 가지가 있다. 첫째, 공명을 다투는 쟁명爭名, 둘째, 이익을 다투는 쟁리爭利, 셋째, 증오심이 누적된 적오積惡, 넷째, 나라 안이 어지러운 내란內亂, 다섯째, 나라에 기근이 드는 인기因饑가 그것이다. 전쟁에 임하는 군대도 크게 다섯 가지가 있다. 첫째, 대의명분을 갖춘 의병義兵, 둘째, 힘만 믿는 강병

强兵, 셋째, 분기충천한 강병剛兵, 넷째, 이익만 좇는 폭병暴兵, 다섯째, 민심을 거역한 역병逆兵이 그것이다. 폭정을 물리치고 혼란을 다스리고자 하는 군대를 의병, 무력만 믿고 정벌에 나선 군대를 강병强兵, 분노를 참지 못해 일어난 군대를 강병剛兵, 예의를 저버리고 이익을 탐해 일어선 군대를 폭병, 나라가 어지럽고 백성이 신음하는데도 동원한 군대를 역병이라고 한다. 이 다섯 유형의 군대는 각기 대처하는 방법이 있다. 반드시 의병은 예로, 강병은 겸양으로, 강병은 설득으로, 폭병은 속임수로, 역병은 권모술수로 대적해야 한다."

『오자병법』이 호명지심을 먼저 거론한 것은 공명을 추구하는 인간의 심성이 이익을 향해 내달리는 호리지성보다 더 강하다고 판단한 결과다. 실제로 오기는 「도국」에서, 군대를 육성하고 인재를 등용해 나라의 기반을 튼튼히 하는 도리를 묻는 위 무후의 질문에 이같이 대답한 바 있다.

"옛날의 명군은 반드시 군신 간의 예의와 상하 간의 법도를 세우고, 관원과 백성이 저마다 자기 직분에 충실하게 하고, 풍습을 순하게 하여 백성을 가르치고, 훌륭한 인재를 가려 뽑아 불측의 사태에 대비했습니다. 옛날 제나라 환공은 5만 명의 군사로 패자가 되었고, 진나라 문공은 4만 명의 선봉대로 뜻을 이루었고, 진秦나라 목공穆公은 3만 명의 특공대로 인접 적국을 굴복시켰습니다. 강대국의 군주들이 나라를 다스릴 때 반드시 백성의 특성부터 잘 살핀 이유입니다. 군주는 다섯 종류의 부대를 편성하십시오. 첫째, 백성 가운데 담력과 기백이 있는 자들로 한 부대를 편성하고, 둘째, 기꺼이 전쟁터

리스크 없이 쟁취하라 – 손자처럼

로 달려가 자신의 용맹과 충성을 보이려는 자들로 또 한 부대를 편성하고, 셋째, 높은 담을 잘 뛰어넘고 발이 빨라 잘 달리는 자들로 다시 한 부대를 편성하고, 넷째, 관직에 있다가 과실로 쫓겨나 다시 공명을 얻고자 하는 자들로 한 부대를 편성하고, 다섯째, 지키던 성을 버리고 달아난 불명예를 씻고자 하는 자들로 한 부대를 편성하십시오. 이같이 편성한 다섯 종류의 부대야말로 군의 정예입니다. 이런 정예 부대 3,000명만 있으면 어떠한 포위망도 뚫을 수 있고, 아무리 견고한 성이라도 능히 함몰시킬 수 있습니다."

이를 통해 『오자병법』이 인간의 호명지심에 얼마나 깊은 주의를 기울이는지 대략 짐작할 수 있다. 「도국」에 따르면, 자신의 용맹과 충성을 보이려는 자를 포함하여 불명예를 씻으려고 절치부심하는 자들을 포함해 공명을 추구하는 부대가 전체의 8할에 달한다. 인간의 공명심을 자극하면 능히 천하무적의 연예練銳, 즉 최정예 부대로 만들 수 있다고 역설한 이유다. 호명지심이 호리지성보다 더 강하다고 주장한 것이나 다름없다. 호리지성에 대한 통찰 위에서 병법 이론을 전개하는 『손자병법』과 극명하게 대비되는 대목이다.

원래 오기가 호명지심을 호리지성보다 앞세운 것은 집을 나설 때 어머니에게 재상이 되어 금의환향하겠다고 다짐한 사실과 무관치 않다. 본인 스스로 자신의 다짐을 실현하고자 평생 부단히 노력한 만큼 호명지심이 얼마나 강한지를 통절히 깨달았을 것이다.

『오자병법』「치병」에서 "필사즉생, 행생즉사必死則生, 幸生則死"를 역설하는 것도 이런 맥락에서 이해할 수 있다. 이는 필사의 각오로 싸우면 살아남고, 요행히 살아남기를 바라면 죽게 된다는 취지에서 나온 것이다. 이순신 장군이 남긴 "필사즉생, 필생즉사必死則生, 必生則死"의 명언을 연상시킨다. 실제로 이는 「치병」에서 따온 것이다. 『손자병법』에도 유사한 구절이 나온다. 「구변」의 "필사가살, 필생가로必死可殺, 必生可虜" 구절이 그것이다. 죽기로 싸울 것을 고집하는 자는 적의 유인 전술에 빠져 살해되기 십상이고, 기어코 살겠다는 자는 적에게 사로잡히기 십상이라는 취지다. 「치병」의 내용과 정반대된다. 이는 호리지성을 중시한 『손자병법』과 호명지심에 방점을 찍은 『오자병법』의 차이에서 비롯된 것으로 볼 수 있다.

스스로 참여하게 유도하라

주목할 것은 동아시아 3국 가운데 중국이 『오자병법』을 멀리하며 『손자병법』을 높이 평가한 데에 반해, 일본은 『손자병법』을 추종하면서도 생사에 관해서는 『오자병법』의 "필사즉생, 행생즉사"의 가르침을 좇았다는 점이다.

중국은 기질적으로 "필사가살, 필생가로"를 역설한 『손자병법』의 가르침이 취향에 맞는다. 땅이 넓어 싸움에 패할지라도 산속으로 도주하거나 철저히 위장해 항복하고 나서 칼을 갈며 재기하는 역사문화 전통이 나온 이유다. 월왕 구천이 행한 도광양회를 보더라도 그러하다. 이를 통상 '대륙 기질'이라고 한다. 여러 번에 걸쳐 계속 패할지라도 크게 괘념할 필요가 없다. 최후의 결전에서 승리하면 된다. 유방과 항우의 싸움이 그렇다.

『오자병법』은 너무 과격하고 직선적이어서 중국인의 대륙 기질에 잘 맞지 않는다. 이에 반해 부전승을 역설하는 『손자병법』은 중국인의 기질과 맞아떨어진다. 『손자병법』이 병가의 성전이 된 이유다. 전국시대 말기 진시황 밑에서 활약한 울요의 저서 『울요자』 「제담」의 다음 대목이 이를 뒷받침한다.

"7만 명의 병력을 이끌고 싸우면 천하에 당할 자가 없으니 그런 자가 누구인가? 바로 오기다. 3만 명의 병력을 이끌고 싸우면 천하에 당할 자가 없으니 그런 자가 누구인가? 바로 손무다."

『손자병법』의 가치를 『오자병법』보다 7대 3, 즉 두 배 더 높이 평가한 셈이다. 울요의 평가는 21세기를 사는 중국인의 생각과 거의 같다. '만만디慢慢的'를 외치며 최후의 승리를 중시하는 대륙 기질 때문이다.

이에 반해 섬에 둘러싸인 일본은 싸움에 패하면 재기할 수 없다. 오직 단 한 번의 기회밖에 없다. 검도와 스모의 규칙이 그렇듯 단판으로 승부를 가리는 역사문화 전통을 갖게 된 이유다. 『오자병법』의 가르침 "필사즉생, 행생즉사"가 더 가슴에 와 닿을 수밖에 없다. 이를 통상 '섬 기질'이라고 한다.

한국은 이른바 '삼세번'의 역사문화를 갖고 있다. 더도 덜도 없이 꼭 세 번에 걸쳐 자웅을 가려야만 비로소 승복하는 역사문화 전통을 말한다. 대륙과 섬의 중간, 곧 '반도 기질'이라고 한다. 이순신 장군이 반간계에 걸려 백의종군하다가 정유재란 때 다시 기용되자 열두 척의 배를 이끌고 나가 최후의 결전을 벌인 게 그 증거다. 그가 장렬한 전사를 택한 최후의 결전 노량해전은 『오자병법』의 "필사즉생, 행생즉사"의 가르침을 그대로 좇은 결과로 볼 수 있다.

『오자병법』이 전쟁에 대한 철저한 사전 준비와 정예병의 육성을 역설한 것도 이런 맥락에서 이해할 수 있다. 요체는 군주가 올바른 정사를 펼쳐 백성으로 하여금 자발적으로 참전하게 하는 데에 있다. 『오자병법』역시『손자병법』과 마찬가지로 단순한 병서가 아닌 치국평천하의 기본서임을 방증하는 대목이다. 일각에서『오자병법』을 『손자병법』보다 더 높이 평가하는 것도 바로 이 때문이다. 인간에 대한 깊은 성찰을 높이 평가한 결과로 보인다.

『오자병법』은 오래전부터『손자병법』과 더불어 병서의 쌍벽을 이룬 까닭에 주석서도 제법 많이 나왔을 것으로 짐작되고 있으나 현전하는 것은 그리 많지 않다. 『신당서』「예문지」에 따르면 당시까지만 해도 조조의 책사인 가후가 쓴『오자병법』주석서가 존재했다. 가후는 전략 면에서는 조조만 못했지만 전술 면에서는 당대 최고의 실력을 자랑했다. 조조가 전술보다는 병도와 전략에 무게를 둔『손자병법』을 주석하고, 당대 최고의 전술가인 가후가 전술에 방점을 찍은 『오자병법』에 주석을 가한 것도 단순한 우연으로만 볼 수 없다. 아쉽게도 그의 주석서는 전하지 않는다. 『손자병법』에 나오는 애사계는 『오자병법』을 꿰뚫는 키워드인 부자지병과 취지를 같이하는 것이다.

문무계
文武計

35

문무를 섞어 호령하라

장수는 도의 등의 문文으로 명령을 집행하고, 군법 등의 무武로 군기를 바로잡아야 한다. 이를 일컬어, 용병하면 반드시 적에게 승리한다는 뜻의 필취必取라고 한다. 평소 문으로 병사들을 잘 교육하면 병사들은 심복하게 된다. 문으로 가르치지도 않고, 무로 바로잡지도 않으면 병사들은 심복하지 않는다. 평소 문과 무로 명령을 차질 없이 시행해 신뢰를 얻으면 병사들이 장수와 생사를 함께할 것이다.

令之以文, 齊之以武. 是謂必取. 令素行以敎其民, 則民服. 令不素行以敎其民, 則民不服. 令素行者, 與衆相得也.

_「손자병법」「행군」

「행군」에서 문무겸전文武兼全을 역설한 것은 『주역』의 키워드인 음양교합陰陽交合 이치를 좇은 결과다. 문과 무, 어느 한쪽만을 강조하면 제대로 된 장수 리더십을 발휘할 수 없다는 취지를 담고 있다. 실제로 「행군」은 본문에서 이같이 역설하고 있다.

"장수가 병사들과 친근해지기도 전에 작은 잘못을 처벌하면 병사들은 심복하지 않을 것이다. 심복하지 않는 병사들을 지휘해 싸우기란 매우 어려운 일이다. 정반대로 이미 친근해졌는데도 처벌을 제대로 시행하지 않으면 이들을 이끌고 적과 싸울 수 없다."

고금동서를 막론하고 장수의 리더십은 엄부와 자모의 모습을 고루 지니는 게 가장 바람직하다. 『손자병법』이 「행군」에서 문무겸전에 입각한 문무계文武計를 제시한 이유다. 말할 것도 없이 이 계책 역시 임기응변의 일환으로 나온 것이다.

주목할 것은 춘추전국시대 이래로 현재에 이르기까지 역대 왕조의 창업주는 모두가 야전에서 병사들과 숙식을 같이하며 문무겸전의 뛰어난 용병술을 구사한 장수 출신이었다는 점이다. 우리의 역대 왕조도 예외가 아니다. 고구려의 창업주 주몽朱蒙을 비롯한 고려 왕건王建, 조선 이성계 등이 모두 전장에서 잔뼈가 굵은 장수 출신이다. 아무리 왕조 교체기의 난세라 할지라도 무만 있고 문이 없으면 반란군 수장에 그칠 뿐, 새 왕조의 창업주로 발돋움할 수 없다. 『손자병법』이 역설한 문무계의 관점에서 볼 때 이들 창업주에게 상대적으로 취약했던 문은 주변의 뛰어난 책사들이 보완해주었다. 문이 크게 약했던 이성계가 정도전의 보필로 조선조를 개창한 게 그 증거다.

문이 부족하다면 두뇌를 빌려라

중국의 역대 왕조에서 문과 무를 고루 갖춰 명실상부한 문무겸전의 자세로 새 왕조를 개창한 인물은 삼국시대 위나라의 창업주인 위 무제武帝 조조다. 그는 동탁 토벌을 기치로 내걸고 군벌 경쟁에 뛰어든 이래 죽을 때까지 전장에서 평생을 보냈다고 해도 과언이 아니다. 주목할 것은 당시 유비와 손권을 포함한 여러 군웅 가운데 조조처럼 전장에서조차 책을 손에서 놓지 않고 열심히 공부한 호학好學의 인물이 전무했다는 점이다.

조조의 행보 가운데 문무겸전의 이치를 가장 잘 보여준 사례로 이른바 '분소밀신焚燒密信' 일화를 들 수 있다. 이 일화는 조조가 원소를 격파한 관도대전의 승리 이후에 나온 것이다.『삼국지』「무제기」에는 조조가 편지들을 불태웠다는 얘기만 간략히 기록했으나, 송나라 역사가였던 배송지裴松之의 주에 인용된『위씨춘추魏氏春秋』에는 당시 조조가 한 말을 자세히 기록해놓았다.『자치통감』은『위씨춘추』 기록을 역사적 사실로 보아 이를 그대로 인용했다.

『자치통감』에 따르면 건안 5년인 200년 봄에 조조를 암살하려는 동승董承의 음모가 누설되자 유비가 재빨리 달아났다. 조조가 후환을 없애려고 유비를 치려고 하자 핵심 참모인 곽가郭嘉가 말했다.

"원소는 성정이 의심이 많고 결단력이 없어 오더라도 신속히 오지는 못할 것입니다. 유비는 지금 일어났기에, 부중의 인심이 아직 완전히 그를 스스로 따르지 않았습니다. 급히 그를 치면 반드시 패배시킬 수 있습니다."

조조가 이를 좇아 동정에 나섰다. 이때 원소의 책사 전풍田豐이 원소에게 건의했다

"조조와 유비의 교전은 빨리 해결되기 어렵습니다. 공이 군사를 이끌고 조조의 후방을 치면 가히 일거에 평정할 수 있을 것입니다."

그러나 원소는 아들에게 병이 났다는 핑계로 이를 받아들이지 않았다. 전풍이 지팡이로 땅을 치며 탄식했다.

"슬프다, 천재일우의 기회를 만나고도 어린아이 병으로 기회를 버리니 애석하기 그지없다. 일이 끝났구나!"

조조가 유비를 쳐서 깨뜨리고 그의 처자를 포로로 잡았다. 또 하비를 공략해 관우를 사로잡았다. 유비가 원소에게 몸을 의탁했다. 원소가 유비가 왔다는 얘기를 듣고 업성에서 300리까지 나가 영접했다. 1개월여가 지나자 도망친 군사들이 점차 유비 곁으로 모여들었다. 조조가 군사를 이끌고 관도로 돌아오자 원소가 비로소 조조의 근거지인 허현을 치는 문제를 논의하고자 했다. 전풍이 반대했다

전풍은 적은 군사로도 조조의 용병이면 충분히 허현을 방비할 것으로 보았고, 기회를 기다리면서 안으로는 힘을 기르며 밖으로는 기병奇兵을 구사해 이리저리 적의 허술한 곳을 괴롭힐 것을 간했다. 그러나 원소는 이를 따르지 않았다. 전풍이 전력으로 간하자 원소는 오히려 군심을 동요시킬 우려가 있다며 그를 옥에 집어넣었다.

이해 2월, 원소가 여양으로 진군했다. 원소의 책사 저수沮授가 행군에 즈음해 일족을 모아놓고 집안 재산을 나눠주며 말했다.

"조조는 용병이 뛰어나고 게다가 천자를 옆에 끼고 있다. 우리는 비록 공손찬公孫瓚을 이기기는 했으나 군사가 이미 지쳐 있다. 게다가 주군은 교만하고 장수들은 방자하다. 득세할 때에는 위세가 통하

지 않는 곳이 없으나 실세하면 목숨조차 스스로 보존하기 어렵다. 이 얼마나 비통한 일인가?"

원소가 장수 안량顔良을 보내 지금의 하남성 활현인 백마에서 동군 태수 유연劉延을 치고자 했다. 저수가 만류했다.

"안량은 성질이 급합니다. 비록 용맹하기는 하나 이 일을 홀로 맡게 할 수 없습니다."

원소가 듣지 않았다. 이해 4월, 조조가 북쪽으로 올라가 유연을 구했다. 조조의 책사인 순유荀攸가 건의했다

"공의 병력이 적어 적을 당할 수 없으니, 반드시 그들의 세력을 분산시켜야 합니다. 공이 황하 이남의 연진에 이르러 만일 황하를 넘어 원소의 후방을 칠 수 있다면, 원소가 반드시 서쪽으로 나아가 응전할 것입니다. 그때 공은 경병輕兵을 이끌고 백마로 가 적의 빈틈을 치십시오. 그러면 가히 안량을 가히 사로잡을 수 있을 것입니다."

문으로 명령을 집행하고 무로 군기를 바로잡아라

조조는 순유의 말을 좇았다.원소가 조조의 군사가 황하를 넘었다는 소식을 듣고는 조조는 즉각 군사를 나누고 서쪽으로 가서 막게 했다. 조조가 군사를 이끌고 밤낮으로 달려 백마로 갔다. 백마에서 10여 리 떨어진 곳에 이르렀을 때 안량이 뒤늦게 이를 알고 몹시 놀랐다. 안량이 군사를 이끌고 싸우러 나오자 조조가 장료와 관우를 선봉으로 내세워 이들을 치게 했다. 관우가 안량의 대장 깃발이 휘날리는 것을 보고 말을 급히 몰아 그대로 달려들어 수많은 적군 속에

서 안량의 목을 베어 돌아왔다. 백마의 포위를 푼 조조가 그곳의 백성에게 모두 짐을 싸게 하고는 황하를 따라 서쪽으로 나아갔다.

원소가 황하를 건너 추격하려 하자 저수가 만류했다.

"승부의 변화는 신중히 고려하지 않을 수 없습니다. 지금 연진에 군사를 주둔시킨 가운데 일부 군사를 관도로 나아가게 해야 합니다. 만일 그들이 관도를 공략하면 다시 돌아와 연진에 주둔하는 군사와 함께 황하를 건너도 늦지 않습니다. 혹여 무슨 불행한 일이라도 있게 되면 퇴로마저 끊어집니다."

원소가 듣지 않았다. 저수는 원소가 강을 건너자 몹시 탄식했다.

"주군은 자만에 차 있고, 장수들은 이익을 탐해 급히 공을 세우려 한다. 유유히 흐르는 황하여! 우리가 능히 너를 건널 수 있겠는가?"

저수는 병을 칭해 사직하고자 했으나 원소가 받아들이지 않았다.

원소의 군사가 연진의 남쪽에 도착하자 조조는 군사를 이끌고 남쪽 언덕 아래에 주둔하고 적진을 살폈다. 조조의 병사가 보고했다.

"대략 기병이 500에서 600명가량 됩니다."

잠시 후 또 보고했다.

"기병이 점차 많아지고 보병은 그 수를 셀 수가 없습니다."

"다시 보고할 필요가 없다."

조조가 기병들에게 말안장을 떼어내고 말을 풀어놓도록 명했다. 장수들은 원소의 기병이 너무 많아 일단 후퇴해 군영을 지키느니만 못하다고 생각했다. 순유도 의아해했다.

"이는 적을 끌어들이자는 것인데, 과연 어떻게 빠져나가려고 그러

리스크 없이 쟁취하라 – 손자처럼

는 것일까?"

조조가 고개를 돌려 순유를 쳐다보고 미소를 지었다. 원소의 기병 대장 문추가 유비와 함께 5,000~6,000명의 기병을 이끌고 앞뒤로 도착하자 조조의 장수들이 초초해하며 물었으나, 조조는 아직 말에 오를 때가 아니라고 손을 내저었다. 잠시 후 조조의 군영 쪽으로 다가오는 기병의 수가 더욱 많아졌다. 마침내 조조가 명했다.

"이제 말에 오를 때가 되었다."

조조의 기병은 불과 600명도 안 되었다. 조조는 흥분이 최고조에 오를 때까지 기다리는 식으로 일종의 배수진을 친 셈이다. 이게 주효했다. 조조의 기병이 원소의 기병을 대파하고 문추의 목을 베었다. 당대의 용장으로 알려진 안량에 이어 문추까지 모두 죽게 되자 원소군의 사기가 땅에 떨어졌다.

얼마 후 관우는 원소 군중에 있는 유비에게 갔다. 사람들이 추격하려고 하자 조조가 "각자 그 주인이 있으니 뒤쫓지 마라!"라며 만류했다. 나중에 조조는 관우에게 베푼 이때의 은혜로 말미암아 제20계 무무계에서 얘기했듯 화용도에서 목숨을 건지게 되었다.

이해 7월, 원소의 군사가 양무 땅에 주둔하자 저수가 건의했다

"북군은 비록 수는 많으나 전투력이 남군만 못하고, 남군은 군량이 적어 군수 물자가 북군만 못합니다. 남군은 속도전에 이롭고 북군은 지구전에 유리하니, 우리는 응당 지구전으로 가서 시간을 최대한 늦춰야 합니다."

하지만 원소는 듣지 않았다. 이해 8월, 원소가 군영을 점차 전진시

켰다. 모래언덕에 의지해 영채를 세우니 그 길이가 동서로 수십 리에 달했다. 조조도 군진을 나누어 원소의 부대와 대치해 주둔했다.

이해 9월, 조조가 출병해 원소와 교전했으나, 이기지 못하자 뒤로 물러나 영채를 굳게 지켰다. 이때 원소와 사이가 틀어진 허유許攸가 조조에게 귀의했다. 조조가 허유의 계책을 받아들여 군량 창고인 오소에 쌓여 있던 원소의 군량미를 모두 불태워버렸다. 원소의 군사가 혼란스러운 때를 틈타 조조의 군사가 급습을 가하자, 원소가 일부 군사들을 이끌고 황급히 강을 건너 달아났다. 원소의 책사 저수가 원소를 따라 강을 넘지 못해 조조의 군사에게 사로잡혔다. 조조 앞에서 크게 소리 내어 말했다.

"나는 투항하지 않을 것이다. 단지 잡혔을 뿐이다."

조조가 달랬다.

"머무는 곳이 달라 오랫동안 서로 떨어져 있었소. 오늘 그대가 나에게 잡힐 줄을 생각도 못 했소. 원소는 지략이 없어 그대의 계책을 사용하지 못했소. 지금 전란이 아직 평정되지 않았으니 응당 군과 함께 도모할 생각이오."

"내 숙부와 외숙의 목숨이 원소의 수중에 있소. 내가 공의 은혜를 입는다면 속히 죽이는 것이 나의 복이 될 것이오."

조조가 탄식했다.

"내 좀 더 일찍 군을 얻었어도 천하에 염려할 일이 없었을 게요."

조조는 저수를 사면하고 좋은 대우를 했다. 얼마 후 저수가 원소에게 돌아가려고 하자 조조는 이내 죽여버렸다. 당시 조조가 수거한 원소의 서신 가운데는 허현에 있는 일부 인사는 물론이고 자신의 휘하에 있는 일부 장령이 원소에게 보낸 편지도 있었다. 좌우에서 거기 적힌 이름들을 일일이 조사해 모조리 잡아 죽여야 한다고 입을 모았다. 조조가 반대했다.

"원소가 강성할 때는 나 또한 스스로를 보호할 길이 없었다. 하물며 다른 사람들이야 말할 것이 있겠는가!"

그러고는 이내 이들 비밀 서신을 모두 불태우게 했다. 이를 두고 후세 사가들은 흔히 '분소밀신' 또는 '분서불문焚書不問'이라고 한다. 이 일 때문에, 몰래 원소와 교신하던 허도의 인사들과 일부 장령들은 조조의 관대하고 어진 도량에 크게 감복했다.

원래 이는 후한을 세운 광무제光武帝 유수劉秀가 적의 본거지를 점령했을 때 휘하 장령들이 적과 내통한 서신을 발견하고도 이를 일거에 불태워버린 것을 흉내 낸 것이다. 사서를 많이 읽었던 조조가 광무제의 '분소밀신' 행보를 흉내 냈을 공산이 크다. 실제로 조조는 죽는 순간까지 손에서 책을 놓지 않는 수불석권을 행했다. 마오쩌둥도 마찬가지였다. 그랬기에 그도 '신중화제국'의 초대 황제가 될 수 있었다. 이처럼 난세의 창업주는 대개 문무겸전의 인물이었다. 살벌하기 짝이 없는 21세기 경제전을 진두지휘하는 기업 CEO들도 이를 본받을 필요가 있다. 『손자병법』이 「행군」에서 필승의 계책으로 문무계를 거론한 것도 바로 이 때문이다.

불란계
不亂計

36

군사를 어지럽히지 마라

군주가 군사 운용에 해를 끼치는 경우는 크게 세 가지다. 첫째, 진격해서는 안
되는 상황을 알지 못해 진격을 명하고, 퇴각해서는 안 되는 상황을 알지 못하
해 퇴각을 명하는 경우다. 이를 일컬어 군사 운용을 속박하는 미군縻軍이라고
한다. 둘째, 군의 내부 사정을 알지 못하면서 군사 행정에 간섭하는 경우다. 장
병들이 헷갈리며 갈팡질팡하게 되는 혹군惑軍이 그것이다. 셋째, 군사 행동의
임기응변 속성을 알지 못하면서 지휘에 간섭하는 경우다. 장병들이 지휘에 의
심을 품는 의군疑軍이다. 군사가 이런 상황에 빠지면 화가 닥친다. 이를 두고
군심을 어지럽혀 적에게 승리를 안겨주는 이른바 난군인승亂軍引勝이라 한다.

故君之所以患於軍者三. 不知軍之不可以進而謂之進, 不知軍之不可以退而謂之退, 是
謂縻軍. 不知三軍之事, 而同三軍之政者, 則軍士惑矣. 不知三軍之權, 而同三軍之任, 則
軍士疑矣. 三軍旣惑且疑, 則諸侯之難至矣, 是謂亂軍引勝.

_「손자병법」「모공」

『손자병법』은 「모공」에서 총사령관인 군주가 일선의 군사를 어지

리스크 없이 쟁취하라 – 손자처럼

럽히는 세 가지 경우를 들었다. 멋대로 진퇴를 명함으로써 장수의 용병을 속박하는 미군, 군사 행정에 간섭해 장병들을 미혹하게 하는 혹군, 군사 작전에 직접 간여해 장수의 지휘권에 의심을 품게 하는 의군이 그것이다. 「모공」은 미군과 혹군 및 의군을 두고 군심을 어지럽혀 적에게 승리를 상납하는 '난군인승'으로 규정했다. 사서를 보면, 군주가 용병의 기본도 모르면서 장수의 지휘권에 개입해 대사를 그르치고 크게는 나라를 망친 사례가 매우 많다.

대표적인 예로 명나라 마지막 황제인 숭정제가 명장 원숭환을 의심함으로써 결국 패망을 앞당긴 일을 들 수 있다. 당초 숭정제에 앞서 보위에 있던 천계제 주유교는 웅정필熊廷弼을 요동경략(총독)에 기용하면서 왕화정王化貞을 광녕순무로 임명했다. 그러나 웅정필과 왕화정은 사사건건 대립했다. 임진왜란 때 원균元均과 이순신이 대립한 것과 닮았다. 당시 명나라도 조선조 못지않게 심각한 당쟁의 소용돌이 속에 빠져 있었다. 명나라 역시 왜란 당시의 조선조처럼 고질적인 당쟁의 폐해가 중차대한 시기의 전장에도 그대로 투사되고 있었던 것이다.

장수의 지휘권을 보장하라

당시 왕화정은 막강한 위세를 떨치던 환관 위충현魏忠賢에게 줄을 대고 있었다. 위충현은 천계제의 유모인 객씨客氏와 함께 천계제의 총애를 배경으로 권력을 농단한 인물이다. 하북 일대의 농부 출신인 객씨는 열여덟 살에 궁중으로 들어와 어린 황자 주유교의 유모가 되었다. 주유교는 어릴 때부터 유모인 객씨에게서 잠시도 떨어져 있으려고 하지 않았다. 객씨는 이를 이용해 점차 권력을 장악해나갔다.

이때 객씨와 호흡을 맞춘 위충현은 이른바 대식對食이 된 것을 계기로 천계제의 총애를 받게 되었다. 대식은 밥상을 두고 마주 앉아 밥을 먹는다는 뜻으로, 환관과 궁녀의 부부 관계를 의미하는 은어다. 두 사람은 7년에 이르는 천계제의 재위 기간에 대식 관계를 유지하며 국정을 멋대로 요리했다.

위충현은 왕화정에게 수만 명의 병사를 지원하면서도 웅정필에게는 단지 몇천 명만을 배분하는 식으로 왕화정을 편파적으로 지원했다. 이후 왕화정은 무리하게 군사 작전을 펼치다가 팔기군에 의해 궤멸당하고 말았다. 웅정필과 왕화정 모두 체포되어 사형선고를 받았으나 실제로는 웅정필만 처형되었다. 위충현이 뒤에서 작용한 탓이다. 왕화정이 이끌었던 광녕의 명나라 군사가 궤멸해 산해관 서쪽으로 사라지자, 누르하치努爾哈赤는 천계 5년인 1625년 도성을 다시 요양에서 심양으로 옮기고 나서 명칭을 성경盛京으로 바꾸었다. 이곳은 훗날 청나라 군사가 북경으로 입관하고 나서 봉천부奉天府로 바뀌었다.

당시 누르하치가 이끄는 만주 팔기군은 이내 요하를 건너 요서로 진출했다. 산해관을 넘으면 북경이었다. 그러나 산해관 앞의 영원성에는 명장 원숭환이 버티고 있었다. 당초 원숭환은 지방의 지현知縣으로 있다가 변경의 사정에 밝다는 이유로 병부의 주사가 된 인물이다. 파격적인 발탁이었다. 원숭환은 영원성을 견고히 지키면서 총병

리스크 없이 쟁취하라 – 손자처럼

인 만계滿桂 및 참장인 조대수祖大壽 등과 합심해 팔기군의 진공을 저지했다. 당시 누르하치는 포로를 풀어 영원성 안으로 돌려보내며 원숭환의 투항을 요구했다.

"나는 지금 30만 군사로 성을 공격하고 있다. 성은 반드시 함락된다. 만일 항복하면 높은 관직을 줄 것이다."

그러나 원숭환은 성 밖 주민들을 모두 성의 안으로 옮기고 성 밖의 가옥을 불사르는 이른바 청야淸野 전술을 구사했다. 포르투갈에서 만든 대포인 홍이포紅夷砲의 위력이 뛰어나다는 사실을 알고 있었던 그는 병력의 부족을 무기로 보충하고자 홍이포를 실어 오도록 했다. 누르하치가 영원성 앞에 당도했을 때는 이미 홍이포가 성벽에 즐비하게 늘어서 있을 때였다.

누르하치는 이런 사실도 모르는 채 팔기군의 진두에 서서 총공격령을 내렸다. 단숨에 영원성을 공략할 생각이었다. 곧 홍이포가 불을 뿜는 동시에, 이를 신호로 화살과 돌이 비 오듯 팔기군 위로 쏟아져 내렸다. 누르하치는 부상을 당하여 이내 후퇴했다. 싸울 때마다 승리를 거두는 상승군常勝軍의 신화를 이어온 팔기군이 처음으로 패배하는 순간이었으며, 패전을 거듭해온 명나라가 거둔 첫 번째 승리였다. 사가들은 이를 영원대첩으로 불렀다. 원숭환은 이때의 공을 인정받아 국방부 차관 격인 병부시랑 겸 요동순무로 승진해 요동의 지휘권을 장악했다.

누르하치는 영원성 공략이 실패한 지 얼마 안 돼 이해 4월에 재차 명과 가까이 지내는 몽골의 파림부를 공략하다가 이때 얻은 부상이

도져 자리에 눕게 되었다. 결국 그는 이해 9월에 병사하고 말았다. 당시 나이 예순여덟 살이었다. 후금을 세우고 보위에 오른 지 10년 만에 숨을 거둔 것이다. 원숭환이 누르하치를 죽음으로 몰아간 것이나 다름없었다.

누르하치의 뒤를 이어 즉위한 청 태종 홍타이지는 투항한 명나라 관원 범문정의 계책을 좇아 즉위 이래 일곱 번에 걸쳐 원숭환에게 화의和議를 청하는 서신을 보냈다. 이는 협공의 가능성이 있는 조선을 먼저 제압해 후고지우後顧之憂를 미리 제거하고자 한 심모원려深謀遠慮의 일환이었다. 당시 반정을 통해 정권을 장악한 인조는 청나라에 대해 극히 적대적인 모습을 보였다. 조선을 미리 제압하지 않고서는 중원을 장악할 수 없다는 게 청 태종의 판단이었다.

청 태종의 서신을 접수한 원숭환은 이에 호응하고자 했다. 당분간 침공의 위협이 없는 만큼 시간을 벌어 방어에 만전을 기하고자 한 것이다. 그러나 명나라 조정은 논란 끝에 이를 거절하기로 결정했다.

그러자 청 태종은 조선을 치기로 결정했다. 자신이 보낸 '화의' 서신을 놓고 명 조정이 갑론을박하며 망설이는 모습을 보고 명나라가 섣불리 배후를 치는 일은 없을 것으로 확신한 것이다. 청 태종은 마침내 천총 원년인 1627년 1월, 장수 아민阿敏에게 명해 3만 명의 군사를 이끌고 가서 조선을 치게 했다. 이것이 바로 정묘호란이다.

이해에 천계제가 병사하고 숭정제 주유검이 즉위했다. 숭정제는 즉위 초기 그 나름으로 매우 볼만한 정사를 펼쳤다. 전횡을 부리던 위충현 세력을 일망타진한 게 그렇다. 위충현이 자살하고 그의 일당

260여 명이 일거에 처형되거나 유배되었다. 숭정제는 농정에 밝은 서광계徐光啓를 예부상서로 등용하고, 위충현의 탄압을 받은 동림당東林黨 인사들을 사면해 대거 입각시켰다. 이때 영원성 전투에서 누르하치에게 치명상을 안겨 결국 죽게 한 원숭환을 병부상서 겸 우부도어사右副都御史로 기용했다. 이는 꺼져가는 명나라를 구할 수 있는 '회심의 인사'로 평할 만하다.

숭정 2년인 1629년, 요동을 방어하던 원숭환이 조선의 가도에 주둔하던 총병總兵 모문룡毛文龍을 군사비 횡령 혐의로 전격적으로 처형하고 가도를 요동 수복의 전진기지로 삼았다. 당시 모문룡은 후금과의 전투에 적극적으로 나서지 않은 채 밀수 등을 일삼으며 독자 세력을 구축하고 있었다. 그는 환관이 주축이 된 당파인 엄당閹黨의 비호를 받고 있었다. 모문룡의 죽음에 화가 난 엄당이 원숭환을 탄핵했다. 당시 후금은 원숭환의 방어로 감히 남진을 감행하지 못하고 있었다.

마침내 이해 10월에 홍타이지는 원숭환이 지키던 영원성과 산해관을 피해 몽골 지역으로 우회하여 장성 동북쪽의 희봉구를 거쳐 북경을 공격했다. 원숭환은 급히 북경으로 병사를 이끌고 이동하여 광거문과 좌안문 부근에서 홍타이지 군대를 물리쳤다. 홍타이지는 북경 외곽의 남해자로 퇴각하여 숭정제에게 강화를 청했다. 이어 환관들을 매수하고 반간계를 구사해 원숭환이 후금과 내통하여 모반을 꾀하고 있다는 말을 퍼뜨렸다.

이해 12월, 숭정제가 원숭환을 모반 혐의로 옥에 가두었다. 동림당 관원들이 적극적으로 구명 운동에 나섰다.

"적이 성 아래까지 와 있는 상황에서 스스로 장성長城을 허물 수는 없습니다."

그러나 모문룡과 동향으로 뇌물을 받은 먹은 온체인溫體仁 등이 수차례 상소를 올리며 극형을 촉구했다. 이듬해인 숭정 3년인 1630년 9월, 원숭환은 북경의 서시 거리에서 온몸을 잘라내어 죽이는 능지형凌遲刑을 당했다. 원숭환의 구명에 나섰던 동림당 관원들도 대거 파직되었다. 원숭환이 죽자 요동을 방위하던 병사들의 사기가 크게 저하돼 여러 명의 장수는 잇달아 후금에 투항하였다. 명나라 변경의 빗장이 열린 것이나 다름없었다.

마침내 숭정 16년인 1643년, 이자성이 이끄는 반란군이 지금의 호북성 양양을 점령하고 보위에 올랐다. 명칭은 신순왕新順王이었다. 황제가 되려면 좀 더 시간이 필요했다. 숭정 17년인 1644년, 서안을 점령하는 데에 성공한 이자성은 서안을 서경으로 개칭하고 처음으로 황제의 자리에 올랐다. 국호는 대순大順이었다. 이해 3월, 이자성이 북경에 대해 공격 개시를 선언했다. 당시 명나라의 주력 부대는 청나라의 남하를 막으려고 산해관에 몰려가 있었다.

이자성의 반란군이 무관을 돌파하고 태원과 대동 등을 잇달아 함락시키자 명나라 관원들이 곧바로 투항했다. 배가 침몰할 때 쥐들이 난파선에서 바다로 뛰어드는 모습을 방불케 했다. 이해 4월 21일, 반란군이 마침내 북경을 포위했다. 나흘 뒤인 4월 25일, 자금성이 마침내 함락되었다. 숭정제 곁에는 아무도 없었다. 반란군에게 욕을 당할까 봐 우려한 그는 이내 칼을 뽑아들어 비빈과 공주들을 차례로 죽이고 자금성 뒷산인 경산으로 올라가 스스로 목을 매어 자진했다. 이로써 명나라는 건국 277년 만에 사라지고 말았다.

명나라가 패망한 결정적인 배경은 숭정제가 엄당 패거리의 참언讒言을 듣고 명장 원숭환을 처형한 데서 비롯되었다. 『손자병법』의 관점에서 보면 일선 장수의 지휘권과 용병에 멋대로 개입해서는 안 되는 불란계를 어겨 화를 자초한 셈이다. 이보다 약간 앞선 시기 조선조의 선조가 명장 이순신을 백의종군시킨 것도 유사한 맥락이다. 불행 중 다행으로 이순신은 원숭환처럼 처형당하지는 않은 까닭에 정유재란 때 재기용되어 왜군을 격파할 수 있었다. 이게 조선을 패망에서 구하는 결정적인 계기로 작용한 것은 말할 것도 없다.

이치에 맞지 않는 명은 거부하라

주목할 것은 전쟁이 빚어지면 군주는 기본적으로 『손자병법』이 역설하는 불란계를 지켜야 하나, 장수는 상황에 따라 군명을 거부해도 좋다고 한 점이다. 『손자병법』「지형」에 나오는 다음의 구절이 이를 뒷받침한다.

"전쟁의 이치(전도戰道)에 비춰 승리가 확실하다면, 싸우지 말라는 군주의 명을 거슬러 싸울지라도 무방하다. 반면에 이치에 비춰 승리를 기약할 수 없다면, 싸우라는 군명君命을 거슬러 싸우지 않을지라도 무방하다. 장수는 진격하면서 전승戰勝의 명예를 구하지 않고, 퇴각하면서 전패戰敗의 처벌을 피하지 않는다. 오직 백성을 보호하고 군주의 이익에 맞게 행보한다. 이런 장수야말로 나라의 보배다."

「지형」에서 눈에 띄는 대목은 전쟁의 기본 이치에 비춰 승패가 분명하다면 "군명을 거슬러도 무방하다"고 역설한 점이다. 이는 장수의 전일적專—的인 지휘권을 언급한 것이다. 원천적으로 군명이 개입할 수 없다. 이는 장수의 지휘권이 군주의 명령과 충돌하는 특수한 경우에 대한 해답을 제시한 것이다. 급박하고도 명백한 상황에 한해 항명抗命의 예외를 인정한 셈이다.

「지형」의 논리에 따르면 장수가 군명을 거부할 때는 두 가지 전제조건이 충족돼야만 한다. 첫째, 군명이 전쟁의 기본 이치에 어긋나야 한다. 둘째, 객관적으로 누가 볼지라도 승패가 분명해야만 한다. 둘 중 하나만 충족할 경우는 부득불 군명을 좇아야 한다. 군명이 '전도'에 어긋날지라도 승패가 객관적으로 분명치 않거나, 객관적으로 승패가 분명할지라도 군주의 명이 전도에 어긋나지 않을 경우는 승복해야 한다는 얘기다.

『손자병법』이 「지형」에서 장수의 예외적인 '항명'을 언급한 것은 군주와 장수를 보민보국保民保國의 두 축으로 간주한 데에 따른 것이다. 막강한 무력을 빌미로 보위를 차지하라고 부추긴 게 절대로 아니다. 「지형」의 다음 구절이 이를 뒷받침한다.

"오로지 백성을 보호하고 군주의 이익에 부합하도록 행보하는 장수야말로 나라의 보배다."

장수가 "나라의 보배"가 되려면 두 가지 조건을 충족해야 한다. 첫째, 오로지 백성을 보호하는 일에 충실해야 한다. 둘째, 군주의 이익에 부합하도록 움직여야 한다. 장수는 무신武臣을 상징한다. 무신이 진면목을 발휘하는 것은 전장에서 군명을 좇아 용병할 때다. 지상의 목표는 병력을 온전히 보존하면서 적을 굴복시키는 데에 있다. 오로지 백성을 보호하는 일에 전념해야 한다고 언급한 게 이를 뜻한다.

공자는 『논어』 전편을 통해 군주와 신하가 서로 협조하는 한편으로 서로 견제하는 군신공치君臣共治를 역설했다. 이른바 군군신신君君臣臣이다. 군주는 군주답고 신하는 신하다워야 한다는 뜻이다.

『손자병법』이 말한 불란계는 정상적인 군신 관계를 전제로 한 것이다. 「모공」에서 얘기하듯이 군주는 함부로 진퇴를 명함으로써 장수의 용병을 속박하는 미군, 군사 행정에 간섭해 장병들을 미혹하게 하는 혹군, 군사 작전에 직접 간여해 장수의 지휘권에 의심을 품게 하는 의군을 행해서는 안 된다. 그러나 장수가 쿠데타의 속셈을 품었을 때는 정반대의 모습을 취할 필요가 있다.

『한비자』가 전편에 걸쳐 치국평천하의 요체가 백성을 다스리는 치민治民이 아니라 관원을 다스리는 치리治吏에 있다고 역설한 것도 바로 이 때문이다. 『손자병법』이 「지형」에서 장수가 오로지 백성을 보호하고 군주의 이익에 부합하도록 움직여야만 '나라의 보배'가 될 수 있다고 언급한 것도 같은 맥락이다. 공자가 역설한 군신공치의 자세가 정답이다. 『손자병법』이 역설한 불란계는 21세기 경제전 상황에서 매우 중요하다. 기업 CEO가 임직원과 하나가 되어 해당 분야에서 세계 시장을 석권하고자 할 경우 반드시 불란계를 구사할 줄 알아야 한다.

손자론

손자의 삶과 사상

손무와『손자병법』

21세기에 들어와『손자병법』관련서가 홍수를 이루고 있다.『손자병법』의 가르침이 그만큼 가슴에 와 닿기 때문일 것이다.『손자병법』은 전쟁터에서 병사의 생사를 가르는 용병술은 물론이고 국가 존망과 직결된 치국평천하의 통치술에 이르기까지 모든 방략을 담고 있다.『손자병법』을 단순한 병서로 간주해서는 안 되는 이유다.

현전하는『손자병법』은 원래 삼국시대 조조가 펴낸『손자약해』를 달리 부르는 말에 불과하다. 조조가 생존할 당시『손자병법』은 원래의 열세 편에서 여든두 편으로 늘어나 있었다. 조조는 온갖 잡문이 끼어들어 몹시 부풀려진 당시의『손자병법』을 손봐 원형에 가깝게 복원하면서 정밀한 주석을 더했다. 그게 현재의『손자병법』이다.

그런데 조조의 주석과 견해 및 사상을 기본으로 하는 『손자병법』 해설서는 전무하다시피 한 실정이다. 이웃 중국과 일본에서 명성을 떨치는 인물들의 번역서를 읽어보아도 별반 다를 게 없다. 거의 예외 없이 손무를 실존 인물로 간주하는 등 여전히 낡고 형식적이다.

현전하는 역대 병서 가운데 첫머리에 병도兵道를 천명한 병서는 오직 『손자병법』밖에 없다. 병도의 이치를 모르면 『손자병법』을 읽지 않는 것만도 못하다. 『손자병법』의 병도는 인구에 회자하는 '부전승不戰勝'으로 요약할 수 있다. '부전승'과 정반대되는 섬멸전殲滅戰에 초점을 맞춰온 서양과 대비되는 대목이다.

키신저도 지난 2011년에 펴낸 『중국론』에서 서양의 전략전술은 마치 체스처럼 '킹'을 공략해 '완승完勝'을 거두는 것을 목표로 해 왔다고 증언한 바 있다. 『손자병법』이 적을 온존하게 보존한 가운데 심복시키는 이른바 '전승全勝'을 주장한 것과 천양지차가 있다. 클라우제비츠의 『전쟁론』이 나폴레옹전쟁을 포함해 주요 전쟁의 전략전술을 상세히 소개한 것도 따지고 보면 섬멸전을 염두에 둔 결과다.

이에 반해 『손자병법』은 승리를 거둘 때 사용한 기왕의 전술을 모두 잊어버릴 것을 충고하고 있다. 추상적이면서도 간명한 문체로 일관하면서 참고가 될 만한 전례를 단 하나도 실어놓지 않은 이유가 여기에 있다. 『도덕경』이 간명한 문체로 전쟁을 포함한 모든 유형의 통치를 '무위지치無爲之治'로 정리해놓은 것과 같다.

『손자병법』은 후한시대까지만 해도 제나라의 것이라 하여 '제손자병법齊孫子兵法'으로 불린『손빈병법』과 함께 널리 읽혔다. 그러나 수·당 대로 넘어오는 와중에『손빈병법』이 자취를 감추면서『손자병법』의 저자를 둘러싼 논란이 촉발되었다. 여기에는 손빈을 손무와 함께 '손자'로 호칭한 것처럼『손빈병법』을『손자병법』과 함께 통상 '손자 병법'이라 부른 게 결정적인 배경으로 작용했다.『손자병법』의 저자를 둘러싼 논란은 지난 1972년 산동성 임기현 은작산의 전한시대 묘에서 죽간본竹簡本『손자병법』과『손빈병법』이 동시에 출토됨으로써 종식되었다.

그러나 손무의 실존 여부를 둘러싼 논쟁이 사그라진 것은 아니다. 현재의 중국 학계는 손무를 실존 인물로 간주하는 견해와 가공의 인물로 간주하는 견해가 팽팽히 맞서 있다. 논란의 가장 큰 배경은 춘추시대의 역사를 가장 상세히 기록해놓은『춘추좌전』에 오자서의 이름만 나오고 손무의 이름이 전혀 거론되지 않은 데에 있다. 사마천은『사기』「손자오기열전」에서 실존 인물인 양 기록해놓았으나 그 내용이 소략한 데다가 항간에 떠도는 얘기 수준에 가깝다.

『손자병법』이 수천 년 동안 최고의 병서로 취급되고 있음에도 정작 저자로 보이는 손무의 실제 흔적이 안개 속에 싸여 있는 것은 미스터리다. 손무는 과연 실존 인물일까, 아니면 가공인물에 지나지 않는 것일까?『사기』「손자오기열전」과『오월춘추』등에 나와 있는 기록을 토대로 추론해보면 대략 이렇다.

기원전 515년, 오나라 공자 광光이 초나라에서 망명한 책사 오자서의 계책을 이용해 사촌동생인 오왕 요僚를 척살하고 보위에 올랐다. 그가 바로 오왕 합려閣廬다. 그는 군사를 대대적으로 일으켜 초나라를 치고자 했다. 수백 년 동안 남방의 최대 강국으로 군림했던 초나라를 제압하고 중원마저 굴복시켜 명실상부한 패자霸者로 군림하고자 한 것이다.

이는 결코 터무니없는 게 아니었다. 당시 오랫동안 중원의 패자로 군림했던 진晉나라는 권신들의 발호로 그 위세가 크게 땅에 떨어져 있었다. 비록 잠정적이기는 하나 초나라가 중원의 제후들에게 오히려 더 큰 영향력을 미치고 있었다. 초나라를 제압하는 것은 곧 중원의 패자로 군림하게 되었음을 천하에 공포하는 것이나 다름없었다. 합려도 바로 이 점을 염두에 두고 초나라를 치고자 한 것이다.

그러나 합려로서는 뒤를 공격당하지 않을까 하는 후고지우後顧之憂를 걱정하지 않을 수 없었다. 오나라가 초나라를 침공한 틈을 노려, 서徐나라로 도주한 오왕 요의 동생인 공자 엄여掩餘와 종오鍾吾나라로 도주한 공자 촉용燭庸이 협공을 가할까 봐 우려한 것이다. 합려는 먼저 두 나라에 사자를 보내 엄여와 촉용의 압송을 요구했다. 그러나 두 사람은 곧바로 초나라로 달아났다. 초 소왕昭王은 감마윤監馬尹 악대심樂大心을 보내 두 사람을 맞이하고 지금의 하남성 침구현 동남쪽에 있는 양養 땅에 살도록 배려했다. 이때 초 소왕이 두 사람에게 청했다.

"두 공자는 형님의 원수인 합려에 대한 원한이 골수에 사무쳤을 것이오. 우리가 서로 손을 잡고 합려를 쳐 원수를 갚읍시다."

그러고는 얼마 후 수윤莠尹으로 있던 연然과 좌사마左司馬이자 침윤沈尹으로 있던 술戌을 보내 그곳에 성을 쌓게 했다. 초 소왕은 두 공자를 이용해 오나라 군사를 막는 것은 물론이고 유사시에는 오나라로 쳐들어가는 선봉대로 활용하고자 한 것이다.

합려는 초 소왕이 두 공자를 이용해 오나라에 위협을 가하려 한다는 얘기를 전해 듣고 몹시 노했다. 합려가 서나라로 쳐들어가 산 위의 물을 막았다가 그 물을 서나라로 흘려보냈다. 서나라가 더는 버티지 못하고 항복했다. 서나라 군주 장우章禹가 오나라 풍속을 좇아 자신의 머리털을 자르고 부인을 대동한 채 합려를 맞이했다. 합려가 그를 위로하여 돌려보내면서 자신의 근신을 보내 그를 모시게 했다. 그러나 장우는 곧바로 초나라로 달아났다. 초나라의 침윤 술은 군사들을 이끌고 가서 서나라를 구하려 했으나 때에 미치지 못했다. 이에 곧 이夷 땅에 성을 쌓고 서나라 군주를 그곳에 거처하게 했다. 초나라는 오나라 공자 엄여 및 촉용은 물론이고 이제 망명한 서나라 군주 장우까지 내세워 노골적으로 오나라를 포위하는 구도를 만든 것이다.

합려는 초나라와의 일전이 불가피하다는 것을 절감했다. 그러나 그는 신중했다. 그는 경솔하게 군사를 일으키려고 하지 않았다. 오자서가 태재太宰로 있던 백비白嚭와 상의했다.

"왕이 지금 초나라를 치려면 동원령을 내려야 하는데도 구실을 대며 기병할 뜻을 보이지 않고 있으니 이를 어찌하면 좋겠소? 우리가 적극적으로 나서 인재를 천거하도록 합시다."

마침 합려가 오자서를 불렀다.

"당초 그대는 나에게 초나라를 치자고 말한 적이 있었소. 당시 나는 그대의 의견이 옳다는 것을 알았지만 혹여 일이 성사되고 나서 그대가 나를 떠날까 봐 우려했소. 그러나 이제는 초나라를 더 방치할 수 없는 상황에 이르렀소. 이제 초나라를 치고자 하는데 그대의 생각은 어떻소?"

"오직 군명을 따를 뿐입니다."

그러나 합려는 초나라 군사가 의외로 대군인 데다가 오나라 군사를 지휘할 장수감이 없어 고심했다. 그러자 오자서가 합려에게 손무를 천거했다.

손무는 본래 제나라 사람이었다. 제나라를 떠나 오나라로 와서 궁벽한 곳에 숨어 산 까닭에 아무도 그의 재능을 알아보지 못했다. 다만 오자서는 인재를 단박에 알아보는 지인지감知人之鑑이 있었던 까닭에 손무가 당대의 뛰어난 병법가라는 것을 이내 눈치 챘다. 그는 합려와 군사를 논하는 자리에서 누차 손무를 극찬했다.

"손무는 육도삼략六韜三略에 정통한 탁월한 전략가입니다. 세상이 그의 재주를 알아주지 않아 은거하고 있을 뿐입니다. 이 사람을 얻어 군사軍師로 삼으면 비록 천하를 대적할지라도 두려울 게 없을 것입니다. 하물며 초나라 하나쯤이야 더 말할 것이 있겠습니까!"

그러나 합려는 오자서가 여러 차례에 걸쳐 천거했지만, 처음에는 구체적으로 대답하지 않았다. 오자서가 거듭하여 손무를 불러 만나 볼 것을 청하자 마침내 손무를 만나보게 되었다. 합려가 손무에게 용병에 관해 묻자 손무는 자신이 저술한 병서 열세 편의 내용을 여러 차례에 걸쳐 소상히 설명했다. 합려는 감탄사를 연발했다.

하루는 합려가 손무에게 용병술을 한번 시험해볼 수 있겠냐고 묻자 손무는 흔쾌히 호응하며 후궁의 궁녀들을 대상으로 시험해보겠다고 답했다.

"저에게 대왕이 총애하는 후궁 두 사람을 주십시오. 그녀들로 하여금 각각 한 개 부대를 지휘하도록 하겠습니다."

"그들은 과인이 총애하는 궁녀요. 가히 대장으로 삼을 수 있겠소?"

손무가 대답했다.

"군사란 먼저 호령을 엄격히 하고 연후에 상벌을 내리는 것입니다. 비록 훈련의 규모는 작지만 갖출 것은 모두 갖춰야 합니다. 집법執法 한 사람과 군리軍吏 두 사람을 세워 장수의 호령을 전하게 하고, 고수鼓手 두 사람을 두어 북을 치게 하고, 역사力士 몇 사람을 아장牙將으로 삼아 무장한 차림으로 단하壇下에 도열시켜야만 비로소 위엄이 섭니다."

이에 손자는 수백 명의 궁녀에게 갑옷과 투구를 착용하고 검과 방패를 들게 하고 나서 군율軍律을 일러주었다. 이어 그녀들에게 북소리에 따라 진퇴進退, 좌우左右, 회선回旋하는 방법을 일러주고 훈련할 때의 금지 사항 등을 주지시켰다. 곧 이같이 명했다.

"북을 한 번 치면 모두 떨쳐 일어나고, 두 번 치면 모두 큰 소리로 외치며 전진하고, 세 번 치면 모두 전투 대형으로 전개한다!"

궁녀들이 모두 입을 가리고 웃었다. 손무가 친히 북채를 잡고 북을 울리며 여러 번 하명하고 거듭 경고를 주었다. 궁녀들은 웃기만 할 뿐이지 움직일 생각을 하지 않았다. 손무가 고개를 돌려 두루 살펴보는데도 궁녀들은 웃음을 멈추지 않았다. 손무가 몹시 분노하여 두

눈이 갑자기 크게 떠지면서 목소리가 놀란 호랑이처럼 커졌다. 머리털이 삐쭉 솟아 관을 찌르자 목 옆으로 내려뜨린 관끈이 이내 뚝 끊어지고 말았다. 손무가 고개를 돌려 집법에게 분부했다.

"부질鈇鑕을 대령하라!"

'부질'은 사람의 목과 허리 등을 자르는 형벌을 가할 때 사용하는 작두 같은 형구를 말한다. 이어 다시 집법에게 물었다.

"금령禁令이 명확하지 않고, 하명下命이 지켜지지 않는 것은 장수의 죄다. 그러나 이미 금령을 내리고 되풀이하여 분명히 명했는데도, 병사들은 계속 군령을 좇아 진퇴하지 않았다. 이는 부대장의 죄이다. 군법에 따르면 어찌 조치해야 하는가?"

"마땅히 참수해야 합니다."

손무가 하령했다.

"모든 사졸을 참할 수는 없다. 이 죄는 두 대장에게 있다. 즉시 두 대장을 참하라!"

좌우에 늘어선 아장들이 즉시 합려의 두 총희寵姬를 끌어내어 결박했다. 합려는 대 위에 올라가 멀리서 손무의 열병閱兵을 구경하다가 이 광경을 보고 대경실색했다.

"과인은 이미 장군의 용병술을 보았소. 과인은 두 총희가 없으면 음식을 먹어도 맛을 모르니 부디 참수하는 일만은 하지 마시오."

손무가 단호히 거절했다.

"신은 이미 장수의 명을 받았습니다. 장수가 군대에서 법을 집행할 때는 설령 군주가 하명할지라도 이를 접수하지 않는 법입니다!"

그러고는 속히 두 총희의 목을 치게 했다. 궁녀들이 모두 파랗게 질려 감히 손무를 쳐다보지도 못했다. 손무가 다시 북채를 잡고 북을 울리며 지휘했다. 이에 대오의 좌우·진퇴·회선이 명하는 바대로 모두 정확히 이뤄졌다. 궁녀들 중 감히 한눈을 파는 자는 단 한 사람도 없었다. 궁녀 부대가 모두 숙연하여 누구도 감히 고개를 돌리려 하지 않았다. 손무가 합려에게 보고했다.

"병사들이 완전히 정비되었으니 이제 대왕이 원하는 바대로 그들을 운용할 수 있을 것입니다. 이같이 하면 가히 천하를 평정할 수 있습니다."

합려가 우울한 표정으로 말했다.

"나는 그대가 용병에 뛰어나다는 것을 이제 분명히 알았소. 장군은 대오를 해산시키고 돌아가 쉬도록 하시오. 나는 궁녀들의 열병을 보고 싶은 생각이 없소."

그는 내심으로 손무를 다시 돌려보낼 작정이었다. 손무가 밖으로 나가며 탄식했다.

"오왕은 한낱 나의 이론만 좋아했을 뿐이다."

이 얘기를 전해 들은 오자서가 합려를 찾아가 간했다.

"신이 듣건대 '용병은 흉사凶事이니 헛되이 시험할 수 없다'라고 했습니다. 그래서 용병하는 사람은 함부로 이를 시험치 않는 것입니다. 지금 대왕은 경건한 마음으로 어진 스승을 사모하면서 장차 군사를 일으켜 포학한 초나라를 치고 천하의 맹주가 되어 제후들을 호령하고자 합니다. 만일 손무를 장수로 세우지 않으면 누가 능히 회하와 사수를 넘고 천 리를 달려가 작전을 펼 것입니까."

합려가 이 말을 듣고 이내 손무를 상장上將으로 삼고 군사軍師의 예로 대우했다.

기원전 510년, 오나라 군사가 월나라로 쳐들어가 지금의 절강성 가흥시 남쪽인 취리를 점거했다. 이듬해인 기원전 509년, 초 소왕이 영윤令尹 자상子常으로 하여금 군사를 이끌고 가 오나라를 치게 했다. 합려가 오자서와 손무를 보내 맞받아치게 했다. 이들이 한수 북쪽과 장강 이북 사이의 예장 일대에서 초나라 군사를 포위했다.

오자서와 손무가 초나라 군사를 예장에서 섬멸하고 곧바로 여세를 몰아 지금의 안휘성 소현인 소巢 땅으로 진공했다. 소 땅을 수비하던 초나라 공자 번繁을 포로로 잡고 철군했다. 기원전 506년, 오나라가 초나라에 원한을 품은 채蔡나라 및 당唐나라와 합세해 초나라를 쳤다. 먼저 군사를 회하의 북쪽에 주둔시키고 예장에서 한수의 강물을 사이에 두고 초나라 군사와 대진했다.

이해 10월, 양쪽 군사가 지금의 호북성 마성현 동쪽인 백거에서 대진했다. 합려의 동생 부개夫槪가 자신의 휘하 병사 5,000명을 이끌고 초나라 장수 자상子常을 공격했다. 자상이 대패하여 정나라로 도주했다. 초나라 군사가 큰 혼란에 빠지자 오나라 군사가 그들을 추격해 대파하고 여세를 몰아 곧바로 영도까지 쳐들어갔다. 초 소왕이 군신들과 함께 황급히 지금의 호북성 안륙현인 운성으로 달아났다. 합려가 군사들을 이끌고 초나라 도성 영도에 입성했다.

기원전 505년, 월왕 윤상允常이 군사를 일으켜 오나라를 기습했다. 당시 오나라 주력군은 초나라에 머물고 있었다. 이해 6월, 초나라의 구원 요청을 받은 진秦나라 군사가 초나라 군사와 합세해 부개가 이끄는 오나라 군사를 대파했다.

이해 9월, 부개가 오나라로 돌아와 스스로 보위에 올랐다. 합려가 이 소식을 듣고는 초나라 군사를 버려둔 채 급히 귀국해 부개를 쳤다. 부개가 초나라로 도주하자, 초 소왕이 부개를 지금의 하남성 수평현 서북쪽에 있는 당계堂谿 땅에 봉했다. 오나라 군사가 모두 철수하자 초 소왕이 도성으로 돌아왔다. 합려는 아들 부차를 태자로 삼고 곧바로 부차에게 명해 군사를 이끌고 가서 변경을 지키게 했다.

이상은 『사기』 「손자오기열전」과 『오월춘추』의 기록을 토대로 시간대별로 정리한 것이다. 명대 말기 풍몽룡馮夢龍의 『동주열국지』는 여기에 살을 덧붙여, 손무가 영도를 공략할 때 수공水攻을 가하는 등의 여러 일화를 덧붙여놓았다. 『오월춘추』는 영도를 점령했을 때 복수심에 불탄 오자서가 합려를 부추겨 초 소왕의 부인을 범하게 하고 자신도 손무 및 백비 등과 함께 초나라 군신들의 부인을 범했다고 기록해놓았다. 『동주열국지』는 합려가 초 소왕의 부인을 범했다는 대목이 거슬렸는지, 약간 완화해 묘사했다.

"오자서는 모든 장수에게 초나라 대신들의 부녀를 겁탈하도록 권했다. 손무와 백비 같은 사람도 초나라 대부들의 집에 거주하면서 그 집의 처첩들을 마음대로 능욕했다."

『동주열국지』는 상상력을 동원해 손무의 마지막 모습도 생생히 묘사했다. 이에 따르면 당시 오왕 합려는 본국으로 돌아와서 곧바로 논공행상을 했다. 그는 손무의 공을 으뜸으로 쳤다. 그러나 손무는

리스크 없이 쟁취하라 – 손자처럼

포상을 사양하고 군이 산속으로 들어가려고 했다. 오왕 합려가 오자서를 시켜 손무를 만류하게 했다. 그러자 손무가 오자서에게 말했다.

 "여름이 가면 겨울이 오고, 봄이 오면 가을이 오는 것이 하늘의 이치요. 지금 오왕은 오나라의 강성함을 과신하고 있소. 장차 걱정거리가 사라지면 반드시 교만하고 방탕해질 것이오. 공성자퇴功成自退를 하지 않으면 불행이 닥쳐오기 마련이오!"

 '공성자퇴'는 공을 세우고 나서 스스로 물러난다는 뜻으로『도덕경』에 나오는 공성신퇴功成身退와 같은 뜻이다. 손무가 '공성자퇴'를 고집하자 합려가 할 수 없이 황금과 비단을 가득 실은 수십 대의 수레를 보냈다. 손무와 관련한『동주열국지』의 마지막 대목이다.

 "손무는 산속으로 들어가는 도중에 가난한 백성에게 황금과 비단을 모두 나눠주었다. 이후 그가 어디서 살다가 언제 죽었는지 아무도 아는 사람이 없었다. 당시 그는『손자병법』이라는 위대한 유산을 남겨주었다."

 이 일화가『사기』와『오월춘추』에 없는 것은 말할 것도 없다. 후대에 이르러 손무가 병성兵聖으로 숭앙된 배경을 짐작하게 해주는 대목이다. 손무를 병성으로 떠받드는 풍조는 지금도 변함이 없다. 오히려 더한 감이 있다. 중국 작가 차오야오더가 쓴『손자전』이 그 실례다. 그는 손무의 연보에 이같이 기록해놓았다.

 "주 경왕敬王 17년인 기원전 503은 합려 20년이다. 손무는 합려가 날로 주색에 빠져 방탕한 생활을 즐기며 신하들의 간언을 듣지 않는 등 전횡하는 모습을 보이자 이내 산속으로 은둔했다. 이후의 행적에 관해서는 사서에 전해진 게 없다. 일설에 따르면 손무가 고국인 제나라로 돌아가 일족과 함께 집단 생활을 하며 여생을 마쳤다고 한다. 또 다른 일설에 따르면 은둔자의 삶을 살다가 기원전 470년에 75세의 나이로 생을 마쳤다고 한다. 이 밖에도 여러 설이 있으나 사서의 기록을 통해 확인할 방법은 없다."

'병성' 손무에 관한 전설이 현재까지도 계속 만들어지고 있음을 보여준다. 이런 현상은 손무를 떠받드는 일반인과 작가들뿐만 아니라 엄밀한 사료에 바탕을 두고 전사戰史를 연구하는 학자들 내에서도 흔히 나타나고 있다. 손무를 실존 인물로 보거나『손자병법』모두 손무가 직접 쓴 것이라고 주장하는 학자들은 많지만, 이들의 주장이 무슨 뚜렷한 근거에 바탕을 둔 것은 아니다.

『손자병법』과『손자약해』

21세기 현재까지 손무의 실존 여부에 강한 의문을 품는 사람이 제법 많다. 이유는 크게 두 가지다. 하나는 과연 손무가『손자병법』을 저술했는지 여부다. 다른 하나는 과연 순무라는 인물이 존재했는지 여부다. 이는『도덕경』을 놓고 과연 노자라는 인물이 실존했는지, 더 나아가 과연 그가『도덕경』을 저술했는지 여부를 놓고 논쟁이 지속되는 것과 마찬가지다.

손무를 실존 인물로 간주한 사마천은『사기』「손자오기열전」을 쓰기 전에 손무에 관한 얘기를 그러모으려고 무진 애썼다. 그러나 그 결과는 참담했다. 합려의 궁녀들을 대상으로 자신의 병법을 시험해

보였다는 일화밖에 수집하지 못했기 때문이다. 「손자오기열전」을 읽을 때 손무가 가공인물일 공산이 크다는 심증을 굳혀주는 것은 이 일화 뒤에 나오는 다음의 기록이다.

"합려는 손무가 궁녀들로 대상으로 군령을 바로 세우게 하는 것을 보고 그가 병법에 뛰어난 것을 비로소 알게 되었다. 이에 곧바로 그를 장수로 삼았다. 이후 손무는 강대한 초나라를 격파해 초나라 도성을 함락시키고, 북쪽으로 제나라와 진나라를 제압했다. 합려는 손무 덕분에 제후들 사이에서 명성을 크게 떨치게 되었다."

이게 손무에 관한 후속 기록의 전부다. 많은 사람이 의문을 제기하는 것도 바로 이 때문이다. 『춘추좌전』에 그의 이름이 전혀 나오지 않는 것은 더욱 이해할 수 없다. 『춘추좌전』에 따르면 당시 합려 곁에서 활약한 참모는 오직 오자서와 백비밖에 없다. 손무처럼 혁혁한 공을 세운 사람의 이름이 『춘추좌전』에 단 한 번도 나오지 않는다는 것은 이해하기 어려운 일이다. 필자가 손무를 가공의 인물로 간주하는 것도 이 때문이다.

이는 비단 필자만의 생각은 아니다. 역사적으로 볼 때 손무를 가공인물로 보는 견해는 끊임없이 제기되어왔다. 실존 인물 손무가 직접 『손자병법』을 지었다는 주장에 대한 기존의 반론을 종합하면 크게 네 가지로 요약할 수 있다.

첫째, 진인위서설眞人僞書說이다. 손무는 실존 인물이지만 『손자병법』은 그가 지은 게 아니라 후대인이 손무의 이름을 빌려 펴낸 것이라는 주장이다. 북송의 매요신梅堯臣과 청나라 때의 요내姚鼐, 근대의 양계초梁啓超 등이 이를 주장했다. 누군가가 이전부터 내려오는 얘기를 하나로 모아 편집하고 손무의 이름을 빌려 『손자병법』을 펴냈다는 게 이들의 주장이다. 이 설은 손무를 실존 인물처럼 묘사한 『사기』 「손자오기열전」의 기록을 그대로 받아들인 데서 출발한다. 이들의 주장을 수용하면, 그토록 뛰어난 병법을 자랑한 손무가 왜 병서를 남기지 않은 채 조용히 사라졌는지, 더 나아가 『손자병법』은 과연 누가 쓴 것인지 여부 등이 또다시 논란거리로 남게 된다.

둘째, 가인빈작설假人臏作說이다. 손무는 가공인물이고 『손자병법』은 손빈의 저작이라는 주장이다. 일본 학자 사이토 세쓰도齊藤拙堂가 이를 주장했다. 손무와 손빈은 원래 한 사람으로 '무'는 이름이고, '빈'은 호라는 게 그의 주장이다. 중국의 역사학자인 전목이 이를 지지했다. 이 주장은 죽간본의 출토로 입지가 줄어들기는 했으나 손빈의 저작이 『손자병법』과 『손빈병법』이라는 두 개의 판본으로 전해졌을 가능성이 완전히 사라진 것은 아니다.

셋째, 가인오작설假人伍作說이다. 손무는 가공인물이고 『손자병법』은 오자서의 저작이라는 주장이다. 청나라 중기에 활약한 문인 모정牟庭이 이를 주장했다. 무는 손무의 이름을 뜻하는 게 아니라 원래부터 병서의 책 이름이었다는 게 그의 주장이다. 이 경우 오왕 부차의 손에 의해 비참한 최후를 맞은 오자서가 어느 겨를에 병서를 썼는가 하는 의문이 남는다. 『한서』 「예문지」에는 비록 후대인의 위작으로 보이기는 하지만 병서 『오자서』 열 편이 기록되어 있다. 만일 오자서가 병서를 남겼다면 그 제목이 『오자서』일 공산이 크다. 이런 점 등을 고려할 때 오자서가 『손자병법』을 썼을 가능성은 매우 희박하다.

리스크 없이 쟁취하라 – 손자처럼

넷째, 가인위서설假人僞書說이다. 손무는 가공인물이고 『손자병법』은 후대 사람이 이전부터 내려온 병서를 새롭게 편제해 펴낸 책에 불과하다는 주장이다. 1200년 무렵 남송의 명유 섭적葉適이 이를 주장했다. 그는 『습학기언習學記言』「서목序目」에서 "손무는 존재하지 않는 가공인물로, 순전히 후대 사람들이 만들어낸 우상에 불과하다"라고 단언했다. 만일 『사기』의 기록처럼 손무가 남쪽으로 월나라를 제압하고 서쪽으로 강력한 초나라를 멸망 직전까지 몰아가고 북쪽으로 제나라와 진나라에 위세를 떨쳤다면, 왜 경대부卿大夫의 작위를 받지 못했는지 이해할 길이 없다는 것이다. 그는 무엇보다 가장 권위 있는 사서인 『춘추좌전』에 그의 이름이 전혀 나오지 않는 점을 자기 주장의 근거로 들었다. 그는 무명의 처사가 『손자병법』을 저술한 것으로 보았다.

사실 『춘추좌전』에 손무의 이름이 전혀 나오지 않는 것은 큰 문제다. 섭적의 날카로운 지적은 지금까지도 손무의 존재를 부인하는 가장 중요한 논거로 원용된다. 필자도 섭적의 견해를 지지한다. 『춘추좌전』에는 고대의 병서 『군지軍志』의 명칭이 나온다. 물론 무명인의 저서다. 이에 따르면 기원전 632년 당시 진 문공과 천하의 패자 자리를 놓고 자웅을 겨루던 초 성왕成王은 이같이 언급한 바 있다.

"『군지』에 이르기를 '적이 정당하면 싸우지 않고 돌아가고, 적을 이기기 어렵다는 것을 알면 퇴각하고, 덕 있는 자와는 싸울 수 없다'라고 했다. 이 세 가지 구절은 바로 진나라를 두고 이르는 말이다."

초 성왕이 병서인 『군지』를 언급할 정도였다면 당시 초나라 장수들 역시 이를 숙독했다고 보는 게 옳다. 이는 『손자병법』에 버금하는 『군지』가 손무보다 100여 년이나 앞선 시기에 이미 널리 유포되었음을 보여준다. 『손자병법』에도 저자의 이름을 알 길이 없는 고대 병서인 『군정軍政』의 명칭이 나온다. 『관자』 「병법」에도 『대도大度』라는 병서의 명칭이 등장한다. 해당 대목이다.

"『대도』에 이르기를, '군사가 출병하는 날 나라 안이 빈곤하지 않으면 싸워서 반드시 승리하고, 승리하되 사상자가 나지 않고, 땅을 얻어도 나라가 피폐해지지 않는다'라고 했다."

『삼략』에도 『군참軍讖』과 『군세軍勢』 등의 고대 병서가 인용되고 있다. 대표적인 법가서인 상앙의 『상군서商君書』 「전법戰法」에도 익명의 병서가 나온다. 해당 대목이다.

"적군이 마치 강둑이 무너지듯 사방으로 흩어져 달아나면서 궤산潰散의 발걸음을 멈추지 않으면 그들을 놓아주고 더는 추격하지 않는다. 그래서 '병서'에서 말하기를, '큰 전투에서 승리하면 패주하는 적을 10리 이상 뒤쫓지 않고, 작은 전투에서 승리하면 5리 이상 뒤쫓지 않는다'라고 하는 것이다."

현전하는 병서에는 「전법」에 나온 "큰 전투" 운운하는 구절을 찾을 길이 없다. 전국시대 중엽에 활약한 상앙 역시 이름이 알려지지 않은 병서를 본 게 확실하다. 이는 『손자병법』이 나오기 전에 이미 『군지』와 『군정』 및 『대도』 등 무명인이 쓴 수많은 병서가 널리 유포되어 있었음을 보여준다. 엄밀히 말하면 서주西周 초기에 여상呂尙이 썼다는 『육도』를 위시해 춘추시대 말기 제나라 사마양저司馬穰苴의 『사마법』과 손무의 『손자병법』, 전국시대 초기 오기의 『오자병법』,

전국시대 말기 울요의 『울요자』, 전한 초기 황석공黃石公의 『삼략』, 당 태종과 이위공李衛公(이정)이 문답을 나눴다는 『당리문대』 등 '무경칠서' 가운데 『당리문대』를 제외한 나머지 저서는 모두가 무명인의 저서다. 단지 여상과 사마양저 등의 이름을 빌렸을 뿐이다.

객관적으로 볼 때 『손자병법』은 춘추시대 이전부터 내려오는 병서를 누군가 정리하고 나서 '손무'라는 이름을 빌려 펴냈을 공산이 크다. 손무라는 이름 자체가 실존 인물인 손빈에서 손孫이라는 글자를 따오고, 병서를 뜻하는 병兵과 같은 의미인 무武 자를 덧붙여 창작해냈을 공산이 크다. 춘추전국시대가 무려 500여 동안 진행된 점에 비춰, 『손자병법』을 포함해 저자를 알 수 없는 무수한 병서가 만들어졌다고 보는 게 사리에 부합한다.

현전하는 『손자병법』은 이름만 '손자병법'일 뿐, 조조의 『손자약해』를 달리 표현한 것에 지나지 않는다. 조조는 『손자약해』 서문에서 『손자병법』이 예로부터 제자백가서 가운데 『도덕경』 다음으로 해독하기가 어렵다고 밝혔다. 실제로 조조가 원형에 가깝게 복원한 현재의 『손자병법』은 해독하기가 그리 간단하지 않다. 크게 두 가지 이유 때문이다. 첫째, 본문이 너무 소략하다. 총 열세 편에 6,000여 자에 불과하다. 『도덕경』보다 겨우 800여 자가 많을 뿐이다. 제자백가서 가운데 가장 얇은 축에 속한다. 둘째, 문체 또한 『도덕경』에 방불할 정도로 극히 추상적인 용어로 되어 있다. 제자백가서를 두루 꿴 사람만이 『도덕경』에 대해 제대로 된 주석서를 펴낼 수 있는 것처럼 『손자병법』 역시 이론과 실제를 겸비해야만 제대로 해석할 수 있다.

『도덕경』이 그렇듯이 현전하는『손자병법』의 요체를 파악하는 일이 그만큼 어렵다는 사실을 반증한다. 조조가『손자약해』를 펴낸 것도 바로 이 때문이다.『도덕경』과『손자병법』은 말할 것도 없고 그 분량이 다소 많은『논어』역시 텍스트 자체만으로는 그 의미를 정확히 파악하는 게 쉽지 않다.『논어』역시 그 의미를 제대로 이해하려면 제자백가 사상을 포함해 춘추전국시대의 역사문화를 두루 꿰어야만 한다.『도덕경』과 마찬가지로 극히 간명한 문체로 병가 사상을 집성해놓은『손자병법』은 더 말할 것도 없다.

당대 최고의 군사 전문가인 조조의 주석을 반드시 참조해야 하는 이유가 바로 여기에 있다. 물론 조조가 이론과 실제를 겸한 게 사실이지만, 모든 전투에서 승리를 거둔 것은 아니다. 실제로 그는 적벽대전에서 참패를 당했다. 중요한 것은 당시 조조가 한 번 범한 실수를 두 번 다시 범하지 않으려고 부단히 노력한 점이다. 그가 시대를 뛰어넘는 최고의 전략가가 될 수 있었던 근본 배경이 바로 여기에 있다. 이런 경험이 이론과 실제를 겸비한 탁월한 군사 전문가로 성장하는 데에 결정적인 동력이 되었다.

『손자약해』의 출현 배경도 이런 관점에서 접근할 필요가 있다. 그가 온갖 잡문이 끼어들어 크게 훼손된『손자병법』에 대대적인 손질을 가해『손자약해』를 펴낸 것은 '병가의 성전'으로 칭송받는『손자병법』을 자신의 경험을 토대로 원래 모습에 가깝게 복원하면서 스스로 병법가로서의 성장도 도모한 것이다.

조조가 보여준 뛰어난 병법가로서의 면모는 크게 이론과 실제라는 두 측면으로 나눠볼 수 있다. 이론적 측면은 『손자병법』을 새롭게 편제하면서 뛰어난 주석을 단 점을 들 수 있다. 그렇다면 실제의 측면에서 그가 보여준 뛰어난 병법가로서의 면모는 어떤 것이 있을까? 크게 전략과 전술적인 측면으로 나눠볼 수 있다. 먼저 전략적인 측면부터 살펴보자. 조조가 수많은 참전 경험을 통해 얻어낸 최고의 전략은 크게 두 가지로 요약된다.

첫째, 장수보다 모신謀臣을 중시했다. 대표적인 사례로 건안 8년인 203년에 표문을 올려 순욱荀彧을 삼공에 천거한 것을 들 수 있다. 당시 순욱은 자신이 공을 세운 게 없다는 이유로 이를 끝내 사양하며 받아들이지 않았다. 그러자 조조가 순욱을 설득하려고 다음과 같은 내용의 서신을 보냈다.

"그대와 함께 일하면서 조정을 바로 세우게 되었으니, 그대는 조정을 보필하고 인재를 천거하고 계책을 세우며 은밀히 대책을 논의하는 데에 큰 도움을 주었소. 무릇 전공이란 반드시 야전에서만 얻는 것은 아니니, 원컨대 그대는 이를 사양치 마시오!"

전공은 반드시 야전을 통해서만 이루는 것이 아니라고 말한 것은 계책이 우선 제대로 마련되어야 승리를 거둘 수 있다는 『손자병법』의 용병 원칙을 인용한 것이기도 하다. 당시 조조는 참모인 순유의 공로에 대해서도 크게 칭송하며 표문을 올려 그에게 작상爵賞을 내릴 것을 권한 바 있다. 실제로 조조는 순유의 계책을 이용해, 관도대전 당시 원소를 격파하고 원담袁譚을 지렛대로 삼아 원상袁尙을 격파하고, 마침내 원씨 세력을 모두 굴복시킬 수 있었다.

당시 조조는 참모들의 헌책獻策을 적극적으로 권장하려고 부단히 노력했다. 조조가 초기에 미약한 세력에서 출발하여 승승장구하여 원소와의 일전에서 대승을 거두고 하북 일대의 패권을 장악하게 된 근본 배경이 여기에 있다. 순욱과 곽가, 가후 등이 건의한 계책을 조조가 그대로 수용한 덕분이다. 둘째, 신상필벌信賞必罰의 원칙을 철저히 지켰다. 병법가 조조의 뛰어난 면모는 거의 대부분 신상필벌의 원칙을 철저히 지킨 데서 찾을 수 있다. 이는 『손자병법』의 주문을 그대로 좇은 것이다. 사마광은 『자치통감』에서 이같이 평했다.

"조조는 공이 있는 자에게는 반드시 상을 주었고 천금을 아끼지 않았다. 그러나 공도 없이 상을 받으려는 자에게는 한 오라기의 털조차 나눠주지 않았다. 법을 집행하는 것이 엄하고 긴박해 범법자는 반드시 주살되었으니, 비록 범법자를 보고 눈물을 흘리며 애석해할지라도 종내 사면하지 않았다."

삼국시대 당시 조조만큼 상과 벌을 엄정히 집행한 인물은 찾기가 어렵다. 이 때문에 조조는 많은 비난을 받기도 했다. 그러나 난세에 천하통일을 이루려면, 파격적인 포상은 물론이고 단호한 처벌 역시 불가피한 점을 인정해야 한다.

주목할 것은 훗날 마오쩌둥이 막강한 무력을 자랑하던 장제스를 몰아내는 과정에서 조조의 행보를 그대로 흉내 냈다는 점이다. 조조의 후신이라고 말해도 큰 잘못이 아닐 정도다. 그만큼 『손자병법』의 가르침을 충실히 좇았다. 그가 수천 년 동안 '난세의 간웅'으로 매도당한 조조의 명예를 회복시키려고 발 벗고 나선 것도 이런 맥락에서 이해할 수 있다. 역대 제왕 가운데 조조를 적극적으로 옹호하고 나선 사람은 그가 유일무이하다. 그의 삶이 조조와 닮은 것도 결코 우

리스크 없이 쟁취하라 – 손자처럼

연이 아니다. 평생 검소하게 살고, 국공내전 등의 전쟁 기간은 물론이고 '신중화제국' 건립 이후에도 죽는 순간까지 손에서 책을 놓지 않은 것 등이 그렇다. 중국 군사학계에서 유사 이래로 21세기 현재에 이르기까지 역대 제왕 가운데 초세超世의 병법가로 활약한 인물로 오직 조조와 마오쩌둥, 그리고 『당리문대』를 펴낸 당 태종 정도만 꼽는 것도 이와 무관하지 않을 것이다.

『손자병법』의 주석과 체제

『사기』「손자오기열전」은 『손자병법』이 모두 열세 편이라 했으나 정확한 편목은 알 수 없다. 『한서』「예문지」는 여든두 편이라고 했다. 현전하는 『손자병법』은 조조가 여든두 편 가운데 번잡한 것은 삭제하고 정수만을 추려 열세 편으로 만든 것이다. 조조를 사실상의 저자로 보는 이유다. 「손자오기열전」에 원본 『손자병법』의 구체적인 편명이 나와 있지 않아 과연 조조가 새롭게 편제했던 것이 원본과 같은 것이었는지는 정확히 알 길이 없다.

『한서』「예문지」에 따르면 전한 초기와 한 무제 때, 한 성제成帝 때, 이렇게 모두 세 차례에 걸쳐 선진시대 문헌에 대한 대대적인 교수校讎 작업이 있었다. 여기에 『손자병법』이 포함된 것은 말할 것도 없다. 이때 여러 이본異本을 서로 대조하며 내용 및 오자에 대한 정리가 이뤄졌다고 봐야 한다. 한 성제 때 이를 최종적으로 주도한 사람은 당대의 석학인 광록대부 유향劉向이다. 그의 사후에도 아들 유흠劉歆이 부친의 유업을 이어 선진시대 문헌에 대한 교수 작업을 계속했다.

이런 과정을 통해 마침내 국가가 공인하는 『손자병법』 정본定本이 확정되었다.

주목할 것은 이때 『손자병법』에 도록圖錄 등이 덧붙여져 『오손자병법吳孫子兵法』 여든두 편으로 편제된 점이다. 여기의 '오손자'는 춘추시대 말기 오나라에서 활약한 손무를 지칭한다. 여든두 편으로 편제된 것은 후대인의 가필을 모두 수렴한 결과다. 원문의 취지가 크게 훼손되었을 공산이 크다. 훗날 조조가 다시 열세 편으로 요약해 정리한 배경이 여기에 있다. 그런 점에서 조조의 주석본이 현전하는 판본 가운데 가장 오래된 판본에 해당한다. 그의 주석본은 모두 세 권 열세 편으로 되어 있다.

이후 남북조시대에 들어와 여러 사람이 주석 작업에 뛰어들었으나 그들의 이름은 정확히 알려져 있지 않다. 『손자병법』에 대한 본격적인 주석은 수요가 폭발적으로 늘어난 결과다. 사서의 기록에 따르면 그 흐름은 수 · 당 대부터 형성되기 시작했다. 청나라 말기까지 대략 200여 명에 이르고 있으나 후대까지 이름을 남긴 사람은 70여 명 수준이다. 그러나 그들 모두 조조의 주석에 크게 미치지 못했다.

조조가 생존할 당시만 해도 『손자병법』의 공식 명칭은 『손자』였다. 지금의 명칭은 수 · 당의 시기에 들어와 정착되었다. 우세남虞世南의 『북당서초北堂書鈔』와 이선李善의 『문선文選』 주 모두 『손자병법』으로 기록해놓은 게 그 증거다. 『수서』 「경적지」에 따르면 당시 여러 주석본이 나왔으나 모두 조조의 주석본을 저본으로 삼은 것이다.

당 · 송 이후 인쇄술의 발전으로 『손자병법』이 민간에 크게 유포되었다. 이는 북방 민족의 압박에서 벗어나는 데에 병법가가 절실히

필요하다는 판단에 따른 것이었다. 북송 신종神宗이 재위하던 원풍元
豊 연간에『손자병법』을 포함한 '무경칠서'가 간행된 배경이다. 이를
계기로『손자병법』은 군관들의 필독서가 되었다. 청 대에 들어와서
는 이를 암송하는 것을 무과 시험의 기본으로 삼았다. 이런 유풍은
청나라 말까지 전혀 변하지 않았다.

　현재 통용되는『손자병법』의 판본은 매우 많다. 판본마다 약간의
차이가 있으나 골자만큼은 대동소이하다. 크게 세 가지 부류로 분류
되고 있다. 죽간본竹簡本과 무경본武經本, 11가주본十一家註本이 그것
이다.

　첫째, 죽간본이다. 이는 1972년에 출토된 은작산의 죽간본『손자
병법』을 말한다. 대략 한 무제 건원 원년인 기원전 140년에서 원수 5
년인 기원전 118년 사이에 나온 것으로 보인다. 여러 전문가의 교감
校勘을 거쳐 지난 1985년에 문물출판사에서『은작산한묘죽간 손자』
로 간행되었다. 진귀한 판본이기는 하나 완벽한 교감 및 분석 등이
아직 이뤄지지 않은 까닭에 널리 인용되지는 않고 있다.

　둘째, 무경본이다. 이는 송나라 때 판각된 무경칠서에 들어 있는
『손자』판본을 말한다.『손자병법』은 송나라 이후 청나라 말까지 무
경칠서의 하나로 전해진 까닭에 이를 정본으로 삼았다. 현재 1935년
상해의 함분루涵芬樓에서 펴낸『속고일총서續古逸叢書』의 영인본이
남아 있다. 역대 주석서 대부분이 무경본을 저본으로 삼고 있다. 대
표적인 주석본으로 금나라 시자미의『무경칠서강의武經七書講義』, 명
나라 유인의『무경칠서직해武經七書直解』와 조본학의『손자교서해인
류孫子校書解引類』및 황헌신의『무경개종武經開宗』, 청나라 주용의『무

경칠서회해武經七書滙解』 등을 들 수 있다.

　무경본과 관련해 주목할 것은 18세기 말 청 대의 유명한 금석학자인 손성연孫星衍이 펴낸『평진관총서平津館叢書』 권1에 있는『손오사마법孫吳司馬法』이다. 여기에『위무제주손자魏武帝註孫子』가 있다. 현전하는『손자병법』의 주석본 중 가장 오래된 것이다. 이 판본은 조조의 주석을 기둥으로 삼고 송 대에 이르기까지 대표적인 주석가 아홉 명의 주석을 모은 까닭에 흔히『손자10가주孫子十家註』로 불리고 있다. 당시 손성연은 여타 판본과 대조하며 정밀하게 교정을 보고 이를『평진관총서』에 끼워 넣었다. 이는 손성연이 정밀한 교감을 거쳐 펴내면서, 무경본과 어깨를 나란히 하는 판본으로 명성을 떨쳤다. 일각에서는 이를 '평진관본'이라고 하여 무경본과 달리 취급하고 있으나 대부분의 학자는 무경본과 동일한 계통으로 보고 있다.

　셋째, 11가주본이다. 이는 송 대에 판각된『11가주손자十一家註孫子』를 약칭한 것이다. 기왕에 나온 송나라 길천보吉天保의『10가손자회주十家孫子會注』 15권을 편집하면서 당나라 두우의『통전通典』에 인용된『손자병법』을 새롭게 편집해 끼워 넣은 것이다. 11가주본이라는 이름을 얻게 된 이유다.『통전』에 인용된『손자병법』에는 죽간본에 나타나지 않는 구절이 제법 많다. 말할 것도 없이 후대인이 끼워 넣은 것이다.『송사』「예문지」는『11가주손자』를 당시에 유행한 3종의『손자』 주석본 가운데 하나로 기록해놓았다. 남송 대의 유명한 장서가인 우무尤袤의『수초당서목遂初堂書目』에도『11가주손자』에 관한 기록이 보인다. 11가주본은 판각한 이후에도 무경본이 널리 유행한 탓에 오랫동안 크게 빛을 보지 못했다. 상해도서관이 소장하고 있다가 1961년에 중화서국이 영인본으로 펴냈다.

　20세기 이후 현재에 이르기까지『손자병법』는 한국과 중국 및 일본 등 동아시아 3국에서 수도 헤아릴 수 없을 정도로 많은 주석본이 나왔다. 그러나 대부분 원문을 풀이하고 나서 여러 군사적 사례나 처세술 등을 나열하는 것에 그쳤다. 가장 볼만한 것은 지난 1987년 한국의 국방부 전사편찬위원회에서 펴낸 성백효 주석의『무경칠서』다. 무경본을 저본으로 삼고 죽간본과 일일이 대조해 펴낸 점이 돋보인다.

　일본은 제자백가 사상을 전공한 가나야 오사무가 지난 1963년 이와나미문고에서 펴낸『손자』주석본이 가장 볼만하다. 기왕의 모든 판본을 대조하고, 제자백가 사상의 커다란 틀 속에서 병가의 특징을 찾아낸 게 특징이다. 중국에서는 개혁개방이 궤도에 오른 20세기 후반 이후에 수많은 해설서가 쏟아져 나왔다.

　현전하는『손자병법』열세 편은 총 6,074자로『도덕경』보다 약 800여 자가 많다. 10여 만 자로 구성된『한비자』등과 비교할 때 선진시대 문헌 가운데 상대적으로 얇은 편이다. 그러나 그 내용만큼은『한비자』못지않게 풍부하다.『손자병법』의 가장 큰 특징은 전쟁의 모든 상황을 간명한 문체로 체계화해놓은 데에 있다.『손자병법』열세 편의 내용을 개략적으로 살펴보면 다음과 같다.

　제1편「시계始計」는 총론의 성격을 띤다. 전쟁의 의미와 군사 관리, 전쟁 예측, 전략 및 전승 방략 등이 그것이다. 크게 네 부분으로 나눌 수 있다. 첫째, 전쟁의 정의다. 인민의 생사와 국가 존망과 관련된 핵심 사안으로 파악하고 있다. 둘째, 용병에 앞서 반드시 먼저 5사五事

부터 검토할 것을 주문하고 있다. 도道, 천天, 지地, 장將, 법法이 그것이다. 셋째, 용병의 기본 원칙을 설파하고 있다. 인리제권因利制權이 그것이다. 이는 아군에게 유리한 쪽으로 구사하는 변화무쌍한 전략 전술을 의미한다. 용병을 속임수로 파악한 병이사립兵以詐立을 역설한 이유다. 넷째, 전쟁을 벌이기 전에 치밀한 작전을 짜라고 요구하고 있다. 국가의 존망이 걸려 있기 때문이다.

제2편 「작전作戰」이다. 병력과 물자를 신속히 동원하고 속전속결로 승리를 거두는 원칙에 관해 논하고 있다. 여기의 작전은 통상적인 의미가 아니라 전쟁을 일으키고 수행하는 폭넓은 개념으로 사용된 것이다. 그 요체가 바로 속전속결이다. 오래 끌면 설령 승리할지라도 재정이 바닥나고 전투력이 소진되면 오히려 이웃 나라의 침략을 부추겨 어부지리를 취하게 할 소지가 크기 때문이다. 고금동서를 막론하고 모든 용병은 설령 다소 미흡해 보일지라도 속전속결로 끝내는 게 좋다. 승리를 귀하게 여기되, 오래 끄는 것을 귀하게 여기지 않는다는 취지의 "병귀승兵貴勝, 불귀구不貴久" 구절이 나온 이유다. 군량을 적지에서 조달할 것을 주장한 것도 따지고 보면 속전속결 원칙에서 나온 것이다. 재정이 바닥나고 백성이 피폐해지는 것을 막으려는 고육책의 성격이 짙다.

제3편 「모공謀攻」이다. 어떻게 해야 온전한 승리를 거둘 수 있는지를 논하고 있다. 최상의 방략은 싸우지 않고 적을 굴복시키는 '부전승'이다. 부전승을 거두기 어려울 때에 차상의 승리 계책이 단계적으로 제시되어 있다. 우선 적보다 병력이 적으면 능숙하게 적과의 정면 대결을 회피한다. 현저하게 열세이면 적을 피한다. 작은 병력으

로 무모하게 임하면 대병력을 가진 군대에 사로잡히게 되기 때문이다. 적을 알고 나를 알면 100번 싸워도 위태롭지 않게 된다는 "지피지기知彼知己"의 명구가 여기서 나온다.

제4편 「군형軍形」이다. 군사 작전에서 적보다 먼저 고지를 점하고 나서 적의 허점을 노리는 방법을 논하고 있다. 전쟁을 벌일 때는 기본적으로 방어를 튼튼히 하고 공격해야 한다. 만반의 조치를 취해 틈을 보이지 않도록 조치하고 나서 적의 실수를 놓치지 말고 공격을 가해야 소기의 승리를 거둘 수 있다는 게 요지다. 실제로 전쟁을 잘하는 사람은 먼저 적으로 하여금 나를 이길 수 없게 해놓고 적이 잘못을 범하기를 기다려서 승리를 얻는다. 전쟁은 상대적이다. 승리의 가능성을 미리 예견할 수는 있지만 승리를 억지로 만들어낼 수는 없기 때문이다. 공격을 하면서도 수비를 취해야 하는 이유가 여기에 있다. 최강의 수비를 논하는 셈이다.

제5편 「병세兵勢」다. 군대의 지휘와 운용에 관한 문제를 논하고 있다. 정병正兵으로 적과 대치하고 기병奇兵으로 승리를 얻는 것을 말한다. 정병은 적을 견제하고자 처음 배치한 병력, 기병은 타격을 위해 감추어둔 병력을 말한다. '병세'는 정병과 기병의 두 가지 요소에 불과하나 그 변화는 무궁무진하다. 컴퓨터가 0과 1의 이진법 체계로 되어 있음에도 천변만화의 조화를 부리는 것과 같다. 적이 이를 정확히 파악하고 대처하면 정병을 기병으로, 기병을 정병으로 바꾸어 쓰면 된다. 당연히 적의 내부 사정을 정확히 알고 있어야만 '병세'를 자유자재로 운용할 수 있다.

제6편 「허실虛實」이다. 주도적으로 작전을 이끄는 방략을 논하고

있다. 요체는 허실이다. 이는 허허실실虛虛實實의 줄임말이다. 상대방의 허를 찌르고 실을 꾀하는 계책으로, 계략을 써서 서로 상대방의 약점을 비난하여 싸우거나, 허실을 살펴서 상대방의 동정을 알아냄을 이르는 말이다. 『손자병법』 작전술 이론의 결정체가 바로 여기에 있다. 강점을 피하고 약점을 타격하는 피실격허避實擊虛가 요체다. 적을 나의 의도대로 끌어가면 없는 허점도 만들어낼 수 있다. 주도권을 쥐는 게 그만큼 중요하다. 적의 속셈과 현황 등을 정확히 파악해야 하는 반면, 아군의 내막을 감출 수 있어야 한다.

제7편 「군쟁軍爭」이다. 적보다 유리한 위치를 점하고자 경쟁한다는 뜻이다. 거군擧軍과 위군委軍이라는 두 가지 기동 방법이 나온다. 거군은 군대 전체를 사령관의 지휘하에 함께 기동시키는 방법을 뜻한다. 속도가 가장 빠른 부분과 가장 느린 부분이 함께 진군하는 경우다. 전투 부대와 병참 부대가 함께 이동하는 게 이에 해당한다. 거군은 모든 병력이 함께 이동하는 게 장점이다. 상대적으로 안전하다. 그러나 단점 또한 크다. 치명적인 약점은 속도가 느린 데에 있다. 기동이 늦으면 유리한 고지를 선점할 수 없다. 위군은 군을 여럿으로 나눠 예하 지휘관에게 지휘권을 위임해 기동하는 방법을 말한다. 병참보다도 속도를 중요시할 때 구사한다. 승리를 반드시 기약할 경우에 위군의 기동 방법을 동원해야만 한다. 이 밖에도 적이 던진 미끼에 넘어가지 않고 궁지에 몰린 적을 몰아붙이지 않는 등의 구체적인 작전 원칙이 상세히 소개되어 있다.

제8편 「구변九變」이다. 실제 이해관계에 바탕을 둔 임기응변을 논하고 있다. 상황에 따른 용병 원칙을 말한다. 입신入神의 경지에 이른

바둑의 고수들이 맞붙었을 때 정석을 버리듯이 '구변' 역시 상대방이 예측하지 못하는 무궁무진한 변칙을 뜻한다. 여기의 '구九'는 단순히 숫자 9를 말하는 게 아니라 세상에 존재하는 모든 경우를 뜻한다. '변變'은 상황에 따른 임기응변을 의미한다. 여기서는 지모를 써야 할 때 지나치게 용기만 내세우거나, 죽기를 각오해야 할 때 반드시 살고자 하거나, 차분히 대처해야 할 때 분을 이기지 못하는 등의 주의할 사항이 구체적으로 언급되어 있다.

제9편 「행군行軍」이다. 행군 작전의 요령을 논하고 있다. 행군은 군사의 이동을 말한다. 행군의 특징은 공격과 수비를 모두 포함한 데에 있다. 병력이 많다고 무조건 좋은 게 아니라고 지적한 점에 주의할 필요가 있다. 무작정 진격하지 않고 나의 힘을 온전하게 발휘하도록 하는 게 요체다. 이를 위해서는 먼저 적의 내부 사정을 자세히 살필 필요가 있다. 그래야 비교할 수 있기 때문이다. 이를 소홀히 한 채 단순히 숫자가 많은 것만 믿고 적을 업신여긴다면 패하기 십상이다. 그 경우 반드시 적에게 사로잡힐 수밖에 없다고 강조한 이유다. 『오자병법』에는 소수의 군대로 다수의 적을 격파하는 이른바 이과격중以寡擊衆의 방안이 실려 있다.

제10편 「지형地形」이다. 다양한 지형에 대한 이해와 이를 토대로 한 작전 방식을 논하고 있다. 크게 여섯 가지 종류의 패망하는 사례를 통해 주의를 촉구하고 있다. 장수에게 전략과 전술이 없어 무모하게 용병하는 주병走兵, 군기가 없고 지휘관이 제어하지 못하는 이병弛兵, 지휘관에게 주눅이 들어 사기가 없고 자발성이 부족한 함병陷兵, 사령관과 휘하 장수가 서로 불신해 명령이 무시되는 붕병崩兵,

장수가 너무 유약하여 부대 통솔에 일관성이 없는 난병亂兵, 장수가 정보에 어둡고 선발된 전위 부대를 따로 운용하지 않아 패배하는 배병北兵 등이 그것이다. 배병이 가장 치명적이다. 장수가 반드시 치밀한 계산하에 용병해야 하는 이유는 작게는 병사들의 생사가 갈리고, 크게는 국가 존망이 걸려 있기 때문이다.

제11편 「구지九地」다. 전략적인 지형을 모두 아홉 가지로 나누고 나서 그에 다른 전술 요령을 논하고 있다. 산지散地와 경지輕地, 중지重地, 쟁지爭地, 교지交地, 구지衢地, 비지圮地, 위지圍地, 사지死地 등이 그것이다. 이는 원정 작전에 반드시 숙지해야 할 군사 지리에 해당한다. 용병은 속도가 중요하다. 외교적 조치로 적의 외교를 무력화해 놓고, 작전에서 기만과 기습으로 적을 혼란에 빠트리고 속도전을 통해 공략하는 게 요체다. 적의 조직 및 심리 면에서의 와해를 중요하게 여겼다는 점에서 매우 현대적이다. 일각에서는 손무가 오왕 합려를 위해 건의한 원정 작전의 전략전술로 보고 있다.

제12편 「화공火攻」이다. 지형과 날씨를 이용해 불로 적을 공격하는 방법을 논하고 있다. 화공을 가할 때 적이 대응하는 모습을 보고 적의 내부 사정을 추론하는 것은 응용 가치가 매우 크다. 화공은 파괴력이 무척 강하기에 신중을 기해야 한다. 전리품을 하나도 건지지 못할 수 있기 때문이다. 전쟁에서 이기고도 구체적인 결과를 손에 넣지 못한다면 오히려 해가 될 수 있다. 국가에 이익이 없으면 전쟁에 나서지 말고, 구체적인 실리가 없으면 함부로 군사를 사용하지 말라고 주문한 이유다. 고금을 막론하고 전쟁은 신중히 생각하고 경계해야 한다. 화공을 함부로 행해서는 안 된다는 취지와 같다.

리스크 없이 쟁취하라 – 손자처럼

제13편 「용간用間」이다. 첩자의 활용 방안을 깊숙이 논하고 있다. 21세기 글로벌 경제전 상황에서 치열하게 전개되는 정보전과 관련해 암시하는 바가 크다. 여기서 논하는 첩자는 크게 고향이 같은 자를 이용하는 향간鄕間, 적의 관원을 첩자로 활용하는 내간內間, 이중간첩인 반간反間, 적국에 파견한 생간生間, 죽음을 전제로 한 사간死間 등이다. 누구든 정보원으로 활용할 수 있다고 지적한 것은 탁견이다. 유가에서 성신聖臣의 표상으로 떠받드는 이윤과 여상 등이 첩자의 구체적인 사례로 제시된 게 그렇다. 난세를 바라보는 병가의 기본 견해가 선명히 드러나는 대목이다. 승패의 관건을 첩자의 활용에서 찾은 「용간」은 첫 편인 「시계」와 조응하며, 병도를 설파하는 『손자병법』의 대미를 장식한다.

21세기에 들어와 G2 중국이 무섭게 변하고 있다는 사실을 알아야 한다. 이는 수천 년 동안 '농자천하대본'을 역설하며 상인을 천시하던 중농억상重農抑商의 정책 기조가 완전히 폐기되었음을 의미한다. 실제로 21세기의 중국은 상해 등 해안가 주변의 도시민은 말할 것도 없고 낙양과 서안 등 내륙의 도시민에 이르기까지 너 나 할 것 없이 돈이 모이는 곳이라면 남녀노소가 모두 미친 듯이 질주하는 모습을 보이고 있다. 중농주의에 입각한 유가 사상을 유일한 통치 이념으로 삼았던 역대 왕조가 가장 꺼렸던 모습이 전개되는 셈이다.

G1 미국과 그 '하수인' 격인 일본이 중국의 굴기崛起에 극도로 긴장하는 것도 이런 맥락에서 이해할 수 있다. G2 시대가 잠정적일 뿐이고 조만간 G1의 자리를 놓고 치열한 접전이 전개될 것이라는 사실을 직감한 결과로 보인다. 2015년 10월, 미국이 전격적으로 일본과 TPP 협약에 합의하고 일본의 재무장을 노골적으로 지지하고 나선 게 그렇다. G2 중국이 더 크기 전에 완전히 제압하고자 하는 속셈이 훤히 드러나고 있다.

고금을 막론하고 하늘에 두 개의 태양이 동시에 떠 있을 수는 없는 일이다. 지금의 G2는 새로운 G1의 등장을 예고하는 전조에 해당한다. 현재 중국의 학계 내에서 관중을 효시로 한 상가 및 병가 이론을 심화하려고 다각적인 노력을 기울이는 것도 이런 맥락에서 접근할 필요가 있다. 부국강병을 조기에 달성해 새로운 G1으로 등극하고자 하는 열망의 표시다. 사실 역사적으로 보면, 여불위가 활약하는 전국시대 말기까지만 해도 중상주의가 중농주의를 압도했다. 자본주의 시장경제가 꽃을 피운 것이나 다름없다. 사마천이 상가 이론을 집대성하면서 「화식열전」에 수많은 부상대고富商大賈를 소개해놓은 이유다. 사마천은 중상의 중요성을 이같이 역설했다.

"사람들은 각기 저마다의 능력에 따라 그 힘을 다하여 원하는 것을 손에 넣을 뿐이다. 그러므로 물건값이 싼 것은 장차 비싸질 징조이며, 비싼 것은 싸질 징조다. 적당히 팔고 사며, 각자 생업에 힘쓰고 일을 즐기는 것은 마치 물이 낮은 곳으로 흐르는 것과 같다. 물건은 부르지 않아도 절로 모여들고, 강제로 구하지 않아도 백성이 그것을 만들어낸다."

애덤 스미스가 말한 "보이지 않는 손"에 의한 수요와 공급의 시장원리가 이미 수천 년 전에 사마천에 의해 논해진 셈이다. 경제학의 효시를 꼽는다면 사실 사마천에게 영광을 돌리는 게 옳다. 사마천이 이런 놀라운 얘기를 할 수 있었던 것은 이미 춘추시대 이전부터 중상주의의 흐름이 존재했기에 가능했다. 공자 역시 상공인을 천시한 적이 없다. 제자백가 모두 비슷했다. 그러던 것이 한 무제가 유학만을 유일한 관학官學으로 인정하는 이른바 독존유술獨尊儒術을 선언한 이후 중농주의를 정책의 기조로 내세우면서 중상주의 관점을 치지 도외置之度外하고 나선 것이다.

이제 21세기에 들어와 중국이 과거의 제자백가들이 그랬던 것처럼 중상주의 관점을 중시하기 시작했다. 시진핑이 내세우는 '중국몽中國夢'(중화의 위대한 부흥을 꿈꾸는 것)이 이를 상징한다. 중국몽을 이루려면 미국을 압도하는 부국강병의 실현이 절실하다. 부국강병을 이루려면 중상주의의 관점이 절대로 필요하고, 한발 더 나아가『손자병법』을 비롯한 병가 사상의 부활이 절실하다. 최초의 경제학파인 상가의 효시이자 병가의 사상적 시원에 해당하는 관중에 대한 재조명이 활발히 전개되는 이유가 여기에 있다.

예로부터『손자병법』은 병서 가운데 으뜸으로 간주되었다. 21세기 현재도 마찬가지다.『손자병법』에 관한 연구 열기는 거의 전 지구적인 현상에 가깝다. 하버드대 경영대학원이『손자병법』을 기본 텍스트로 채택한 사실이 이를 웅변한다. 기업 또는 기업인 차원의 연구도 상상을 초월한다. 손정의는『손자병법』을 자신의 경영 전략과 접목한 자승병법自乘兵法을 만들어 일본 최고의 부자가 되었다. 세계 최고의 부자 빌 게이츠도 오늘의 자신이 있게 된 것은『손자병법』덕분이라고 했다. 스티브 잡스는 스탠포드대학교 졸업식 축사에서『손자병법』에 입각한 "Stay hungry, stay foolish!"를 역설했다. 여러 해석이 있으나 '끊임없이 임기응변하라, 변역變易은 안주하는 자에게 바보처럼 보이기 마련이다'로 풀이하는 게 가장 그럴듯하다. 잡스가 '창조 경영'과 소프트웨어의 상징인 애플 제국을 건설하고,

게이츠가 윈도 개발로 천하의 부를 거머쥐고, 손정의가 일본 최대의 컴퓨터 회사를 창립한 건 결코 우연이 아니다. 고금을 관통하는 『손자병법』의 위대한 면모를 웅변하는 대목이다.

　국가 총력전 양상으로 전개되는 G2 시대의 경제전은 포연이 자욱한 전쟁터를 방불케 한다. 안방과 문 밖의 경계가 사라진 결과다. 세계 경제의 전반적인 침체 속에서도 신기술의 개발 속도는 더욱 빨라지고, 새롭게 무장한 경쟁 업체들이 우후죽순으로 등장하고 있다. 자칫 방심했다가는 세계 최고 수준의 하드웨어 기술력을 자랑하는 우리나라 기업들도 열악한 소프트웨어 탓에 구글과 애플의 협공에 밀려 소니의 전철을 밟을지도 모를 일이다. 실제로 2014년 이래로 줄곧 우리나라 기업들이 탄생한 지 5년밖에 안 된 샤오미한테 밀리는 현실을 보더라도 그렇다.

　G2 시대는 '떠오르는 중국'과 '지는 미국'으로 요약할 수 있다. 세계의 석학들이 팍스 아메리카나를 대신하는 팍스 시니카의 도래를 점치는 게 그렇다. 단지 시간이 문제일 뿐이라는 것이다. 이는 아편전쟁 이래로 1세기 반 넘게 고착된 서구 중심의 세계사가 서서히 바뀌고 있음을 뜻한다. 지축이 흔들리는 일대 격변에 해당한다. 지축의 중심이 서에서 동으로 이동하고 있는 만큼 그에 따른 굉음도 클 수밖에 없다. 토머스 프리드먼은 지난 2011년에 펴낸 『미국 쇠망론』에서 "미국인이 합심해 난제를 해결했던 시절은 이제 너무나 오래전의 일이 되어버렸다"라고 탄식한 바 있다.

　우리도 과도기적인 G2 시대를 살면서 시야를 더 넓고 크게 확장할 필요가 있다. 우물 안의 개구리 식으로 자탄만 하면 나라의 앞날은 없다. 좁은 한반도를 벗어나 더 넓은 세계무대로 나아가야만 한다. 그래야 조만간 가시화할 통일 시대의 주인공이 될 수 있다. 그러나 무턱대고 뛰쳐나갈 순 없다. 우리 나름으로 착실히 준비하고 세계무대에 과감히 뛰어들어야 한다. 그래야 『손자병법』이 역설한 '이기는 싸움'을 할 수 있다. 최소한 '지지 않는 싸움'을 해야 한다. 그러려면 지략이 필요하다. 『손자병법』 안에 무수한 지략이 담겨 있다. 『손자병법』을 곁에 두고 수시로 읽어야 하는 이유다.

현재 각국의 사관학교나 세계 유수의 경영대학원에서 다양한 전략전술과 상략상술을 가르치고 있으나, 역대 병서의 범주에서 한 치도 벗어나지 못하고 있다. 역대 병서에 나오는 지략이 그만큼 무궁무진하다는 얘기다. 한반도 통일은 '팍스' 체제를 둘러싼 G2의 각축 속에서 실현될 수밖에 없다. 육도삼략을 뛰어넘는 수준의 절묘한 대응이 절실하다. G2의 중간에 끼어 있기에 더욱 그렇다. 주도권을 잡는 게 관건이다. 그 해답을 『손자병법』에서 찾을 수 있다. 필자가 본서를 서둘러 낸 이유다. 모든 사람이 본서에서 그 해답을 찾아내 '동북아 허브 시대'의 견인차 구실을 해주기를 간절히 바란다.

2015년 겨울 학오재學吾齋에서
신동준 쓰다.

부록

역대 병가 연표

기원전	춘추전국	연대	사건
515	주 경왕	5년	오나라 공자 광이 오자서 덕에 오왕 합려로 즉위.
506		14년	오나라가 초나라 도성을 함락하자 초 소왕이 달아남.
505		15년	월나라가 오나라를 침. 초나라 신포서申包胥가 오나라를 격파함.
496		24년	오왕 합려 사망.
494		26년	오왕 부차가 월왕 구천을 회계에서 항복시킴.
485		35년	오자서 사망함.
482		38년	오왕 부차가 황지에 제후들을 모이게 함.
479		41년	공자 사망함.
473	주 원왕元王	3년	오나라가 멸망함.
403			3진三晉이 시작됨.　—전국시대 개막—
381		21년	오기가 초나라 귀족들의 공격으로 피살됨.